Frank Dietrich

Dimensionen der
Verteilungsgerechtigkeit

Dimensionen der Verteilungsgerechtigkeit

von Frank Dietrich

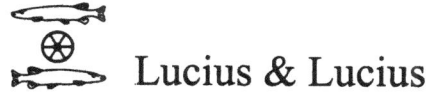 Lucius & Lucius

Anschrift des Autors:

Dr. Frank Dietrich
Neckarstr. 17
40219 Düsseldorf

Bei der vorliegenden Arbeit handelt es sich um eine vom Fachbereich Philosophie - Religionswissenschaft - Gesellschaftswissenschaften der Universität - Gesamthochschule - Duisburg genehmigte Dissertation zum Erwerb des Grades Dr. phil.
Datum der mündlichen Prüfung: 24. Januar 2000
Referent: Prof. Dr. Hartmut Kliemt
Korreferent: PD Dr. Rudolf Schüßler

Die Deutsche Bibliothek - CIP-Einheitsaufnahme

Dietrich, Frank :
Dimensionen der Verteilungsgerechtigkeit / Frank Dietrich. - Stuttgart : Lucius und Lucius, 2001
    Zugl.: Duisburg, Univ., Diss., 2000
    ISBN 3-8282-0180-6

© Lucius & Lucius Verlagsgesellschaft mbH, Stuttgart 2001
    Gerokstr. 51, D-70184 Stuttgart

Das Werk einschließlich aller seiner Teile ist urheberrechtlich geschützt. Jede Verwertung außerhalb der engen Grenzen des Urheberrechtsgesetzes ist ohne Zustimmung des Verlages unzulässig und strafbar. Das gilt insbesondere für Vervielfältigung, Übersetzungen, Mikroverfilmungen und die Einspeicherung, Verarbeitung und Übermittlung in elektronischen Systemen.

Druck und Einband: ROSCH-BUCH Druckerei GmbH, 96110 Scheßlitz
Printed in Germany

Der Autor dankt Michael Baurmann, Gerti Dietrich, Susanne Hahn, Hartmut Kliemt, Rudolf Schüßler und Birgit Wollbold für die fachliche und organisatorische Unterstützung, die er bei der Erstellung dieser Arbeit erhalten hat.

Inhaltsverzeichnis

1. Einleitung 1
   1.1 Die drei Dimensionen der Verteilungsgerechtigkeit 1
   1.2 Der Gang der Untersuchung 3
   Anmerkungen 5

2. Moralische Intuitionen als Ausgangspunkt der Argumentation 6
   2.1 Das Verfahren des Überlegungsgleichgewichts 6
   2.2 Spielarten der Überlegungsgleichgewichte 11
   2.3 Konsequenzen für die weitere Untersuchung 20
   Anmerkungen 21

Teil I: Die Wer-Frage der Verteilungsgerechtigkeit

3. Die Distribution von Mitgliedschaft 25
   3.1 Mitgliedschaft in der staatlichen Gemeinschaft 25
   3.2 Die Position des universalistischen Liberalismus 33
   3.3 Die Position des partikularistischen Liberalismus 42
   3.4 Die kommunitaristische Position 50
   3.5 Schlußbetrachtung 57
   Anmerkungen 59

Teil II: Die Was-Frage der Verteilungsgerechtigkeit

4. "Welfare"-Theorien und "Resource"-Theorien 64
   4.1 Grundsätzliche theoretische Optionen 64
   4.2 Standardargumente 65
   Anmerkungen 69

5. Die utilitaristischen "Welfare"-Theorien 70
   5.1 Die "Pleasure"-Interpretation des Nutzens 71
   5.2 Kritik der "Pleasure"-Interpretation 77
   5.3 Die "Preference"-Interpretation des Nutzens 81
   5.4 Kritik der "Preference"-Interpretation 87
   5.5 Utilitaristische Kriterien der Wohlfahrtsmessung im liberalen Staat 95
   Anmerkungen 99

6. Die neoaristotelische Fähigkeitenethik 104
   6.1 Der aristotelische Eudaimonismus 105
   6.2 Das essentialistische Fundament der Fähigkeitenethik 110
   6.3 Die Fähigkeitenliste 117
   6.4 Die Sozialstaatskonzeption der Fähigkeitenethik 124
   6.5 Die Frage der Vereinbarkeit mit rechtsstaatlichen Grundsätzen 132
   Anmerkungen 140

7. "Resource"-Theorien 145
   7.1 John Rawls' Ressourcentheorie 146
   7.1.1 Die Ausblendung moralisch arbiträrer Faktoren im Urzustand 146
   7.1.2 Die Grundgüterkonzeption 148
   7.1.3 Defizite der Rawlsschen Theorie der Verteilungsgerechtigkeit 154
   7.2 Ronald Dworkins Ressourcentheorie 158
   7.2.1 Die Auktion 158
   7.2.2 Der hypothetische Versicherungsmarkt I 162
   7.2.3 Der hypothetische Versicherungsmarkt II 170
   7.2.4 Die sozialstaatlichen Institutionen 179
   7.3 Schlußbetrachtung 182
   Anmerkungen 185

Teil III: Die Wie-Frage der Verteilungsgerechtigkeit

8. Verteilungsregeln 192
   8.1 Das Prinzip der Nutzenmaximierung 193
   8.2 Das Differenzprinzip 197
   8.3 Modifikationen 200
   8.4 Schlußbetrachtung 205
   Anmerkungen 206

Literaturverzeichnis 209

Personenregister 218

Sachregister 220

1. Einleitung

1.1 Die drei Dimensionen der Verteilungsgerechtigkeit

Im Zentrum der vorliegenden Arbeit steht das Thema der Verteilungsgerechtigkeit. Die Behandlung des Themas folgt der Einsicht, daß verschiedene Problemdimensionen der Verteilungsgerechtigkeit auseinandergehalten werden müssen. Grundsätzlich wirft jede Verteilung drei Fragen auf:
1. WER soll bei der Verteilung berücksichtigt werden?
2. WAS soll bei der Bewertung der Verteilung betrachtet werden?
3. WIE, d.h. gemäß welcher Prinzipien, soll die Verteilung vorgenommen werden?

Der Gegenstand der Fragen läßt sich an Hand des simplen Beispiels der Verteilung eines Kuchens veranschaulichen. Die erste Frage stellt auf die Zusammensetzung der Distributionsgemeinschaft ab. Ihre Beantwortung gibt darüber Aufschluß, welche Personen als Empfänger des Kuchens in Betracht kommen. Verschiedene Optionen sind hier erwägenswert. Man kann festlegen, daß jede Person, die Hunger verspürt oder die gerne Kuchen ißt, als möglicher Empfänger zu gelten hat. Man kann die Grenzen der Distributionsgemeinschaft aber auch enger ziehen und nur die Personen berücksichtigen, die einen Beitrag zur Herstellung des Kuchens, etwa in Form von Arbeit oder durch den Kauf von Zutaten, geleistet haben. Des weiteren ist es möglich, die Distributionsgemeinschaft auf eine privilegierte Personengruppe, z.B. die Familie oder die Damen, die sich schon seit vielen Jahren zum Kaffeekränzchen versammeln, zu beschränken. Wichtig ist sich vor Augen zu führen, daß die Entscheidung für eine der genannten Optionen nicht präjudiziert, wie der Kuchen unter den Mitgliedern der Distributionsgemeinschaft verteilt wird. Bestimmt wird lediglich der Kreis der Personen, deren Interessen überhaupt Beachtung verdienen. Wieviel diese Personen letztlich erhalten und ob sie überhaupt etwas erhalten, hängt von den Antworten ab, die auf die beiden anderen Fragen gegeben werden.

Bei der zweiten Frage geht es darum, eine Maßeinheit für die Bewertung der Verteilung festzulegen. Wiederum stehen verschiedene Optionen zur Auswahl. Eine naheliegende Möglichkeit besteht darin, die Maßeinheit auf den zu verteilenden Kuchen zu beziehen, also z.B. mit Stückzahlen oder mit Grammangaben zu operieren. Man würde dann etwa davon sprechen, daß die Person X ein Stück und die Person Y zwei Stücke Kuchen erhalten hat oder daß der Person X 200g und der Person Y 400g Kuchen zugeteilt worden sind. Man kann aber auch eine Maßeinheit verwenden, die einer Wirkung des distribuierten Gutes auf seine Empfänger Ausdruck gibt. Beispielsweise läßt sich die Distribution des Kuchens danach bewerten, inwieweit der Wunsch der Verteilungsadressaten, ein oder mehrere Stücke zu erhalten, erfüllt wird. Legt man diese Maßeinheit zugrunde, würde man etwa sagen, daß dem Wunsch von Person X in geringerem Umfang entsprochen wurde als dem Wunsch von Person Y. Auch hier ist zu betonen, daß mit der Beantwortung der zweiten Frage keine Vorentscheidung im Hinblick auf die dritte Frage getroffen wird. Mit der Auswahl der "Währung", in der das Verteilungsergebnis berechnet wird, legt man nicht fest, gemäß welcher Regel die Verteilung vorgenommen werden soll.

Nachdem der zu berücksichtigende Personenkreis und die anzuwendende Maßeinheit bestimmt wurden, bleibt also noch zu klären, wie der Kuchen verteilt werden soll. Auch die dritte Frage, der wohl alle Theorien der Verteilungsgerechtigkeit die weitaus größte Aufmerksamkeit gezollt haben, läßt ein weites Spektrum unterschiedlicher Antworten zu. So kann beispielsweise die Distribution des Kuchens in Einklang mit einem egalitären Prinzip, das die Gleichstellung aller Verteilungsadressaten fordert, durchgeführt werden. Die Verteilung kann aber auch dem Grundsatz folgen, daß eine bestimmte Person oder Personengruppe, etwa die Gruppe der besonders bedürftigen oder der besonders verdienten Personen, besser gestellt werden soll. Möglich wäre zudem, sich an dem Prinzip zu orientieren, daß die Verteilung des Kuchens der Distributionsgemeinschaft als Ganze betrachtet den größtmöglichen Vorteil bringen soll. Der Vorteil der Distributionsgemeinschaft könnte ermittelt werden, indem die Vorteile, die die Verteilung jedem einzelnen Mitglied gewährt, in der zuvor bestimmten Maßeinheit gemessen und dann, sofern das Maß dies zuläßt, aufsummiert werden.

Die im vorstehenden kurz erläuterten Verteilungsfragen stellen sich, angefangen von der Kleingruppe bis zur globalen Menschheitsgemeinschaft, für praktisch alle Formen des menschlichen Zusammenlebens. Überall, wo Menschen um knappe Ressourcen konkurrieren oder kooperativ Güter produzieren, muß ein Modus für die Verteilung der Güter bzw. der Arbeitslasten gefunden werden. Der Bezugspunkt der folgenden Untersuchung wird ausschließlich die staatliche Gemeinschaft - genauer gesagt: die staatliche Gemeinschaft in modernen westlichen Demokratien - sein. Ich werde also weder internationale Verteilungskonflikte, wie die Nutzung von Rohstoffreserven oder die Lastenverteilung bei der Bekämpfung globaler Umweltgefahren, diskutieren, noch werde ich auf distributive Probleme in privaten Assoziationen, wie die Aufteilung der Hausarbeit in der Familie oder die Entlohnung der Angestellten in Wirtschaftsunternehmen, eingehen. Vor allem zwei Gründe haben mich bewogen, die staatliche Gemeinschaft in den Mittelpunkt der Untersuchung zu stellen. Zum einen wird die Auseinandersetzung mit der philosophischen Tradition erleichtert, da alle maßgeblichen Gerechtigkeitstheorien einen nationalstaatlichen Anwendungsrahmen für ihre Argumente vorausgesetzt haben. Zum anderen wird der besonderen Stellung Rechnung getragen, die die staatliche Gemeinschaft unter der Vielzahl von Gemeinschaften einnimmt, an denen die Menschen teilhaben. Im staatlichen Verband werden Güter wie Rechte oder soziale Sicherheiten erzeugt, die für jedes Individuum eine fundamentale Bedeutung haben.

Für die staatliche Gemeinschaft moderner Demokratien stellt die Verteilungsgerechtigkeit nicht den einzigen - vermutlich nicht einmal den wichtigsten - moralischen Gesichtspunkt dar. Die Antworten, die auf die drei Fragen der Verteilungsgerechtigkeit gegeben werden, stehen daher unter dem Vorbehalt, mit anderen grundlegenden Werten vereinbar sein zu müssen. (1) Von besonderer Wichtigkeit sind in diesem Zusammenhang die normativen Vorstellungen, die in rechtsstaatlichen Prinzipien zum Ausdruck kommen. Der Rechtsstaatsgedanke blickt in allen westlichen Demokratien auf eine lange Wirkungsgeschichte zurück, und die von ihm verkörperten Werte werden von einem breiten gesellschaftlichen Konsens getragen. Zu den Rechtsstaatsprinzipien zählen - neben den hier weniger interessierenden Grundsätzen, die das Zusammenspiel der staatlichen Institutionen regeln, wie z.B. die Gewaltenteilung - insbesondere die Gleichheit der Bürger vor dem Recht, die Garantie individueller Freiheitsrechte und der Schutz der Privatsphäre. In der folgenden Untersuchung muß daher berücksichtigt werden, inwieweit die für die verschiedenen Problemdimensionen der Verteilungsgerechtigkeit angebotenen Lösungen beanspruchen können, mit elementaren rechtsstaatlichen Grundsätzen übereinzustimmen. (2)

1.2 Der Gang der Untersuchung

Der eigentlichen Auseinandersetzung mit den drei Fragen der Verteilungsgerechtigkeit sind einige methodische Erwägungen vorgeschaltet. Als Orientierungspunkt dient dabei das maßgeblich von John Rawls entwickelte Verfahren des Überlegungsgleichgewichts. Im zweiten Kapitel werde ich zunächst Rawls' Konzeption vorstellen und auf die wichtigsten Kritikpunkte eingehen, die gegen seine Methode der Normbegründung vorgebracht worden sind. Sodann werde ich zwei Varianten des Verfahrens - zum einen die Konzeption des weiten Überlegungsgleichgewichts, zum anderen die Konzeption des kollektiven Überlegungsgleichgewichts - einer Analyse unterziehen. Am Ende des Kapitels gilt es zu klären, welchen rechtfertigungstheoretischen Anspruch die nachfolgenden Untersuchungen erheben.

Die drei Dimensionen der Verteilungsgerechtigkeit werde ich in der eingangs angegebenen Reihenfolge behandeln. Den Ausgangspunkt bildet im dritten Kapitel die Wer-Frage der Verteilungsgerechtigkeit, die sich im Rahmen der vorliegenden Untersuchung auf die Mitgliedschaft in der staatlichen Gemeinschaft bezieht. Ausgehend von einigen Vorbemerkungen über die besondere Bedeutung, die der Teilhabe an der staatlichen Gemeinschaft zukommt, werde ich drei idealtypisch konzipierte Positionen diskutieren. Bei allen drei Positionen - der Position des universalistischen Liberalismus, der Position des partikularistischen Liberalismus und der Position des Kommunitarismus - werde ich zunächst das zugrunde liegende Gemeinschaftsverständnis darstellen. Daran anknüpfend gilt es herauszuarbeiten, welche Konsequenzen sich aus der jeweiligen Gemeinschaftskonzeption für die Vergabe von Mitgliedschaft, also für die konkrete Einwanderungs- und Einbürgerungspolitik, ergeben. Abschließend werde ich die Ergebnisse, zu denen die verschiedenen Standpunkte geführt haben, bewerten und eine zwischen der universalistischen und der partikularistischen Spielart des Liberalismus vermittelnde Position vorschlagen.

Das Hauptaugenmerk der Arbeit liegt auf der Was-Frage der Verteilungsgerechtigkeit, die in den Kapiteln vier bis sieben erörtert wird. Aus der besonderen Aufmerksamkeit, die ich dieser Problemdimension zuteil werden lasse, sollte aber nicht geschlossen werden, daß ich ihr ein größeres Gewicht als den beiden anderen Problemdimensionen beimesse. Ich gehe im Gegenteil davon aus, daß alle drei Fragen gleich bedeutsam sind. Bei der Untersuchung eines so komplexen Gegenstandes, wie dem der Verteilungsgerechtigkeit, erschien es mir jedoch unumgänglich, einen Schwerpunkt zu setzen. Dabei fiel meine Wahl auf die Was-Frage, weil sie meiner Beobachtung nach zumindest in der deutschsprachigen Fachliteratur nur wenig Beachtung findet. Ihre ausführliche Behandlung verfolgt auch das Ziel, auf die Relevanz einer bislang eher vernachlässigten Problemdimension hinzuweisen.

Im vierten Kapitel gebe ich eine kurze Einführung in die Thematik. Ich werde zunächst die grundlegende Unterscheidung zwischen "Welfare"-Theorien auf der einen und "Resource"-Theorien auf der anderen Seite erläutern. Anschließend skizziere ich die charakteristischen Probleme, mit denen sich jede Konzeption konfrontiert sieht, die einer der beiden Theoriegruppen angehört. Ich beginne dann im fünften Kapitel mit der Diskussion der "Welfare"-Theorien. Im Blickpunkt wird hier die utilitaristische Ethik stehen, der die bedeutendsten Beiträge zu diesem Theoriebereich entstammen. Betrachtet werden sowohl die klassischen Varianten des Utilitarismus von Jeremy Bentham, John Stuart Mill und Henry Sidgwick als auch der moderne Präferenzutilitarismus, wie er unter anderem von John Harsanyi vertreten wird. Die neoaristotelische Fähigkeitenethik, die es im sechsten Kapitel zu erörtern gilt, nimmt eine Sonderstellung ein. Die von Martha Nussbaum und Amartya Sen entwickelte Konzeption läßt sich weder eindeutig den "Welfare"- noch den "Resource"-Theorien zuordnen. Sie weist Bezüge zu beiden Theoriegruppen auf und stellt insofern einen interessanten Versuch dar, die Vorzüge der rivalisierenden Ansätze miteinander zu verbinden. Dem siebten Kapitel, das die Behandlung der Was-Frage der Verteilungsgerechtigkeit beschließt, ist die Untersuchung der "Resource"-Theorien vorbehalten. Die Diskussion beschränkt sich auf die beiden Konzeptionen, die gegenwärtig als die einflußreichsten Stellungnahmen in diesem Theoriebereich gelten können: Zuerst wird die Gerechtigkeitstheorie von John Rawls kritisch beleuchtet, danach steht die Gerechtigkeitstheorie von Ronald Dworkin auf dem Prüfstand.

Die Untersuchung der verschiedenen theoretischen Alternativen, die ich in den Kapiteln fünf bis sieben vornehme, wird in jeweils zwei Schritten durchgeführt. Im ersten Schritt werde ich die Maßeinheit, auf deren Grundlage die betreffende Theorie Verteilungen beurteilt, analysieren und - soweit das für ein adäquates Verständnis erforderlich ist - transparent machen, in welcher Beziehung die Maßeinheit zu anderen Theorieelementen steht. Im zweiten Schritt werde ich auf die praktischen Implikationen der Maßeinheit eingehen, d.h. ich werde fragen, welche Auswirkungen es hätte, wenn die staatliche Gemeinschaft distributive Entscheidungen, insbesondere im Bereich der Sozialpolitik, auf ihrer Basis treffen würde. Die Ergebnisse der Untersuchung werde ich am Ende des siebten Kapitels zusammenfassend darstellen und bewerten.

Im achten und letzten Kapitel werde ich nach einer Antwort auf die Wie-Frage der Verteilungsgerechtigkeit suchen. Einleitend gilt es zwei Verständnismöglichkeiten der Wie-Frage - eine auf das Verteilungsverfahren abstellende "prozeduralistische" und eine auf das Verteilungsergebnis bezogene "konsequentialistische" Lesart - zu unterscheiden und ihre wechselseitigen Bezüge zu erörtern. Da ich wesentliche Aspekte der "prozeduralistischen" Lesart bereits im siebten Kapitel im Zusammenhang mit den "Resource"-Theorien anspreche, wird sich die Untersuchung des achten Kapitels auf die "konsequentialistische" Lesart konzentrieren. (3) Ich bespreche zuerst das utilitaristische Prinzip der Nutzenmaximierung und gehe sodann auf das der Rawlsschen Gerechtigkeitstheorie entstammende Differenzprinzip ein, die beide einen zentralen Platz in der moralphilosophischen Debatte einnehmen. Im Anschluß daran werde ich verschiedene Verteilungsregeln prüfen, die sich als Verbesserungsvorschlag oder als Gegenentwurf zu den genannten Prinzipien verstehen. Am Ende soll wiederum ein kurzes Resümee stehen, in dem die wichtigsten Erträge der Diskussion noch einmal verdeutlicht werden.

Anmerkungen

(1): Die hier formulierte Einschränkung hat eine Parallele in der Unterscheidung, die G. A. Cohen zwischen einem "strong equalisandum claim" und einem "weak equalisandum claim" trifft. Als "equalisandum claim" bezeichnet Cohen die Forderung, daß die Menschen in einer bestimmten, durch das "equalisandum" zu spezifizierenden Hinsicht gleichgestellt werden sollen. Eine solche Forderung ist "stark", wenn sie unbedingte Geltung beansprucht; um eine "schwache" Forderung handelt es sich hingegen, wenn sie im Lichte konkurrierender nicht-egalitärer Werte abgeschwächt werden kann.

(2): Die Forderung nach Verteilungsgerechtigkeit steht in vielen Fällen in einem Spannungsverhältnis zu rechtsstaatlichen Prinzipien, so bringen z.B. redistributive Maßnahmen immer eine Einschränkung individueller Eigentumsrechte mit sich. Ich gehe im weiteren davon aus, daß sich in modernen westlichen Staaten, in denen Rechtsstaats- und Sozialstaatsprinzipien seit langem koexistieren, ein Verständnis etabliert hat, was als legitimer "Kompromiß" zwischen beiden gelten kann. An dieses Verständnis knüpfe ich an, wenn ich einige Antworten auf die drei Fragen der Verteilungsgerechtigkeit als mit rechtsstaatlichen Prinzipien vereinbar, andere als mit ihnen unvereinbar qualifiziere. (Siehe hierzu auch Kap. 2 und Kap. 3.5)

(3): Die Darstellung des siebten Kapitels bildet eine Ausnahme von dem Vorsatz, die drei eingangs erläuterten Problemdimensionen der Verteilungsgerechtigkeit separat zu behandeln. In den dort diskutierten "Resource"-Theorien steht die Verwendung der Maßeinheit in engem Zusammenhang mit einem "prozeduralistischen" Verteilungsgrundsatz. Um das Verständnis der Theorien nicht unnötig zu erschweren, habe ich mich daher entschlossen, in diesem Fall von einer strikten Trennung der Problemdimensionen abzusehen.

2. Moralische Intuitionen als Ausgangspunkt der Argumentation

2.1 Das Verfahren des Überlegungsgleichgewichts

In meinen einleitenden Bemerkungen habe ich die drei Fragen der Verteilungsgerechtigkeit, die im folgenden erörtert werden sollen, kurz vorgestellt. Auf jede dieser Fragen wird man, je nachdem welche Moraltheorie man zu Rate zieht, ganz unterschiedliche Antworten erhalten. Die Vielzahl der möglichen Antworten macht es erforderlich, Standards zu ihrer Beurteilung festzulegen. Bevor ich die von den verschiedenen Moraltheorien angebotenen Problemlösungen im einzelnen untersuche (Kapitel 3-8), werde ich daher zunächst die von mir verwandten Kriterien begründen. Es gilt zu klären, unter welchen Umständen man sagen kann, daß ein moralisches Prinzip zu einem "richtigen" Ergebnis geführt hat bzw. daß es ein "besseres" Ergebnis als ein konkurrierendes Prinzip erbracht hat.

Der Grundgedanke lautet wie folgt: Prüfstein für die Eignung eines moralischen Prinzips soll die Übereinstimmung seiner Ergebnisse mit intuitiven moralischen Überzeugungen sein. In der zeitgenössischen Diskussion gilt John Rawls als der bedeutendste Vertreter einer von moralischen Intuitionen ausgehenden Normrechtfertigung. (1) Rawls hat den skizzierten Grundgedanken in dem Verfahren des Überlegungsgleichgewichts ("reflective equilibrium") ausgearbeitet. Das Verfahren des Überlegungsgleichgewichts ist ein kohärenztheoretischer Rechtfertigungsmodus; es macht die Rechtfertigung moralischer Urteile und moralischer Prinzipien davon abhängig, ob sie sich als Elemente eines widerspruchsfreien Aussagensystems ausweisen lassen.

Ausgangspunkt des Verfahrens sind die vortheoretischen Alltagsurteile, die die Individuen intuitiv fällen, wenn sie mit konkreten moralischen Problemen konfrontiert werden. Allerdings sollen nicht alle intuitiven Urteile bei der Ermittlung eines Überlegungsgleichgewichts berücksichtigt werden. Rawls formuliert zwei Einschränkungen, mit deren Hilfe unzuverlässige Urteile ausgefiltert werden sollen: Die Urteile werden zum einen hinsichtlich der urteilenden Personen und zum anderen hinsichtlich der Umstände, unter denen sie gefällt werden, qualifiziert. Auf der einen Seite verdienen nur die Urteile "kompetenter Moralbeurteiler" Beachtung. Ein "kompetenter Moralbeurteiler" zeichnet sich - vereinfacht dargestellt - durch diejenigen Eigenschaften aus, die eine Person nach allgemeiner Einschätzung befähigen, vernünftige moralische Entscheidungen zu treffen. Gefordert ist u.a. ein Mindestmaß an Intelligenz, der Besitz ausreichender Informationen über den zu beurteilenden Sachverhalt, die Bereitschaft, nach Gründen für eine Entscheidung zu suchen und diese im Lichte neuer Erkenntnisse gegebenenfalls zu revidieren, sowie das Vermögen, sich in die Interessenlagen anderer Menschen hineinzuversetzen. (Vgl. Rawls 1976, 125ff.) Auf der anderen Seite werden nur "wohldurchdachte Urteile" als relevant erachtet. Ein Urteil gilt - wiederum verkürzt wiedergegeben - als "wohldurchdacht", wenn es unter Bedingungen entstanden ist, die einer vernünftigen Entscheidung zuträglich sind. Rawls führt unter anderem die folgenden Bedingungen an: Der Moralbeurteiler soll durch seine Entscheidung weder Vorteile noch Nachteile zu erwarten haben, er soll seine Entscheidung mit "innerer Gewißheit" getroffen haben und in ähnlichen Fällen genauso urteilen, ihm sollen die wichtigsten Fakten, insbesondere die Standpunkte der zu beurteilenden Personen, bekannt gewesen sein. (Vgl. Rawls 1976, 129ff.) Hervorzuheben ist, daß Rawls bei der Erläuterung der qualifizierenden Begriffe "kompetent" und "wohldurchdacht" nicht auf moralische Prinzipien rekurriert. Beispielsweise charakterisiert er den "kompetenten Moralbeurteiler" nicht dadurch, daß er sich in seinen Entscheidungen von einem bestimmten moralischen Prinzip leiten läßt. Rawls' Argumentation wäre offenkundig zirkulär, wenn die Prinzipien, die selbst auf ihre Übereinstimmung mit qualifizierten intuitiven Urteilen getestet werden sollen, zur Definition der Qualität eben dieser Urteile herangezogen würden. (2)

Im nächsten Schritt sieht das Verfahren des Überlegungsgleichgewichts die Eruierung von Prinzipien vor, die die Menge aller wohldurchdachten Urteile kompetenter Moralbeurteiler explizieren. Eine Explikation ist "(...) als eine Reihe von Prinzipien definiert, deren (...) Anwendung (...) Urteile ergibt, die - zwar dem Vorgehen gemäß nicht intuitiv, sondern aufgrund einer expliziten und bewußten Heranziehung der Prinzipien abgegeben - nichtsdestoweniger Fall für Fall identisch mit den wohldurchdachten Urteilen kompetenter Beurteiler sind." (Rawls 1976, 132) Die gesuchten Prinzipien können meiner Ansicht nach auf zweierlei Weise gewonnen werden. Zum einen kann man von der Menge der qualifizierten Urteile ausgehend Verallgemeinerungen vornehmen, die mit einer möglichst großen Anzahl dieser Urteile verträglich sind. Zum anderen kann man auf die Prinzipien zurückgreifen, die die lange Geschichte moralischen Denkens hervorgebracht hat, und sie auf ihre Explikationsleistung untersuchen. (3) Gleichgültig welchen der beiden Wege man einschlägt, ist damit zu rechnen, daß zunächst Widersprüche zwischen Prinzipien und einzelnen Urteilen auftreten werden. Die Menge der wohldurchdachten Urteile ist normalerweise zu heterogen, um auf Anhieb eine vollständige Übereinstimmung der immer auf einer begrenzten Anzahl von Urteilen basierenden Verallgemeinerungen oder der in der moralphilosophischen Tradition vorgefundenen Prinzipien mit ihr zuzulassen.

Rawls' Verfahren gibt für die Behandlung derartiger Konfliktfälle keine Regel an. Es bleibt dem moralischen Akteur selbst überlassen, ob er lieber das konfligierende Urteil oder das konfligierende Prinzip revidiert. Ausschlaggebend für seine Entscheidung ist allein, welcher der in Frage stehenden moralischen Aussagen, dem Urteil oder dem Prinzip, er die größere Bedeutung beimißt. Ziel des Rawlsschen Verfahrens ist die Beseitigung der bestehenden Unstimmigkeiten durch einen wechselseitigen Anpassungsprozeß. Urteile und Prinzipien sollen solange modifiziert oder verworfen werden, bis alle Widersprüche ausgeräumt sind. Wenn die wechselseitigen Korrekturen zu einem kohärenten System moralischer Aussagen geführt haben, ist der Zustand erreicht, den Rawls Überlegungsgleichgewicht nennt. Moralische Aussagen, die Bestandteil eines Überlegungsgleichgewichts sind, gelten als gerechtfertigt. Ihre Rechtfertigung gründet nicht auf dem Anspruch, mit "moralischen Wahrheiten" zu korrespondieren, sondern ergibt sich ausschließlich "(...) aus der gegenseitigen Stützung vieler Erwägungen, daraus, daß sich alles zu einer einheitlichen Theorie zusammenfügt." (Rawls 1975a, 39) (4) Eine Eigenschaft des geschilderten Verfahrens muß besonders herausgestellt werden. Moralische Normen, die sich im Überlegungsgleichgewicht befinden, sind nicht universal, d.h. für alle Zeiten und gegenüber allen Menschen, gerechtfertigt. Rawls' Verfahren kann keine endgültige Normbegründung leisten, da der dauerhafte Bestand von Überlegungsgleichgewichten nicht gewährleistet ist. Ihre konstitutiven Elemente, Urteile und Prinzipien, können sich im Laufe der Zeit grundlegend wandeln und die Bestimmung neuer Gleichgewichte erforderlich machen. Die Wahrnehmung und Bewertung moralischer Probleme kann z.B. durch einschneidende historische Erfahrungen oder durch neuartige gesellschaftliche und technische Entwicklungen verändert werden. (5) Rawls' Verfahren kann auch nicht mit dem Anspruch praktiziert werden, Normen gegenüber allen Menschen zu begründen. Die Resultate des Verfahrens können nur für die Personen relevant sein, deren moralische Intuitionen bei der Ermittlung des Überlegungsgleichgewichts berücksichtigt wurden. Eine Ausweitung des Begründungsanpruchs auf andere Personen oder Kulturen ist meines Erachtens ausgeschlossen, da der Kern der Rawlsschen Rechtfertigungsidee in der Rationalisierung jeweils eigener Wertintuitionen zu sehen ist.

Gegen die am "common sense" orientierte Normbegründung im allgemeinen und gegen das Verfahren des Überlegungsgleichgewichts im besonderen ist vielfach der Einwand des "Konventionalismus" bzw. des "Konservativismus" erhoben worden. Der Vorwurf des "Konventionalismus" zeiht die moralische Theorie, das normative Selbstverständnis einer Gesellschaft unkritisch zu reproduzieren. Ihm liegt in der Regel die Auffassung zugrunde, daß moralische Prinzipien als unabhängiger Bewertungsmaßstab für bestehende gesellschaftliche Praktiken und Institutionen fungieren sollen. Eine wirkliche Korrekturinstanz können moralische Prinzipien dieser Auffassung nach nur sein, wenn sie ohne Bezugnahme auf die in der Gesellschaft vorherrschenden Werturteile generiert werden. Das Verfahren des Überlegungsgleichgewichts wahrt nun offensichtlich nicht die geforderte Distanz zu den gegebenen Wertvorstellungen der Gesellschaftsmitglieder. Wie wir gesehen haben, setzt seine Eruierung der moralischen Prinzipien bei den intuitiven Urteilen der Individuen an. Den Kritikern des Verfahrens zufolge werden die intuitiven Urteile im starken Maße von den gesellschaftlichen Bedingungen, unter denen sie gefällt werden, beeinflußt. In der Gesellschaft verbreitete religiöse, philosophische und politische Anschauungen können das intuitive Wertverständnis des einzelnen "verzerren". (Vgl. Singer 1974, 516) So muß man beispielsweise davon ausgehen, daß Individuen, die in einem christlich geprägten Land leben, ein spezifisch christliches Wertempfinden haben. Und in einem Apartheitsstaat aufgewachsene Individuen, denen das sozialisierende Personal im Elternhaus und in der Schule rassistische Werte vermittelt hat, werden mit hoher Wahrscheinlichkeit rassistische Moralintuitionen haben. Die in Rawls' Verfahren vorgenommene wechselseitige Anpassung von intuitiven Urteilen und Prinzipien erbringt aus der Perspektive der Kritiker keinen Rechtfertigungsgewinn. Die Erstellung eines Überlegungsgleichgewichts gibt lediglich Aussagen, deren moralische Relevanz höchst zweifelhaft ist, eine widerspruchsfreie Form. "The method of intuitions (...) is only an internal test of coherence, what may be no more than a reshuffling of moral prejudices." (Brandt 1979, 22; vgl. Lyons 1975, 145ff. und Unger 1996, 10ff.) (6)

Der Standardeinwand des "Konventionalismus" weist zweifellos auf eine ernst zu nehmende Gefahr des Intuitionenansatzes hin. Ich glaube aber, daß sich Rawls' Verfahren zufriedenstellend gegen die vorgetragenen Bedenken verteidigen läßt. Zunächst ist zu fragen, welche Alternative es zu der beanstandeten Orientierung an moralischen Intuitionen gibt. Die Kritiker des Intuitionenansatzes sind gefordert, ihren eigenen normativen Ausgangspunkt transparent zu machen. Die Vorstellung, daß Moral als ein von gesellschaftlichen Konventionen völlig unabhängiger Bewertungsmaßstab zu wirken habe, unterstellt in der Regel die Existenz objektiv gültiger Normen. Sie ist traditionell mit der Annahme verbunden, daß vorgesellschaftliche Normen in einem werthaltig gedachten Kosmos oder in göttlichen Offenbarungen entdeckt werden können. (Vgl. Walzer 1990b, 11ff.) Diese Fundierung der Normrechtfertigung ist aber weit schwerwiegenderen Einwänden ausgesetzt als die des Intuitionenansatzes. Sie stützt sich auf metaphysische Prämissen, die aus der Perspektive eines aufgeklärten Weltbildes keine Plausibilität besitzen. Eine auf ihrer Basis geführte moralische Argumentation hat in modernen pluralistischen Gesellschaften kaum Aussicht, breite Akzeptanz zu finden. (7)

Hinsichtlich der kognitivistischen Forderung nach objektiven Moralurteilen sind vom Standpunkt des Rawlsschen Verfahrens verschiedene Reaktionen möglich. Norman Daniels hat argumentiert, daß die Methode des Überlegungsgleichgewichts eine Approximation der moralischen Wahrheit leisten könne. Die Bestätigung eines moralischen Prinzips durch die Überlegungsgleichgewichte einer großen Zahl von Personen sei zwar nicht als strikter Beweis, aber immerhin als starkes Indiz für seinen Wahrheitsgehalt zu werten. (Vgl. Daniels 1979, 273ff.) (8) Meines Erachtens wäre es allerdings konsequenter, von der Idee der moralischen Wahrheit Abstand zu nehmen und nur den weitaus schwächeren Anspruch auf moralische Rechtfertigung zu erheben. Aus meiner Sicht liegt der Vorzug des Rawlsschen Verfahrens gerade darin, eine non-kognitivistische und zugleich rationale Normbegründung zu ermöglichen. Die Methode des Überlegungsgleichgewichts zeigt, daß man auf moralische Wahrheitsansprüche verzichten kann, ohne dadurch auf eine "emotivistische" Position zurückgeworfen zu werden.

Weiter lassen sich zugunsten des Rawlsschen Verfahrens verschiedene Gesichtspunkte anführen, die für die Eignung intuitiver Urteile als Grundlage der Normbegründung sprechen. Die Individuen sind im allgemeinen nicht - wie es der diskutierte Einwand nahelegt - mit gänzlich unqualifizierten vortheoretischen Werthaltungen ausgestattet. Ihre intuitiven Moralurteile müssen sich im Alltag bewähren, d.h. sie müssen zur Lösung der Konflikte beitragen, die im sozialen Miteinander zwangsläufig entstehen. Zumindest stabile Intuitionen dürfen beanspruchen, die Erfahrungen, die die Individuen im Umgang mit moralischen Fragen gesammelt haben, zu repräsentieren. Damit ist selbstverständlich nicht mehr als ein "Anfangsverdacht auf Vernünftigkeit" begründet; zweifellos haben die Individuen auch irrationale Intuitionen, die bei der Behandlung moralischer Probleme keine Beachtung verdienen. Die von Rawls eingeführten Zulassungsbeschränkungen bieten hier aber ein zusätzliches Instrumentarium, um offensichtlich unvernünftige Urteile auszusondern. Durch die ausschließliche Berücksichtigung der wohldurchdachten Urteile kompetenter Moralbeurteiler wird zumindest gewährleistet, daß einige der gravierendsten Fehlerquellen ausgeschaltet werden.

In diesem Zusammenhang muß noch einmal betont werden, daß die intuitiven Urteile im Verfahren des Überlegungsgleichgewichts keine unveränderlichen Fixpunkte bezeichnen. Auch die qualifizierten Urteile kompetenter Personen können - anders als es der Vorwurf des "Konservativismus" suggeriert - revidiert werden, wenn sie bedeutsamen moralischen Prinzipien entgegenstehen. Der zur Ermittlung eines Überlegungsgleichgewichts durchzuführende Adjustierungsprozeß leistet einen zusätzlichen Beitrag zur Rationalisierung der Intuitionen. Das Verfahren ermöglicht, die Widersprüche, die zwischen den verschiedenen intuitiven Urteilen der Individuen sowie zwischen ihren Urteilen und ihren Prinzipien bestehen, zu identifizieren. Es schafft so die Voraussetzungen, die "Unregelmäßigkeiten und Konfusionen", die auch die wohldurchdachten Urteile kompetenter Moralbeurteiler enthalten können, auszuräumen. (Vgl. Rawls 1976, 137)

Es muß allerdings konzediert werden, daß die Durchführung der Gleichgewichtsprozedur "unerwünschte" Moralaussagen, wie die erwähnten rassistischen Urteile, nicht in jedem Fall beseitigen kann. Hierzu nur zwei kurze - vielleicht unbefriedigende - Anmerkungen. Erstens ist man, sofern man zustimmt, daß axiomatische Setzungen, wie z.B. Naturrechte, nicht einfach als geltend vorausgesetzt werden können, auf Verfahren der Normbegründung verwiesen, die keine inhaltlichen Vorgaben machen. Solche Verfahren sind aber zwangsläufig ergebnisoffen und stehen somit vor demselben Problem, wie das von Rawls vorgeschlagene Modell. Auch rein formale Verallgemeinerungspostulate, die sich im Anschluß an Kant formulieren lassen, können "unerwünschte" Ergebnisse nicht mit Sicherheit ausschließen. Ein überzeugter Rassist würde z.B. auch dann befürworten, daß rassistische Maximen zum allgemeinen Gesetz erhoben werden, wenn er damit rechnen müßte, sich selbst in der Position des Unterdrückten wiederzufinden. Die Diskursethik zeigt hier nur scheinbar eine Lösung auf. Die Diskursethik fordert, nur Normen als gerechtfertigt anzuerkennen, denen ausnahmslos alle betroffenen Individuen in einem freien Diskurs zustimmen. So wird zwar gewährleistet, daß auch die Individuen, gegen die sich die rassistischen Ideen richten, ihre Argumente vorbringen und mit ihrem Veto notfalls den konsensuellen Beschluß diskriminierender Normen vereiteln können. Meiner Auffassung nach wird das eigentliche Problem aber nur auf eine übergeordnete Ebene verlagert. Denn natürlich bedarf auch die im diskursethischen Begründungsverfahren vorausgesetzte Norm, daß alle betroffenen Individuen konsensuell entscheiden sollen, einer Rechtfertigung. Und diese Rechtfertigung kann wiederum entweder intuitionistisch oder mittels Deduktion aus axiomatischen Setzungen erfolgen.

Zweitens wird die Kritik an rassistischen Werthaltungen oftmals in einer Form geäußert, die eine Parallele zu der Argumentationsweise des Rawlsschen Verfahrens aufdrängt. Das ist meines Erachtens immer dann der Fall, wenn die Kritiker auf die "Kontraintuitivität" rassistischer Aussagen verweisen oder aufzeigen, welche moralischen Urteile und Prinzipien man aufgeben muß, um konsistent eine rassistische Position einnehmen zu können. Wer aber seine Gegnerschaft zum Rassismus so oder ähnlich artikuliert, kann gegen das Verfahren des Überlegungsgleichgewichts nicht den Einwand erheben, daß es "unliebsame" Resultate zuläßt. Er trägt dann implizit zentrale Annahmen des Verfahrens über die Begründung von Normen mit und ist insofern auf die Akzeptanz seiner Ergebnisse festgelegt.

Die von den Opponenten hervorgehobene Tatsache, daß intuitive Wertvorstellungen historischen und kulturellen Einflüssen unterliegen, erscheint wenig bedenklich, wenn man sich den eingeschränkten Begründungsanspruch des Verfahrens in Erinnerung ruft. Die Methode des Überlegungsgleichgewichts intendiert, verbindliche Normen für eine bestimmte Person, Gemeinschaft oder Kultur zu ermitteln. Ihr Ziel ist es nicht, universale Normen zu rechtfertigen. Es besteht daher kein Anlaß, spezifische historische Erfahrungen und kulturelle Prägungen bei der Generierung der Normen auszublenden.

Abschließend ist noch darauf hinzuweisen, daß Rawls' Verfahren beanspruchen kann, die Vorgehensweise, der sich vernünftige Menschen bei ihren alltäglichen moralischen Überlegungen bedienen, rational zu rekonstruieren. Die Rechtfertigung von Einzelfallurteilen durch Prinzipien und die Überprüfung von Grundsätzen mittels intuitiver Einstellungen dürfen als gängige Reflexionsmuster im moralischen Bereich gelten. Diese Eigenschaft ist bedeutend, weil sie die Aussichten des "reflective equilibrium", als Begründungsmodus akzeptiert zu werden, erhöht. Ein Begründungsverfahren, das sich grundlegend von bekannten und in der Praxis bewährten Argumentationsmustern abhebt, könnte kaum auf eine breite Zustimmung rechnen. (Vgl. Hoerster 1977, 74f.)

2.2 Spielarten der Überlegungsgleichgewichte

Das im vorigen Abschnitt in nuce vorgestellte Rechtfertigungsverfahren des Überlegungsgleichgewichts läßt verschiedene Differenzierungen zu. Um meinen methodischen Standpunkt weiter zu verdeutlichen, werde ich im folgenden die Unterscheidungen zwischen
a) engen und weiten sowie
b) individuellen und kollektiven Überlegungsgleichgewichten diskutieren.

a) Die begriffliche Abgrenzung von engen und weiten Überlegungsgleichgewichten hat John Rawls in seinem 1974 publizierten Aufsatz "The Independence of Moral Theory" explizit eingeführt. (Vgl. Rawls 1974, 8) Nach der Auffassung von Norman Daniels hat sich aber bereits die Rechtfertigung der Gerechtigkeitsgrundsätze in Rawls' 1971 veröffentlichten Hauptwerk "A Theory of Justice" implizit auf die Idee eines weiten Überlegungsgleichgewichts gestützt. (Vgl. Daniels 1979, 257) Von Rawls ist allerdings an keiner Stelle eine detaillierte Ausarbeitung der Konzeption weiter Überlegungsgleichgewichte vorgelegt worden; erst Daniels hat in verschiedenen, ab Ende der 70er Jahre erschienenen Beiträgen den konzeptionellen Grundgedanken weiterentwickelt und präzisiert.

Enge und weite Überlegungsgleichgewichte unterscheiden sich hinsichtlich der Aussagenmengen, die in eine kohärente Form gebracht werden sollen. Bei der Ermittlung enger Überlegungsgleichgewichte wird - so wie es im vorangegangenen Abschnitt beschrieben wurde - eine wechselseitige Anpassung von wohldurchdachten Urteilen und Prinzipien vorgenommen. Bei der Bestimmung weiter Überlegungsgleichgewichte wird eine zusätzliche Gleichgewichtskomponente in das Verfahren einbezogen: "The method of wide reflective equilibrium is an attempt to produce coherence in an ordered triple of sets of beliefs (...), namely, (a) a set of considered moral jugdements, (b) a set of moral principles, and (c) a set of relevant background theories." (Daniels 1979, 258) Daniels erläutert das neue Gleichgewichtselement, das Set relevanter Hintergrundtheorien, am Beispiel der Rawlsschen Gerechtigkeitstheorie. Als mögliche Hintergrundtheorien führt er Theorien der Person, Theorien über die Rolle der Moral in der Gesellschaft und Theorien der Verfahrensgerechtigkeit an.

Die Methode des weiten Überlegungsgleichgewichts sieht zwei Anpassungsprozesse vor. Zusätzlich zu der Adjustierung der Aussagenmengen (a) und (b), die bereits bei der Generierung enger Überlegungsgleichgewichte durchzuführen ist, sollen die Aussagenmengen (a) und (c) aufeinander abgestimmt werden. Analog zu dem im vorigen Abschnitt dargestellten Verfahren können im Falle von Unstimmigkeiten beide Aussagenmengen verändert werden. Die relevanten Hintergrundtheorien können also sowohl Anlaß geben, wohldurchdachte Urteile zu revidieren, als auch selbst Modifikationen unterzogen werden, wenn sie starken intuitiven Überzeugungen widersprechen. Zwischen den Aussagenmengen (b) und (c) soll Daniels zufolge kein Anpassungsprozeß vorgenommen werden. Die moralischen Prinzipien sollen aus den relevanten Hintergrundtheorien abgeleitet und nicht in einem Hin und Her wechselseitiger Korrekturen mit ihnen vermittelt werden. Diese Einschränkung der Gleichgewichtsbildung steht im klaren Gegensatz zu der leitenden Idee des Rechtfertigungsverfahrens. Sie ist meines Erachtens darauf zurückzuführen, daß Daniels die Konzeption weiter Überlegungsgleichgewichte in erster Linie zur Interpretation der Rawlsschen Gerechtigkeitstheorie dient. Die wechselseitige Anpassung von moralischen Prinzipien und Hintergrundtheorien würde zwar der Logik des Verfahrens folgen, sie hätte aber in Rawls' Argumentationsaufbau keine Entsprechung. (9)

Eine wichtige Verfahrensbestimmung der Konzeption weiter Überlegungsgleichgewichte ist die sogenannte "independence constraint". Ihr liegt die Einsicht zugrunde, daß das zwischen den Aussagenmengen (a) und (c) angestrebte Überlegungsgleichgewicht nur einen Beitrag zur Rechtfertigung der moralischen Prinzipien leisten kann, wenn es sich von dem Überlegungsgleichgewicht, das zwischen den Aussagenmengen (a) und (b) hergestellt werden soll, im ausreichenden Maße unterscheidet. Gegenüber der Konzeption enger Überlegungsgleichgewichte wäre kein Fortschritt erzielt, wenn die relevanten Hintergrundtheorien und die moralischen Prinzipien dieselben wohldurchdachten

Urteile systematisieren bzw. gegen dieselben wohldurchdachten Urteile "getestet" würden. Nach Daniels' Auffassung ist es daher erforderlich, das Set der wohldurchdachten Urteile in zwei weitgehend voneinander getrennte Aussagenmengen zu unterteilen: "Suppose some set of considered moral judgements, (a'), plays a role in constraining the background theories in (c). Then we are asking that some interesting, non-trivial portion of (a') should be disjoint from the set (a) that constrains the principles in (b). Our *independence constraint* is the requirement that (a') and (a) be to some significant degree disjoint." (Daniels 1980, 87) (10)

Die beschriebene Ausdehnung des Verfahrens auf eine dritte Gleichgewichtskomponente bietet aus Daniels' Sicht zwei Vorteile. Zum einen werde die Methode des weiten Überlegungsgleichgewichts der komplexen Struktur moralischer Theorien besser gerecht als die Methode des engen Überlegungsgleichgewichts. Die zusätzliche Berücksichtigung relevanter Hintergrundtheorien ermögliche es, genauer zu lokalisieren, in welchen Punkten Konsens bzw. Dissens bestehe. Sie trage zur Vermeidung von Mißverständnissen bei und erleichtere so zumindest in einigen Fällen die Beilegung moralischer Kontroversen. Zum anderen könne das Verfahren des weiten Überlegungsgleichgewichts eine überzeugendere Rechtfertigung moralischer Normen leisten als das Verfahren des engen Überlegungsgleichgewichts. Die Einbeziehung einer dritten Gleichgewichtskomponente stärke den kohärenztheoretischen Rechtfertigungsanspruch, indem sie das System sich gegenseitig stützender Aussagen weiter ausbaue. Moralische Urteile und Prinzipien, die sich im Zustand des weiten Überlegungsgleichgewichts befänden, seien durch ein noch ausgedehnteres Geflecht zusammenstimmender Aussagen abgesichert. (Vgl. Daniels 1980, 101f.)

Die Vorzüge, die Daniels dem Verfahren des weiten Überlegungsgleichgewichts zuschreibt, werden jedoch durch eine konzeptionelle Unklarheit in Frage gestellt. Daniels nennt kein Kriterium, nach dem sich entscheiden ließe, wann eine Aussage dem Set der moralischen Prinzipien und wann sie dem Set der relevanten Hintergrundtheorien zugerechnet werden muß. Einen Fingerzeig, wie die Unterscheidung der beiden Sets gedacht sein könnte, gibt allenfalls Daniels' Charakterisierung der relevanten Hintergrundtheorien als "non-moral theories". (Vgl. Daniels 1980, 102) Sie deutet darauf hin, daß das Set der Prinzipien nur moralische Aussagen, das Set der Hintergrundtheorien nur nichtmoralische Aussagen enthalten soll. Eine Differenzierung der beiden Sets durch das Unterscheidungsmerkmal moralisch/nicht-moralisch erscheint aber nicht plausibel; sie läßt sich mit der Rolle, die die relevanten Hintergrundtheorien bei der Generierung weiter Überlegungsgleichgewichte spielen sollen, nicht in Einklang bringen. Daniels' Verfahrensbeschreibung sieht ausdrücklich eine wechselseitige Anpassung von wohldurchdachten Urteilen und Hintergrundtheorien vor. Die Möglichkeit, Hintergrundtheorien zu revidieren, wenn sie fest verankerten moralischen Überzeugungen widersprechen, setzt aber zwingend voraus, daß sie normative Aussagen enthalten müssen. Wenn die Hintergrundtheorien, wie es die Bezeichnung "non-moral theories" nahelegt, ausschließlich aus deskriptiven Aussagen bestehen würden, müßte die geforderte Anpassung zwischen Seins- und Sollens- Aussagen vorgenommen werden. Das hätte die inakzeptable Konsequenz, daß wahre Tatsachenurteile, die aus moralischen Gründen Mißfallen erregen, verworfen werden können.

Wenn sich das Set der moralischen Prinzipien nicht gegen das Set der relevanten Hintergrundtheorien abgrenzen läßt, erscheint der Anspruch, das Verfahren des engen Überlegungsgleichgewichts erweitert zu haben, unbegründet. Das Verfahren des weiten Überlegungsgleichgewichts bildet dann nicht aus drei, sondern - wie schon das Verfahren des engen Überlegungsgleichgewichts - aus nur zwei Aussagenmengen ein kohärentes Aussagensystem. Dem aus den Aussagenmengen (a) und (b) gebildeten Überlegungsgleichgewicht wird zwar ein zweites Überlegungsgleichgewicht an die Seite gestellt, dieses zweite Überlegungsgleichgewicht wird aber lediglich durch die Aufteilung von (a) und (b) in jeweils zwei separate Mengen ermöglicht. Es wird also nicht, wie von Daniels intendiert, aus den Aussagenmengen (a') und (c), sondern aus den Aussagenmengen (a') und (b') gewonnen. Die verbesserte Rechtfertigung moralischer Normen, die die Methode des weiten Überlegungsgleichgewichts durch die Berücksichtigung einer zusätzlichen Gleichgewichtskomponente zu leisten versprach, wird so nicht erreicht.

Die geschilderten Schwierigkeiten liegen meiner Meinung nach darin begründet, daß Daniels die Konzeption des weiten Überlegungsgleichgewichts eng an die Rawlssche Gerechtigkeitstheorie angebunden hat. Im Rahmen von Rawls' Theorie läßt sich die Zuordnung zur Ebene der Prinzipien und zur Ebene der Hintergrundtheorien plausibel vornehmen. Beispielsweise erscheint es durchaus einleuchtend, daß sich Rawls' Begründung der Gerechtigkeitsprinzipien auf Hintergrundannahmen stützt, die in seiner Theorie der Person und seiner Theorie der Verfahrensgerechtigkeit zum Ausdruck kommen. Außerhalb des Bezugsrahmens, den Rawls' Theorie vorgibt, liegt die Zuordnung aber keineswegs auf der Hand. (Vgl. Hahn 2000, 119) So kann etwa eine Theorie der Verfahrensgerechtigkeit ebensogut als Hintergrundtheorie zu einem Prinzip individueller Freiheit fungieren wie eine Theorie individueller Freiheit als Hintergrundtheorie zu einem Prinzip der Verfahrensgerechtigkeit. Sobald die Methode des weiten Überlegungsgleichgewichts aus dem Interpretationskontext der Rawlsschen Theorie herausgelöst wird, entsteht das Problem, daß sich die im Gleichgewichtsverfahren zu berücksichtigenden Elemente nicht eindeutig identifizieren lassen.

b) Die Unterscheidung zwischen individuellen und kollektiven Überlegungsgleichgewichten bezieht sich auf die Anzahl der Personen, die an dem Verfahren teilnehmen. Wenn eine einzelne Person ihre moralischen Urteile und Prinzipien durch den erläuterten Prozeß wechselseitiger Anpassung in Übereinstimmung bringt, spricht man von einem individuellen Überlegungsgleichgewicht. Wenn aus den moralischen Urteilen und Prinzipien mehrerer Personen ein kohärentes Aussagensystem gebildet wird, spricht man von einem kollektiven Überlegungsgleichgewicht. (Vgl. Hahn 1996, 410f.) Für das im Mittelpunkt der Arbeit stehende Thema der Verteilungsgerechtigkeit muß der Gedanke, das Verfahren des Überlegungsgleichgewichts auf ein Kollektiv anzuwenden, besonders attraktiv erscheinen. Die Regelungen, die im Hinblick auf Verteilungsprobleme getroffen werden, wirken sich immer auf mehrere Personen aus und erzeugen somit einen Rechtfertigungsbedarf, der über die individuelle Sphäre hinausgeht.

Eine präzise Operationalisierung des Begriffs "kollektives Überlegungsgleichgewicht" sucht man in der philosophischen Fachliteratur vergebens. Um eine sinnvolle Diskussion des Verfahrens zu ermöglichen, muß daher zunächst geklärt werden, wie kollektive Überlegungsgleichgewichte erzeugt werden können. Ich werde im folgenden - z.T. unter Rückgriff auf Modelle der Konsensfindung, die aus anderen Zusammenhängen bekannt sind - drei mögliche Vorgehensweisen skizzieren und ihre jeweiligen Vor- und Nachteile erörtern. Ausgangspunkt aller von mir diskutierten Varianten werden die individuellen Überlegungsgleichgewichte sein, die von den Mitgliedern des Kollektivs in vorgängigen Reflexionsprozessen gebildet wurden. Ich setze also voraus, daß das Verfahren des kollektiven Überlegungsgleichgewichts bei moralischen Urteilen und Prinzipien ansetzen kann, die zuvor auf individueller Ebene einer Rationalisierung unterzogen wurden. Die Ermittlung eines kollektiven Überlegungsgleichgewichts verfolgt das Ziel, die Widersprüche auszuräumen, die noch zwischen den reflektierten Werthaltungen der Individuen bestehen.

Die erste Variante, die es zu betrachten gilt, betraut eine als besonders qualifiziert erachtete Person, z.B. einen Moralphilosophen, mit der Generierung des kollektiven Überlegungsgleichgewichts. (11) Der Moralphilosoph hat zunächst die individuellen Überlegungsgleichgewichte der Kollektivmitglieder zu sichten und den zwischen ihnen bestehenden Dissens zu lokalisieren. Sodann hat er die wechselseitige Revision der konfligierenden Urteile und Prinzipien, die zu einem kohärenten Aussagensystem führen soll, in eigener Verantwortung vorzunehmen. Er entscheidet also nach eigenem Ermessen, wie die zwischen den reflektierten Werteinstellungen der Individuen festgestellten Unstimmigkeiten aufgelöst werden. Die beschriebene Vorgehensweise stellt meiner Auffassung nach keine akzeptable Interpretation des Verfahrens dar. Wie wir gesehen haben, ist die Ermächtigung der Individuen, im Konfliktfall autonom zu entscheiden, ob sie eher ein Urteil oder ein Prinzip aufgeben bzw. abändern wollen, ein wesentlicher Bestandteil der Rawlsschen Rechtfertigungsidee. Die Übertragung der Entscheidungsbefugnis auf einen Moralphilosophen eleminiert dieses Verfahrenselement und nimmt dadurch den Individuen die Möglichkeit, ihre moralischen Präferenzen wirksam zur Geltung zu bringen. Ein kollektives Überlegungsgleichgewicht, das von einem Moralphilosophen in einsamer Reflexion erzeugt wird, kann keine Normbegründung leisten, die für alle Mitglieder des Kollektivs verbindlich ist. Es ist immer der Gefahr ausgesetzt, die normativen Überzeugungen der beteiligten Individuen unausgewogen zu repräsentieren. Zwar sind anfänglich die rationalisierten Aussagen aller Individuen für den Moralphilosophen gleich beachtlich, aber die Korrekturen, die er vornimmt, können ausschließlich oder überwiegend zu Lasten bestimmter Individuen gehen. Da diese Individuen durch eigene Überlegungen nicht zu so weitgehenden Revisionen ihrer Urteile oder Prinzipien veranlaßt würden, haben sie keinen Grund, sich an das "kollektive Überlegungsgleichgewicht" gebunden zu fühlen.

Geeignetere Verfahrensinterpretationen scheinen die nach dem Vorbild der Diskursethik bzw. der Lehrer/Wagner-Modelle gestalteten Varianten zu bieten. Der Grundgedanke der Diskursethik besagt, "(...) daß nur die Normen Geltung beanspruchen dürfen, die die Zustimmung aller Betroffenen als Teilnehmer eines praktischen Diskurses finden (oder finden könnten)." (Habermas 1983, 103) Übertragen auf das Problem der Bildung kollektiver Überlegungsgleichgewichte ist damit gefordert, daß die Unstimmigkeiten, die zwischen den individuellen Überlegungsgleichgewichten auftreten, in einem Diskurs erörtert werden, der allen Mitgliedern des Kollektivs offensteht. Die Diskussion soll mit dem Ziel geführt werden, Einvernehmen über die zur Gewinnung eines kohärenten Aussagensystems notwendigen Modifikationen zu erreichen. Konfligierende Urteile und Prinzipien dürfen nur revidiert werden, wenn sich alle beteiligten Individuen mit der Änderung bzw. Aufgabe der betreffenden Aussagen einverstanden erklären. Um sicherzustellen, daß die Diskursteilnehmer ihre Zustimmung freiwillig erteilen, ist die Ausübung jeglicher Art von Zwang untersagt. Die Abwesenheit von Zwang und die konsensuell zu vollziehende Anpassung der individuellen Überlegungsgleichgewichte sollen gewährleisten, daß bei der Ermittlung des kollektiven Überlegungsgleichgewichts niemand übervorteilt werden kann.

In der an den Lehrer/Wagner-Modellen orientierten Variante werden die Streitpunkte, die zwischen den verschiedenen individuellen Überlegungsgleichgewichten zutage treten, jedem Mitglied des Kollektivs zur Beurteilung vorgelegt. Wenn beispielsweise zwei einander widersprechende moralische Aussagen A und B Bestandteile verschiedener individueller Überlegungsgleichgewichte sind, werden die Mitglieder gefragt, ob A (bzw. B) in das kollektive Überlegungsgleichgewicht eingehen soll. (12) Jedes Mitglied i schreibt der Aussage A einen Wahrscheinlichkeitswert p_i ($0 \leq p \leq 1$) zu, der ausdrückt, wie wahrscheinlich es aus seiner Sicht ist, daß A die richtige Lösung darstellt. Um den Wert p rational bestimmen zu können, müssen die Kollektivmitglieder alle relevanten Informationen berücksichtigen; zu den relevanten Informationen, so die weitere Überlegung, zählen auch ihre Kenntnisse über die Urteilsfähigkeit anderer Personen. Jedes Kollektivmitglied kann seine individuelle Wahrscheinlichkeitsschätzung verbessern, indem es sein soziales Wissen über die Zuverlässigkeit, mit der die anderen Mitglieder urteilen, nutzt. (Vgl. Lehrer 1981, 74f.; Lehrer/Wagner 1981, 13f.) Das soziale Wissen wird durch den Gewichtungsfaktor w_i ($0 \leq w_{ij} \leq 1$ und $\Sigma w_i = 1$) zur Geltung gebracht, der die gesamte Urteilskompetenz des Kollektivs aus der Sicht des Individuums i repräsentiert. Jeder entscheidet auf der Grundlage seiner eigenen Kompetenzzuschreibungen, wie er den Wert w auf die Mitglieder des Kollektivs - darunter auch er selbst - aufteilt. Wenn er den Wert 0 vergibt, läßt er erkennen, daß er die Meinung der betreffenden Person für gänzlich unbeachtlich hält; vergibt er hingegen den Wert 1, so zeigt er, daß ihm ausschließlich die Auffassung dieser einen Person beachtenswert erscheint. Mit Hilfe der gewichteten Urteile können die Kollektivmitglieder nun einen rationaleren, d.h. mehr Informationen einbeziehenden, Wahrscheinlichkeitswert p_i^1 errechnen ($p_i^1 = p_i^0 \cdot w_{ii} + p_j^0 \cdot w_{ij} + ... + p_n^0 \cdot w_{in}$). Wenn sie auch anderen Personen Urteilskompetenz zuerkennen und diese Personen Wahrscheinlichkeitsschätzungen ab-

2. Moralische Intuitionen als Ausgangspunkt der Argumentation 17

geben, die von ihren eigenen abweichen, unterscheidet sich ihr neuer Wert p_i^1 von ihrem anfänglichen Wert p_i^0. (13)

Mit der Ermittlung von p_i^1 sind die Möglichkeiten der Kollektivmitglieder, ihre Einschätzung von A zu verbessern, aber noch nicht ausgeschöpft. Die von ihnen als kompetent erachteten Personen sind ihrerseits zu verbesserten p^1-Werten gelangt, aus denen sich durch Wiederholung der oben geschilderten Operation ein noch zuverlässigerer Wahrscheinlichkeitswert p^2 bilden läßt. Ein analoges Argument kann natürlich auch mit Blick auf die p^2-Werte vorgebracht werden; durch Iteration des Verfahrens können die Kollektivmitglieder immer rationalere Wahrscheinlichkeitswerte p^3, p^4 usw. bestimmen. (Vgl. Lehrer/Wagner 1981, 22f.) Wenn zwei Bedingungen, die Konstanz-Bedingung und die Respekt-Bedingung, erfüllt sind, läßt sich zeigen, daß die Einschätzungen aller Kollektivmitglieder nach einer endlichen Anzahl von Runden gegen den gleichen Wahrscheinlichkeitswert konvergieren. Die Konstanz-Bedingung ist erfüllt, wenn die Mitglieder ihre Aufteilung des Gewichtungsfaktors w nicht verändern, also ihre Kompetenzzuschreibungen durch alle Runden beibehalten. (14) Die Respekt-Bedingung ist erfüllt, wenn alle Mitglieder des Kollektivs durch eine Kette gegenseitiger Kompetenzzuschreibungen miteinander verbunden sind. Dazu ist es nicht erforderlich, daß jedes Kollektivmitglied alle anderen Mitglieder für kompetent erachtet; es reicht aus, daß jeder mit jedem durch Zwischenglieder in der Kette in eine Beziehung "indirekten Respekts" gebracht wird. (Vgl. Lehrer/Wagner 1981, 26ff.) Sobald feststeht, daß die Einschätzungen aller Kollektivmitglieder gegen einen fixen Wahrscheinlichkeitswert konvergieren, kommt das Verfahren zum Abschluß. An die Stelle der Meinungsverschiedenheiten, die im Kollektiv hinsichtlich der Beurteilung der Aussage A bestanden haben, ist dann ein rationaler Konsens getreten. (15)

Sowohl die an der Diskursethik als auch die an den Lehrer/Wagner-Modellen ausgerichtete Variante vermag der Kritik, die an der anfangs diskutierten Verfahrensinterpretation geübt wurde, zu entgehen. In beiden Varianten können die Kollektivmitglieder die Geltung der im kollektiven Überlegungsgleichgewicht befindlichen Moralaussagen nicht mit der Begründung anfechten, daß bei der Gleichgewichtsbildung Veränderungen an ihren Ausgangspositionen vorgenommen wurden, zu denen sie selbst nicht bereit gewesen wären. Im Fall der diskursethischen Variante hat jedes Mitglied den Modifikationen, die sich für sein individuelles Überlegungsgleichgewicht ergeben haben, freiwillig zugestimmt. Im Fall der Lehrer/Wagner-Variante sind die Mitglieder durch ihr rationales Interesse an einer besseren Nutzung der vorhandenen Informationen veranlaßt worden, ihre individuellen Überlegungsgleichgewichte zu korrigieren. Die den Lehrer/Wagner-Modellen nachgebildete Variante wirft allerdings hinsichtlich der Geltung, die der von ihr erzeugte rationale Konsens beanspruchen kann, eine andere Frage auf. Im Gegensatz zur diskursethischen Variante erzielt sie kein Einvernehmen über moralische Aussagen, sondern über die Wahrscheinlichkeit, mit der diese Aussagen zutreffen könnten. Problematisch erscheint nun, ob man unter einer Vielzahl konkurrierender Moralaussagen einfach derjenigen verbindliche Geltung zusprechen kann, für die der höchste Wahrscheinlichkeitswert ermittelt wurde. Beispielsweise wäre es möglich, daß der Wahrscheinlichkeitswert der betreffenden Aussage gerade einmal 30 Prozent beträgt oder daß er nur geringfügig über dem Wahrscheinlichkeitswert einer anderen Aussage liegt. Zwar würde unter den Mitgliedern des Kollektivs auch in den genannten Fällen Konsens herrschen, welche moralische Aussage als die zuverlässigste anzusehen ist; ein solcher Konsens reicht aber möglicherweise nicht aus, um eine individuelle Pflicht zur Normanerkennung zu begründen. Man kann plausibel argumentieren, daß eine Norm nur verbindliche Geltung besitzen kann, wenn zusätzliche Bedingungen erfüllt sind. So läßt sich beispielsweise die Forderung erheben, daß die Kollektivmitglieder in ausreichendem Maße von der Richtigkeit der moralischen Aussage überzeugt sein müssen. Demnach könnte eine moralische Aussage erst dann als Bestandteil des kollektiven Überlegungsgleichgewichts gelten, wenn der Wahrscheinlichkeitswert, der ihr kollektiv zugeschrieben wird, eine bestimmte Höhe überschreitet.

Es liegt auf der Hand, daß sich sowohl für die Lehrer/Wagner-Variante als auch für die diskursethische Variante enorme Praktikabilitätsprobleme stellen, wenn sie auf größere Kollektive, wie z.B. staatliche Gemeinschaften, angewandt werden. Die Durchführung der Lehrer/Wagner-Variante ist aber - auch wenn im Detail noch zahlreiche Fragen zu klären wären - immerhin vorstellbar. Man könnte das Instrumentarium der Demoskopie nutzen, um die Einstellung der Bürger zu umstrittenen moralischen Aussagen und ihre Kompetenzurteile über andere Kollektivmitglieder in Erfahrung zu bringen. Eine einmalige Befragung wäre ausreichend, um alle Daten zu erheben, die für eine Computersimulation der weiteren Verfahrensschritte benötigt werden. Mit Hilfe der Computersimulation könnte man vorhersagen, wie sich die moralischen Urteile der Individuen in den folgenden Runden verändern werden, und so in relativ kurzer Zeit eruieren, ob im Kollektiv ein Konsens existiert. Die Anonymität, die in Kollektiven vom Umfang einer staatlichen Gemeinschaft zwangsläufig herrscht, stellt für die geforderten Kompetenzzuschreibungen kein Hindernis dar. Jeder Bürger kann für sich entscheiden, ob er auch fremden Personen eine beachtenswerte moralische Urteilsfähigkeit unterstellt oder ob er seine Kompetenzzuschreibungen auf Personen beschränkt, die ihm aus seinem privaten Umfeld oder den Medien bekannt sind.

Eine Realisierung der diskursethischen Variante scheint hingegen ausgeschlossen. In realen staatlichen Gemeinschaften ist weder die geforderte Abwesenheit von Zwang noch die Möglichkeit eines für alle Bürger zugänglichen und bis zum Konsens durchgehaltenen Diskurses gegeben. Die an der Diskursethik orientierte Verfahrensinterpretation läßt sich allenfalls als Gedankenexperiment begreifen, das von einer einzelnen Person zur Ermittlung eines kollektiven Überlegungsgleichgewichts durchgeführt wird. (16) Ein solches Gedankenexperiment erscheint aber wenig hilfreich, da sich die Ergebnisse hypothetischer Diskurse nicht zuverlässig prognostizieren lassen. Das reflektierende Individuum wird nicht mit zufriedenstellender Sicherheit vorhersagen können, ob sich die Kollektivmitglieder nach eingehender Erörterung aller relevanten Argumente, auf die Modifikation oder Aufgabe eines Urteils bzw. Prinzips einigen würden. Die Erzeugung des kollektiven Überlegungsgleichgewichts wird folglich von höchst anfechtbaren Entscheidungen eines einzelnen Moralbeurteilers abhängen müssen. Damit wäre der auf der Diskursethik aufbauende Verfahrensvorschlag letztlich doch dem Einwand ausgesetzt, der schon gegen die erste Variante ins Feld geführt wurde.

Es ist hervorzuheben, daß beide Vorgehensweisen mit dem Risiko des Scheiterns befrachtet sind. Weder die diskursethische Variante noch die Lehrer/Wagner-Variante können das Zustandekommen eines kollektiven Überlegungsgleichgewichts garantieren. Auch in einem Diskurs, der unter idealen Bedingungen geführt wird, besteht die Möglichkeit, daß die Diskutanten nach Austausch aller Argumente kein Einvernehmen erzielen. (17) Beispielsweise ist mit keiner abschließenden Einigung zu rechnen, wenn die moralische Haltung der Diskussionsteilnehmer von gegensätzlichen religiösen Glaubensüberzeugungen geprägt ist, die sich argumentativ nicht widerlegen lassen. Der Diskurs wird dann unvermeidlich an einen Punkt gelangen, an dem eine Fortsetzung des Meinungsaustauschs keine Fortschritte mehr verspricht, weil die Opponenten bereits alle Gründe, die für ihren jeweiligen Standpunkt sprechen, vorgebracht haben. Lehrer und Wagner verweisen zu recht darauf, daß das von ihnen konzipierte Verfahren selbst in einer solchen Pattsituation noch imstande sein kann, einen "impliziten Konsens" der Diskussionsgemeinschaft aufzudecken. Wenn alle Diskussionsteilnehmer trotz ihrer manifesten Meinungsunterschiede in einer Beziehung des Respekts zueinander stehen, kann das Verfahren zeigen, daß sie auf eine übereinstimmende Beurteilung des betreffenden moralischen Problems festgelegt sind. (Vgl. Lehrer/Wagner 1981, 19) Die Erfüllung der Respekt-Bedingung ist aber nicht immer gewährleistet. Das Kollektiv kann z.B. aus zwei Gruppen bestehen, deren Mitglieder sich wechselseitig jegliche Urteilskompetenz absprechen oder es kann einzelne Personen im Kollektiv geben, die ausschließlich sich selbst für kompetent erachten. In diesen Fällen kann auch das Lehrer/Wagner-Verfahren kein kollektives Überlegungsgleichgewicht generieren.

Die Schwierigkeiten, mit denen man bei der Bildung kollektiver Überlegungsgleichgewichte konfrontiert ist, mögen den Wunsch entstehen lassen, eine weniger anspruchsvolle Deutung an das Konzept heranzutragen. Mit dem Begriff des kollektiven Überlegungsgleichgewichts wurde bisher ein Zustand bezeichnet, in dem die individuellen Überlegungsgleichgewichte aller Kollektivmitglieder vollständig kongruieren. Es wäre aber auch denkbar, mit dem Begriff einen Zustand zu bezeichnen, in dem nur eine partielle Übereinstimmung zwischen den individuellen Überlegungsgleichgewichten der Kollektivmitglieder besteht. Man würde dann die moralischen Urteile und Prinzipien, die sich in der Schnittmenge der individuellen Überlegungsgleichgewichte befinden, als Elemente eines kollektiven Überlegungsgleichgewichts ansprechen. Auf der Basis dieser Begriffsverwendung würde man zweifellos in weitaus mehr Fällen die Existenz eines kollektiven Überlegungsgleichgewichts konstatieren können. Meiner Auffassung nach vermag eine solche "Schnittmengenkonzeption" aber im Rahmen eines kohärenztheoretischen Rechtfertigungsverfahrens nicht zu überzeugen. Die moralischen Aussagen, die in der Schnittmenge der individuellen Überlegungsgleichgewichte liegen, fügen sich selbst zu keinem kohärenten Aussagen-Set zusammen. Wenn man sie als isolierte Aussagenmenge betrachtet, genügen sie den im Verfahren erhobenen Kohärenzanforderungen nicht; sie als "kollektives Überlegungsgleichgewicht" zu bezeichnen, erscheint daher höchst irreführend.

2.3 Konsequenzen für die weitere Untersuchung

Im vorigen Abschnitt habe ich die Begriffspaare enges und weites sowie individuelles und kollektives Überlegungsgleichgewicht erörtert. Nun gilt es zu klären, welche Art von Überlegungsgleichgewicht in den folgenden Ausführungen zum Thema der Verteilungsgerechtigkeit angestrebt werden soll. An der Konzeption weiter Überlegungsgleichgewichte habe ich kritisiert, daß sie ihren Anspruch, eine zusätzliche Gleichgewichtskomponente zu berücksichtigen, nicht überzeugend begründen kann. Dieser Einwand läßt es auch wenig sinnvoll erscheinen, bezüglich der nachstehenden Untersuchung von der Bildung eines weiten Überlegungsgleichgewichts zu sprechen. Zwar könnte man, wie von der Konzeption weiter Überlegungsgleichgewichte gefordert, drei distinkte Aussagen-Sets unterscheiden: Ein Set (a), das wohldurchdachte Urteile über konkrete Verteilungen enthält, ein Set (b), das aus Prinzipien der Verteilungsgerechtigkeit besteht, und ein Set (c), das als relevante Hintergrundtheorie Rechtsstaatsprinzipien beinhaltet. Durch die Benennung eines dritten Aussagen-Sets (c) würde dem Überlegungsgleichgewicht aber kein neues Element hinzugefügt. Das kohärente Aussagensystem, das in einem engen Überlegungsgleichgewicht herzustellen wäre, müßte bereits alle in den drei Sets enthaltenen moralischen Urteile und Prinzipien umfassen. Die Berücksichtigung der als Hintergrundtheorie ausgewiesenen Prinzipien des Rechtsstaats würde somit keine Erweiterung des Verfahrens darstellen.

Zwei Gründe sprechen aus meiner Sicht dagegen, den Anspruch zu erheben, daß im weiteren Gang der Argumentation ein kollektives Überlegungsgleichgewicht generiert wird. Erstens müssen die Chancen für die Bildung eines kollektiven Überlegungsgleichgewichts um so skeptischer beurteilt werden, je heterogener das betreffende Kollektiv zusammengesetzt ist. Die modernen staatlichen Gemeinschaften, die den Bezugsrahmen der Untersuchung abgeben, sind durch einen geringen Bestand an geteilten Überzeugungen und eine immense Vielfalt divergierender Wertvorstellungen gekennzeichnet. Es ist daher sehr fraglich, ob aus den individuellen Überlegungsgleichgewichten der Staatsbürger, die einander in vielen Punkten widersprechen, ein kohärentes Aussagensystem geformt werden könnte. Zweitens haben die Überlegungen des vorangegangenen Abschnitts gezeigt, daß die praktische Umsetzung der kollektiven Gleichgewichtsprozedur mit beträchtlichen Schwierigkeiten verbunden ist. Unter allen diskutierten Verfahrensvorschlägen konnten allein der Variante, die nach dem Vorbild der Lehrer/Wagner-Modelle konzipiert wurde, Realisierungschancen attestiert werden. Die aufwendige und kostspielige Befragung, die die Lehrer/Wagner-Variante erfordert, konnte aber im Rahmen der vorliegenden Arbeit nicht durchgeführt werden. Die anschließenden Ausführungen dürfen folglich nur als Versuch, zu einem individuellen Überlegungsgleichgewicht zu gelangen, betrachtet werden.

Allerdings geht es mir nicht ausschließlich darum, meine eigenen normativen Überzeugungen zu einem kohärenten Aussagensystem zusammenzufügen. Die Argumente, die ich vorbringen werde, zielen natürlich auch auf den Leser. Sie sollen ihm vor Augen führen, welche Konsequenzen sich aus der Akzeptanz bestimmter moralischer Prinzipien ergeben, um ihn so zur Revision und gegebenenfalls zur Korrektur seiner Haltung zu veranlassen. Inwieweit sich die individuellen Überlegungsgleichgewichte der Leser beeinflussen lassen, kann aber nicht vorherbestimmt werden, denn in letzter Instanz bleibt die Bewertung der aufgezeigten Konsequenzen der autonomen Entscheidung jedes einzelnen überlassen. Ich erhebe daher, wenn ich im folgenden gelegentlich davon spreche, daß eine Norm allgemein oder weithin anerkannt wird, nicht den Anspruch, diese Norm gegenüber einem Kollektiv gerechtfertigt zu haben. Solche Äußerungen sind als empirische Thesen über die in demokratischen Rechtsstaaten vorherrschenden Wertvorstellungen zu verstehen, die durch widersprechende Fakten falsifiziert werden können.

Bei der Diskussion der drei Fragen der Verteilungsgerechtigkeit, die ich in dem einleitenden Kapitel vorgestellt habe, werde ich - etwas schematisch dargestellt - wie folgt verfahren: Zunächst werde ich mich bemühen, einen Überblick über die moralischen Prinzipien zu gewinnen, die geeignet sind, eine Antwort auf die interessierenden Fragen der Verteilungsgerechtigkeit zu geben. Sodann werde ich jedes dieser Prinzipien daraufhin untersuchen, inwieweit es mit wohldurchdachten Einzelfallurteilen und anderen moralischen Prinzipien, insbesondere den erwähnten Rechtsstaatsprinzipien, in Einklang steht. Wenn Unstimmigkeiten auftreten, gilt es zu erwägen, ob das konfligierende Einzelfallurteil bzw. das konfligierende Rechtsstaatsprinzip aufgegeben werden kann. Wenn es aus meiner Sicht unannehmbar erscheint, die widerstreitenden Normen zu verwerfen, ist weiter zu prüfen, ob das in Frage stehende moralische Prinzip so modifiziert werden kann, daß die Konflikte ausgeräumt werden. Sollte sich keine geeignete Reformulierung finden lassen, muß das moralische Prinzip endgültig zurückgewiesen werden. Als bestmögliche Antwort auf die jeweilige Frage der Verteilungsgerechtigkeit hat das Prinzip zu gelten, das zu keinen - oder im Vergleich mit konkurrierenden Optionen zu weniger schwerwiegenden - kontraintuitiven Resultaten geführt hat.

Anmerkungen

(1): Rawls beansprucht, in der Tradition von Sidgwick und Aristoteles zu argumentieren. (Vgl. Rawls 1975a, 70f.) Die ethische Methode Sidgwicks wird von Schneewind (1977, 191ff.) und Singer (1974, 495ff.) diskutiert; aufschlußreiche Ausführungen zur aristotelischen Normbegründung finden sich bei Hardie (1980, 28ff.), Irwin (1981) und Nussbaum (1986a, 240ff.; vgl. auch Kap. 6.2).

(2): Der Zirkularitätsvorwurf wird z.B. von Arend Kulenkampff in dem Aufsatz "Methodenfragen der Gerechtigkeitstheorie" erhoben. (Vgl. Kulenkampff 1979, 98f.)

(3): Rawls äußert sich in dem 1951 publizierten Aufsatz "Ein Entscheidungsverfahren für die normative Ethik" nur vage zu der Ermittlung der moralischen Prinzipien. (Vgl. Rawls 1976, 133) In den Arbeiten von Anfang der 70er Jahre, "Eine Theorie der Gerechtigkeit" (im Original 1971 erschienen) und "The Independence of Moral Theory", bezieht er sich ausdrücklich auf Prinzipien, die in bekannten Moraltheorien enthalten sind. (Vgl. Rawls 1975a, 68f. und 1974, 7)

(4): Die Bezeichnung "Überlegungsgleichgewicht" wird von Rawls erstmals in "Eine Theorie der Gerechtigkeit" verwandt. Der Kerngedanke der wechselseitigen Adjustierung von Urteilen und Prinzipien ist aber schon in dem Aufsatz "Ein Entscheidungsverfahren für die normative Ethik" enthalten. (Vgl. Rawls 1976, 137; eine detaillierte Rekonstruktion der Theorieentwicklung leistet Hahn 2000, 23ff.) In "Eine Theorie der Gerechtigkeit" stellt Rawls dem Verfahren des Überlegungsgleichgewichts einen zweiten Rechtfertigungsmodus, den hypothetischen Vertragsschluß im Urzustand, an die Seite. Das komplizierte Verhältnis, in dem die beiden Rechtfertigungsarten zueinander stehen, ist für die hier behandelte Fragestellung aber nicht von näherem Interesse. (Siehe dazu: Daniels 1979, 1980; Hoerster 1977, 58ff.; Kersting 1993, 95ff. und Koller 1981, 129ff.)

(5): Ein Beispiel für den Einfluß technischer Innovationen läßt sich aus dem Bereich der Medizinethik beitragen. Der moralische Grundsatz, daß jedes Gesellschaftsmitglied im Bedarfsfall alle verfügbaren Gesundheitsleistungen erhalten sollte, war lange Zeit kaum umstritten. Erst angesichts der Entwicklung immer kostspieligerer Behandlungsmethoden erscheint es heute geboten, den Grundsatz zu überdenken und eine Rationierung von Gesundheitsgütern ins Auge zu fassen.

(6): Allerdings billigen auch Singer und Brandt den intuitiven Urteilen einen gewissen Orientierungswert für die moralische Argumentation zu. Singer glaubt, daß unser Vertrauen in "selbstevidente Moralaxiome" durch ihre Übereinstimmung mit intuitiven Urteilen gestärkt werde und Brandt betrachtet die Divergenz von moralischer Theorie und intuitiven Urteilen als ein ernstes "Warnsignal", das uns zu weiterem Nachdenken veranlassen sollte. (Vgl. Singer 1974, 517; Brandt 1990, 277) Ihre Kritik reduziert sich letztlich darauf, zu bestreiten, daß die Kohärenz von moralischen Urteilen und Prinzipien ein hinreichendes Kriterium für die Normrechtfertigung sein könne.

(7): Durch die Ablehnung einer "objektivistischen" Position ist man allerdings nicht zwangsläufig auf das Verfahren des Überlegungsgleichgewichts verwiesen. Alternative Begründungsmodi bieten die von K.O. Apel und J. Habermas entwickelte Diskursethik sowie die von R. Brandt propagierte "kognitive Therapie". (Vgl. Apel 1976, 385ff.; Habermas 1983, 53ff. und 1991, 119ff.; Brandt 1979, 110ff.)

(8): Trotz dieser Einlassung will Daniels, wie übrigens auch Rawls, die Frage nach der Existenz moralischer Wahrheit offen lassen: "(...) We have some reason to think that wide equilibrium involves methods that will lead us to objective moral truths if there are any. Notice that this conclusion does not presuppose there are such moral truths, nor does it give an account of what kind of truth such a truth would be." (Daniels 1979, 280; vgl. Rawls 1974, 7ff.)

(9): Rawls' Gedankengang wird von Daniels - verkürzt wiedergegeben - wie folgt rekonstruiert: Die relevanten Hintergrundtheorien (c), die im Überlegungsgleichgewicht mit den wohldurchdachten Urteilen (a) sein müssen, legitimieren die spezifische Ausgestaltung des hypothetischen Urzustands. Die besonderen Bedingungen des Urzustands, vor allem die unter der Bezeichnung "Schleier des Nichtwissens" bekannten Informationsbeschränkungen, legen von vornherein fest, welches Set moralischer Prinzipien (b) aus den gegebenen Alternativen gewählt wird. Da die Wahlentscheidung durch die Bedingungen der Wahlsituation prädeterminiert wird, kann man sagen, daß Rawls' Gerechtigkeitsprinzipien aus den Hintergrundtheorien abgeleitet werden. Abschließend ist zu überprüfen, ob die Gerechtigkeitsprinzipien mit den wohldurchdachten Urteilen übereinstimmen; sie gelten nur als gerechtfertigt, wenn sich auch die Aussagenmengen (a) und (b) im Überlegungsgleichgewicht befinden. (Beachtenswert ist auch die Darstellung, die Wolfgang Kersting von Rawls' Theorie gibt: Vgl. Kersting 1993, 119ff. und 1994, 282ff.)

(10): Daniels ist in diesem Zusammenhang besonders um den Nachweis bemüht, daß die Argumentation der Rawlsschen Gerechtigkeitstheorie nicht gegen die "independence constraint" verstößt. (Vgl. Daniels 1980, 89ff.)

(11): Die nachstehend angeführten Argumente haben mutatis mutandis auch dann Gültigkeit, wenn einem aus mehreren Personen zusammengesetzten Gremium die Aufgabe übertragen wird, ein kollektives Überlegungsgleichgewicht zu bilden.

(12): Möglich wäre auch, den Kollektivmitgliedern eine zwischen den umstrittenen Positionen vermittelnde moralische Aussage C zu unterbreiten, über deren Eignung sie dann nach demselben Verfahren zu befinden hätten.

(13): Lehrer und Wagner führen ein Konsistenzargument an, daß es für die Kollektivmitglieder zwingend erscheinen läßt, die Aggregation der Informationen durchzuführen und den daraus resultierenden Wert p1 anzuerkennen: "If a person refuses to aggregate, though he does assign positive weight to other members, he is acting as though he assigned a weight of one to himself and a weight of zero to every other member of the group. (...) We do not argue that no one should ever assign zero weight to the probability assignment of another. We only argue that *if* one assigns positive weight, one cannot consistently adopt a probability assignment that is equivalent to not giving any positive weight to that person." (Lehrer/Wagner 1981, 22)

(14): Die Mitglieder des Kollektivs können durchaus Gründe haben, ihre Kompetenzzuschreibungen zu modifizieren. In der ersten Runde bewerten sie andere Personen ausschließlich hinsichtlich ihrer Kompetenz als moralische Experten; in allen weiteren Runden bewerten sie diese Personen auch hinsichtlich ihrer Kompetenz als Beurteiler von moralischen Experten. Lehrer und Wagner verweisen aber zu recht darauf, daß die Kompetenzzuschreibungen im allgemeinen schon nach wenigen Runden die geforderte Konstanz erreichen werden, da zwischen der Kompetenz einer Person als Expertenbeurteiler erster, zweiter oder dritter Ordnung kaum noch sinnvoll differenziert werden kann. (Vgl. Lehrer 1981, 75)

(15): Der einzige mir bekannte Versuch, die Lehrer/Wagner-Modelle für das Verfahren des Überlegungsgleichgewichts nutzbar zu machen, stammt von Elvio Baccarini. Nach Baccarinis Vorstellung soll die von Lehrer und Wagner propagierte Methode der Konsensfindung hauptsächlich im Vorfeld der Gleichgewichtsbildung auf der Ebene der Urteile zum Einsatz gelangen. Der rationale Konsens soll als Auswahlkriterium fungieren, das zusätzlich zu den Anforderungen, die an die Kompetenz des Moralbeurteilers und die Wohldurchdachtheit der Urteile gestellt werden, darüber entscheidet, welche Urteile im Verfahren des Überlegungsgleichgewichts überhaupt berücksichtigt werden. Zudem soll er bewirken, daß die anfangs möglicherweise stark divergierenden Urteile der Individuen miteinander in Einklang gebracht werden. Im Hinblick auf die Generierung kollektiver Überlegungsgleichgewichte ist Baccarinis Vorschlag meines Erachtens wenig hilfreich. Die Konvergenz der moralischen Urteile der Individuen kann - anders als Baccarini zu glauben scheint - keine Übereinstimmung ihrer Überlegungsgleichgewichte garantieren. Die Individuen können bei der Gleichgewichtsbildung ganz unterschiedlich auf die Widersprüche reagieren, die zwischen Urteilen und Prinzipien auftreten. (Vgl. Baccarini 1991, 154ff.)

(16): Die führenden Vertreter der Diskursethik, Karl-Otto Apel und Jürgen Habermas, lehnen die Deutung des von ihnen entwickelten Normbegründungsverfahrens als "monologisches" Gedankenexperiment explizit ab. (Vgl. Apel 1973, 422ff.; Habermas 1983, 76ff. und 1991, 152ff.) Beide Theoretiker sind sich natürlich darüber im klaren, daß die anspruchsvollen Diskursvoraussetzungen, die von ihnen eingefordert werden, in realen Kommunikationsgemeinschaften nicht vorliegen. Ich habe aber - abgesehen von der in Aussicht gestellten Verwirklichung einer idealen Kommunikationsgemeinschaft in der Zukunft - keine Anhaltspunkte gefunden, wie dieses Problem gelöst werden könnte.

(17): Die Möglichkeit eines Dissenses wird von Apel und Habermas nur selten konzediert. (Vgl. aber Habermas 1991, 165f. und 200ff.)

Teil I:
Die Wer-Frage der Verteilungsgerechtigkeit

3. Die Distribution von Mitgliedschaft

Die Frage, wer bei einer Verteilung berücksichtigt werden soll, stellt sich prinzipiell für jede Form der menschlichen Gemeinschaft. Ihre Beantwortung ist nicht nur für die staatliche Gemeinschaft, die den Bezugspunkt der folgenden Untersuchung bildet, sondern auch für die Familie, die Nachbarschaft, den Verein, die Kirchengemeinde oder die ethnische Gruppe relevant. Gemeinschaften konstituieren sich durch eine Unterscheidung von Innen und Außen; sie bedürfen eines Kriteriums, das die eindeutige Identifikation von Mitgliedern und Nichtmitgliedern erlaubt. Der Mitgliedschaftsstatus, der immer mit Ansprüchen und Pflichten verbunden ist, kann in jeder Gemeinschaft zum Gegenstand von Verteilungskonflikten werden. Beispielsweise wirft der Appell eines entfernten Verwandten an die Solidarität der Familie unmittelbar die Frage nach den Grenzen der familiären Gemeinschaft und der aus ihr erwachsenden Verpflichtungen auf. In ähnlicher Weise stehen soziale Förderprogramme, durch die die Situation ethnischer Minderheiten verbessert werden soll, vor der Schwierigkeit, zunächst klären zu müssen, wer als Angehöriger der begünstigten Volksgruppen gelten darf. Die Zuerkennung des Mitgliedschaftsstatus kann aber für die Individuen, je nachdem welche Güter die betreffende Gemeinschaft hervorbringt, eine ganz unterschiedliche Bedeutung haben. Die Zugehörigkeit zur staatlichen Gemeinschaft ist zweifellos besonders wichtig. In der staatlichen Gemeinschaft werden Güter, wie Rechte oder soziale Sicherheiten, produziert, die für jeden individuellen Lebensentwurf eine zentrale Rolle spielen.

3.1 Mitgliedschaft in der staatlichen Gemeinschaft

Die Frage, wie die Grenzen der staatlichen Verteilungsgemeinschaft bestimmt werden sollen, ist in den letzten Jahren zunehmend auf öffentliches Interesse gestoßen. Das stark gestiegene Mobilitätsniveau der Weltbevölkerung hat dazu geführt, daß Umfang und Struktur der staatlichen Gemeinschaften keine festen Größen mehr sind. Besonders die Staaten Westeuropas und Nordamerikas sehen sich angesichts eines hohen Migrationsdrucks aus den ärmeren Weltgegenden vor die Aufgabe gestellt, ein zeitgemäßes Verständnis der Zugehörigkeit zu entwickeln. Problemsteigernd wirkt dabei, daß sich der gegenwärtige Zustrom grundlegend von früheren Einwanderungswellen - man denke etwa an den Zuzug polnischer Arbeiter ins Ruhrgebiet im letzten Jahrhundert - unterscheidet. Die Gruppe der immigrationswilligen Personen ist heute nicht nur zahlenmäßig weitaus umfangreicher, sie ist auch ethnisch vielfältiger zusammengesetzt als in vergangenen Zeiten. Beide Faktoren, die Anzahl und der oftmals fremde kulturelle

Hintergrund der Immigranten, lösen Ängste aus. Sie lassen Forderungen nach einem effektiven Schutz der bestehenden Gemeinschaft durch eine restriktive Einwanderungs- und Einbürgerungspolitik laut werden.

In der öffentlichen Diskussion werden unterschiedliche Aspekte der Gefährdung betont. Wohl am weitesten verbreitet ist die Ansicht, daß eine ungehemmte Migrationswelle die wirtschaftliche und soziale Leistungsfähigkeit der Zielstaaten überfordern würde. Die angespannte Lage auf dem Arbeitsmarkt und die finanziellen Schwierigkeiten der sozialen Sicherungssysteme erlaubten keinen unbeschränkten Zuzug von Personen, deren Abhängigkeit von staatlicher Unterstützung vorherzusehen sei. Auch die Sorge um die Stabilität der Demokratie gehört zu den häufig geäußerten Befürchtungen. Den Wortführern dieser Argumentation ist - eine Eigenart, die besonders bei Betrachtung der in Deutschland geführten Debatte ins Auge fällt - meist weniger am Schutz der angestammten Bevölkerung vor antidemokratisch gesonnenen Immigranten gelegen. Ihre Bedenken gelten vielmehr der latent xenophoben Einstellung der eigenen Bevölkerung, die durch hohe Einwanderungszahlen neue Nahrung erhalten könnte. Um die extremistischen Kräfte im eigenen Land nicht zu stärken, ist es aus ihrer Sicht opportun, die bei Teilen der Bevölkerung wahrgenommenen fremdenfeindlichen Ressentiments mit in die Überlegungen zur Einwanderungspolitik einzubeziehen. Schließlich wird auch der Einfluß fremder Kulturen auf die eigene tradierte Lebensweise mit Sorge betrachtet. Grundlage dieser Befürchtungen ist die Überzeugung, daß der Erhalt einer partikularen, subjektiv als wertvoll empfundenen Kultur nur ein begrenztes Maß fremder Impulse vertrage. Eine aus einer Vielzahl unterschiedlicher Quellen gespeiste Zuwanderung könne nicht als Bereicherung der überlieferten Lebensform wirken. Sie müsse zwangsläufig eine "multikulturelle Melange" erzeugen, in der die eigene kulturelle Identität nicht bewahrt werden könne.

Ein Konglomerat der genannten Motive hat quasi alle westlichen Staaten zur Implementierung einer restriktiven Einbürgerungs- und Einwanderungspolitik veranlaßt. Gegen diese "Politik der geschlossenen Grenzen" wird in der öffentlichen Debatte allerdings auch Kritik geäußert. Angesichts der auf der Welt herrschenden Ungleichheit der Lebensbedingungen lasse sich die Zurückweisung von Immigranten moralisch nicht rechtfertigen. Die weithin praktizierte Ausgrenzung von Menschen aus armen und krisengeschüttelten Weltgegenden sei Ausdruck eines unverantwortlichen "Wohlstandschauvinismus". Die Kritiker machen in diesem Zusammenhang häufig geltend, daß die koloniale Vergangenheit und die in ihren Augen unfairen Wettbewerbsbedingungen auf dem Weltmarkt die Schuld an der Not der Ausgegrenzten tragen. Die westlichen Industriestaaten stünden daher in einer besonderen Verantwortung für die sogenannte Dritte Welt, der sie sich auch auf dem Gebiet der Einbürgerungs- und Einwanderungspolitik nicht entziehen dürften. (Vgl. Thieme 1993)

In der philosophischen Literatur hat das Thema der Mitgliedschaft lange Zeit keine Beachtung gefunden. Die klassischen Texte der Moral- und Staatsphilosophie haben der Frage, wie die Grenzen der staatlichen Verteilungsgemeinschaft gezogen werden sollen, kaum Aufmerksamkeit geschenkt. Dieser blinde Fleck im Gerechtigkeitsdenken ist aus den genannten Gründen im Verlauf der letzten Jahre mehr und mehr als Manko empfunden worden. Etwa seit Anfang der 80er Jahre hat sich die philosophische Zunft dem Problem der Mitgliedschaft in der staatlichen Gemeinschaft verstärkt zugewandt. (1) Vor allem im Kontext der Kommunitarismusdebatte, in deren Mittelpunkt die Frage nach der Identität und dem Zusammenhalt moderner wertepluralistischer Gesellschaften stand, ist die Mitgliedschaftsthematik erörtert worden. Die zentrale Einsicht hat Michael Walzer wie folgt formuliert: "Das erste und wichtigste Gut, das wir aneinander zu vergeben haben, ist Mitgliedschaft in einer menschlichen Gemeinschaft. Was immer wir in diesem Punkt beschließen, es strukturiert alle anderen von uns zu treffenden Distributionsentscheidungen vor (...). Denn nur als Mitglieder einer Gemeinschaft können Menschen darauf hoffen, an all den Sozialgütern - Sicherheit, Wohlstand, Ehre und Ansehen, Ämter und Macht - zu partizipieren, die das gemeinschaftliche Leben hervorzubringen imstande ist." (Walzer 1992, 65 und 107)

Bevor ich mich der ethischen Kontroverse um die Mitgliedschaft in der staatlichen Verteilungsgemeinschaft zuwende, muß ich noch auf einen Einwand eingehen, der die Relevanz der ganzen Fragestellung in Abrede stellt. Die hohe Migrationsbereitschaft, die es für die westlichen Staaten so dringlich gemacht hat, die Grenzen ihrer Gemeinschaft zu definieren, ist mit einigem Recht als "Epiphänomen" der eklatanten ökonomischen und sozialen Unterschiede aufgefaßt worden, die die Lebensbedingungen im Weltmaßstab kennzeichnen. (Vgl. Carens 1992, 34ff.) Die eigentliche Wurzel der ethischen Probleme ist aus dieser Sicht nicht die Migration, sondern die globale Ungleichheit. Würde sie beseitigt, würde für die meisten Menschen auch das Motiv entfallen, das sie gegenwärtig veranlaßt, ihren gewohnten Lebensbereich zu verlassen und die beschwerliche, mit vielen Ungewißheiten verbundene Auswanderung auf sich zu nehmen. Folglich sollten die Gerechtigkeit der Weltwirtschaftsordnung und eine mögliche Pflicht der Industriestaaten zur Leistung von Entwicklungshilfe zur Diskussion gestellt werden. Die Beschäftigung mit dem Folgeproblem der Migration verstelle nur den Blick auf die Ursachen des Konflikts.

Dieser Kritik muß sicherlich zugestanden werden, daß sie zu recht auf die kausale Verbindung zwischen dem Migrationsproblem und dem Problem der globalen Ungleichheit verweist. In einer idealen Welt ohne gravierende Ungleichheiten in den Lebensbedingungen wären die Wanderungsbewegungen zwischen den Staaten zumindest kein Massenphänomen, das die politische Agenda prägen würde. (2) In unserer nichtidealen Welt sind wir jedoch faktisch mit den Forderungen der Mitgliedschaftsaspiranten konfrontiert und müssen eine Abwägung zwischen ihren Interessen und den Interessen der gegenwärtigen Staatsbürger vornehmen, zu der es der Anleitung durch ethische Prinzipien bedarf. Die politische Wirklichkeit drängt uns dieses Problem auf, ganz unbeeindruckt davon, ob wir es als logisch nachrangig einstufen oder nicht. Wenn im folgenden also ausschließlich der Themenkreis Immigration und Staatsbürgerschaft fokussiert wird, soll damit nicht der Zusammenhang mit der Frage der globalen Ungleichheit oder deren ethische Signifikanz bestritten werden.

Die Beantwortung der Frage, wer an der staatlichen Gemeinschaft teilhaben soll, erfordert eine vorgängige Klärung der konkreten Bedeutung von Mitgliedschaft. Die naheliegendste und vermutlich am weitesten verbreitete Sichtweise versteht unter Mitgliedschaft den Besitz der Staatsbürgerschaft. Der Begriff des Staatsbürgers kann entsprechend der politischen Grundvorstellungen und geschichtlichen Hintergründe, aus denen er gewonnen wird, unterschiedlich konzeptionalisiert werden. Idealtypisch lassen sich ein politisches und ein kulturelles Verständnis von Staatsbürgerschaft einander gegenüberstellen. Das politische Konzept des Staatsbürgers sieht die kollektive Unterwerfung unter eine Rechtsordnung als Kern der staatlichen Gemeinschaft. Es begreift Staatsbürgerschaft als eine Institution, die sich prinzipiell jedem Individuum öffnen muß, das dauerhaft im Geltungsbereich der betreffenden Rechtsordnung lebt. Außerpolitische Merkmale, wie der kulturelle Hintergrund oder die Abstammung, dürfen nicht zur Rechtfertigung einer diskriminierenden Behandlung herangezogen werden. Jedem Individuum, das der staatlichen Zwangsgewalt unterworfen ist, muß als Ausdruck seiner uneingeschränkten Mitgliedschaft in der staatlichen Gemeinschaft Gleichheit vor dem Recht garantiert werden. Obwohl alle auf den politischen Bereich beschränkten Theorien das Primat der Rechtsgemeinschaft hervorheben, beschreiben sie die konkrete Rolle des Staatsbürgers unterschiedlich. Während die vorherrschende Strömung in der Rechtslehre den Staatsbürger durch das Innehaben einer bestimmten Rechtsstellung ausreichend gekennzeichnet sieht, streichen besonders modernere Ansätze die Unverzichtbarkeit des aktiv an politischen Prozessen partizipierenden Bürgers heraus. Eine Demokratie ist aus dieser Sicht nur funktionsfähig, wenn eine ausreichende Anzahl der Bürger die politische Grundordnung affirmiert und durch persönliches Engagement zu ihrer Lebendigkeit beiträgt. Der Staatsbürger müsse daher als "Citoyen" entworfen werden, der die vom Staat nicht erzwingbaren Leistungen aus freien Stücken erbringe. (Vgl. Kymlicka/Norman 1994 und 2000, 5ff.)

In der realen Welt kommt die Praxis des französischen Staates dem rein politischen Modell der Staatsbürgerschaft am nächsten. Frankreich läßt sich, wie die meisten der traditionellen Einwanderungsstaaten, bei der Zuerkennung der Staatsbürgerschaft vom Ius soli-Prinzip leiten, das als ausschlaggebendes Askriptionskriterium den Geburtsort benennt. Die Geburt in den Grenzen eines Staatsgebietes erlaubt die Vermutung, daß das Individuum dauerhaft im Herrschaftsbereich des jeweiligen Staates leben wird. Aus dieser Annahme ergibt sich die Verpflichtung, den Betreffenden ungeachtet seiner Nationalität, seiner Religion oder anderer persönlicher Merkmale mit den vollen Mitgliedschaftsrechten auszustatten. Auch wenn die aktuelle Entwicklung in Frankreich eine gegenläufige Tendenz aufweist, haben in der Vergangenheit die zahlreichen Immigranten aus den früheren Kolonialgebieten von dieser Askriptionspraxis profitiert. Den Einwanderern der ersten Generation wurde es vergleichsweise leicht gemacht, die französische Staatsbürgerschaft zu erwerben; die in Frankreich zur Welt gekommenen Einwanderer der zweiten und dritten Generation haben sie automatisch erhalten. (Vgl. Brubaker 1994, 62ff. und 121ff.)

Die unter der Bezeichnung "kulturelle Konzeptionen der Staatsbürgerschaft" zusammengefaßten Vorstellungen begreifen die Zusammengehörigkeit eines Staatsvolkes als vorpolitisch konstituiert. Die politische Organisation ist nicht gemeinschaftsstiftend, sondern dient ausschließlich dazu, der präexistenten Gemeinschaft territoriale Geltung zu verschaffen. Die Grundlage der Gemeinschaft kann aus ganz unterschiedlichen Faktoren, z.B. aus übereinstimmenden historischen Erfahrungen, aus einer geteilten Sprache, aus einhellig befürworteten ethischen Werten oder aus einer gemeinsamen biologischen Abstammung, hergeleitet werden. Möglich ist auch eine Kombination der genannten Kriterien, die allerdings nicht notwendig miteinander harmonieren. So können etwa, wie im Fall der osteuropäischen Aussiedler mit deutschen Vorfahren, die Abstammungs- und die Sprachgemeinschaft auseinanderfallen. In Abgrenzung zu der politischen Konzeption von Staatsbürgerschaft ist hervorzuheben, daß eine bestimmte politische Ordnung, wie die Demokratie, zwar als Bestandteil der partikularen Wertvorstellungen und historischen Erfahrungen angesehen werden kann. Da es aber meist noch andere Bestimmungsmerkmale der Gemeinschaftszugehörigkeit gibt, reicht das Bekenntnis zur demokratischen Grundordnung in der Regel nicht aus, um den Status des Staatsbürgers zu erwerben. Die den kulturellen Konzeptionen der Staatsbürgerschaft inhärente Leitvorstellung einer homogenen Gemeinschaft verlangt, sofern sie sich überhaupt für Neuzugänge öffnet, jedem Bewerber um Mitgliedschaft ein gewisses Maß an kultureller Angleichung ab.

Ein im genannten Sinne kulturell geprägtes Verständnis von Staatsbürgerschaft tritt beispielhaft in der deutschen Rechtsordnung zutage: "The German idea of nationhood is basically not a political one, but a cultural, linguistic and ethnic one. (...) Citizenship law and naturalization policy reflect in part this romantic understanding of nationhood as ethnic and cultural community - an understanding enshrined in certain provisions of the Basic Law." (Hailbronner 1989, 74) Das Grundgesetz der Bundesrepublik Deutschland spricht absichtsvoll von "Deutschen", nicht von "deutschen Bürgern", und wendet sich damit auch an außerhalb seines Geltungsbereichs lebende Volksangehörige. So galt z.B. für die Bürger der DDR das Institut des "Statusdeutschen", das ihnen einen Rechtsanspruch auf die Staatsbürgerschaft der Bundesrepublik zugestand. Es ist offensichtlich, daß sich ein am Begriff des "Volkes" ausgerichtetes Staatsbürgerschaftsrecht nicht mit dem von Frankreich angewandten Ius soli-Prinzip verträgt. Deutschland hat sich folglich bis zur kürzlich in Kraft getretenen Reform an dem konkurrierenden Grundsatz des Völkerrechts, das auf die Staatsangehörigkeit der Eltern abstellende Ius sanguinis-Prinzip, orientiert. Dadurch wurde es den in den 50er und 60er Jahren in großer Zahl ins Land geholten Gastarbeitern ausgesprochen schwer gemacht, die deutsche Staatsbürgerschaft zu erwerben. Die in Deutschland geborenen Kinder der Gastarbeiter, die oftmals keinerlei Bindung an das Herkunftsland ihrer Eltern besaßen, haben bei ihrer Geburt automatisch die Staatsbürgerschaft ihrer Eltern erhalten. (Vgl. Roellecke 1999, 75ff.) In jüngster Zeit sind allerdings weitgehende Korrekturen an der restriktiven Einbürgerungspolitik vorgenommen worden. Insbesonderen erwerben seit

Anfang 2000, sofern bestimmte Bedingungen erfüllt sind, die Kinder von Ausländern die deutsche Staatsangehörigkeit gemäß dem Ius soli-Prinzip. (3)

Unabhängig davon, wie die Staatsbürgerschaft konzipiert wird, sind Zweifel angebracht, ob vom Status des Staatsbürgers unmittelbar auf die Mitgliedschaft in der staatlichen Gemeinschaft geschlossen werden kann. Zwei gesellschaftliche Phänomene lassen die traditionelle Gleichsetzung von Staatsbürgerschaft und Mitgliedschaft inadäquat erscheinen. Zum einen hat sich in den meisten westlichen Staaten ein beträchtlicher Anteil der Immigranten und Gastarbeiter zu sogenannten "noncitizen members" entwickelt. In dem Bemühen, eine bessere Integration zu erreichen, ohne die Schwelle der - oftmals auch gar nicht gewünschten - Einbürgerung überschreiten zu müssen, ist die Rechtsstellung der dauerhaft im Land ansässigen Ausländer sukzessiv an die Rechtsstellung der Staatsbürger angeglichen worden. Vielfach unterscheidet sich der Status des Staatsbürgers von dem des "noncitizen member" nur noch durch die Wehrpflicht und durch politische Rechte, wie das aktive und passive Wahlrecht. Dadurch ist die Staatsbürgerschaft weitgehend "entwertet" worden; im sozialen und ökonomischen Bereich gewährt ihr Besitz kaum Vorteile. "For most purposes the crucial status is residence, not citizenship: more particularly the status of 'privileged', 'established' or 'permanent' resident, which confers an ordinarily nonrevocable right of residence as well as a wide range of civil and socioeconomic rights. In terms of life chances, the decisive gap is between privileged noncitizen residents and persons, inside or outside the territory, without long-term residence rights." (Brubaker 1989, 147)

Zum anderen kann eine wachsende Zahl von Staatsbürgern nicht mehr von wichtigen gesellschaftlichen Leistungen profitieren. Der Besitz der Staatsbürgerschaft garantiert zwar die Teilhabe an den gesellschaftlich erzeugten Rechten; er bietet aber keinen verläßlichen Schutz vor der Ausgrenzung auf dem Arbeitsmarkt oder vor dem Ausschluß aus sozialen Solidarsystemen, wie der Rentenversicherung. Ein auf Sozialhilfe angewiesener Langzeitarbeitsloser wird sich, ungeachtet seines rechtlichen Status, in der Regel als gesellschaftlich marginalisiert erleben. Ihm sind, da er weder am Berufsleben noch mangels finanzieller Möglichkeiten an den meisten Freizeitaktivitäten teilnehmen kann, die Tätigkeitsfelder verwehrt, die im Leben seiner Mitbürger den breitesten Raum einnehmen. Trotz seiner formalen Zugehörigkeit wird er sich seinem subjektiven Empfinden nach nicht als vollwertiges Mitglied der Gesellschaft einstufen.

Mitgliedschaft in der staatlichen Gemeinschaft hat folglich zwei Facetten, den Besitz einer dauerhaften Aufenthaltserlaubnis und den Besitz der Staatsbürgerschaft. Rogers Brubaker trägt dieser Einsicht Rechnung, indem er die restriktive Einbürgerungs- und Einwanderungspolitik der westlichen Industriestaaten mit dem von Max Weber entlehnten Begriff der "sozialen Schließung" analysiert. (Vgl. Brubaker 1994, 45ff. und Weber 1980, 23ff.) Die Strategie der "sozialen Schließung" greift auf zwei Ebenen. Die "territoriale Schließung" macht die Erlaubnis zur Einreise oder zum unbefristeten Aufenthalt vom Besitz der Staatsbürgerschaft abhängig. Die Staatsbürgerschaft fungiert aber nicht nur als Instrument, sondern auch als Gegenstand der Schließung. Die "innere Schließung" verwehrt den ständig im Land lebenden Ausländern die formelle Einbürgerung und schafft faktisch zwei Klassen von Bürgern mit abweichenden Rechtsstellungen.

Für das Verständnis der im weiteren entwickelten Argumente ist die Kenntnis einer wichtigen moraltheoretischen Unterscheidung unerläßlich. Die Haltung, die eine Person zu Fragen der Einwanderungs- und Einbürgerungspolitik einnimmt, wird in starkem Maße davon beeinflußt, ob sie eine universalistische oder eine partikularistische Moralauffassung vertritt. Die universalistische Auffassung setzt voraus, daß bei jeder Handlungsentscheidung die Interessen aller von der Handlung betroffenen Menschen gleichermaßen berücksichtigt werden müssen. Eine diskriminierende Gewichtung der Interessen von Staatsbürgern und Nichtstaatsbürgern bzw. von Inländern und Ausländern ist aus ihrer Sicht nicht zulässig. Die partikularistische Moralauffassung geht hingegen davon aus, daß sogenannte "special duties" zu berücksichtigen seien, die ein besonderes Pflichtverhältnis zu einer bestimmten Personengruppe, wie der Nation oder der Ethnie, anzeigen. Diese Grundannahme bietet einen argumentativen Ausgangspunkt, von dem aus sich die bevorzugte Interessenberücksichtigung der aktuellen Mitgliedschaft begründen läßt.

Im folgenden werde ich drei Positionen skizzieren, die das Spektrum der politisch-moralischen Debatte möglichst vollständig abdecken sollen. Ich nenne die Positionen universalistischer Liberalismus (UL), partikularistischer Liberalismus (PL) und Kommunitarismus (K). Es handelt sich dabei um idealtypische Verknappungen von konkurrierenden Argumentationsformen, die das Gegensätzliche in den verschiedenen Auffassungen stärker konturieren sollen. Obwohl sich viele Autoren leicht einer Position zuordnen lassen, beanspruche ich mit keinem der drei Idealtypen, die Gedanken eines bestimmten Theoretikers zu repräsentieren. So lassen sich z.B. in den Stellungnahmen von Michael Walzer, der im allgemeinen dem Kommunitarismus zugerechnet wird, auch Elemente des partikularistischen Liberalismus nachweisen. Desgleichen entsprechen die Rechtsordnungen der meisten Staaten nicht exakt einer der drei genannten Positionen. Beispielsweise ist das deutsche Staatsbürgerschafts- und Ausländerrecht zwar primär von kommunitaristischen Vorstellungen geprägt, es beinhaltet aber auch Regelungen, in die liberale Anschauungen Eingang gefunden haben.

Die drei Positionen unterscheiden sich hinsichtlich ihrer Konzeption von Staatsbürgerschaft und hinsichtlich ihrer Bestimmung von moralischer Pflicht. Die beiden liberalen Positionen vertreten ein politisches, die kommunitaristische Position ein kulturelles Staatsbürgermodell. In diesem Zusammenhang ist zu betonen, daß der Begriff "kulturell" hier in einem sehr weiten Sinne verstanden wird. Kulturelle Konzeptionen der Staatsbürgerschaft können über spezifische soziale Praktiken und sprachliche Gemeinsamkeiten hinaus auch auf geteilte Wertvorstellungen, kollektive historische Erfahrungen oder Abstammungsgemeinschaften rekurrieren. (Vgl. Forst 1994, 143ff.)

In bezug auf das Verständnis von moralischer Pflicht verläuft die Trennlinie zwischen den konkurrierenden Versionen der liberalen Theorie. Der universalistische Liberalismus baut auf der Intuition auf, daß alle Menschen den gleichen moralischen Wert haben. Der moralische Akteur soll bei seiner Handlungswahl sowohl von den eigenen

Interessen und Sympathien als auch von den kontingenten natürlichen und sozialen Eigenschaften der von seiner Handlung Betroffenen absehen. Das Ideal der universalistischen Moralvorstellung findet im Bild des unparteiischen Richters einen adäquaten Ausdruck. Aspekte, wie der ökonomische Nutzen der bestehenden Gemeinschaft oder die kulturelle Identität der Mitgliedschaftsaspiranten, sind folglich aus Sicht der universalistischen Moral irrelevante Faktoren, die die politische Entscheidung über die Vergabe des Mitgliedschaftsstatus nicht beeinflussen dürfen.

Dem widersprechen sowohl der partikularistische Liberalismus als auch der Kommunitarismus, die beide, freilich auf ganz unterschiedlicher Grundlage, den Mitgliedern der staatlichen Gemeinschaft besondere moralische Ansprüche zuerkennen. Der partikularistische Liberalismus stützt sich auf den Wertgesichtspunkt des Verdienstes, demzufolge eine gerechte Behandlung der Individuen Unterschiede in deren Leistungen berücksichtigen muß. Er begreift die staatliche Gemeinschaft analog zum privaten Club als einen freiwilligen, auf Kooperation angelegten Zusammenschluß, in dem Rechte und Pflichten einzig aus dem Faktum der Mitgliedschaft entstehen. Die Mitglieder tragen durch ihre Arbeit, ihre politische Partizipation und andere soziale Aktivitäten zum Gedeihen des Gemeinwesens bei und erwerben sich dadurch Meriten, die Außenstehende nicht für sich reklamieren können. Im Kontext staatlichen Handelns ist es aus dieser Sicht durchaus legitim, die Interessen der gegenwärtigen Mitgliedschaft stärker zu gewichten als die Interessen der Mitgliedschaftsbewerber, die sich keinerlei vergleichbare Ansprüche "verdient" haben.

Der Kommunitarismus gewinnt seine Begründung der "special duties" aus der moralischen Intuition, daß enge menschliche Beziehungen, wie die der Eltern zu ihren Kindern oder die guter Freunde zueinander, ein besonderes wechselseitiges Pflichtverhältnis generieren. In der staatlichen Gemeinschaft stehen nach Ansicht der Kommunitaristen die Mitglieder in solch einer engen Beziehung zueinander, weil die in ihr praktizierten kulturellen und ethischen Werte die Persönlichkeit der Individuen unhintergehbar prägen. Der einzelne ist - überspitzt formuliert - ein Geschöpf der Gemeinschaft. Er schuldet ihr daher einerseits Loyalität, kann aber andererseits auch beanspruchen, daß die politischen Organe der Gemeinschaft seine Interessen gegenüber Außenstehenden bevorzugt wahrnehmen. Die Differenzpunkte der drei Positionen lassen sich wie folgt schematisieren:

Position	Konzeption der Staatsbürgerschaft	Konzeption der moralischen Pflicht
(UL)	Staatsbürgerschaft politisch bestimmt	Gleiche moralische Pflichten gegen Mitglieder wie Außenstehende
(PL)	Staatsbürgerschaft politisch bestimmt	Privilegierende "special duties" gegen Mitglieder
(K)	Staatsbürgerschaft kulturell bestimmt	Privilegierende "special duties" gegen Mitglieder

Im folgenden sollen die drei Positionen detailliert dargestellt werden. In einem ersten Schritt werde ich ihre grundlegenden Moralintuitionen untersuchen und - im Fall des partikularistischen Liberalismus und des Kommunitarismus - die Parallelen diskutieren, die sie zwischen der staatlichen Gemeinschaft und anderen Gemeinschaftsformen ziehen. Daran anknüpfend werde ich erörtern, welche Einwanderungs- und Einbürgerungspolitik aus Sicht der verschiedenen Positionen betrieben werden sollte. Bei der Bewertung der praktischen Konsequenzen komme ich zu dem Schluß, daß keine der drei Positionen in ihrer idealtypischen Reinform völlig zufriedenstellen kann. Im Gegensatz zu der kommunitaristischen Position, die als im Grundsatz verfehlt angesehen werden muß, scheinen aber die Unstimmigkeiten, die die beiden liberalen Positionen offenbaren, korrigierbar zu sein. Im Schlußabschnitt werde ich eine Möglichkeit vorschlagen, wie eine der liberalen Positionen in Reaktion auf die zuvor festgestellten Mängel reformuliert werden könnte.

3.2 Die Position des universalistischen Liberalismus

Der Einfluß des platonischen und wohl mehr noch des christlichen Denkens auf die abendländische Kultur hat dem moralischen Universalismus eine herausragende Bedeutung verliehen. Auf seinem Fundament ruhen sowohl die prominentesten Strömungen der modernen Moralphilosophie, der Kantianismus und der Utilitarismus, als auch der einflußreichste Rechtfertigungsmodus des liberalen Staates, die Vertragstheorie. Das Gewicht dieser Traditionen hat nicht selten dazu geführt, daß das moralische Urteilen ausschließlich als Anwendung universalistischer Standards verstanden wurde. Alle Moraltheorien, die sich unter dem Begriff des moralischen Universalismus subsumieren lassen, beanspruchen für ihre Verfahren zur Generierung von Sollens-Sätzen oder für die Sollens-Sätze selbst uneingeschränkte Geltung. Sie stehen damit im Gegensatz zu partikularistischen Moraltheorien, die ihren Geltungsanspruch nur für eine bestimmte Epoche oder einen bestimmten Kulturkreis erheben. Universalistische Theorien lehnen es zudem ab, die Moral nur auf hypothetische Imperative zu gründen, deren Gebote an die Verfolgung bestimmter Zwecke gebunden sind. In Zusammenhang mit dem vorliegenden Thema müssen primär zwei universalistische Wertvorstellungen hervorgehoben werden, die ad hoc folgendermaßen formuliert werden können:
A) Jeder Mensch hat den gleichen moralischen Wert.
B) Die moralische Beurteilung einer Handlung muß deren Wirkung auf jeden von ihr Betroffenen berücksichtigen.
Um einen Eindruck von der Bedeutung dieser Prämissen für unser moralisches und politisches Denken zu vermitteln, werde ich zunächst versuchen, ihre zentrale Stellung in der kantischen und utilitaristischen Moral sowie in der Vertragstheorie kenntlich zu machen. Die explizierten Moralprinzipien werde ich anschließend zu zwei Argumenten verdichten, die die Konsequenzen einer universalistischen Werthaltung für die Einstellung zur Einwanderungs- und Einbürgerungspolitik deutlich machen sollen.

Kantianismus und Utilitarismus teilen, trotz aller Gegensätzlichkeit in der konkreten Bewertung ethischer Probleme, die Überzeugung, daß im moralischen Urteilen und Handeln alle Menschen die gleiche Beachtung finden sollen. In der Theorie Kants wird diese Vorstellung durch den kategorischen Imperativ ausgedrückt, der die Forderung erhebt, "(...) nur nach derjenigen Maxime (zu handeln), durch die du zugleich wollen kannst, daß sie ein allgemeines Gesetz werde." (Kant 1974, 51) Die Allgemeinheit des Gesetzes soll dafür bürgen, daß eine Privilegierung partikularer Interessen ausgeschlossen wird. Der moralische Akteur ist angehalten, sich die Frage vorzulegen, ob er die von ihm gewählte Handlungsmaxime auch akzeptieren könnte, wenn er von seiner eigenen Situation abstrahieren und sie aus anderen Perspektiven betrachten würde. Nur wenn die Prüfung von allen für die betreffende Handlung relevanten Standpunkten deren Zulässigkeit ergibt, sind die strengen Verfahrensanforderungen der kantischen Moral erfüllt. Da der kategorische Imperativ ein rein formales, von konsequentialistischen Erwägungen absehendes Prinzip ist, findet die Prämisse B im Gedankengebäude Kants keinen Ausdruck. (4)

Eine andere Ausgestaltung erfahren die universalistischen Wertvorstellungen im Utilitarismus. Der Grundgedanke des Utilitarismus besagt, daß unter einer Vielzahl von Handlungsalternativen diejenige Handlung moralisch geboten ist, die den größten Nutzen für das Kollektiv der Betroffenen erbringt. Zur Bestimmung der kollektiven Nutzensumme sollen die Nutzenwerte der Individuen addiert werden. Dafür gilt - mit Ausnahme einiger moderner "Social Choice"-Ansätze - in allen Verzweigungen der utilitaristischen Theoriefamilie die von Bentham formulierte Maxime "everybody to count for one, and nobody to count for more than one". (Vgl. Höffe 1992, 19 und Ericsson 1976, 73ff.) Durch Benthams Maxime wird sichergestellt, daß nicht gegen die in Prämisse A formulierte anfängliche Gleichheit aller Menschen verstoßen wird. Willkürlich zwischen den Individuen diskriminierende Faktoren, wie z.B. ihre gesellschaftliche Position, dürfen folglich bei der Evaluation der Handlungsfolgen nicht berücksichtigt werden. Unterschiede in der Gewichtung der individuellen Nutzenwerte können nur durch Kriterien, wie z.B. die Intensität oder die Dauer des Nutzens bzw. Schadens, gerechtfertigt werden. Diese Kriterien stehen jedoch in keinem Widerspruch zu der intendierten Gleichbeachtung; sie benachteiligen kein Individuum, sondern stellen im Gegenteil die Gleichbeachtung im Rahmen einer präziseren Bestimmung der Handlungsfolgen erst sicher.

Auch für die Vertragstheorie, die unser Verständnis von der Legitimität des liberalen Staates am stärksten geprägt haben dürfte, sind die Topoi der Gleichbeachtung und der Betroffenheit konstitutiv. Um den Rahmen der Ausführungen nicht zu sprengen, sehe ich hier von der Vielfalt existierender Vertragstheorien ab und beschränke mich darauf, die Bedeutung der beiden Wertgesichtspunkte für die von John Locke vertretene Version der Vertragstheorie aufzuzeigen. Wie alle klassischen Beiträge zur Vertragstheorie beginnt auch Lockes Argumentation mit der Schilderung eines ahistorisch zu verstehenden Naturzustandes. Die vorgesellschaftliche Ausgangssituation muß als "Zustand der Freiheit" und "Zustand der Gleichheit" vorgestellt werden, in der alle Parteien qua Geburt über identische Rechte verfügen. (Vgl. Locke 1977, 201) Die gleiche Ausstattung mit Naturrechten bringt die in Prämisse A konstatierte moralische Gleichwertigkeit aller Menschen zum Ausdruck. Sie gewährleistet, daß in der Fiktion des Naturzustandes die Verhandlungspositionen der Individuen trotz der in der Realität bestehenden Machtunterschiede nicht differieren. Bei dem durch einen Vertragsschluß geleisteten Übergang in den gesellschaftlichen Zustand treten alle zukünftig der Staatsgewalt unterworfenen Individuen als gleichberechtigte Vertragsparteien auf. In dem Vertrag stimmen die Individuen zu, dem Staat ihre ursprünglichen Rechte zu übertragen, um die Anarchie des Naturzustandes zu überwinden. Die staatlichen Machtbefugnisse werden ausschließlich durch diesen freiwilligen Unterwerfungsakt aller von ihren Auswirkungen Betroffener legitimiert. Dem in der Prämisse B artikulierten Gesichtspunkt der Betroffenheit wird durch die imaginierte Zustimmung all derer entsprochen, die zu Adressaten künftiger Staatstätigkeit werden können.

Aus dem bisher Gesagten läßt sich bereits unschwer erkennen, warum die Anhänger des universalistischen Liberalismus einer restriktiven Einwanderungs- und Einbürgerungspolitik ablehnend gegenüberstehen. Wer die Prämissen A und B zur Grundlage seines moralischen Urteilens macht, kann einer privilegierenden Behandlung der im Staatsgebiet lebenden bzw. der im Besitz der Staatsbürgerschaft befindlichen Individuen nicht zustimmen. Entscheidungen in den Bereichen der Einwanderungs- und Einbürgerungspolitik berühren die Interessen von Inländern und Ausländern, Staatsbürgern und Nicht-Staatsbürgern gleichermaßen. Beispielsweise werden durch eine "Politik der geschlossenen Grenzen" nicht nur die Staatsbürger und die "noncitizen members" vor Konkurrenz am Arbeitsmarkt geschützt, sondern auch die Lebenschancen der Ausgeschlossenen negativ beeinflußt. Da es per definitionem unmöglich ist, die Geltung universalistischer Prinzipien auf ein bestimmtes Territorium oder einen bestimmten Personenkreis einzuschränken, muß vom Standpunkt des moralischen Universalismus den Belangen beider Gruppen das gleiche Gewicht beigemessen werden.

Aus den erläuterten universalistischen Prinzipien ergeben sich zwei Einwände, die sich gegen unterschiedliche Aspekte einer restriktiven "Mitgliedschaftspolitik" richten. Die erste Kritik entzündet sich an der von allen Staaten geübten Praxis, die Zuerkennung der Mitgliedschaft in erster Linie von dem kontingenten Faktum der Geburt abhängig zu machen: "Citizenship in the modern world is a lot like feudal status in the medieval world. It is assigned at birth; for the most part it is not subject to change by the individual's will and efforts; and it has a major impact upon that person's life chances. To be born a citizen of an affluent country like Canada is like being born into the nobility (even though many belong to the lesser nobility). To be born a citizen of a poor country like Bangladesh is (for most) like being born into the peasantry in the Middle Ages. In this context, limiting entry to countries like Canada is a way of protecting a birthright privilege." (Carens 1992, 26; vgl. Carens 1987, 252 und Bader 1995, 214) Die Askription der Staatsbürgerschaft erscheint im Lichte der historischen Entwicklung der westlichen Demokratien als anachronistischer Bruch mit den Prinzipien, deren konsequente Durchsetzung ihnen ihre heutige Gestalt verliehen hat. Im Kampf gegen aristokratische Vorrechte haben sich die Anhänger einer liberalen Gesellschaftsordnung auf die Annahme einer ursprünglichen Gleichheit aller Menschen berufen, die die Vererbung von Standesprivilegien als illegitim geißelte. An diese fundamentale Gleichheitsprämisse konnten später emanzipative Bewegungen anknüpfen, die gegen ihren Ausschluß von der demokratischen Partizipation aufgrund ihres Geschlechts, ihrer Klassenzugehörigkeit oder ihrer Hautfarbe protestierten. Die gesellschaftliche Inklusion immer weiterer Bevölkerungsgruppen ließ sich langfristig durchsetzen, weil die rechtliche Sonderstellung, die z.B. die Männer genossen, genauso willkürlich erschien wie vormals die Privilegien des Adels.

Die Diskriminierung zwischen Staatsbürgern und Nicht-Staatsbürgern stellt sich vor diesem Hintergrund als letztes vordemokratisches Bollwerk dar, das noch der konsequenten Anwendung der universalistischen Prinzipien trotzt. Da, wie schon im vorangegangenen ausgeführt, Staatsgrenzen nicht den Geltungsbereich universalistischer Prinzipien einschränken können, muß nach Ansicht universalistisch argumentierender Theoretiker der Erwerb der Mitgliedschaft in Abkehr von den bisher praktizierten Zuschreibungsverfahren reorganisiert werden. Dazu ist es nicht erforderlich, gänzlich von dem Kriterium der Geburt abzusehen. Der Geburtsort (Ius soli-Prinzip) und die Abstammung (Ius sanguinis-Prinzip) prägen in der Regel das Selbstverständnis der betreffenden Person und lassen eine begründete Vermutung zu, welcher staatlichen Gemeinschaft sie sich später zugehörig fühlen wird. Unbedingt geboten ist jedoch, den Wechsel der Staatsbürgerschaft auf der Grundlage einer freien Willensentscheidung zuzulassen, da nur so der privilegierenden bzw. diskriminierenden Wirkung, die der Erwerb der Staatsangehörigkeit durch das Kriterium der Geburt entfaltet, vorgebeugt werden kann. Jeder Staat ist aus dieser Sicht also - mit wenigen noch zu besprechenden Ausnahmen - auf ein Staatsangehörigkeitsrecht verpflichtet, das Immigranten und Emigranten die Korrektur der Erstzuweisung ermöglicht. (5)

Der zweite Einwand gegen die aktuell praktizierte Mitgliedschaftspolitik beruft sich auf die Unantastbarkeit individueller Rechte. Er spricht einer "Politik der geschlossenen Grenzen" die Legitimität ab, weil sie - je nachdem wie die Argumentation aufgebaut ist - entweder die Freiheitsrechte der Mitgliedschaftsbewerber oder die der aktuellen Mitglieder verletzt. Die Rechtsposition der Mitgliedschaftsbewerber kann nur tangiert sein, wenn die Individualrechte, wie in der bereits angeführten Konzeption John Lockes, als vorstaatlich konstituiert begriffen werden. Nur wenn die Individuen mit Naturrechten ausgestattet sind, die unabhängig von den gesellschaftlichen Rechtsschöpfungsprozessen Gültigkeit haben, kann eine Rechtsbeziehung zwischen einem Staat und den außerhalb des Geltungsbereichs seiner Rechtsordnung lebenden Individuen konstruiert werden. Obwohl diese naturrechtliche Grundlage besonders in den klassischen Formulierungen der Vertragstheorie präsent ist, bleibt in ihnen die naturrechtliche Position der Nichtmitglieder weitestgehend unberücksichtigt. Die argumentative Funktion der Naturrechte ist primär in der Begründung des Gesellschaftsvertrages zu sehen. Aus historisch leicht zu erklärenden Gründen treten in den klassischen Vertragstheorien die außerhalb der Staatsgrenzen lebenden Individuen nicht als friedfertige Migranten, sondern als Gefahrenquelle auf, die im Verein mit der drohenden Anarchie im Innern als Anlaß zur Bildung einer Schutzgemeinschaft angeführt wird. Eine der wichtigsten Staatsaufgaben wird folglich darin gesehen, die Bürger vor äußeren Gefahren, etwa kriegerischen Handlungen, zu schützen.

Die vertragstheoretische Autorisierung des Staates, Schaden von seinen Bürgern abzuwenden, erlaubt allerdings keine Rückschlüsse auf sein Verhältnis zu Migranten. Die Einwanderer können nicht mit Aggressoren gleichgesetzt werden, die staatliche Abwehrmaßnahmen rechtfertigen würden. Von ihnen geht normalerweise keine Gefahr für Leib und Leben der Staatsbürger aus; sie beeinträchtigen allenfalls die ökonomischen Chancen der gegenwärtigen Mitglieder, indem sie z.B. um Arbeitsplätze oder wohlfahrtsstaatliche Ressourcen konkurrieren. Ökonomische Konkurrenz kann aber in einem marktwirtschaftlich organisierten Gemeinwesen nicht als Schadensquelle veranschlagt werden. Potentielle ökonomische Nachteile setzen keinesfalls ein die natürlichen Rechte des Schädigers suspendierendes Selbstverteidigungsrecht in Kraft. Folgt man dieser Argumentation, so kommt man zu dem Ergebnis, daß der Staat die natürlichen Rechte der mit friedlichen Absichten sein Territorium betretenden Menschen respektieren muß. Er ist nicht ermächtigt, universal, also für Staatsbürger wie für Nichtstaatsbürger, geltende Freiheitsrechte, wie die "freedom of movement" oder die "freedom of association", einzuschränken. Die vertragstheoretische Argumentation autorisiert den Staat lediglich, die Neuankömmlinge unter die Herrschaft der geltenden Rechtsordnung zu zwingen. Der "Beitritt" zum Gesellschaftsvertrag, besonders der Verzicht auf die eigene Rechtsdurchsetzung, darf zur Bedingung für die Mitgliedschaft erhoben werden, weil nur so die Rechtssicherheit und sozialen Frieden garantierende Einheitlichkeit der Rechtsordnung aufrecht erhalten werden kann. (Vgl. Nozick 1974, 88ff.) Der Zutritt zum Staatsgebiet kann den Immigranten aber nur um den Preis einer massiven Verletzung ihrer natürlichen Rechte verwehrt werden.

Die Existenz von Naturrechten ist heute weithin umstritten. Rechtspositivistische Auffassungen sehen in den Naturrechten eine irreführende Fiktion, die den Blick auf den eigentlichen Status der Rechte als gesellschaftlich erzeugte Güter verstellt. Die vorstaatlich konstituierten Rechte, auf die sich die oben angeführte Argumentation gestützt hat, sind folglich nur sehr bedingt geeignet, Ansprüche von Mitgliedschaftsaspiranten zu begründen. Sie bedürfen der - oftmals nicht gegebenen - Akzeptanz metaphysischer Annahmen. Wenn man aber eine rechtspositivistische Haltung einnimmt, können nur tatsächlich gegebene Rechte Gegenstand rechtlicher Erwägungen sein. Die Ablehnung von Mitgliedschaftsbewerbern kann dann rechtlich nur daraufhin überprüft werden, ob sie mit den Freiheitsrechten der gegenwärtigen Mitglieder vereinbar ist.

Auch rechtspositivistisch orientierte Staatstheorien geben - darin mit den Naturrechtstheorien übereinstimmend - der Überzeugung Ausdruck, daß nur die staatliche Zwangsgewalt die Geltung der individuellen Freiheitsrechte garantieren kann. Die Sicherung der privaten Handlungsfreiräume legitimiert und restringiert die staatlichen Kompetenzen zugleich. Um die individuellen Freiräume wirksam durchzusetzen, ist der Staat zwar autorisiert, die Freiheitsrechte des einzelnen durch die gleichlautenden

Rechte seiner Mitbürger einzugrenzen, da nur so ein Freiheitsgebrauch zu Lasten Dritter verhindert werden kann. Er überschreitet aber seine Kompetenzen, sobald er die individuellen Freiheitsrechte beschneidet, um substantielle Zielsetzungen, z.B. bestimmte kulturelle Werte oder ökonomische Ziele, zu fördern. Daraus ergibt sich eine staatliche Verpflichtung zu strikter Neutralität, die die Privilegierung von bestimmten Weltanschauungen, Lebensweisen oder Wirtschaftsinteressen auf Kosten konkurrierender Vorstellungen oder Interessen verbietet. Eben dieser Neutralitätspflicht scheint aber die restriktive Handhabung der Mitgliedschaftsproblematik zu widersprechen: "(...) Whatever social benefits are thought to be secured by such restrictions, they amount to violations of the rights of those citizens who are willing to take outsiders in." (Steiner 1995, 16)

Unter den Einwohnern westlicher Staaten besteht offensichtlich ein Dissens, wie die Aufnahme von Immigranten zu bewerten ist. Ein Teil der Bevölkerung sieht in dem Einfluß fremder Kulturen eine Bedrohung der gewohnten Lebensweise, ein anderer Teil der Bevölkerung empfindet den kulturellen Austausch als wertvolle Bereicherung erstarrter Traditionen; die einen bangen um ihren Arbeitsplatz und ihre soziale Sicherheit, für andere bringt der Zuzug billiger Arbeitskräfte und neuer Konsumenten handfeste ökonomische Vorteile. Die Einwanderungspolitik kann also nicht beanspruchen, die Interessen der gesamten Bevölkerung zu repräsentieren, sondern erweist sich als Ausdruck eines vermeintlichen Mehrheitswillens. Die politische Umsetzung des Mehrheitswillens ist, wie in anderen Politikfeldern auch, unbedenklich, solange sie die fundamentalen Freiheitsrechte der Andersdenkenden unangetastet läßt. Die Freiheitsrechte fungieren - wie Ronald Dworkin es genannt hat - als "trump cards", die immer dann das Mehrheitsvotum ausstechen, wenn es den Kernbereich individueller Freiheit zu tangieren droht. (Vgl. Dworkin 1985, 198) Die staatliche Exklusion von Einreisewilligen kann zumindest in bezug auf die Vertragsfreiheit, evtl. auch in bezug auf die Vereinigungsfreiheit, als Verletzung der staatsbürgerlichen Freiheitsrechte interpretiert werden. Denn einigen Staatsbürgern wird der Abschluß eines Kontraktes mit Ausländern, denen der Zugang zum Staatsgebiet oder eine Arbeitserlaubnis verwehrt wird, einzig aus dem Grund unmöglich gemacht, daß er den wirtschaftlichen Interessen oder den Weltanschauungen einiger Mitbürger zuwiderläuft. Eine "Politik der geschlossenen Grenzen" stellt sich also aus dieser Sicht als eindeutiger Verstoß gegen die Kompetenzbeschränkungen dar, denen die staatliche Regelungsmacht in liberalen Gesellschaften unterliegt.

Die bisherige Diskussion hat gezeigt, daß aus der Perspektive des universalistischen Liberalismus eine staatliche Reglementierung der Immigration als illegitim angesehen werden muß, weil sie unantastbare Rechte der Nichtmitglieder oder der Mitglieder verletzt. Des weiteren hat sich ergeben, daß der universalistische Liberalismus die Askription der Staatsbürgerschaft zumindest letztinstanzlich durch den freien Willensentscheid der Individuen bestimmt wissen will. Eine den Grundsätzen des universalistischen Liberalismus verpflichtete Politik scheint also gezwungen zu sein, Einwanderung in jeglichem Umfang zuzulassen und jedem Einwanderer, der dies wünscht, die vollen Staatsbürgerrechte zuzusprechen. Eine solche Politik würde eindeutig der Praxis aller modernen Demokratien und - so steht zu vermuten - den normativen Vorstellungen einer großen Anzahl ihrer Bürger zuwiderlaufen. Dieser Widerspruch kann aber möglicherweise abgeschwächt werden, denn auch vom Standpunkt des universalistischen Liberalismus aus lassen sich in begrenztem Umfang Maßnahmen zur "territorialen Schließung" rechtfertigen. Ihm stehen zwei Strategien zur Verfügung, in Übereinstimmung mit seiner moralischen Grundorientierung Ausschlußkriterien für bestimmte Situationen oder in bezug auf bestimmte Mitgliedschaftsbewerber zu begründen.

Als moralische Grundlage des universalistischen Liberalismus waren eingangs zwei Prämissen identifiziert worden, die den Wertaspekten der fundamentalen Gleichheit und der Betroffenheit Ausdruck geben. Eine auf diese Prämissen gestützte Moraltheorie, wie z.B. der Utilitarismus, wird zwar in der Regel dazu tendieren, einer freizügigen Einwanderungspolitik das Wort zu reden; sie kann aber unter bestimmten Umständen auch zu dem Schluß gelangen, daß die Restriktion oder das Verbot der Einwanderung die moralisch geforderte Handlungsweise sei. Die utilitaristische Bewertung der immigrationspolitischen Optionen beginnt mit der Bestimmung der Personen, die von den Konsequenzen der verschiedenen Handlungsalternativen berührt werden. Zu den Betroffenen zählen die Bürger des Einwanderungslandes, die Immigranten und eventuell auch die Einwohner der Herkunftsländer, deren Lebenschancen z.B. durch die Auswirkungen eines dauerhaften "brain drain" negativ beeinflußt werden können. Die verschiedenen Optionen werden daraufhin verglichen, welche Auswirkungen sie auf das Kollektiv der Betroffenen haben. Moralisch geboten ist diejenige Option, für die sich aus der Addition der individuellen Nutzenwerte der größte kollektive Nutzenwert ergibt. Der utilitaristische Bewertungsmodus wird zweifellos die Öffnung der Grenzen vorschreiben, wenn die Anzahl der Immigranten gering ist. Die Beeinträchtigungen werden in diesem Fall sowohl für die Einwohner des Ziellandes als auch für die Einwohner der Herkunftsländer marginal sein, wohingegen die Einwanderer eine bedeutende Verbesserung ihrer Lebensumstände erreichen können. Im Gegensatz zu einer "Politik der geschlossenen Grenzen", die lediglich den status quo wahren, also die Nutzenbilanz nicht verändern würde, müßte die Grenzöffnung - die Werte aller Betroffenen zusammengenommen - zu einer Erhöhung der kollektiven Nutzensumme führen.

Es läßt sich allerdings auch ein Szenario vorstellen, daß zu einer genau entgegengesetzten Bewertung der politischen Maßnahmen führen müßte. Angenommen der Zustrom von Einwanderern schwillt derart an, daß die ökonomischen und sozialen Systeme in den Industrieländern kollabieren und sich die Verhältnisse in den Entwicklungsländern, bedingt durch den massiven Verlust an qualifizierten Arbeitskräften, signifikant verschlechtern. In diesem Fall würden sich die Lebensbedingungen für die Einwohner des Ziellandes wie auch für die Einwohner der Herkunftsländer bedeutend verschlechtern. Deren negative Nutzenwerte könnten aber nicht durch positive Werte der Einwanderer kompensiert werden, da diese in den Industriestaaten Zustände vorfänden, die sich nicht mehr wesentlich von ihrer Ausgangsposition unterscheiden würden. Die unlimitierte Zuwanderung würde somit in einer Verschlechterung der kollektiven Nutzenbilanz resultieren und müßte gegenüber der Alternative einen den status quo aufrecht erhaltenden Restriktionspolitik verworfen werden. Das Beispiel zeigt, daß auch ein die universalistischen Bewertungsstandards streng beachtendes Verfahren eine restriktive Immigrationspolitik vorschreiben kann. Obwohl im Prozeß der moralischen Evaluation in keiner Weise zwischen Staatsbürgern und Nichtstaatsbürgern diskriminiert wurde, ließ sich die Exklusion von Mitgliedschaftsaspiranten unter den skizzierten Umständen rechtfertigen.

Ein weiteres Exklusionskriterium kann aus dem politischen Kernbereich des liberalen Staatsmodells gewonnen werden. Ein wesentliches Element des liberalen Denkens ist die Einsicht, daß moderne Gesellschaften über keinen gemeinsamen Wertekanon integriert werden können. In all ihren Varianten zeichnet sich die liberale Staatsphilosophie dadurch aus, daß sie die Pluralität der divergierenden Lebensformen und Ideen als unhintergehbare Konstante moderner Gesellschaften akzeptiert. Sie versucht, das Konfliktpotential der unausgesetzt mitlaufenden Meinungsverschiedenheiten einzuhegen, indem sie den Staat zu weltanschaulicher Neutralität verpflichtet. Das Verbot, eine bestimmte Konzeption vom guten Leben politisch zu privilegieren, gilt für das gesamte Spektrum staatlicher Aktivitäten und ist somit auch für die Einwanderungs- und Einbürgerungspolitik verbindlich. Der Staat hat keine Handhabe, den Zugang zu seinem Territorium und zum Staatsbürgerstatus von dem Bekenntnis der Applikanten zu einer bestimmten Vorstellung vom guten Leben, etwa einer religiösen Lehre, abhängig zu machen. Er darf auf die Konkurrenz der diversen Praktiken und Überzeugungen in der Gesellschaft nicht über die Hintertreppe seiner Zulassungspolitik Einfluß ausüben. Dennoch impliziert die staatliche Neutralitätspflicht keine Indifferenz gegenüber allen Einstellungen und Aktivitäten der Individuen. In einer pluralistisch verfaßten Gesellschaft entwickeln sich auch Überzeugungen, die das "Faktum des Pluralismus" nicht als Grundlage des Zusammenlebens akzeptieren. (Vgl. Rawls 1992, 294) Anhänger extremer Ideen, man denke an Rassisten oder religiöse Fanatiker, sehen in der Formenvielfalt demokratischer Kulturen ein Übel, das es zu überwinden gilt. Die staatliche Neutralitätspolitik stößt hier an ihre Grenzen, da Extremisten und Fanatiker letztlich auf ein politisches System hinwirken, in dem das Neutralitätsgebot keine Gültigkeit hat und die Staatsgewalt zur Unterdrückung konkurrierender Weltanschauungen eingesetzt wird. Der neutrale Staat kann seinen Fortbestand nur sichern, wenn er seine unparteiliche Haltung eingrenzt. Er darf den Gegnern der pluralistischen Gesellschaftsordnung nicht die Entfaltungsmöglichkeiten einräumen, die er den Anhängern derjenigen Auffassungen zugesteht, die den Boden des liberalen Grundkonsenses nicht verlassen haben. (Vgl. Larmore, 1995, 64ff.)

Die Selbstbeschränkung des Neutralitätsideals hat Konsequenzen für die Einwanderungs- und Einbürgerungspolitik. Sie berechtigt den liberalen Staat, von den Bewerbern um Mitgliedschaft die Affirmation der fundamentalen Bestandteile seiner politischen Ordnung zu verlangen. (6) Dazu kann er sich mit einer formalen Erklärung der um eine Aufenthaltsgenehmigung oder um die Staatsbürgerschaft nachsuchenden Individuen begnügen; er kann aber auch Regelungen einführen, die eine größere Ausschlußwirkung versprechen. Beispielsweise kann er die Aufenthaltsgenehmigung mit einem Widerrufungs-Vorbehalt versehen, der im Falle gravierender Regelverstöße des Bewerbers zur

Aufhebung des zunächst zugestandenen Rechtsstatus führt. (7) Eine Möglichkeit, die Eintrittsbedingungen weiter zu verschärfen, könnte darin liegen, von den Mitgliedschaftsaspiranten den Besitz "liberaler Tugenden" einzufordern. Die Mitgliedschaftsaspiranten - so könnte man argumentieren - vermögen nur dann glaubhaft ein mit der liberalen Gesellschaftsordnung konformes Verhalten zuzusagen, wenn sie zuvor die dazu erforderlichen Dispositionen erworben haben. Spezifisch liberale Tugenden sind unter anderem in der Toleranz gegenüber Andersdenkenden, der intellektuellen Kapazität, gegebene Autoritäten in Frage zu stellen, sowie der Fähigkeit und Bereitschaft zur Teilnahme an rationalen Diskursen gesehen worden. (Vgl. Macedo 1991, 254ff.) Diese Verhaltensdispositionen können, wie Tugenden generell, nur durch eine dauerhafte Praxis eingeübt werden. Immigranten aus totalitären Gesellschaften - so läßt sich weiter unterstellen - mangelt es schlechthin an der Gelegenheit, die Tugenden, die sie für die Aufnahme in eine liberale Gesellschaft qualifizieren würden, auszuprägen. Die Tragfähigkeit dieser Argumentation muß allerdings mit einem großen Fragezeichen versehen werden. Auch in totalitären Staaten können sich oppositionelle Milieus behaupten, die eine kritische Distanz zu den von den Staatsorganen verbreiteten Ideologien bewahren und den demokratischen Diskurs in gesellschaftlichen Nischen pflegen. Für den durchzuführenden Eignungstest stellt sich folglich das Problem, nicht einfach vom Herkunftsland der Bewerber auf das Fehlen "liberaler Tugenden" schließen zu können. Andere Kriterien, die sowohl zuverlässige Resultate erbringen als auch den Praktikabilitätsanforderungen eines solchen Tests genügen würden, sind aber nur schwer vorstellbar.

Das Motiv, die demokratische Grundordnung zu schützen, dürfte, wie immer es auch verwaltungstechnisch umgesetzt wird, eine eher geringe Ausschlußwirkung entfalten. In Übereinstimmung mit der eingangs behandelten liberalen Staatsbürgerkonzeption kann den Bewerbern eben nur eine konforme Haltung in bezug auf das politische System und nicht in bezug auf die im Land dominierende Kultur abverlangt werden. "Demnach muß von Einwanderern nur die Bereitschaft erwartet werden, daß sie sich auf die politische Kultur ihrer neuen Heimat einlassen, ohne deshalb die kulturelle Lebensform ihrer Herkunft aufgeben zu müssen. Die geforderte politische Akkulturation erstreckt sich nicht auf das Ganze ihrer Sozialisation." (Habermas 1992a, 659) (8)

Abschließend kann konstatiert werden, daß der universalistische Liberalismus dem Zustrom von Migranten zwar nicht tatenlos zusehen muß. Im Einklang mit seiner universalistischen Werthaltung und seinem spezifischen Verständnis des Politischen kann er zwei Kriterien angeben, die Maßnahmen zur territorialen oder inneren Schließung rechtfertigen. Die vorangegangene Diskussion hat aber auch gezeigt, daß von beiden Exklusionsstrategien nur eine sehr begrenzte Wirksamkeit zu erwarten ist. Die vom universalistischen Liberalismus gutgeheißene Aufnahmepraxis geht weit über die in den westlichen Industriestaaten implementierten Regelungen hinaus und kann nicht beanspruchen, allgemein akzeptierte moralische Pflichten gegenüber Außenstehenden zum Ausdruck zu bringen. Es ist daher im folgenden zu prüfen, ob der partikularistische Liberalismus oder der Kommunitarismus in der Lage sind, eine restriktivere Migliedschaftspolitik mit plausiblen Argumenten zu unterstützen.

3.3 Die Position des partikularistischen Liberalismus

Die Position des partikularistischen Liberalismus versucht, den politischen Kern des liberalen Denkens aus seiner traditionellen Verankerung in universalistischen Moralprinzipien zu lösen. Das liberale Ordnungsmodell soll nicht länger für alle Kulturkreise und historische Epochen verbindlich sein, sondern seinen Geltungsanspruch auf moderne westliche Gesellschaften beschränken. Das Durchtrennen der universalistischen Wurzeln eröffnet dem partikularistischen Liberalismus die Möglichkeit, in Abkehr von dem Grundsatz der moralischen Gleichbeachtung aller Menschen die Mitglieder der jeweiligen liberalen Gesellschaft bevorzugt zu behandeln. Es ist aus seiner Sicht legitim, die Interessen der Mitglieder höher zu gewichten als die Interessen der Nichtmitglieder, weil in der politischen Gemeinschaft ein besonderes Pflichtverhältnis besteht, das in Art und Umfang über die moralischen Pflichten hinausgeht, die in bezug auf jeden beliebigen Menschen existieren. Diese "special duties" werden aber, im Gegensatz zum kommunitaristischen Begründungsansatz, nicht durch kulturelle Faktoren, etwa geteilte Wertvorstellungen oder das gemeinsame historische Erbe, gerechtfertigt, sondern sollen, ganz in Übereinstimmung mit liberalen Grundvorstellungen, aus der freien Einwilligung der Individuen in das Pflichtverhältnis entstehen.

Die liberale Begründung der "special duties" hat in den Institutionen des Versprechens und des Vertrages ihr Vorbild. Sowohl das Versprechen als auch der Vertrag erzeugen nur Pflichten in bezug auf die Person, der das Versprechen gegeben bzw. mit der der Vertrag geschlossen wurde. Aus ihnen folgt keine Verpflichtung, auch mit allen anderen Menschen in ein gleichartiges Verhältnis zu treten. Die entstehenden Pflichten sind im strengen Sinne partikular und werden einzig durch den freien Entschluß des Individuums, ein Versprechen zu geben oder einer vertraglichen Vereinbarung zuzustimmen, konstituiert. Im Fall des Vertrages, der anders als das Versprechen auf der wechselseitigen Erfüllung gegebener Zusagen basiert, ist die eingegangene Verpflichtung an Bedingungen geknüpft. Jede Vertragspartei ist nur dann an ihre vertraglich festgelegten Pflichten gebunden, wenn auch ihr jeweiliger Vertragspartner die von ihm geforderten Leistungen erbringt.

Die moralischen Intuitionen, die den Verpflichtungsgehalt des Versprechens und des Vertrages ausmachen, wirken den Vertretern des partikularistischen Liberalismus zufolge generell in menschlichen Gemeinschaften. Sie sind als der "moralische Kitt" zu verstehen, der in privaten Assoziationen und - wie sich im weiteren Verlauf der Argumentation zeigen wird - in Staaten ein besonderes Verpflichtungsverhältnis der Mitglieder begründen soll. In der privaten Sphäre erzeugen sie in jeglicher Form des Clubs, vom Sportverein bis zur ökonomischen Interessenvertretung, "special duties" der Mitglieder. Pflichten und Ansprüche entstehen in jedem Club nur im Verhältnis der Mitglieder zueinander. Das Faktum ihrer Clubmitgliedschaft läßt die moralischen Beziehungen der Mitglieder zu Außenstehenden unberührt. Grundlage der Verpflichtung ist, wie beim Versprechen und beim Vertrag, einzig der freie Entschluß des Individuums, dem Club beizutreten und damit die gegebenen Regularien und Kooperationsziele zu akzeptieren. Die Erfüllung der aus dem Vereinsbeitritt erwachsenden Pflichten, z.B. die Entrichtung des Mitgliedschaftsbeitrags oder bestimmte dem Club förderliche Aktivitäten, berechtigen das Mitglied erst, einen Anspruch auf die im Club erzeugten Güter zu erheben. Der Club ist also, analog zur vertraglichen Beziehung, ein auf Gegenseitigkeit beruhendes Leistungsverhältnis. Die Clubgemeinschaft hat nur gegenüber denjenigen Individuen besondere Verpflichtungen, die ihrerseits in dem durch die Vereinsstatuten festgesetzten Umfang zum Gelingen der Kooperation beitragen. Die zwischen Mitgliedern und Nichtmitgliedern diskriminierenden "special duties" sind im Club nicht dauerhaft garantiert, sondern müssen von jedem Mitglied durch seine individuellen Leistungen kontinuierlich verdient werden.

Diese Begründung der "special duties" hat Konsequenzen für die Vergabe von Mitgliedschaft im Club, an die die staatliche Einwanderungspolitik anknüpfen kann. Die gegenwärtigen Mitglieder eines Clubs stehen zu Nichtmitgliedern in keinem moralischen Verpflichtungsverhältnis. Sie sind in der Bestimmung ihrer Auswahlkriterien völlig ungebunden, weil die Mitgliedschaftsbewerber, die noch nichts zu den im Club verfolgten Zielen beigetragen haben, auch keine Ansprüche gegen die Clubgemeinschaft erworben haben. Der Umstand, daß die Bewerber die Absicht haben, das Wohl des Clubs zu fördern, und nur durch die bestehende Zugangsbeschränkung an der Partizipation gehindert werden, ist vom Standpunkt des Club-Modells unbeachtlich, weil eine Verpflichtung erst durch faktisch erbrachte Leistungen entsteht. Die Clubgemeinschaft wird normalerweise bemüht sein, vernünftige, an ihren spezifischen Bedürfnissen orientierte Maßstäbe zur Reglementierung der Mitgliedschaft anzulegen. Beispielsweise wird der Vorstand eines Fußballvereins von neuen Spielern in der Regel nur ein der Mannschaft angemessenes sportliches Leistungsvermögen verlangen und allenfalls nach ihrer Reputation, etwa ihrer Verläßlichkeit, fragen. Es hindert ihn jedoch nichts daran, sachfremde Kriterien zur Grundlage seiner Entscheidung zu machen oder ganz auf transparente Kriterien zu verzichten und nach der Laune des Augenblicks zu beschließen. Der Mitgliedschaftsbewerber seinerseits kann zwar versuchen, die Mitglieder davon zu überzeugen, daß sein Beitritt für sie von Nutzen wäre, z.B. indem er argumentiert, daß sich das praktizierte Auswahlverfahren an verfehlten Kriterien orientiert und den Interessen der Clubgemeinschaft abträglich ist. Er kann aber keine präexistenten Ansprüche gegen den Club geltend machen, sondern muß Gründe vorbringen, die vom Standpunkt der Mitglieder für seine Aufnahme sprechen könnten.

Das Recht des Clubs, völlig frei über seine Zusammensetzung zu entscheiden, erstreckt sich allerdings nicht auf jene Individuen, die bereits Mitglieder geworden sind. Wenn die neuen Mitglieder den Pflichten nachkommen, die sie mit ihrem Beitritt übernommen haben, darf ihnen der Mitgliedschaftsstatus nicht aberkannt werden. Der Ausschluß eines Mitglieds ist nur gerechtfertigt, wenn es die vereinbarten Leistungen nicht erbringt und durch sein Verhalten als Trittbrettfahrer die anfänglich gegen ihn bestehenden Pflichten der übrigen Mitglieder außer Kraft setzt.

Den Vertretern des partikularistischen Liberalismus zufolge ist die staatliche Gemeinschaft in wesentlichen Aspekten dem Club vergleichbar: "(...) Wir dürfen uns Staaten vorstellen als perfekte Vereine, deren Souveränität über ihre eigenen Auswahlprozesse unantastbar ist." (Walzer 1992, 78) Nach dieser Auffassung dient die staatliche Gemeinschaft, genau wie der Club, der kooperativen Erzeugung von Gütern, die das Individuum nicht aus eigener Kraft hervorbringen kann. Der Staat nimmt nur deshalb eine Sonderstellung ein, weil die in ihm produzierten Güter, wie die Rechtsordnung oder das Netz sozialer Sicherheiten, eine zentrale Bedeutung für das Leben jedes einzelnen besitzen. Das Bereitstellen der genannten staatlichen Leistungen wird durch regelmäßige "Einzahlungen" der Staatsbürger und - das ist ein wichtiger Zusatz - der "noncitizen members" ermöglicht. Ihre Beiträge zu den kollektiv erzeugten Gütern bestehen in erster Linie in pekuniären Leistungen, also in der Entrichtung von Steuern und Sozialabgaben. Eine nicht zu unterschätzende Rolle spielen aber auch soziale Verhaltensweisen, durch die die Produktion der kollektiven Güter von Kosten entlastet wird. So verbilligt es beispielsweise die Durchsetzung der Rechtsordnung, wenn sich eine große Zahl der Bürger auch in den Fällen normkonform verhält, in denen die staatliche Zwangsgewalt nicht präsent ist. Und für die Gewährung sozialer Sicherheiten werden weniger öffentliche Mittel aufzuwenden sein, wenn die überwiegende Mehrheit der Bevölkerung nur in wirklichen Notfällen auf sozialstaatliche Leistungen zurückgreift. Ansprüche an die staatliche Gemeinschaft können die Individuen nur auf Grundlage ihrer Beitragsleistungen stellen. Nur wer seinen Pflichten nachkommt, kann in dem als "mutual-benefit-society" konzipierten Gemeinwesen einen Anteil von den kooperativ erzeugten Gütern einfordern. (Vgl. Goodin 1988, 675ff.) Die in der Gemeinschaft bestehenden moralischen Sonderbeziehungen muß sich jeder einzelne, wie das schon in bezug auf den Club konstatiert wurde, immer wieder aufs neue verdienen.

Die Parallele, die der partikularistische Liberalismus zwischen dem Club und der staatlichen Gemeinschaft zieht, ist nicht ohne Widerspruch geblieben. So urteilt z.B. Joseph H. Carens: "This analogy ignores the familiar distinction between public and private (...). Drawing a line between public and private is often problematic, but it is clear that clubs are normally at one end of the scale and states at the other. So, the fact that private clubs may admit or exclude whomever they choose says nothing about the appropriate admission standards for states." (Carens 1987, 267f.) Bei der Begründung der "special duties", die im Verhältnis der Clubmitglieder zueinander wirksam sein sollen, sind im vorangegangenen zwei Aspekte hervorgehoben worden. Zum einen wurde auf den freien Entschluß der Mitglieder verwiesen, sich in das betreffende Verpflichtungsverhältnis zu begeben, zum anderen wurde auf die Beitragsleistungen abgestellt, die die Mitglieder zur Förderung eines gemeinsamen Kooperationsziels erbringen. Im Hinblick auf den erstgenannten Aspekt muß den Kritikern zugestanden werden, daß der staatlichen Gemeinschaft das Element der Freiwilligkeit fehlt. Die der Staatsgewalt unterworfenen Individuen sind in der Regel durch den Zufall der Geburt, nicht kraft ihrer

3. Die Distribution von Mitgliedschaft

eigenen Willensentscheidung ein Glied der Gemeinschaft geworden. Sie haben dem staatlichen Zusammenschluß und der in ihm vorgefundenen Rechtsordnung faktisch zu keinem Zeitpunkt ihre Zustimmung erteilt. Im Unterschied zum Club läßt sich also gerade der anfängliche Willensakt, der die mit besonderen Pflichten und Ansprüchen ausgestatteten Beziehungen der Mitglieder konstituieren soll, auf der staatlichen Ebene nicht nachweisen. Der Staat ist als genuine Zwangsgemeinschaft anzusehen, die ihren Mitgliedern Beitragsleistungen abverlangt, ohne sich auf deren explizites Einverständnis berufen zu können.

Bezüglich des zweiten Aspekts könnte eingewandt werden, daß sich das Zusammenwirken in der staatlichen Gemeinschaft grundlegend von der Kooperation unterscheidet, die für den Club charakteristisch ist. Die Staatsbürger, so ließe sich argumentieren, haben nicht in demselben Sinne wie die Vereinsmitglieder übereinstimmende Kooperationsziele. Während im Club die Interessen der Mitglieder tatsächlich auf ein gemeinsames Ziel fokussiert sind, etwa im Fußballverein auf das erfolgreiche Abschneiden der Mannschaften, koexistiert in der staatlichen Gemeinschaft eine große Zahl sehr unterschiedlicher Zielsetzungen. Unter diesen Zielen gibt es viele, die völlig unabhängig voneinander verfolgt werden können, z.B. pflegt die eine Gruppe das Fußballspiel, die andere Gruppe den Tennissport, ohne dadurch in irgendeine Beziehung zueinander zu treten. Andere Ziele schließen sich wechselseitig aus und stehen einander in unversöhnlicher Rivalität gegenüber - man denke beispielsweise an die antagonistischen Interessen von fundamentalistischen Christen, die Sportveranstaltungen an Sonntagen generell verbieten wollen, und religiös desinteressierten Sportfreunden, die sich ihrem Freizeitvergnügen gerade an Sonntagen widmen wollen. Dieser Kritik zufolge können dem einzelnen im Rahmen der staatlichen Gemeinschaft keine Verpflichtungen gegen die Mehrzahl seiner Mitbürger entstehen, da sie zu seinen persönlichen Zielen entweder keinen Beitrag leisten oder ihnen sogar entgegenwirken. Die sich aus seiner privaten Interessenverfolgung ergebenden Pflichten bleiben auf den engen Rahmen des privaten Clubs beschränkt.

Der Einwand verkennt jedoch, daß die Bedeutung der Güter, die in der staatlichen Gemeinschaft produziert werden, schwerpunktmäßig im Vorfeld der eigentlichen privaten Interessenverfolgung liegt. Rechte und soziale Leistungen dienen primär dazu, die Voraussetzungen für die Verwirklichung der divergierenden Lebensentwürfe zu schaffen, indem sie die unvermeidlichen Konflikte in friedliche Bahnen lenken und die materiellen Grundlagen für die Realisierung der wichtigsten Ziele garantieren. Zwar haben die Individuen oftmals unterschiedliche Vorstellungen, wie die Rechtsordnung und die sozialen Sicherungssysteme konkret gestaltet werden sollen. Aber auch wenn die jeweils aktualisierte Form der genannten Güter nicht ungeteilte Zustimmung findet, darf doch vorausgesetzt werden, daß alle Individuen ein Interesse an ihrer staatlichen Erzeugung haben. Beispielsweise dürfte nahezu jede beliebige staatliche Rechtsordnung vom Standpunkt der ihr unterworfenen Individuen der Anarchie vorzuziehen sein, die unvermeidlich in einem rechtsfreien Zustand herrscht. Daher darf der zweite Teil der

Analogie, demzufolge sowohl im Club als auch in der staatlichen Gemeinschaft ein gemeinsames Kooperationsziel verfolgt wird, als begründet gelten.

Sein besonderes Verständnis von politischer Gemeinschaft erlaubt dem partikularistischen Liberalismus, Kriterien für die staatliche Einwanderungs- und Einbürgerungspolitik zu formulieren, die erheblich von den Vorstellungen der beiden alternativen Positionen abweichen. Maßnahmen zur "territorialen Schließung", durch die die Einwanderung reglementiert wird, unterliegen aus der Perspektive des partikularistischen Liberalismus keinen moralischen Auflagen. Die gegenwärtige Mitgliedschaft kann frei bestimmen, mit wem sie kooperieren und ihre Güter teilen will. In politisch-diskursiven Prozessen muß sie sich darüber Klarheit verschaffen, welche Immigrationspolitik ihren Interessen am besten dient. Dabei wird wohl in den meisten Fällen die ökonomische Leistungsfähigkeit der Mitgliedschaftsbewerber im Vordergrund stehen. So bietet es sich an, grundsätzlich nur Einwanderer ins Land zu lassen, von denen mit ausreichender Sicherheit vorausgesagt werden kann, daß sie ihren Lebensunterhalt aus eigener Kraft bestreiten können. (9) Weitere Zugangserleichterungen können denjenigen Bewerbern eingeräumt werden, für deren berufliche Fertigkeiten ein echter Bedarf besteht, weil der inländische Arbeitsmarkt die Nachfrage nach bestimmten Experten nicht befriedigen kann. Bei der Auswahl, die unter den Mitgliedschaftsaspiranten getroffen wird, kann auch der Aspekt der kulturellen Nähe eine Rolle spielen. Beispielsweise erscheint es sinnvoll, Personen bevorzugt aufzunehmen, die über fortgeschrittene Sprachkenntnisse verfügen und mit den Landessitten vertraut sind, da sie sich erheblich leichter in den Arbeitsprozeß eingliedern lassen.

Die staatliche Gemeinschaft entscheidet also einzig nach Maßgabe ihrer jeweiligen Interessen darüber, für wieviele Immigranten sie ihre Grenzen öffnet und nach welchen Kriterien sie die neuen Mitglieder auswählt. Wenn sie aber Einwanderung zuläßt, erwachsen ihr - so ist vom Standpunkt des partikularistischen Liberalismus aus argumentiert worden - Verpflichtungen, die eine dauerhafte Benachteiligung der Neuankömmlinge im Verhältnis zur angestammten Bevölkerung ausschließen. Aus dieser Sicht erwerben die Immigranten, indem sie ihren finanziellen Verpflichtungen nachkommen und durch ihre Arbeit und andere soziale Aktivitäten den "mutual-benefit" fördern, einen Anspruch auf uneingeschränkte Mitgliedschaft. Uneingeschränkte Mitgliedschaft bedeutet, daß über den freien Zugang zum Arbeitsmarkt und zu den sozialen Sicherungssystemen hinaus auch die rechtliche Gleichstellung im Verhältnis zu den Staatsbürgern gewährt werden muß. Der Status des "noncitizen member", der zwar ungehinderte Partizipation im ökonomischen und sozialen Bereich gestattet, bestimmte Rechte, wie beispielsweise das aktive und passive Wahlrecht, aber nicht umfaßt, darf daher für die Einwanderer allenfalls ein Übergangsstadium sein, dem sich das Angebot der formalen Einbürgerung anschließen muß. Nur wenn die zugereisten Arbeitskräfte von sich aus keinen Wechsel der Staatsbürgerschaft wünschen, weil sie auf lange Sicht in ihre Heimatländer zurückkehren und dort ihren Lebensabend verbringen wollen, kann die Einbürgerung ausbleiben. Nach dieser Lesart ist die Überlegung ausschlaggebend, daß auch die Einwanderer Beitragszahler sind und sich somit in der moralisch relevanten

3. Die Distribution von Mitgliedschaft

Hinsicht nicht von den Staatsbürgern unterscheiden. Ihnen muß daher der gleiche Anspruch wie den Staatsbürgern auf Teilhabe an den gemeinschaftlich produzierten Gütern zuerkannt werden. "Demokratische Bürger stehen damit vor folgender Alternative: Wollen sie neue Arbeiter ins Land holen, dann müssen sie auch bereit sein, ihre eigene Gesellschaft auszuweiten; wollen sie keine neuen Mitglieder aufnehmen, müssen sie innerhalb der Grenzen ihres Binnenarbeitsmarktes Mittel und Wege finden, die Verrichtung gesellschaftlich notwendiger Arbeiten auf andere Weise, d.h. ohne die Mitwirkung von Fremden, sicherzustellen." (Walzer 1992, 105)

Aus der Perspektive des partikularistischen Liberalismus können aber auch Gründe vorgebracht werden, die eine diskriminierende Behandlung von Immigranten und angestammter Bevölkerung legitim erscheinen lassen. Die staatliche Gemeinschaft besitzt das Recht, ihre Aufnahmebedingungen autonom festzulegen; folglich kann sie auch beschließen, daß sie Mitgliedschaftsbewerbern den Zutritt nur um den Preis zukünftiger Ungleichbehandlung gewährt. Wenn die Mitgliedschaftsbewerber die Aufnahmebedingungen akzeptieren, etwa weil das Leben als "Bürger zweiter Klasse" im Zielland Vorteile gegenüber dem Leben als "Bürger erster Klasse" im Herkunftsland verspricht, ist es dieser Auffassung zufolge zulässig, sie dauerhaft schlechter zu stellen. Hier sind zwei Kritikpunkte zu prüfen. Erstens liegt der Einwand nahe, daß das zwischen Immigranten und Staatsbürgern gewöhnlich bestehende Machtgefälle die Einigung entwertet, die sie über die Beitrittskonditionen erzielen. Beispielsweise könnte man die Ansicht vertreten, daß die Zustimmung der Immigranten moralisch unbeachtlich ist, weil sie durch Ausnutzung einer Zwangslage erreicht wird. Realiter sind die meisten Einwanderer jedoch nicht im eigentlichen Sinne gezwungen, ihr Heimatland zu verlassen, sondern entscheiden sich aus rationalen Vorteilserwägungen für den Staatenwechsel. Auch die Tatsache, daß die Mitgliedschaftsbewerber normalerweise keine Möglichkeit haben, Einfluß auf die Beitrittsmodalitäten zu nehmen, spricht nicht gegen den Vertragscharakter der Einigung. Vergleichbare Machtdifferenzen sind auch in anderen Vertragsbeziehungen, z.B. zwischen Mietern und Vermietern oder zwischen Arbeitnehmern und Arbeitgebern, wirksam. Obwohl die Mieter oder die Arbeitnehmer oftmals keinen nennenswerten Verhandlungsspielraum haben und ihnen nur zu entscheiden bleibt, ob sie die Bedingungen, die ihnen die Gegenseite ultimativ anbietet, annehmen, wird die Geltung dieser Verträge nicht in Frage gestellt.

Der zweite Einwand zielt auf die Konsistenz der Position des partikularistischen Liberalismus. Die Ungleichbehandlung von Mitgliedern und Nichtmitgliedern rechtfertigt der partikularistische Liberalismus mit dem Argument, daß nur die Mitglieder einen Beitrag zu der staatlichen Güterproduktion leisten. Im Verhältnis von Staatsbürgern und "noncitizen members" greift dieses Unterscheidungsmerkmal offenbar nicht; beide Gruppen leisten Beiträge, dennoch sollen nur die Staatsbürger in vollem Umfang von den gemeinsam erzeugten Gütern profitieren. Es fragt sich nun, ob die staatliche Gemeinschaft ihr Recht, die Aufnahmebedingungen nach eigenem Ermessen zu gestalten, dazu nutzen darf, eine innergesellschaftliche Differenzierung zwischen Beitragszahlern einzuführen. Das Interesse, das die bereits im Besitz der Staatsbürgerschaft befindlichen

Individuen an einer solchen Regelung haben, kann in diesem Zusammenhang nicht geltend gemacht werden. Die vorrangige Beachtung ihrer Interessen ist ja gerade aus der Koppelung der Ansprüche an die Beitragsleistungen hergeleitet worden, die durch die Diskriminierung der "noncitizen members" außer Kraft gesetzt wird. Andere Gründe für die Privilegierung der Staatsbürger, z.B. die von den kommunitaristischen Autoren hervorgehobene Relevanz kultureller Unterschiede, haben aber in einem liberalen Begründungsansatz keinen Platz. Folglich kann die Position des partikularistischen Liberalismus einen Modus der "inneren Schließung", der eine Trennlinie zwischen faktischen Beitragszahlern zieht, nicht überzeugend vertreten. (10)

Das spezifische Verständnis von Mitgliedschaft, das dem partikularistischen Liberalismus zugrunde liegt, hat nicht nur für den Umgang mit "noncitizen members" Konsequenzen. Wie im vorstehenden erläutert, sind die in Clubs oder der staatlichen Gemeinschaft bestehenden "special duties" an die Bedingung geknüpft, daß die Mitglieder die ihnen auferlegten Pflichten erfüllen. Wer über einen längeren Zeitraum seine Beitragsleistungen schuldig bleibt, entbindet dadurch die Gemeinschaft von den besonderen moralischen Verpflichtungen, die zuvor gegen ihn bestanden haben. Für eine von der Moralauffassung des partikularistischen Liberalismus geleitete Gesellschaft ist es daher geboten, ein Verfahren der "inneren Schließung" zu implementieren, das zwischen Nettobeitragszahlern und Nettoleistungsempfängern differenziert: "So far as mutualbenefit society is concerned, useless members would be superfluous members. Not only may they be cast out, they should be cast out." (Goodin 1988, 683) Personen, die der Gemeinschaft dauerhaft Lasten aufbürden, wie Behinderte oder chronisch kranke Menschen, haben demnach keinen Anspruch, bei der Distribution staatlicher Güter in gleicher Weise berücksichtigt zu werden, wie jene Personen, die durch ihre individuellen Leistungen die Erzeugung der Güter ermöglicht haben. Die im partikularistischen Liberalismus artikulierte Moralintuition des individuellen Verdienstes verbietet zwar, Immigranten als "Bürger zweiter Klasse" zu behandeln, sie erlaubt aber gleichzeitig, permanent hilfsbedürftigen Individuen einen minderwertigen Status zuzuweisen.

Die vom partikularistischen Liberalismus geforderten Maßnahmen stimmen nur zum Teil mit der politischen Praxis und den Wertvorstellungen überein, die in modernen westlichen Gesellschaften dominieren. Wie die vorangegangene Darstellung gezeigt hat, kommt die Position des partikularistischen Liberalismus zwar im Bereich der Immigrationspolitik zu Bewertungen, die auf eine breite gesellschaftliche Akzeptanz rechnen dürfen. Viele Bürger westlicher Gesellschaften empfinden es als legitim, die Interessen der Mitglieder den Interessen der Nichtmitglieder vorzuziehen, und erblicken in der vorgetragenen Argumentation eine geeignete Rechtfertigung für eine restriktive Immigrationspolitik. Der partikularistische Liberalismus kann jedoch sein Gemeinschaftsverständnis nicht auf den Sektor der Immigrationspolitik beschränken. Um der Konsistenz seiner Position willen muß er auch gesellschaftsintern Mitgliedschaft über das Kriterium des individuellen Verdienstes bestimmen. In der gesellschaftlichen Innenperspektive verlangt diese Definition der Mitgliedschaft die Privilegierung der Beitragszahler gegenüber den Leistungsbeziehern. Der Ausschluß aller Bürger, denen es gar nicht oder nicht in dem geforderten Umfang möglich ist, einen Beitrag zur kollektiven Güterproduktion zu leisten, dürfte aber mit den in der Gesellschaft vorherrschenden Moralintuitionen kaum vereinbar sein. Eine solche Praxis der "inneren Schließung" würde in erster Linie Behinderte, Kranke und alte Menschen treffen. Ihr Ausschluß ist, anders als im Fall der Migranten, nicht territorial zu verstehen. Die leistungsschwachen Individuen hätten nicht den Verlust ihres Bleiberechts zu gewärtigen - ihre Ausweisung würde wohl schon am Widerstand der Nachbarstaaten scheitern -, sondern sie blieben von der Distribution der im Staat erzeugten Gütern ausgenommen. Eine solche beitragsorientierte Stratifizierung der Gesellschaft hätte aber sowohl im sozialen wie auch im rechtlichen Bereich Konsequenzen, die in keiner modernen westlichen Gesellschaft in größerem Umfang verwirklicht sind.

Im sozialen Bereich würden beitragsfinanzierte Versicherungssysteme am ehesten dem "mutual benefit" Gedanken gerecht. In ihnen ist die Gewährung von Hilfsleistungen nicht primär von der Bedürftigkeit der Antragsteller, sondern von ihren vorherigen Einzahlungen abhängig. Die Bedürftigkeit kann höchstens bei der Leistungsbemessung berücksichtigt werden, nicht aber aus eigener Kraft Ansprüche begründen. Individuen, die nicht in der Lage waren, ihren Anteil an der Finanzierung der sozialen Systeme aufzubringen, können nicht allein aufgrund ihrer persönlichen Notlage Leistungen einfordern. Eine soziale Grundversorgung bleibt somit gerade den schwächsten Gliedern der Gesellschaft vorenthalten. Beispielsweise haben Individuen, die aufgrund einer angeborenen Behinderung nie am Erwerbsprozeß teilnehmen und daher die Beiträge für die Versicherungsgemeinschaft nicht aufbringen konnten, auch keinen Anspruch auf Unterstützung.

Der moderne Sozialstaat weist zweifellos Elemente auf, die im Sinne des partikularistischen Liberalismus die individuelle Leistung berücksichtigen. So ist z.B. die Höhe der Ruhestandsbezüge im deutschen Rentenversicherungssystem an die vorherigen Einzahlungen gekoppelt. Diese beitragsbezogenen Elemente sind aber von einer Vielzahl beitragsunabhängiger Ansprüche ummäntelt, die ohne Ansehen der individuellen Leistung gewährt werden. Beispielsweise wird nach deutschem Recht Sozialhilfe auch Personen zugestanden, die nie zuvor Steuern entrichtet haben, und die Höhe der Beiträge zur öffentlichen Krankenversicherung entscheidet nicht über die Qualität der Krankenversorgung. Individuelle Leistungen haben insgesamt eine eher untergeordnete Bedeutung; sie sind keinesfalls als das grundlegende Organisationsprinzip des modernen Sozialstaates zu verstehen.

Im rechtlichen Bereich müßte die geforderte "innere Schließung" durch ein Zwei- oder Mehrklassensystem umgesetzt werden, das die Rechtspositionen der Individuen im Verhältnis zu ihren Beitragsleistungen festlegen würde. Der Gedanke, Rechte nach individuellen Beitragszahlungen zu staffeln, hat jedoch in keine moderne Rechtsordnung Eingang gefunden. Er hat sein historisches Vorbild im Zensuswahlrecht, das vom 17. bis zum 19. Jahrhundert in zahlreichen europäischen Staaten - man denke z.B. an das preußische Dreiklassenwahlrecht - Geltung hatte. In den gegenwärtigen Rechtsordnungen der westlichen Staaten folgen politische Partizipationsrechte, wie alle anderen

Rechte auch, dem Grundsatz der Gleichheit vor dem Recht. Eine Abkehr von diesem, das Rechtsverständnis der Bürger prägenden Grundsatz würde keine gesellschaftliche Akzeptanz finden. Zusammenfassend ist festzuhalten, daß die vom partikularistischen Liberalismus verfochtene Moralauffassung zwar im Bereich der Einwanderungs- und Einbürgerungspolitik zu überzeugenden Bewertungen führt, gesellschaftsintern aber zu Ergebnissen gelangt, die mit den Wertüberzeugungen der Bürger kollidieren.

3.4 Die kommunitaristische Position

Auch die Vertreter der kommunitaristischen Position versuchen, "special duties" gegenüber den Mitgliedern der staatlichen Gemeinschaft zu begründen. Ihre Argumentation unterscheidet sich jedoch grundlegend von der im vorangegangenen Abschnitt dargestellten Position des partikularistischen Liberalismus. Der partikularistische Liberalismus rekurriert auf die moralischen Intuitionen, die in allen dem Modell des Clubs vergleichbaren Zusammenschlüssen die Beziehungen der Mitglieder bestimmen. In diesen Assoziationen begründen die Beiträge der Individuen zur gemeinschaftlichen Kooperation das Bestehen eines besonderen Verpflichtungsverhältnisses zwischen den Mitgliedern. Die kommunitaristische Position orientiert sich hingegen an Gemeinschaften, die nicht erst durch die gleichgerichteten Interessen der Individuen zusammengeführt werden, sondern ihren Mitgliedern als Teil ihrer Lebensbedingungen vorgegeben sind. Die Beziehungen in diesem Gemeinschaftstyp sind nach kommunitaristischer Vorstellung durch ein spezifisches Gefühl der menschlichen Nähe gekennzeichnet, das die Individuen dazu veranlaßt, die Interessen der Mitglieder in ihren moralischen Urteilen zu privilegieren.

Diese elementare Erfahrung der Zusammengehörigkeit kennzeichnet besonders die Beziehungen in der familiären Gemeinschaft. Obwohl die Mitglieder einer Familie oft ganz unterschiedliche Lebenspläne verfolgen, bleibt in ihnen doch in der Regel die moralische Intuition wirksam, daß sie gegenüber ihren Angehörigen umfassendere Verpflichtungen haben als gegenüber anderen Menschen. So fühlt man sich normalerweise eher verpflichtet, seinen notleidenden Eltern beizustehen, als unbekannten Menschen, die sich in einer vergleichbaren Notlage befinden, unter die Arme zu greifen. Umgekehrt erscheinen Menschen, die sich für Belange der Allgemeinheit engagieren, in ihrem sozialen Nahbereich aber jegliche Anteilnahme vermissen lassen, moralisch suspekt. Beispielsweise kann jemand, der bekanntermaßen seine eigenen Eltern vernachlässigt, nicht überzeugend als Repräsentant eines Seniorenschutzbundes auftreten. Er wirkt unglaubwürdig, weil sein Verhalten die gängige Auffassung von "natürlichen" moralischen Prioritäten verletzt.

Ein auf die Empfindung der menschlichen Nähe gegründetes Verpflichtungsverhältnis besteht in abgeschwächter Form auch in vielen Nachbarschaften. Die Nachbarschaft ist genau wie die Familie eine Zufallsgemeinschaft. Ihre Mitglieder haben sich nicht um der Gemeinschaft mit ihren Nachbarn willen, sondern auf Grund beruflicher Zwänge

3. Die Distribution von Mitgliedschaft

oder anderer persönlicher Motive für einen bestimmten Wohnort entschieden. In der Nachbarschaft kann das Gefühl, eine besondere Verantwortung füreinander zu tragen, aus der räumlichen Nähe und der persönlichen Bekanntschaft der Mitglieder entstehen. So sieht man sich zwar möglicherweise veranlaßt, für die alte Dame von nebenan einkaufen zu gehen, dem Herrn aus dem ersten Stock sein kostbares Werkzeug zu leihen oder seine Freizeit in die Organisation eines Straßenfestes zu investieren; wenn aber dieselben Bitten von beliebigen Menschen, zu denen man keine besonderen Bindungen unterhält, an einen herangetragen werden, entgegnet man vermutlich: "Das betrifft mich nicht" oder "Das geht zu weit. Ich kann nicht jedem helfen." (Vgl. Walzer 1992, 72ff.)

Die Intuition, daß die moralischen Pflichten zunehmen, je enger die Beziehungen zu einem Menschen sind, setzt nicht voraus, daß die betreffenden Verpflichtungsverhältnisse auf Freiwilligkeit basieren. Im Unterschied zum Club-Modell, für das die freiwillige Bildung der Gemeinschaft zentrale Bedeutung hat, ist sie auch dann wirksam, wenn die beteiligten Individuen dem Zusammenschluß nicht explizit zugestimmt haben. Aus Sicht der kommunitaristischen Autoren sind die auf dem Gefühl der menschlichen Nähe beruhenden "special duties" gerade für die Gemeinschaften charakteristisch, auf die das Individuum schicksalhaft verwiesen ist: "Ich bin der Sohn oder die Tochter von jemandem, der Vetter oder der Onkel von irgendwem; ich bin der Bürger dieser oder jener Stadt, ein Mitglied dieser oder jener Zunft oder Berufsgruppe; ich gehöre zu dieser Sippe, jenem Stamm, dieser Nation. (...) Als solcher erbe ich aus der Vergangenheit meiner Familie, meiner Stadt, meines Stammes, meiner Nation eine Vielzahl von Schulden, Erbschaften, berechtigten Erwartungen und Verpflichtungen. Sie konstituieren das Gegebene meines Lebens, meinen moralischen Ausgangspunkt. Dies verleiht meinem Leben einen Teil seiner moralischen Besonderheit." (MacIntyre 1987, 293f.)

MacIntyre ist bestrebt, die moralische Vorrangstellung, die der einzelne seiner Familie, seiner Stadt und seiner Nation gefühlsmäßig einräumt, rational zu begründen. Nicht zufällig wählt er den Begriff der "Schulden", um die Beziehung der Individuen zu den genannten Gemeinschaften zu charakterisieren. Mit dieser Metapher verweist er auf die Leistungen, die die Gemeinschaften nach kommunitaristischer Auffassung im Prozeß der Personwerdung erbringen. In den "communities" werden die Normen, Rollenvorstellungen und Verhaltensmuster vermittelt, die der einzelne im Laufe seiner Persönlichkeitsentwicklung internalisiert. Durch seine dauerhafte Teilnahme an den gemeinschaftlichen Praktiken verinnerlicht er einen Kanon von Wertvorstellungen und Verhaltenserwartungen, der den Kern seines Selbst konstituiert. Diesen Kanon kann sich das Individuum zwar im Verfahren der Introspektion vergegenwärtigen; zu einer kritischen Reflexion ist es aber aus kommunitaristischer Sicht nur sehr bedingt - gewissermaßen um den Preis, seine aktuelle Identität aufs Spiel zu setzen - fähig. Das Individuum darf also nicht, wie das in den meisten liberalen Theorien geschieht, als frei zwischen konkurrierenden Normen und Praktiken wählender Akteur konzipiert werden. Seine Wahlentscheidungen sind im wesentlichen auf den Rahmen der kommunitären Vorgaben beschränkt. Die Identität jedes einzelnen kann immer nur im Kontext seiner jeweiligen historischen und gesellschaftlichen Situierung adäquat verstanden werden.

Oder anders formuliert: Jeder ist das, was er ist, nur auf Grund seiner Gemeinschaftszugehörigkeiten. (Vgl. Taylor 1992, 27ff.) Daher sind die Individuen den Gemeinschaften, die ihnen die grundlegenden Normen und Praktiken vermittelt haben, zu Dank verpflichtet; sie "schulden" ihnen eine besondere Loyalität, die sich gerade in ihren moralischen Urteilen niederschlagen muß. Diese rationale Rekonstruktion der "special duties" ist natürlich nicht notwendig, um den Individuen ihre menschliche Nähe zum Bewußtsein zu bringen. Die beschriebene Adaptation an bestehende Normen und Praktiken läßt in ihnen - auch ohne Rekurs auf die kommunitaristische Identitätstheorie - das Gefühl der Zusammengehörigkeit entstehen, das dem Wunsch nach einer moralischen Privilegierung der Nahbeziehungen zugrunde liegt.

Der problematischste Aspekt der kommunitaristischen Argumentation ist die Übertragung von "special duties", die im sozialen Nahbereich zweifellos eine große Bedeutung haben, auf die Ebene der staatlichen Gemeinschaft. Die Vertreter der kommunitaristischen Moralauffassung müssen plausibel machen, warum das Gefühl der menschlichen Nähe, das z.B. die Angehörigen einer Familie zu einer besonderen Sorge füreinander veranlaßt, auch für die weitaus größere und anonymere Gemeinschaft der Staatsbürger relevant sein soll. In diesem Zusammenhang muß an die eingangs erwähnte kulturelle Konzeption der Staatsbürgerschaft erinnert werden, die der kommunitaristischen Position zugrunde liegt. Diese Konzeption begreift die Staatsbürgerschaft der Individuen als rechtliche Konkretisierung ihrer Zugehörigkeit zu einer vorpolitisch konstituierten Gemeinschaft. Die Institution der Staatsbürgerschaft kann demnach nicht aus eigener Kraft die Mitgliedschaft in der politischen Gemeinschaft begründen, sondern nur einer vorab bestehenden kulturellen Zugehörigkeit Geltung verschaffen. Im Gegensatz zu der Staatsbürgerkonzeption der beiden liberalen Theorien intendiert die kulturelle Staatsbürgerkonzeption, die politische und die kulturelle Gemeinschaftszugehörigkeit der Individuen in Einklang zu bringen. Die Mitgliedschaft in einer staatlichen Gemeinschaft ist daher im kommunitaristischen Theoriekontext immer an kulturelle Kriterien, wie z.B. die Vertrautheit mit kulturspezifischen Verhaltensweisen und Werthaltungen, gebunden. So kann vorausgesetzt werden, daß die Gemeinschaft der Staatsbürger über einen homogenen kulturellen Hintergrund verfügt, der ihre Interaktionen mit einem hohen Maß an Erwartungssicherheit ausstattet. Selbst wenn der einzelne bestimmte Handlungen seiner Mitbürger mißbilligt oder ihre Einstellungen nicht teilt, kann er sie zumindest verstehen und angemessen auf sie reagieren. Im Kontakt mit Angehörigen fremder Kulturen wird er hingegen mit Verhaltensweisen konfrontiert, die seinen Deutungshorizont transzendieren und unweigerlich Irritationen auslösen. Aus der Vertrautheit mit einem geteilten kulturellen Hintergrund entsteht nach kommunitaristischer Auffassung in der staatlichen Gemeinschaft ein Gefühl der Zusammengehörigkeit, das zwar den sozialen Nahbeziehungen an Intensität nachsteht, aber stark genug ist, um eine moralisch wirksame Unterscheidung zwischen Staatsbürgern und Nichtstaatsbürgern treffen zu können.

Aus der Sicht der Kommunitaristen übt die staatliche Gemeinschaft eine wichtige Funktion für die Persönlichkeitsentwicklung des einzelnen aus. Zwar werden die maßgebenden Verhaltensmuster und Werte in erster Linie durch die Familien, Schulen, Nachbarschaften und religiösen Gemeinden weitergegeben. Die im sozialen Nahbereich wirkenden Gemeinschaften erzeugen aber die von ihnen vermittelten Normen nicht selbst, sondern schöpfen sie aus dem kulturellen Reservoir, das im Kontext der staatlichen Gemeinschaft permanent reproduziert werden muß. Sie können ihren Beitrag zur Persönlichkeitsentwicklung der Individuen nur leisten, wenn sie in eine staatliche Gemeinschaft eingebettet sind, die ein hohes Maß an kultureller Einheitlichkeit aufweist. Die Identität der Individuen ist daher eng mit ihrer Mitgliedschaft in einer besonderen staatlichen Gemeinschaft verwoben. Sie können über ihre eigene Person und ihre "geerbten" moralischen Pflichten nur Klarheit gewinnen, wenn sie sich auf ihre Zugehörigkeit zur staatlichen Gemeinschaft besinnen: "Citizenship is an answer to the question, 'Who am I ?' and 'What should I do ?' when posed in the public sphere." (Van Gunsteren 1988, 732)

Das kulturelle Verständnis von Mitgliedschaft in der staatlichen Gemeinschaft gibt den Kommunitaristen ein effektives Kriterium an die Hand, den Zugang zum Staatsgebiet zu restringieren. Aus ihrer Perspektive erscheint es legitim, nur Immigranten aufzunehmen, die der eigenen Kultur angehören oder ihr zumindest nahestehen. Die Mehrheit der Bürger - so argumentiert z.B. Michael Walzer - fühlt sich nicht verpflichtet, die Türen ihres Landes für jeden beliebigen Bewerber zu öffnen, sondern nur "(...) für eine bestimmte Gruppe von Außenstehenden, nämlich von solchen, die als nationale oder ethnische 'Verwandte' angesehen werden. In diesem Punkt gleichen Staaten eher Familien als Vereinen, denn es ist ein Charakteristikum von Familien, daß ihre Mitglieder sich moralisch mit Menschen verbunden fühlen, die sie sich nicht ausgesucht haben und die außerhalb des eigenen Haushalts leben." (Walzer 1992, 78) Die Bestimmung, was unter dem Begriff "Verwandtschaft" konkret zu verstehen ist, kann in den einzelnen Gesellschaften sehr unterschiedlich ausfallen und - darauf wird noch einzugehen sein - auch gesellschaftsintern zu Kontroversen führen. Die kulturell vermittelte "Verwandtschaft" hat im Gegensatz zu den eigentlichen Verwandtschaftsbeziehungen in der Familie keine natürliche Basis. Sie ist ein theoretisches Konstrukt, das auf historische oder ethnische Aspekte abstellt, sich aber ebensogut auf eine geteilte Lebenspraxis oder übereinstimmende Werthaltungen berufen kann. Wie kulturelle Nähe letztlich definiert wird, hängt ausschließlich von der Selbstinterpretation der betreffenden Gesellschaft ab.

Die Begünstigung "verwandter" Immigranten läßt sich in der Mitgliedschaftspolitik zahlreicher Staaten nachweisen. Neben der schon eingangs erwähnten Praxis der Bundesrepublik Deutschland, deutschstämmigen Aussiedlern ein Anrecht auf die deutsche Staatsbürgerschaft zu gewähren, gibt besonders die israelische Einwanderungspolitik ein eindrucksvolles Beispiel dafür, zu welchen Anstrengungen die Empfindung schicksalhafter Verbundenheit motivieren kann. So hat die israelische Gesellschaft trotz angespannter wirtschaftlicher Lage und räumlich begrenzter Aufnahmekapazität seit dem Zusammenbruch der kommunistischen Regime Osteuropas den Zuzug von etwa 650.000 jüdischen Einwanderern - das sind mehr als 10% der Gesamtbevölkerung - verkraftet. Sowohl in Deutschland wie auch in Israel wird die Offenheit für kulturell nahestehende Einwanderer von rigiden Schließungsmaßnahmen flankiert, die es anderen Bewerbern außerordentlich schwer machen, die Mitgliedschaft zu erwerben. Diese Ungleichbehandlung der Mitgliedschaftsbewerber macht deutlich, daß nicht die faktische politische, sondern die fiktive kulturelle Gemeinschaft den Rahmen für die besonderen moralischen Verpflichtungen abgibt. Die kulturelle Gemeinschaft, wie auch immer sie inhaltlich präzisiert wird, begründet Pflichten, die von abweichenden politischen Zugehörigkeiten nicht außer Kraft gesetzt werden können. Überspitzt formuliert könnte man sagen, daß die in ihr wirksame Moralintuition auf Kompensation für die unangemessene, d.h. die ursprünglichere Gemeinschaftsbindung nicht berücksichtigende, territoriale Grenzziehung zielt. (11)

Wenn die aktuellen Mitglieder beschließen, Angehörige fremder Kulturen in die staatliche Gemeinschaft einzugliedern, z.B. weil die demographische Struktur der Gesellschaft den Zuzug junger Menschen erforderlich macht, ist es den Kommunitaristen zufolge zulässig, von den Einwanderern hohe Anpassungsleistungen zu fordern. Die kommunitaristische Haltung steht hier in deutlichem Gegensatz zu der eingangs skizzierten Position des universalistischen Liberalismus, derzufolge neuen Mitgliedern zwar die Affirmation der politischen Grundordnung, nicht aber die Übereinstimmung mit bestimmten kulturellen Standards abverlangt werden darf. Nach Auffassung der kommunitaristischen Autoren reicht es nicht aus, von den Einwanderern nur die Akzeptanz zentraler politischer Normen zu verlangen; aus ihrer Sicht ist der Fortbestand einer staatlichen Gemeinschaft, die lediglich durch das gemeinsame Bekenntnis zu einer politischen Grundordnung zusammengehalten wird, permanent gefährdet. Jeder Staat ist in Krisensituationen, z.B. im Fall kriegerischer Auseinandersetzungen, darauf angewiesen, patriotische Einstellungen seiner Bürger mobilisieren zu können. Starke Loyalitäten können aber nach Ansicht kommunitaristischer Theoretiker nur in einer homogen zusammengesetzten Gemeinschaft entstehen, deren Mitglieder wissen, daß sie ihre spezifischen Lebensvorstellungen nur innerhalb der Gemeinschaft verwirklichen können. Fehlen diese Loyalitäten, wird ein zu geringer Anteil der Bevölkerung bereit sein, für den Erhalt der Gemeinschaft Opfer zu bringen. (Vgl. MacIntyre 1993, 94ff.) Darüber hinaus ist das Bestehen eines Grundkonsenses, der gehaltvoller ist als der, den liberale Theorien fordern, auch notwendig, damit die staatliche Gemeinschaft ihrer Verantwortung für die Persönlichkeitsentwicklung der Individuen gerecht werden kann. Wie bereits erläutert, übernimmt sie im Kontext kommunitaristischer Theorien die Funktion eines normativen und habituellen Orientierungsrahmens für die ihr zugehörigen Individuen. Die Erfüllung dieser Aufgabe setzt voraus, daß für alle Mitglieder ein einheitliches Set von Werten und Verhaltensmustern verbindlich ist. Wenn die Wertüberzeugungen und Lebenspraktiken in der Gemeinschaft zu stark divergieren, vermag der Rekurs auf die Gemeinschaftszugehörigkeit keine eindeutige Orientierung zu geben.

Die Anhänger der kommunitaristischen Position konzedieren zwar, daß Einwanderung aus anderen Kultursphären nicht zwangsläufig die Einheitlichkeit der staatlichen Gemeinschaft bedroht. Es sei durchaus möglich, daß die Immigranten im Laufe der Zeit vollständig integriert werden und wichtige Aufgaben in der staatlichen Gemeinschaft

3. Die Distribution von Mitgliedschaft 55

übernehmen. Zu bedenken sei aber zum einen, daß das Potential einer Gesellschaft, neue Einflüsse zu absorbieren, sehr begrenzt sei, zum anderen müsse berücksichtigt werden, daß die Akkulturation der Immigranten ein diffiziler Prozeß sei, der aus einer Vielzahl von Gründen mißlingen könne. Beispielsweise können die Immigranten so tief in den Sitten ihres Herkunftslandes verwurzelt sein, daß ihre "sekundäre Sozialisation" in die fremde Kultur scheitert, oder die Zahl der Immigranten kann so groß sein, daß sie ihre gewohnte Lebensweise etablieren können, ohne sich an das neue Umfeld anpassen zu müssen. Aus kommunitaristischer Perspektive erscheint es - sofern nicht besondere Gründe für die Öffnung der Grenzen sprechen - daher im allgemeinen ratsam, kulturell fernstehenden Mitgliedschaftsbewerbern die Aufnahme in die staatliche Gemeinschaft zu verweigern. (12)

Die von kommunitaristischen Theoretikern behauptete Schutzbedürftigkeit der kulturellen Homogenität verbietet aber nicht prinzipiell, Gastarbeiter ins Land zu holen. Ökonomische Gründe können es durchaus opportun erscheinen lassen, dringend benötigten Arbeitskräften einen zeitlich befristeten Aufenthalt zu gestatten. Im Gegensatz zum partikularistischen Liberalismus entsteht den Gastarbeitern aus den Leistungen, die sie im gesellschaftlichen Kooperationsprozeß erbringen, kein Anspruch auf Einbürgerung. Nach kommunitaristischer Auffassung ist es legitim, sie ungeachtet ihres Verdienstes dauerhaft als "Bürger zweiter Klasse" zu behandeln. Die Gastarbeiter erwerben nur einen Anspruch auf die Staatsbürgerschaft und die mit ihr verbundene rechtliche Gleichstellung, wenn sie den Besitz jener Attribute nachweisen können, die dem jeweiligen kulturellen Selbstverständnis der Staatsgemeinschaft zugrunde liegen. (13) Konsistenzerfordernisse legen die kommunitaristische Position darauf fest, die Kriterien, die sie im Bereich der "territorialen Schließung" angewandt hat, auch für die "innere Schließung" gelten zu lassen. Sie darf den Menschen, die sich der Kultur ihres Gastlandes anverwandelt haben, die volle Mitgliedschaft nicht verwehren. (14)

Der wichtigste Einwand gegen die kommunitaristische Begründung von "special duties" betrifft die Beschreibung moderner Gesellschaften als substantielle Wertgemeinschaften, mit deren Hilfe das Bestehen menschlicher Nahbeziehungen im Kontext der staatlichen Gemeinschaft plausibel gemacht werden soll. Ein Blick auf die gesellschaftliche Realität der meisten europäischen und nordamerikanischen Staaten lehrt, daß gerade die Pluralität der Weltanschauungen und Lebensstile als *das* Charakteristikum moderner Gesellschaften angesehen werden muß. Ihre Mitglieder stimmen gewöhnlich nicht überein, welche Merkmale die kulturelle Identität der Gesellschaft ausmachen. "(...) Cultural descriptions are politically and ideologically laden. (...) The ever-present questions 'From whose perspective?' and 'In whose interests?' permeate the politics of historically based cultural characterization." (Rorty 1994, 158) Kulturell definierte Ausschlußkriterien in der Einwanderungspolitik lassen daher nicht ohne weiteres auf einen gesamtgesellschaftlichen Konsens schließen, sondern artikulieren in vielen Fällen lediglich das Selbstverständnis der dominierenden Bevölkerungsgruppe. Wenn verschiedene kulturelle Gruppen miteinander rivalisieren, dient die kommunitaristische Bestimmung von Mitgliedschaft einseitig der Gruppe, die im Besitz der politischen Definitionsmacht ist. Die Minderheiten, die ihr kulturelles Verständnis nicht in den Immigrationsgesetzen verankern können, müssen unter Umständen hinnehmen, daß die Einwanderungspolitik ihr politisches Gewicht weiter reduziert, indem sie den Bevölkerungsproporz zugunsten der Mehrheitskultur verschiebt. In multikulturellen Gesellschaften kann sich eine kommunitaristische Einwanderungspolitik somit als Mittel erweisen, die nicht vorhandene Homogenität der staatlichen Gemeinschaft künstlich zu erzeugen.

Zu prüfen ist aber, ob die kommunitaristische Position in der Lage ist, die repressiven Konsequenzen ihrer Mitgliedschaftskriterien zu rechtfertigen. Vom kommunitaristischen Standpunkt aus läßt sich argumentieren, daß die Marginalisierung der Minderheiten in Kauf zu nehmen sei, weil nur ein hohes Maß an kultureller Homogenität die Gesellschaft vor dem Zerfall bewahren könne. Die kommunitaristischen Autoren übersehen jedoch, daß der Zusammenhalt einer Gemeinschaft nicht unbedingt aus den Quellen eines substantiellen Wertkonsenses gespeist werden muß. Ein in jüngster Zeit von Marcel Gauchet und Helmut Dubiel entwickelter Erklärungsansatz verweist zu recht darauf, daß auch Konflikte, oder genauer gesagt allgemein akzeptierte Regeln der Konfliktaustragung, eine integrierende Wirkung entfalten können: "Wenn die Rede von einer kollektiven Identität (...) überhaupt Sinn macht, dann ist der politische Konflikt das Medium, in dem sich diese Identität, dieses Bewußtsein eines geteilten gesellschaftlichen Raumes herausbildet. (...) In dem Maße, wie sich die politischen Akteure über die Zielsetzung ihrer Gesellschaft streiten, betätigen sie sich auch als Mitglieder ein und derselben Gemeinschaft. Durch den Konflikt hindurch begründen sie ohne Aufgabe ihrer Gegnerschaft einen sie zugleich integrierenden symbolischen Raum." (Dubiel 1994, 494) Das moderne Gesellschaften einigende Band besteht also primär aus prozeduralen Werten: Die Gesellschaftsmitglieder stimmen nur in dem Prozedere überein, das den Umgang mit ihrer Uneinigkeit regelt. Ihre Bereitschaft, Kontroversen in diskursiver, die Rechtsordnung respektierender Form zu führen, bietet ein weitaus tragfähigeres Fundament, als die kommunitaristische Position zugesteht. Eine staatliche Gemeinschaft, in der diese prozeduralen Werte allgemein anerkannt sind, kann durchaus in der Lage sein, bei ihren Mitgliedern starke Loyalitäten zu erzeugen. Der Erhalt eines Gemeinwesens, in dem ein friedlicher Modus der Konfliktaustragung garantiert ist, liegt in dem wohlverstandenen Interesse jedes einzelnen und kann ihn zu einem Engagement motivieren, das dem für eine substantielle Wertgemeinschaft nicht nachstehen muß. Auch die normative Orientierung, die eine staatliche Gemeinschaft nach kommunitaristischer Überzeugung bereitzustellen hat, kann zumindest in beschränktem Maße aus einem "dünnen", nur die Konfliktaustragung regulierenden Konsens hervorgehen. Die genannten prozeduralen Werte sind eng mit Tugenden wie der Toleranz gegenüber Andersdenkenden oder der Fähigkeit zur kritischen Reflexion verwoben, die sehr wohl geeignet sind, die Persönlichkeit der Individuen zu formen. (Vgl. Dubiel 1998 und Hirschman 1994)

Die kommunitaristische Begründung von "special duties" vermag nicht zu überzeugen. Der Versuch, nach dem Vorbild der Familie oder der Nachbarschaft menschliche

Nahbeziehungen in der staatlichen Gemeinschaft zu konstruieren, verfehlt die Realität pluralistischer Gesellschaften. Von den Mitgliedschaftsbewerbern wird die Übereinstimmung mit Standards gefordert, denen die kulturelle Vielfalt moderner Gesellschaften selbst nicht gerecht werden kann. Wenn man den tatsächlich in der Gesellschaft bestehenden Konsens zum Maßstab der Mitgliedschaftspolitik erheben würde, dürfte den Immigranten nicht mehr als die Akzeptanz der demokratischen Grundordnung und die Fähigkeit zur friedfertigen Konfliktaustragung abverlangt werden. Dadurch würde die Mitgliedschaftspolitik aber letztlich auf die Restriktionen zurückgeführt, die bereits aus liberaler Perspektive gerechtfertigt werden konnten.

3.5 Schlußbetrachtung

Die vorangegangene Untersuchung hat deutlich gemacht, daß die kommunitaristische Position nicht als normativer Bezugsrahmen der Einwanderungs- und Einbürgerungspolitik moderner pluralistischer Staaten dienen kann. Schwieriger ist es die Eignung der beiden rivalisierenden liberalen Positionen zu beurteilen. Sowohl die universalistische als auch die partikularistische Version des Liberalismus stimmen nicht vollständig mit allen moralischen Intuitionen überein, die auf dem Gebiet der Einwanderungs- und Einbürgerungspolitik wirksam sind. Aus beiden Positionen ergeben sich Konsequenzen, von denen angenommen werden darf, daß sie den normativen Überzeugungen großer Bevölkerungsteile widersprechen: Die universalistische Position impliziert eine sehr weitgehende Aufnahme neuer Mitglieder, die partikularistische Position impliziert den Ausschluß leistungsschwacher Staatsbürger. Die rechtfertigungstheoretische Forderung nach Kohärenz der moralischen Aussagen können die als Idealtypen entworfenen Positionen nur erfüllen, wenn sie Modifikationen unterzogen werden. Das im vorigen Kapitel erörterte Verfahren des Überlegungsgleichgewichts gibt allerdings keine Anhaltspunkte, von welcher Position aus und in welcher Form die notwendigen Anpassungsschritte durchzuführen sind. Im folgenden werde ich mich darauf beschränken, eine Strategie zu skizzieren, die aus meiner Sicht zu einem schlüssigen Standpunkt im Bereich der staatlichen Mitgliedschaftspolitik führt.

Zunächst ist daran zu erinnern, daß die universalistische und die partikularistische Variante des Liberalismus einige Gemeinsamkeiten aufweisen. Im Zentrum beider Positionen steht eine politische Konzeption von Staatsbürgerschaft, derzufolge alle Individuen, die dauerhaft im Herrschaftsbereich eines Staates leben, ungeachtet eventuell vorhandener kultureller Unterschiede die vollen Mitgliedschaftsrechte erhalten müssen. Damit verbunden ist die Verpflichtung, den Mitgliedschaftsbewerbern, zu deren Aufnahme sich die eingesessene Bevölkerung bereit findet, zumindest nach Ablauf einer bestimmten Frist den Staatsbürgerstatus zu gewähren. Ferner besteht Einvernehmen zwischen beiden Positionen, daß kulturelle Kriterien, wie die Volksgruppenzugehörigkeit oder die Religion der Bewerber, nicht als Richtschnur der Einwanderungspolitik fungieren dürfen. Strittig sind aber das Ausmaß, in dem Einwanderung zugelassen werden muß, und der Umgang mit Staatsbürgern, die nicht in der Lage sind, einen Beitrag zur kollektiven Güterproduktion zu erbringen.

Ich möchte nun eine Modifikation des partikularistischen Liberalismus vorschlagen, die meiner Auffassung nach einen bedeutenden Beitrag zur Vermeidung kontraintuitiver Resultate leisten würde. Der partikularistische Standpunkt könnte um ein Prinzip der Verteilungsgerechtigkeit ergänzt werden, das ich im weiteren Verlauf der Arbeit noch ausführlich erörtern werde. (Vgl. Kap. 7) Dieses Prinzip besagt, daß moralisch willkürliche Faktoren - gemeint sind Gründe, die die Individuen nicht zu verantworten haben - das Ergebnis von Verteilungen nicht beeinflussen dürfen. Auf die Position des partikularistischen Liberalismus angewandt, ergibt sich eine folgenreiche Veränderung. Wie wir gesehen haben, geht der partikularistische Liberalismus davon aus, daß nur Beitragsleistungen individuelle Ansprüche begründen können. Das neu eingeführte Gerechtigkeitsprinzip macht eine wichtige Ausnahme von diesem Grundsatz notwendig: Individuen, die nicht dafür verantwortlich gemacht werden können, daß sie keine Beiträge entrichten, darf ein Anspruch auf staatliche Güter nicht verwehrt bleiben. Durch eine solche Modifikation würde die Position des partikularistischen Liberalismus zu weitaus plausibleren Ergebnissen gelangen. Beispielsweise würde Individuen, die mit einer schweren Behinderung zur Welt gekommen sind, ein Anspruch auf sozialstaatliche Leistungen zuerkannt, obwohl sie an der kollektiven Güterproduktion nicht oder nur in geringem Umfang mitwirken.

Die angeregte Modifikation des partikularistischen Liberalismus wirft allerdings diffizile Fragen auf. Warum müssen wir den Aspekt des moralisch Willkürlichen in unserem Verhältnis zu anderen Menschen überhaupt beachten? Und wenn wir ihn im Kontext der staatlichen Gemeinschaft beachten müssen, warum dann nicht auch auf der Ebene der globalen Menschheitsgemeinschaft? Ruft man sich die Argumente ins Gedächtnis, die vom Standpunkt des universalistischen Liberalismus aus vorgebracht worden sind, drängt sich besonders die letztgenannte Frage auf. Denn in den Stellungnahmen der Vertreter des universalistischen Liberalismus ist die Geltung des erwähnten Prinzips der Verteilungsgerechtigkeit ja gerade nicht auf die Beziehungen innerhalb der staatlichen Gemeinschaft beschränkt worden. Vielmehr ist die Auffassung vertreten worden, daß moralisch willkürliche Faktoren, wie der Geburtsort, bei der Vergabe von Mitgliedschaft keine Rolle spielen dürfen. Ausgehend von dieser Auffassung ist dann die - im vorstehenden als inakzeptabel zurückgewiesene - Forderung nach einer "Politik der offenen Grenzen" erhoben worden.

Die Antwort auf die angesprochenen Fragen liegt meines Erachtens in den besonderen solidarischen Beziehungen, die sich zwischen den Mitgliedern der staatlichen Gemeinschaft entwickelt haben. Zumindest in modernen westlichen Gesellschaften blicken nicht nur rechtsstaatliche, sondern auch sozialstaatliche Vorstellungen auf eine lange Wirkungsgeschichte zurück. Die sozialstaatlichen Praktiken, deren Einführung wenigstens zum Teil durch moralische Erwägungen motiviert war, haben ihrerseits das moralische Empfinden der Bevölkerung geprägt. Im Kontext der staatlichen Gemeinschaft wird die Kooperation zum wechselseitigen Vorteil seit langem von solidarischen Einstellungen begleitet. Das oben genannte Prinzip der Verteilungsgerechtigkeit stellt eine Möglichkeit dar, die intuitiven Moralurteile, die dieser Solidarität Ausdruck verleihen, zu rationalisieren. Der Aspekt des moralisch Willkürlichen kann insofern als Explikation der spezifischen Verpflichtungsverhältnisse verstanden werden, die im Rahmen der staatlichen Gemeinschaft bestehen. Im Kontext der globalen Menschheitsgemeinschaft, in der keine sozialstaatlichen Traditionen lebendig sind, fehlt es hingegen an vergleichbar weitgehenden solidarischen Einstellungen. Es ist daher aus meiner Sicht nur folgerichtig, wenn der Geltungsbereich des in Frage stehenden Wertaspekts nicht über die Grenzen der staatlichen Gemeinschaft hinaus ausgedehnt wird.

Um Mißverständnisse zu vermeiden, ist zu betonen, daß moralische Pflichten gegenüber Menschen, die außerhalb der staatlichen Gemeinschaft stehen, nicht prinzipiell ausgeschlossen werden sollen. Die Annahme, daß die stetig zunehmende ökonomische und politische Zusammenarbeit auch auf der globalen Ebene über kurz oder lang solidarische Werthaltungen entstehen läßt, erscheint nicht unplausibel. Und möglicherweise kann schon zum jetzigen Zeitpunkt eine schwächere Verpflichtung der staatlichen Gemeinschaft, etwa zur vorübergehenden Aufnahme von Kriegsflüchtlingen oder zur Bereitstellung von Soforthilfe für vom Hungertod bedrohte Menschen, konstruiert werden. Hier ist mir aber vor allem die Feststellung wichtig, daß eine Argumentation, die eine Systematisierung und Rationalisierung von moralischen Intuitionen leisten will, einen Unterschied zwischen der staatlichen Gemeinschaft und der globalen Menschheitsgemeinschaft machen muß. Sie wird notwendig zu dem Ergebnis kommen, daß gegenüber Mitgliedern der staatlichen Gemeinschaft weitreichendere moralische Pflichten als gegenüber den Nichtmitgliedern bestehen.

Meine Überlegungen stimmen hier mit der weitverbreiteten Sichtweise überein, daß die moralischen Pflichten gegenüber anderen Menschen entsprechend ihrer Nähe bzw. Distanz variieren. Diese abgestuften Verpflichtungsverhältnisse sind vielfach als konzentrische Kreise dargestellt worden, in deren Mitte das moralische Subjekt steht. Um das Subjekt herum sind in sich immer weiter vom Mittelpunkt entfernenden Kreisen verschiedene Personengruppen situiert: Im ersten Kreis befinden sich Familienangehörige und Freunde, schon deutlich weiter entfernt ist die Gruppe der Staatsbürger, der äußerste Kreis schließlich wird durch die Menschheitsgemeinschaft konstituiert. Die moralischen Pflichten des Individuums sind am umfangreichsten im Nahbereich und nehmen kontinuierlich ab, je größer die Distanz zum Zentrum wird. (15)

Anmerkungen

(1): Bereits Ende der 60er Jahre wurden erste Anläufe unternommen, Fragen der zwischenstaatlichen Beziehungen einer philosophischen Analyse zu unterziehen; im Vordergrund der Debatte standen aber nicht die Themen Einwanderung und Einbürgerung, sondern die Rechtfertigungsprobleme, die im Kontext kriegerischer Auseinandersetzungen entstehen. (Vgl. Kersting 1998a, 9ff.)

(2): Dieser Konnex wird auch von Hillel Steiner betont. Zu seinem aus dem Lockeschen Naturrecht entwickelten Vorschlag, redistributive Zahlungen aus einem "global fund" zu bestreiten, siehe Steiner 1992, 1995 und 1999.

(3): § 4 Abs. 3 des Staatsangehörigkeitsgesetzes bestimmt, daß ein Kind ausländischer Eltern durch Geburt im Inland die deutsche Staatsangehörigkeit erwirbt, wenn sich mindestens ein Elternteil seit acht Jahren rechtmäßig in Deutschland aufhält.

(4): Es ist aber interessant zu sehen, daß in zeitgenössischen Transformationen der kantischen Theorie versucht wird, das Element der Betroffenheit stärker einzubeziehen. So schlägt Jürgen Habermas im Rahmen seiner zusammen mit Karl-Otto Apel entwickelten Diskursethik folgende Umformulierung des kategorischen Imperativs vor: "Statt allen anderen eine Maxime, von der ich will, daß sie ein allgemeines Gesetz sei, als gültig vorzuschreiben, muß ich meine Maxime zum Zweck der diskursiven Prüfung ihres Universalitätsanspruchs allen anderen vorlegen. Das Gewicht verschiebt sich von dem, was jeder (einzelne) ohne Widerspruch als allgemeines Gesetz wollen kann, auf das, was alle in Übereinstimmung als universale Norm anerkennen wollen. (...) Nur eine aktuelle Teilnahme eines *jeden Betroffenen* (kann) der perspektivisch verzerrten Deutung der jeweils eigenen Interessen durch andere vorbeugen." (Habermas 1983, 77f.)

(5): Damit wäre auch einem Dilemma abgeholfen, das sich ergibt, wenn man den Erwerb der Staatsbürgerschaft aus vertragstheoretischer Perspektive betrachtet. Das rechtfertigungstheoretische Kardinalproblem des Vertragsansatzes liegt in dem hypothetischen Charakter des Vertrages. Obwohl die Zustimmung zu dem Vertragskonstrukt nur kontrafaktisch gedacht werden kann, soll sie eine reale Bindewirkung auf Menschen entfalten, die de facto nie konsentiert haben. Um diese Kluft zwischen dem hypothetischen Status des Vertrages und der durch ihn intendierten Erzeugung tatsächlicher Pflichten zu überbrücken, hat John Locke vorgeschlagen, den Verbleib der Bürger in einem bestimmten Staatsgebiet als stillschweigende Zustimmung zu der betreffenden Gesellschaftsordnung zu interpretieren. Diese Verhaltensdeutung ist jedoch nicht besonders plausibel, und bereits David Hume hat zu recht eingewandt, daß "(man) mit gleicher Berechtigung an der Fiktion festhalten (könnte), daß ein Mann, der ein Schiff auf hoher See nicht verläßt, dadurch freiwillig in die Herrschaft des Kapitäns einwilligt, obwohl man ihn im Schlaf an Bord gebracht hat und seine einzige Alternative in einem Sprung ins Meer besteht." (Hume 1976, 171) Dabei hat Humes Hinweis auf den Mangel an Alternativen angesichts der restriktiven Einwanderungspolitik, die von den meisten Staaten praktiziert wird, in der heutigen Zeit noch an Bedeutung gewonnen. Das Dilemma besteht nun darin, daß die einzigen, deren Verhalten eindeutig die Affirmation der Gesellschaftsordnung demonstriert, diejenigen sind, die sich explizit um Mitgliedschaft bewerben. Es ergibt sich also die Konsequenz, daß die zur Legitimation demokratischer Gesellschaften benötigte faktische Zustimmung durch die geschilderte Praxis der Zuweisung von Staatsbürgerschaft desavouiert wird.

(6): Aus der Berechtigung des Staates, anti-demokratisch eingestellten Personen die Aufnahme zu verweigern, darf nicht geschlossen werden, daß die Ausweisung von Staatsbürgern, die sich als Feinde der liberalen Gesellschaftsordnung erwiesen haben, gleichermaßen erlaubt sein müsse. Es ist nicht, wie Robert E. Goodin behauptet hat, ein Gebot der argumentativen Konsistenz, Fragen der Immigration und Fragen der Emigration "symmetrisch" zu behandeln. (Vgl. Goodin 1992, 11ff.) Ein Grund, der gegen die Forderung nach "Symmetrie" spricht, liegt in den unterschiedlichen Folgen, die die Verweigerung von Einreise und Einbürgerung auf der einen und die Aberkennung der Staatsbürgerschaft und die Vertreibung vom Staatsgebiet auf der anderen Seite haben. Wenn es um die Ausweisung anti-demokratisch gesonnener Staatsbürger geht, muß bedacht werden, daß dadurch die betroffenen Personen in den Zustand der Staatenlosigkeit überführt und gesellschaftsinterne Probleme auf andere Staaten abgewälzt würden.

(7): Im Ausländerrecht der Bundesrepublik Deutschland lassen verschiedene Vorschriften die Intention erkennen, die Mitgliedschaft von der politischen Grundhaltung der Bewerber abhängig zu machen. In § 46 Nr. 1 AuslG ist die Gefährdung der demokratischen Grundordnung explizit als Ausweisungsgrund genannt. Der Einbürgerungsanspruch, den längere Zeit im Land lebende Ausländer besitzen, gilt nach § 86 Nr. 2 AuslG als verwirkt, wenn Anhaltspunkte für verfassungsfeindliche Bestrebungen vorliegen. Ebenso scheidet eine Ermessenseinbürgerung gemäß Abschnitt 3.1 der Einbürgerungsrichtlinien vom 15. Dezember 1977 aus, wenn es an einem Bekenntnis des Antragstellers zur freiheitlichen demokratischen Grundordnung fehlt.

(8): Die Neutralitätspflicht erlaubt auch nicht, die Assimilation der Immigranten an die Mehrheitskultur staatlich zu fördern oder gar zu erzwingen. Das Ideal des "melting pot", das das Verschmelzen der verschiedenen kulturellen Hintergründe der Einwanderer zu einer neuen gemeinschaftlichen Lebenspraxis bezeichnet, kann allenfalls das Resultat einer unbeeinflußten Entwicklung sein, nicht aber als Zielvorstellung des staatlichen Handelns gerechtfertigt werden. Wenn sich keine zwanglose Homogenisierung der Lebensstile ereignet, muß auch das Entstehen einer "Regenbogengesellschaft", in der disparate Kulturen dauerhaft koexistieren, hingenommen werden. (Vgl. Etzioni 1995, 173ff. und Habermas 1993, 175ff.)

(9): Das deutsche Ausländerrecht kennt verschiedene Bestimmungen, die auf die Fähigkeit, selbst für seinen Lebensunterhalt aufkommen zu können, abstellen. Nach § 46 Nr. 6 AuslG liegt ein Ausweisungsgrund vor, wenn ein Ausländer für sich oder seine Familienangehörigen Sozialhilfe in Anspruch nehmen muß. Das Vorliegen eines Ausweisungsgrundes schließt nach § 24 Abs. 1 Nr. 6 AuslG den Erhalt einer unbefristeten Aufenthaltserlaubnis und nach § 86 Nr. 3 AuslG das Bestehen eines Einbürgerungsanspruchs aus. Ferner wird unter § 17 Abs. 2 Nr. 3 AuslG die Sicherung des Lebensunterhalts aus eigener Erwerbstätigkeit, eigenem Vermögen oder sonstigen eigenen Mitteln als Voraussetzung für den Familiennachzug genannt.

(10): Grundsätzlich wäre es auch möglich, nach dem Vorbild des Clubs einen Idealtypus zu konzipieren, in dem die Clubstatuten nicht mit der "Beitragsmoral" im Einklang stehen müssen. Die Clubmitglieder könnten sich in einem solchen Modell auch auf Kriterien der Mitgliedschaftspolitik einigen, die in meiner Darstellung ausschließlich der Position des universalistischen Liberalismus und des Kommunitarismus vorbehalten waren. Die trennscharfe Unterscheidung der verschiedenen Argumentationsmuster, die mit der Bildung der drei Idealtypen erreicht werden sollte, würde so aber verfehlt.

(11): Die von den Kommunitaristen hervorgehobene moralische Intuition, daß kulturelle Nähe besondere Verpflichtungen erzeugt, scheint auch wirksam zu sein, wenn sich Staaten für die Interessen "verwandter" Bevölkerungsgruppen einsetzen, die außerhalb ihres Hoheitsgebiets als nationale Minderheiten leben.

(12): Verschiedene Autoren, die im allgemeinen der Position des universalistischen Liberalismus zuzurechnen sind, sympathisieren mit diesem Argument. Joseph H. Carens wägt individuelle Freiheitsrechte gegen das Gruppenrecht auf kulturelle Homogenität ab und entscheidet, ohne mit überzeugenden Kriterien aufzuwarten, von Fall zu Fall unterschiedlich. Ist das Motiv für die Einwanderung die Heirat mit einem Einheimischen, so soll das Individualrecht obsiegen; verfolgt der Einwanderer aber lediglich ökonomische Interessen, so soll es legitim sein, den Schutz der Homogenität höher zu gewichten. (Vgl. Carens 1989, 36ff.) Peter Koller argumentiert mit der Fiktion einer moralisch vollkommenen Weltordnung, die sich seiner Auffassung nach durch die Koexistenz einer Vielzahl demokratischer Staaten auszeichnen würde. Selbst unter dergestalt idealisierten Bedingungen wäre Koller zufolge jeder Staat befugt, die Immigration so weit zu limitieren, wie es ihm zur Wahrung seiner kollektiven Identität erforderlich erscheint. (Vgl. Koller 1998, 457ff.)

(13): Im Ausländerrecht der Bundesrepublik Deutschland enthalten die Einbürgerungsrichtlinien vom 15. Dezember 1977 eine vergleichbare Bestimmung. Unter Abschnitt 3.1 wird die "freiwillige und dauerhafte Hinwendung zu Deutschland" als Einbürgerungsvoraussetzung genannt. Weiter unten heißt es dann präzisierend: "Die freiwillige und dauernde Hinwendung zu Deutschland wird aus der nach dem bisherigen Gesamtverhalten zu beurteilenden grundsätzlichen Einstellung zum deutschen Kulturkreis zu schließen sein."

(14): Eine Ausnahme bilden Gemeinschaften, die ihre Zusammengehörigkeit "biologisch" definieren. Die Assimilation an ihre spezifische Lebenspraxis reicht nicht aus, um einen Anspruch auf Mitgliedschaft zu konstituieren. Zu beachten ist aber, daß sich die "biologische" Interpretation von kultureller Nähe nicht in demselben Sinne auf den Schutz der Homogenität berufen kann wie die anderen Spielarten des kommunitaristischen Denkens. Die ethnische Gemeinschaft beherbergt in vielen Fällen - man denke nur an die Fremdheit, die schon zwischen West- und Ostdeutschen herrscht - sehr unterschiedliche Lebensstile und Weltanschauungen. Ihr fehlt daher oft der substantielle Wertekonsens, der nach kommunitaristischer Auffassung für das Funktionieren der staatlichen Gemeinschaft unverzichtbar ist.

(15): Diese Einsicht geht bekanntlich auf David Hume zurück. Die Erfahrung, so Hume, lehrt uns, "(...) daß die Großmut der Menschen sehr begrenzt ist und nicht leicht über ihre Freunde und Verwandte hinausgeht, und höchstens bis zu ihrem Vaterlande reicht. Auf Grund solcher Kenntnis der menschlichen Natur erwarten wir nichts unmögliches von Menschen, sondern beurteilen ihren sittlichen Charakter danach, wie er sich zeigt in dem engen Kreis, in dem sie sich bewegen." (Hume 1978, 356) Daß aus der moralischen Nahbereichsorientierung des Menschen auf eine Vorrangstellung der Staatsbürger geschlossen werden kann, wird von verschiedenen Autoren bestritten. Beispielsweise urteilt Henry Shue: "What's wrong with the concentric-circle image of duty is not that it has a center that is highlighted. What is wrong is the *progressive* character of the decline in priority as one reaches circles farther from the center. (...) I can imagine strong reasons for priority to intimates - priority to people at the center. Once the center has been left behind, however, I see insufficient reason to believe that one's positive duties to people in the next county, who are in fact strangers, are any greater than one's positive duties to people on the next continent, who, though they are distant strangers, are not any more strangers than the strangers in the next county: a stranger is a stranger. (Shue 1988, 692f.; vgl. Habermas 1992a, 655f.)

Teil II:
Die Was-Frage der Verteilungsgerechtigkeit

4. "Welfare"-Theorien und "Resource"-Theorien

4.1 Grundsätzliche theoretische Optionen

Im Blickpunkt der folgenden Kapitel steht die Frage, in welcher Maßeinheit die Bewertung von Verteilungsergebnissen erfolgen soll. Die Gerechtigkeitstheorien, die sich mit diesem Problem auseinandersetzen, lassen sich in zwei Gruppen unterteilen: Auf der einen Seite die sogenannten "Resource"-Theorien, die die distribuierten Güter selbst, z.B. das Einkommen, als Maßeinheit verwenden; auf der anderen Seite die sogenannten "Welfare"-Theorien, die eine Wirkung der Güter auf ihre Rezipienten, z.B. den Grad der erreichten Präferenzbefriedigung, als Maßeinheit benutzen. (Vgl. Cohen 1989 und 1993; Daniels 1990; Dworkin 1981a und 1981b) Die praktische Relevanz der Unterscheidung zwischen beiden Theoriegruppen kann durch das Beispiel der Kuchenverteilung, dessen ich mich schon in der Einleitung bedient habe, veranschaulicht werden. Nehmen wir an, wir haben hinsichtlich der Wer-Frage der Verteilungsgerechtigkeit entschieden, daß die Distributionsgemeinschaft aus nur zwei Personen, A und B, bestehen soll. Nehmen wir weiter an, wir sind hinsichtlich der Wie-Frage der Verteilungsgerechtigkeit übereingekommen, daß die Verteilung des Kuchens alle Mitglieder der Distributionsgemeinschaft gleichstellen soll. Je nachdem was wir nun hinsichtlich der anzuwendenden Maßeinheit beschließen, kann eine ganz unterschiedliche Aufteilung des Kuchens geboten sein. Wenn wir uns nach einem "Resource"-Kriterium richten, erfordert die Gleichstellung von A und B, daß beide genau die Hälfte des Kuchens erhalten. Orientieren wir uns hingegen an einem "Welfare"-Kriterium, z.B. an dem Kriterium der Präferenzbefriedigung, so kann Gleichstellung auch bedeuten, daß A, sofern er eine stärke Präferenz für den Verzehr des Kuchens besitzt, ein größeres Stück als B zugeteilt werden muß.

Die Untersuchung nimmt ihren Anfang bei der utilitaristischen Denktradition, der die bedeutendsten "Welfare"-Theorien entstammen. Im Rahmen der utilitaristischen Ethik werden zwei sich grundlegend unterscheidende Konzeptionen des menschlichen Wohlergehens vertreten, die eine gesonderte Behandlung erfordern. Ich beginne mit den klassischen Versionen des Utilitarismus, die das menschliche Wohlergehen mit dem Erleben angenehmer Bewußtseinszustände ("pleasure") bzw. der Abwesenheit unangenehmer Bewußtseinszustände ("pain") gleichsetzen. Sodann gehe ich zu den moderneren Spielarten über, die unter menschlichem Wohlergehen mehrheitlich die Befriedigung individueller Präferenzen ("preference") verstehen. Im Anschluß an die utilitaristischen Ansätze diskutiere ich die neoaristotelische Fähigkeitenethik, die sowohl Elemente einer "Welfare"- als auch einer "Resource"-Theorie enthält. Im Zentrum der Fähigkeitenethik steht das Begriffspaar Funktion ("function") und Fähigkeit ("capability"). Die Funktionen verkörpern das "Welfare"-Element; sie bezeichnen Zustände und Aktivitäten, deren Erreichen bzw. deren Ausübung als wertvoll angesehen wird. Die Fähigkeiten stellen das "Resource"-Element dar; sie bezeichnen die Mittel, die zur Realisierung der in den Funktionen zum Ausdruck kommenden Vorstellung vom menschlichen Wohlergehen notwendig sind. Den Abschluß bildet eine Analyse der Gerechtigkeitskonzeptionen von John Rawls und Ronald Dworkin, die als die gegenwärtig einflußreichsten Formulierungen einer "Resource"-Theorie gelten können. In den Ausführungen der beiden Autoren finden - mit unterschiedlichen Akzentuierungen - drei verschiedene Arten von Ressourcen ("resource") Berücksichtigung. Zu nennen sind erstens die körperlichen und intellektuellen Vermögen, die die Individuen von Geburt an besitzen oder im Laufe ihres Lebens entwickeln, zweitens materielle Güter, wie Nahrungsmittel oder Geld, und drittens institutionelle Leistungen, z.B. Freiheitsrechte, die von den Individuen in Anspruch genommen werden können.

Tabellarische Übersicht

"Welfare"-Theorien	"Resource"-Theorien
Maßeinheit **"pleasure"/"pain"** oder **"preference"** oder **"function"**	Maßeinheit **"capability"** bzw. **"resource"** - körperliche/intellektuelle Güter - materielle Güter - institutionelle Güter

Eine Gemeinsamkeit, die über alle Differenzen hinweg zwischen den "Welfare"- und "Resource"-Theorien besteht, sollte nicht unerwähnt bleiben. Alle untersuchten Theorien sind in dem Sinne individualistisch, daß sie ihre jeweilige Maßeinheit auf eine einzelne Person und nicht auf ein Kollektiv, wie z.B. das Volk oder die Nation, anwenden. (1) Wenn sie Aussagen über den Besitz von Ressourcen oder den Grad des Wohlergehens treffen, ist ihr Bezugspunkt immer das Individuum; Urteile über Kollektive werden allenfalls auf der Basis individueller Bewertungen gefällt. Zu beachten ist, daß die individualistische Grundauffassung, die die verschiedenen Theorien miteinander verbindet, einen "objektivistischen" Standpunkt nicht ausschließt. So beanspruchen verschiedene Ansätze, die subjektive Selbsteinschätzung des einzelnen außer acht lassen und sein Wohlergehen nach (vermeintlich) objektiven Kriterien beurteilen zu können.

4.2 Standardargumente

Um einen ersten Einblick in die komplexe Fragestellung zu gewinnen, mit der ich mich in den nächsten Kapiteln befassen werde, ist es hilfreich, sich zunächst mit den grundsätzlichen Einwänden vertraut zu machen, die von den Anhängern der "Welfare"- bzw. der "Resource"-Theorien gegen die konkurrierende Position erhoben werden. Die Einwände sind grundsätzlicher Art, weil sie nicht auf spezifische Merkmale einer bestimmten Variante der beiden Theoriegruppen abzielen, sondern generell gegen jede "Welfare"- bzw. "Resource"-Theorie geltend gemacht werden können. Bedenken gegen die "Resource"-Theorien sind im Hinblick auf a) die Kurzlebigkeit, b) die Verwechslung von Mittel und Zweck und c) die Differenzblindheit geäußert worden. Kritik an den "Welfare"-Theorien ist im Hinblick auf a) die Verfügbarkeit von Informationen, b) die Bestimmbarkeit des Wohlergehens und c) die Vereinbarkeit mit rechtsstaatlichen Prinzipien geübt worden.

Standardargumente gegen "Resource"-Theorien:
a) Der Vorwurf der Kurzlebigkeit bemängelt, daß sich "Resource"-Theorien auf einen Verteilungsaspekt konzentrieren, der nur begrenzte Zeit Bestand hat, weil die Individuen die ihnen zugeteilten Ressourcen in höchst unterschiedlicher Weise nutzen. Nehmen wir z.B. an, daß eine bestimmte Menge materieller Güter gleichmäßig unter den Mitgliedern einer Distributionsgemeinschaft verteilt werden soll. Sobald die Distribution erfolgt ist, beginnen die Individuen, die Güter zu konsumieren, mit ihnen zu handeln und sie zur Produktion anderer Güter zu verwenden. Aus der anfänglichen Verteilung der Ressourcen entstehen so unweigerlich neue Verteilungen, die beträchtlich von dem intendierten Ergebnis abweichen. Das angestrebte Verteilungsziel - in diesem Fall die Gleichheit der Verteilungsadressaten - kann nur für kurze Zeit realisiert werden.

Den Vertretern des Ressourcenansatzes stehen zwei Strategien zur Verfügung, wie sie auf dieses Problem reagieren können. Sie können entweder behaupten, daß jegliche Abweichung von der anfänglichen Verteilung gerechtfertigt ist, sofern sie rechtmäßig, also nicht durch Raub, Erpressung, Betrug oder dergleichen, zustande gekommen ist. Oder sie können argumentieren, daß nur manche Abweichungen zulässig sind, z.B. solche, die ein bestimmtes Maß an Ungleichheit nicht überschreiten, oder solche, die auf legitime Gründe, etwa auf Unterschiede im Fleiß der Individuen, zurückzuführen sind. Wenn sie sich der ersten Strategie bedienen, müssen sie nur Verteilungen korrigieren, die auf unrechtmäßige Handlungen zurückgehen; wenn sie die zweite Strategie verfolgen, müssen sie darüber hinaus auch in den Fällen Redistributionen vornehmen, in denen sich eine Verteilung nicht mehr als zulässige Abweichung qualifizieren läßt.

b) Die Behauptung, "Resource"-Theorien würden Mittel und Zweck verwechseln, verweist auf die rein instrumentelle Bedeutung von Ressourcen. Für die Individuen ist nicht der Besitz von Ressourcen an sich, sondern das Resultat ihrer Nutzung wichtig. Die Ressourcen stellen nur Mittel zu einem wie auch immer definierten Zweck dar und können folglich keinen eigenständigen Wert beanspruchen. Sie sind lediglich die notwendige Voraussetzung für die Erreichung von etwas Wertvollem, nicht jedoch das Wertvolle selbst: "(...) Wealth, income, and possessions simply are not good in themselves. However much people may actually be obsesesed with heaping them up (...), what they have really, when they have them, is just a heap of stuff. A useful heap, but a heap nonetheless, a heap that is nothing at all unless it is put to use in the doings and beings of human lives." (Nussbaum 1990a, 210) (2) Die Mittel-Zweck-Relation, in der "resource" und "welfare" zueinander stehen, legt nahe, daß Theorien der Verteilungsgerechtigkeit ihr Augenmerk auf das Wohlergehen richten sollten. Der eigentlich bedeutsame Aspekt einer Verteilung ist das Wohlergehen, das die Individuen mit Hilfe der distribuierten Güter erreichen können, und dieser Aspekt kann nur angemessen erfaßt werden, wenn das Verteilungsergebnis in der Währung des "welfare" ausgedrückt wird. (Vgl. dazu aus utilitaristischer Perspektive Trapp 1988, 345ff.)

c) Der Einwand der Differenzblindheit ist nur vor dem Hintergrund des zuletzt dargestellten Kritikpunktes verständlich. Die Einsicht, daß Ressourcen nur einen instrumentellen Wert haben, lenkt das Interesse auf die Frage, inwieweit die Individuen befähigt sind, ihre Ressourcen in "welfare" zu transformieren. In dieser Hinsicht bestehen zwischen den Individuen erhebliche Differenzen, die von den "Resource"-Theorien, eben weil sie ausschließlich die Verteilung von Ressourcen betrachten, vollkommen außer acht gelassen werden. Dieser Sachverhalt läßt sich an Hand eines einfachen Beispiels illustrieren. Stellen wir uns vor, daß eine bestimmte Menge Nahrungsmittel gleichmäßig unter einer Gruppe von Hilfsbedürftigen verteilt wird. Die Möglichkeiten der Begünstigten, die ihnen zugeteilten Nahrungsmittel zu nutzen, hängen von einer Vielzahl unterschiedlicher Faktoren ab. Sie variieren unter anderem mit ihrer Stoffwechselrate, ihrer Körpergröße, ihrem Alter und Geschlecht, ihrem Aktivitätsgrad, den klimatischen Bedingungen, ihrem Gesundheitszustand und ihren die Ernährung betreffenden Kenntnissen. (Vgl. Sen 1985a, 198ff.) Wenn allen Gruppenmitgliedern ein identisches Set von Nahrungsmitteln zur Verfügung gestellt wird, ist dadurch nicht gewährleistet, daß auch alle in gleicher Weise von der Hilfsleistung profitieren. Ein großgewachsener Mann, der schwere Arbeiten verrichten muß, wird beträchtliche Mangelerscheinungen aufweisen, wenn er mit der durchschnittlichen Menge an Nahrungsmitteln auskommen muß. Säuglinge und kranke Menschen sind darauf angewiesen, daß ihre besonderen Bedürfnisse bei der Zusammenstellung des Warenkorbes berücksichtigt werden. Die Gleichstellung hinsichtlich der Ressourcen gibt den Betroffenen daher nicht die gleiche Möglichkeit, einen wertvollen Zustand zu realisieren. Nur wenn die Individuen einander gleich oder zumindest sehr ähnlich wären, würde die Verteilung der Ressourcen und die Verteilung des "welfare" (oder genauer der "Welfare"-Chancen) zusammenfallen. (Vgl. Sen 1982a, 366 und aus utilitaristischer Perspektive Arrow 1977, 211) (3)

Standardargumente gegen "Welfare"-Theorien:
a) Der Anspruch, den oben angesprochenen Differenzen gerecht zu werden, erlegt den "Welfare"-Theorien hohe Informationsbürden auf. Sie können sich nicht mit der Feststellung begnügen, daß Ressourcen auf eine bestimmte Weise unter den Mitgliedern der Distributionsgemeinschaft verteilt worden sind, sondern müssen berücksichtigen, welche Wirkungen die distribuierten Güter auf die verschiedenen Individuen ausüben. (Vgl.

Cohen 1995, 284ff.) Dazu sind zum einen genaue Kenntnisse der Erlebnisweisen, Präferenzen oder funktionalen Voraussetzungen aller betroffenen Individuen erforderlich. Zum anderen bedarf es präziser Informationen über die Relation, in der die Ressourcen zum angestrebten Wohlergehen stehen, also über die Möglichkeit der jeweiligen Individuen, die Ressourcen zum Lustgewinn oder zur Präferenzbefriedigung zu nutzen bzw. sie in wertvolle Funktionen zu transformieren. Es ist nicht von vornherein klar, ob die benötigten Daten, beispielsweise über die Bewußtseinszustände der Individuen, überhaupt erhoben werden können. Und selbst wenn die Informationen prinzipiell verfügbar sind, ist es fraglich, ob sie mit einem Zeit- und Kostenaufwand beschafft werden könnten, der eine praktische Anwendung der "Welfare"-Theorien vertretbar erscheinen lassen würde. (4)

b) Die Bedenken, die bezüglich der Bestimmbarkeit des menschlichen Wohlergehens angemeldet werden, verweisen darauf, daß die "Welfare"-Theorien die von alters her kontrovers diskutierte Frage nach dem guten Leben erneut aufwerfen. Während sich "Resource"-Theorien jeglicher Aussage über das Gute für den Menschen enthalten können, müssen "Welfare"-Theorien begründen, warum die von ihnen angewandten Maßeinheiten geeignet sind, das menschliche Wohlergehen zu bestimmen. Dabei zeigt zum einen schon die Vielfalt der vorgeschlagenen Maßeinheiten, daß es keineswegs offensichtlich ist, auf welchen Aspekt der menschlichen Existenz das Schwergewicht zu legen ist. Zum anderen fragt sich, ob die Komplexität des Phänomens des guten menschlichen Lebens überhaupt in einem einzelnen Bewertungskriterium zum Ausdruck kommen kann. Dem letztgenannten Punkt versucht besonders die Fähigkeitenethik Rechnung zu tragen, die unter dem Begriff der Funktion eine Vielzahl unterschiedlicher Aktivitäten und Zustände in ihre Bewertung einbezieht.

c) Die Zweifel, die im Hinblick auf die Vereinbarkeit von "Welfare"-Theorien mit grundlegenden rechtsstaatlichen Prinzipien geäußert werden, knüpfen unmittelbar an die beiden zuvor erläuterten Kritikpunkte an. Der hohe Informationsbedarf, der bei den "Welfare"-Theorien festgestellt wurde, weist darauf hin, daß ihre praktische Anwendung weitreichende Kenntnisse über die Verteilungsadressaten voraussetzen würde. Den Kritikern zufolge birgt daher jede auf der Basis von "Welfare"-Theorien gestaltete Sozialpolitik die Gefahr, die Integrität der Privatsphäre nicht in ausreichendem Maße respektieren zu können. Vorbehalte existieren zudem gegenüber dem Bemühen, die vielfältigen Differenzen, die zwischen den Individuen bestehen, stärker zu berücksichtigen. Die Abkehr von der beanstandeten Differenzblindheit würde nach Einschätzung der Opponenten die Einführung zahlreicher Sonderregelungen nach sich ziehen, die dem Grundgedanken der Gleichheit aller Bürger vor dem Recht widersprächen. Schließlich ist auch der Anspruch der "Welfare"-Theorien, Aussagen über das menschliche Wohlergehen treffen zu können, dem Verdacht ausgesetzt, mit rechtsstaatlichen Prinzipien zu kollidieren. Die Kritiker sehen hierin einen Konflikt mit individuellen Freiheitsrechten angelegt, die den Bürgern garantieren sollen, daß sie ihre eigenen Vorstellungen vom guten Leben ungehindert entwickeln und realisieren können.

Anmerkungen

(1): Die Berücksichtigung von Theorien, die in dem dargelegten Sinne als kollektivistisch zu qualifizieren sind, erübrigt sich aus meiner Sicht, weil sie mit zentralen Elementen des Rechtsstaats, insbesondere den individuellen Freiheitsrechten, kaum vereinbar sein dürften.

(2): In den Arbeiten der Fähigkeitenethiker ist auch die auf Marx zurückgehende Rede vom Fetischcharakter der Ware wieder aufgegriffen worden: "While Marx's attack on 'commodity fetishism' was made in a rather different context, that attack is deeply relevant to the concept of the standard of living as well. The market values commodities, and our success in the material world is often judged by our opulence; but despite that, commodities are no more than means to other ends. Ultimately, the focus has to be on what life we lead and what we can or cannot do, can or cannot be." (Sen 1987b, 16)

(3): Das klassische Vorbild für diesen Gedankengang ist das Beispiel des Ringers Milo, das Aristoteles im zweiten Buch der Nikomachischen Ethik anführt. Bei der Erläuterung seiner Mesoteslehre verweist Aristoteles darauf, daß es eine Mitte nicht nur der Sache, sondern auch der Person nach gebe. Um das angemessene Maß der Nahrungsaufnahme für den Ringer Milo zu bestimmen, müßten seine spezifischen Bedürfnisse, die sich aus seiner Statur und seinen sportlichen Aktivitäten ergeben, berücksichtigt werden. Was für den durchschnittlichen Menschen ein verderbliches Übermaß darstelle, könne für ihn sehr wohl das richtige Quantum an Nahrungsmitteln sein. (Vgl. Aristoteles 1991, 1106a24ff.)

(4): Für "Resource"-Theorien können sich allerdings auch Probleme der Informationsbeschaffung stellen, wenn sie Aussagen über den Besitz von körperlichen und intellektuellen Gütern treffen wollen.

5. Die utilitaristischen "Welfare"-Theorien

Zentrale Vorstellungen der utilitaristischen Ethik sind schon zu Beginn des 18. Jahrhunderts, z.B. von Hutcheson, formuliert worden. Als erste systematische Ausarbeitung einer utilitaristischen Position wird gemeinhin Jeremy Benthams 1780 veröffentlichte Schrift "An Introduction to the Principles of Morals and Legislation" angesehen. Seither sind die Grundgedanken des Utilitarismus auf mannigfache Weise modifiziert und verfeinert worden. In dem vorliegenden Kapitel werde ich mich nur mit einem Aspekt der utilitaristischen Ethik, nämlich ihrem Verständnis des menschlichen Wohlergehens, befassen. Diese begrenzte Zielsetzung macht es nicht erforderlich, jeder Verzweigung der utilitaristischen Theoriefamilie im Detail nachzugehen. Um zu verstehen, in welchem theoretischen Kontext die utilitaristische Bestimmung des "welfare" steht, genügt es, sich die Grundstruktur der utilitaristischen Ethik zu vergegenwärtigen. Meiner Ansicht nach sind allen unter der Bezeichnung Utilitarismus vereinten Theorien drei wesentliche Elemente gemeinsam:

1. Die Folgenorientierung
Utilitaristische Theorien bewerten ausschließlich die Folgen, die die Ausführung einer Handlung (bzw. in regelutilitaristischen Varianten die Befolgung einer Regel) hat. Unter einer Vielzahl von Handlungsalternativen weisen sie diejenige Handlung als die moralisch gebotene aus, deren Ausführung zu dem bestmöglichen Zustand führt. Im Gegensatz zu anderen prominenten Moralauffassungen berücksichtigen utilitaristische Theorien also weder die Motive der Handelnden noch die intrinsische Qualität der Handlungen.

2. Die außermoralische Folgenbewertung
Utilitaristische Theorien orientieren sich bei der Evaluation von Handlungsfolgen an außermoralischen Wertmaßstäben. Die gegebenen Handlungsmöglichkeiten bewerten sie ausschließlich danach, inwieweit sie "Nutzen" stiften respektive Schaden verursachen. Die inhaltliche Interpretation des Nutzenkriteriums hat sich im Laufe der utilitaristischen Theorieentwicklung grundlegend gewandelt. Die klassischen utilitaristischen Theoretiker haben Nutzen mit dem Erleben freudvoller Bewußtseinszustände ("pleasure") gleichgesetzt. Die modernen utilitaristischen Autoren sind hingegen mehrheitlich dazu übergegangen, Nutzen als Befriedigung individueller Präferenzen ("preference") zu konzipieren. Es ist unschwer zu erkennen, daß sich das utilitaristische Verständnis des menschlichen Wohlergehens in der inhaltlichen Konkretisierung des Nutzenkriteriums offenbart. Ich werde mich daher im weiteren auf die Diskussion und Kritik der beiden genannten Interpretationsrichtungen des Nutzenkriteriums beschränken.

3. Die Folgenverallgemeinerung
Utilitaristische Theorien fordern, daß die unter Anwendung des Nutzenkriteriums vorzunehmende Folgenabschätzung alle von den Handlungsfolgen betroffenen Individuen

einbezieht. Der moralisch Urteilende darf nicht als rationaler Egoist agieren und die Handlung wählen, die ihm selbst den größten Nutzen bringt; er soll vielmehr die Handlung ausführen, die den größten kollektiven Nutzen ergibt. Die kollektive Nutzensumme wird, z.B. mittels eines additiven Verfahrens, aus den individuellen Nutzenwerten berechnet. Dabei werden in den meisten utilitaristischen Theorievarianten die individuellen Nutzenwerte jeweils gleichgewichtet und nur "einfach" gezählt, um die Gleichbeachtung aller Beteiligten zu gewährleisten. (1) Die moralisch gesollte Handlung ist dann diejenige, die zu dem durch den höchsten kollektiven Nutzenwert ausgezeichneten Zustand führt. (Vgl. Kap. 8.1) (2)

Die "Pleasure"- wie auch die "Preference"-Interpretation des Nutzenkriteriums ist von utilitaristischen Theoretikern in unterschiedlichen Varianten vorgebracht worden. Ich beginne - im ersten und im dritten Abschnitt - damit, die verschiedenen Begriffsbestimmungen von "pleasure" und "preference" zu diskutieren. Aus den erörterten Begriffsbestimmungen werde ich jeweils diejenige auswählen, die mir die plausibelste Darstellung des menschlichen Wohlergehens zu leisten scheint. Auf der Basis dieser begrifflichen Festlegung gilt es dann zwei Fragen zu erörtern: 1. Ist die "Pleasure"- bzw. "Preference"-Interpretation des Nutzens geeignet, das menschliche Wohlergehen in Übereinstimmung mit unseren wichtigsten moralischen Intuitionen zu beschreiben? 2. Ist das "Pleasure"- bzw. "Preference"-Kriterium geeignet, als normative Richtlinie der Sozialpolitik in einem liberalen Staat zu fungieren?

Beide Fragen müssen sorgfältig auseinandergehalten werden. Auch ein Wohlfahrtskriterium, das alle wichtigen Aspekte des menschlichen Wohlergehens erfaßt, ist nicht automatisch qualifiziert, als Wertmaßstab der Sozialpolitik zu dienen. Es können Konflikte mit zentralen politischen oder rechtlichen Prinzipien bestehen, die seine Anwendung im Bereich der Sozialpolitik verbieten. Die Frage nach der Plausibilität der utilitaristischen Wohlfahrtskriterien werde ich unmittelbar im Anschluß an die Explikation des "Pleasure"- bzw. des "Preference"-Kriteriums, also im zweiten und im vierten Abschnitt, behandeln. Die Frage nach der sozialpolitischen Eignung der utilitaristischen Wohlfahrtskriterien bleibt dem fünften Abschnitt vorbehalten. Da die dort vorgebrachten Argumente sowohl das "Pleasure"- als auch das "Preference"-Kriterium betreffen, werde ich, um unnötige Wiederholungen zu vermeiden, auf die getrennte Untersuchung der beide Konzeptionen verzichten.

5.1 Die "Pleasure"-Interpretation des Nutzens

Die ersten Vertreter der utilitaristischen Ethik im 18. und 19. Jahrhundert haben unter Nutzen - ein Begriff, der in ihrem Sprachgebrauch als Synonym zum klassischen Terminus der "Eudaimonia" fungierte - ausnahmslos das Vorhandensein von Lust ("pleasure") und das Freisein von Unlust ("pain") verstanden. (Vgl. Bentham 1970, 11f.; vgl. Mill 1985, 13) "Pleasure" nimmt in ihren Theorien die Stellung des höchsten Gutes ein, weil es ihrer Ansicht nach als einziges Gut um seiner selbst willen und nicht als Mittel zur Erlangung eines anderen Gutes geschätzt werde: "Strictly speaking, nothing can be said to be good or bad, but either in itself; which is the case only with pain or pleasure: or on account of its effects; which is the case only with things that are the causes or preventives of pain and pleasure." (Bentham 1970, 88f.) (3) Der Begriff "pleasure" weist allerdings beträchtliche Unschärfen auf und vermittelt für sich genommen nur einen sehr vagen Eindruck von dem Konzept, das die frühen Utilitaristen vom menschlichen Wohlergehen hatten. Die konkrete Ausgestaltung ihrer Theoriegebäude zeigt, daß sich hinter der einheitlichen Verwendung von "pleasure" als ethischer Grundkategorie durchaus unterschiedliche Bedeutungsgehalte verbargen. Ich werde daher zunächst einen kurzen Überblick über die verschiedenen Verwendungsweisen von "pleasure" bei Bentham, Mill und Sidgwick geben. Auf dieser Grundlage werde ich anschließend die Begriffsbestimmung auswählen, die mir für die Diskussion der Frage, ob die "Pleasure"-Interpretation des Nutzens eine zutreffende Darstellung des "welfare" gibt, am geeignetsten erscheint.

Der Begriff "pleasure" - und das gilt noch mehr für die deutsche Übersetzung "Lust" - wird häufig ausschließlich mit sinnlichen Freuden in Verbindung gebracht. Diese Konnotation hat den weit verbreiteten Vorbehalt genährt, daß in der utilitaristischen Ethik der Wert geistiger Aktivitäten, wie z.B. das Streben nach Erkenntnis, keinen angemessenen Ausdruck finde. Benthams provokantes Diktum "quantity of pleasure being equal, pushpin is as good as poetry" scheint den Eindruck zu bestätigen, daß der utilitaristische Bewertungsmodus den "gewöhnlichen Freuden" ein zu großes Gewicht verleihe. (Vgl. Höffe 1992, 22) Bei näherer Betrachtung erweist sich aber, daß Benthams "Pleasure"-Konzept keineswegs auf ein Primat der Sinnenfreuden festgelegt ist. "Pleasure" und "pain" werden als von den Individuen positiv bzw. negativ erfahrene Bewußtseinszustände begriffen, die aus einer Vielzahl sehr unterschiedlicher Quellen gespeist werden können. (4) Benthams Auflistung der "einfachen Freuden" - das sind Freuden, die auf eine einzige Ursache zurückgeführt werden können und als Bausteine der "komplexen Freuden" dienen - nennt vierzehn verschiedene Auslöser von Freude. Die "pleasures of sense", denen u.a. das Schmecken, das Hören, das Sehen und die erotischen Lüste angehören, sind gegenüber anderen Ursachen der Freude, wie den "pleasures of wealth", den "pleasures of skill", den "pleasures of amity" oder den "pleasures of piety", nicht privilegiert. (Vgl. Bentham 1970, 42ff.) Die Bestimmung ihres Gratifikationswertes richtet sich nach einheitlichen Kriterien, nämlich der Intensität, der Dauer, der Gewißheit, der Nähe, der Folgenträchtigkeit und der Reinheit der von ihnen bewirkten Freuden oder Leiden. Die beiden letztgenannten Kriterien bewerten die langfristigen Wirkungen einer Handlung: Die Folgenträchtigkeit bezeichnet die Wahrscheinlichkeit, daß dem Erleben von "pleasure" oder "pain" gleichartige Empfindungen folgen; die Reinheit bemißt die Wahrscheinlichkeit, daß sie entgegengesetzte Empfindungen - zu denken ist etwa an die Bauchschmerzen, die aus dem Genuß eines reichhaltigen Mahls resultieren - nach sich ziehen. (Vgl. Bentham 1970, 38ff.)

Benthams Bewertungsverfahren evaluiert ausschließlich die Quantität der von den betroffenen Individuen faktisch erlebten bzw. zukünftig noch zu erlebenden Freuden. Die Freude bereitenden Gegenstände können für sich betrachtet weder einen positiven noch einen negativen Wert beanspruchen. Ihnen kommt - und das gilt eben auch für "pushpin" und "poetry" - lediglich eine instrumentelle Bedeutung als Erzeuger von Freuden oder Leiden zu. Diese Reduktion auf den rein quantitativen Wertaspekt muß aber nicht zwangsläufig, wie es zunächst den Anschein haben mag, zu einer Überbewertung der sinnlichen Genüsse führen. Den Bewertungskriterien der Intensität und der Eintrittsnähe, die sicher in den meisten Fällen zugunsten der körperlichen Freuden in die Waagschale fallen werden, stehen die Kriterien der Dauer, der Folgenträchtigkeit und der Reinheit gegenüber, die den Gratifikationswert intellektueller oder künstlerischer Aktivitäten angemessener zu berücksichtigen versprechen. Das verbreitete Bild vom utilitaristischen Ethiker als Parteigänger eines "vulgären" Hedonismus erweist sich daher schon an Benthams Theorie als böswillige Karikatur. (5)

Auch John Stuart Mill war der Ansicht, daß "die größere Dauerhaftigkeit, Verläßlichkeit und Unaufwendigkeit" der geistigen Freuden dafür bürge, daß Benthams Bewertungsschema die ihnen traditionell zugesprochene Überlegenheit über die körperlichen Freuden unberührt lasse. (Vgl. Mill 1985, 15) Dennoch hielt er es für notwendig, Benthams "Pleasure"-Konzept um eine qualitative Unterscheidung der Freuden zu erweitern, mit deren Hilfe den geistigen Freuden ein intrinsischer Wert zugesprochen werden konnte. Als in qualitativer Hinsicht überlegen hat Mill die Freuden charakterisiert, die aus der Ausübung spezifisch menschlicher Fähigkeiten - das sind Fähigkeiten, die den Menschen von anderen Lebewesen unterscheiden und ihn über sie erheben - entstehen. Dabei war er sich durchaus bewußt, daß jedes Individuum zunächst einen mühsamen Erziehungsprozeß durchlaufen muß, bevor es den Wert seiner höchsten Fähigkeiten schätzen lernt. In dieser Phase gilt es, ihm "(...) die Tugend im Lichte der Lust und die Untugend im Lichte der Unlust erscheinen (zu lassen)", um sein Verlangen nach den höheren Freuden zu wecken. (Mill 1985, 70) (6) Erst wenn der einzelne die entsprechenden charakterlichen Dispositionen erworben hat, kann er intellektuelle Anstrengungen und moralische Handlungen als lustvoll erfahren. Er nimmt dann die Position einer "kompetenten Testperson" ein, die sowohl körperliche wie auch geistige Freuden kennt und ihren Wert vergleichen kann. Dieser Vergleich muß nach Mills Einschätzung zugunsten der geistigen Freuden ausfallen: Kein Mensch, der einen geeignet hohen Entwicklungsstand erreicht hat, wird den körperlichen Freuden, die Mensch und Tier gemeinsam sind, den Vorzug geben. (Vgl. Gähde 1992, 98ff.) Mills Abkehr von der Position Benthams beschränkt sich aber nicht auf die qualitative Unterscheidung zwischen verschiedenen Ursachen von Freude. Mitunter geht er in seinen Ausführungen sogar über die Grenzen eines ausschließlich mentale Zustände bewertenden "Pleasure"-Konzepts, so wie es Bentham vorgetragen hatte, hinaus. So führt z.B. Mills berühmte Sentenz "Es ist besser ein unzufriedener Mensch zu sein als ein zufriedenes Schwein; besser ein unzufriedener Sokrates als ein zufriedener Narr" vor Augen, daß er das höchste Gut nicht nur in dem Erreichen subjektiver Bewußtseinszustände - hier der Zufriedenheit bzw. Unzufriedenheit - gesehen hat. (Mill 1985, 18) (7)

Mills Einführung einer qualitativen Unterscheidung in den utilitaristischen Bewertungsmodus intendiert, das Unbehagen zu mildern, das bei der Beurteilung ganz unterschiedlicher Aktivitäten allein nach der Quantität der von ihnen hervorgerufenen Freude entstehen mag. Diese prima facie sinnvoll erscheinende Modifikation der Benthamschen Konzeption hat jedoch den Nachteil, daß der Bedeutungsgehalt seiner ethischen Grundkategorie äquivok wird. "Pleasure" steht bei Mill an vielen Stellen weiterhin für die Quantität des zu erwartenden Lustgewinns; bezeichnet aber in anderen Kontexten Ziele, die unabhängig von dem begleitenden Bewußtseinszustand nur um ihrer selbst willen erstrebt werden. Die zweite Bedeutungsdimension rückt Mills "Pleasure"-Konzept in die Nähe von Präferenzmodellen. Der qualitative Wert einer Freude erweist sich für Mill daran, daß sie von besonders ausgezeichneten Individuen präferiert wird. Ausschlaggebend ist für ihn nicht, welche Freuden beliebige Individuen faktisch präferieren, sondern welche Freuden sie präferieren würden, wenn sie den Kenntnisstand einer "kompetenten Testperson" besäßen. Otfried Höffe hat in diesem Zusammenhang mit einer gewissen Berechtigung von einem "Hedonismus wohlinformierter Präferenzen" gesprochen. (Vgl. Höffe 1992, 23) Es gilt aber zu beachten, daß ein wichtiger Unterschied zum Begriff der informierten Präferenz, so wie er in modernen utilitaristischen Theorien verwandt wird, besteht. (8) Mills Berufung auf informierte Präferenzen basiert auf einer ausgesprochen problematischen Idealvorstellung vom Menschsein. Die Kompetenz, um die es ihm geht, gründet nicht auf der Kenntnis von Informationen, über die prinzipiell jeder Mensch verfügen könnte, sondern auf einem Wissen, das nur ethisch besonders qualifizierten Individuen zugänglich ist.

Mills Erweiterung des Benthamschen Bewertungsschemas kann aus zwei Gründen nicht überzeugen. Erstens geht durch die Einführung qualitativer Wertaspekte ein zentraler Gedanke der utilitaristischen Theorie verloren. Mill bestimmt das moralisch Gute im Gegensatz zu Bentham nicht mehr ausschließlich durch außermoralische Wertmaßstäbe. Seine Nutzenkonzeption legt, wie oben erläutert, der Bewertung von Handlungsfolgen "perfektionistische Ideale" zugrunde, die selbst einer moralischen Rechtfertigung bedürfen. Zweitens sind die beiden genannten Begriffsverwendungen von "pleasure" nicht miteinander kompatibel. Quantitative und qualitative Wertaspekte können, wenn ihre Anwendung nicht durch klare Vorrangregeln organisiert wird, leicht zu einander widersprechenden Bewertungen führen. Beispielsweise können die beim Spielen von "pushpin" erfahrenen Genüsse den durch die Lektüre von "poetry" hervorgerufenen Freuden zugleich in quantitativer Hinsicht überlegen und in qualitativer Hinsicht unterlegen sein. Zumindest solange der moralische Akteur die anspruchsvolle Entwicklung nicht vollendet hat, an deren Ende er die "höheren Freuden" auch als in quantitativer Hinsicht überlegen erleben soll, bleibt die begriffliche Ambiguität unaufgelöst. Mills Theorie kann daher in vielen Fällen keine eindeutige Bewertung verschiedener Handlungsoptionen leisten.

Einen aussichtsreicheren Weg, den Aspekt des individuellen Wollens in das utilitaristische Bewertungsschema zu integrieren, hat Henry Sidgwick beschritten. In bewußter Abgrenzung von John Stuart Mills Theorie hat er in den "Methoden der Ethik" die Ansicht vertreten, daß sich alle qualitativen Unterscheidungen von Freuden letztlich auf Quantitätsunterschiede zurückführen lassen. Der Eindruck, daß eine Freude ihrer Art nach überlegen sei, liege bei näherer Betrachtung immer darin begründet, daß ihr Gratifikationswert den anderer Freuden regelmäßig derart übertreffe, daß ein quantitativer Vergleich - obwohl prinzipiell durchführbar - von vornherein überflüssig erscheine. (Vgl. Sidgwick 1909a, 137ff.) Sidgwick schlägt vor, "Lust (...) als ein Gefühl zu definieren, das von intelligenten Wesen wenigstens ohne weiteres als begehrenswert oder in Vergleichungsfällen als vorziehenswert aufgefaßt wird." (Sidgwick 1909a, 145) Seine Charakterisierung von "pleasure" als ein Gefühl, das den Individuen begehrenswert erscheint, löst sich von der in Benthams Theorie präsenten Annahme, daß bestimmte Bewußtseinszustände intersubjektiv positiv bzw. negativ erfahren würden. Sidgwick ist bemüht, der Tatsache Rechnung zu tragen, daß unterschiedliche Individuen gleichartige Bewußtseinszustände durchaus unterschiedlich schätzen können. So mag sich z.B. der elegische Poet gerade in den melancholischen Stimmungen wohl fühlen, die die Mehrzahl seiner Mitmenschen perhorresziert. Nach Sidgwicks Auffassung können für jeden Menschen nur diejenigen Bewußtseinszustände ein Gut darstellen, die er für sich selbst erreichen und dauerhaft bewahren möchte.

Sidgwicks Verständnis von "pleasure" als "begehrtes Bewußtsein" verbindet, ähnlich wie die zuvor diskutierte Begriffsbestimmung Mills, Präferenzelemente mit psychologischen Elementen. (Vgl. Griffin 1982, 333f. und 1986, 9f.) Wie wir gesehen haben, führt die Verbindung dieser beiden Elemente in Mills Konzeption zu konfligierenden Bewertungen. Die Präferenzen der "kompetenten Testpersonen" qualifizieren Güter auch dann als intrinsisch wertvoll, wenn ihr Besitz nicht von einem positiven Erleben der betreffenden Individuen begleitet wird. Sidgwicks Definition kann die Heterogenität von Mills Konzeption vermeiden, indem sie das Präferenzelement von vornherein auf den Bereich der Bewußtseinszustände beschränkt. Sie läßt zwar zu, daß die Individuen unterschiedliche Bewußtseinszustände bevorzugen können, setzt aber zugleich voraus, daß alle Präferenzen der Individuen ausschließlich auf das Erreichen von Bewußtseinszuständen zielen.

Sidgwicks Annahme, daß alle Präferenzen auf das Begehren von Bewußtseinszuständen zurückgeführt werden können, ist allerdings problematisch. Gemeinhin glauben wir nämlich, daß bestimmte Güter, wie Tugend, Wahrheit, Schönheit oder Freiheit, - Sidgwick spricht hier von "idealen Gütern" - auch dann erstrebt werden, wenn sie keine freudvollen Erlebnisse hervorrufen. Sidgwick hat das Problem, das diese Alltagsüberzeugung für seine Theorie darstellt, genau gesehen und sich nachdrücklich um ihre Widerlegung bemüht. Denn wenn die "idealen Güter" um ihrer selbst willen gewünscht würden, könnte "pleasure", so wie Sidgwick den Begriff verwendet, nur mehr einen Teilbereich des intrinsisch Wertvollen repräsentieren. "Pleasure" müßte dann bei der Evaluation des Nutzens mit anderen Gütern verrechnet werden, und die Wertkonflikte, die durch Sidgwicks Definition gerade vermieden werden sollten, würden auf einer anderen Ebene erneut entstehen. Sidgwicks Widerlegungsversuch beginnt mit dem Zugeständnis, daß wir oftmals geneigt seien, "ideale Güter" aus anderen Gründen als wegen ihrer Annehmlichkeit für vorziehenswert zu halten. "(...) Aber das läßt sich damit erklären, daß wir in solchen Fällen in Wirklichkeit nicht das gegenwärtige Bewußtsein selbst vorziehen, sondern entweder Wirkungen auf ein späteres Bewußtsein, die mehr oder weniger deutlich vorhergesehen werden, oder etwas in den objektiven Beziehungen des bewußten Seins, das nicht eigentlich im gegenwärtigen Bewußtsein eingeschlossen ist." (Sidgwick 1909b, 191)

Der erste Teil von Sidgwicks Argumentation ist leicht nachzuvollziehen. Mit "Wirkungen auf ein späteres Bewußtsein" ist die instrumentelle Rolle gemeint, die ein negativer Bewußtseinszustand zuweilen für das Erleben zukünftiger Freuden spielt. Beispielsweise kann man die Freuden der Erkenntnis voraussehen, wenn man sich entschließt, die Mühen intellektueller Beschäftigung auf sich zu nehmen. Die negativ empfundene intellektuelle Anstrengung wird dann nur gewählt, weil sie als Voraussetzung für das Erreichen eines positiven Bewußtseinszustands erkannt wird, der die in Kauf genommenen freudlosen Erlebnisse aufwiegt. Die Bedeutung des zweiten Teils der Argumentation ist weitaus schwieriger zu entschlüsseln. Ich verstehe Sidgwick dahingehend, daß er mit der Behauptung, "etwas in den objektiven Beziehungen des bewußten Seins" werde vorgezogen, auf die Stellung der "idealen Güter" als dem Bewußtsein äußerliche Gegenstände verweist. Wegen dieser Stellung kann ein "ideales Gut", wie die Tugend, nach Sidgwicks Überzeugung keinen intrinsischen Wert besitzen. Es erscheint nur als an sich wertvoll, weil sein Besitz in aller Regel eine große Zahl angenehmer Empfindungen gewährt. Würde es sich umgekehrt verhalten, würde ein tugendhaftes Leben z.B. immer nur Entbehrungen und Qualen mit sich bringen, könnte die Illusion, daß der Tugend ein intrinsischer Wert zukommt, gar nicht erst entstehen. (9) Der Umstand, daß "ideale Güter" mitunter unabhängig von dem durch sie erzeugten Bewußtseinszustand präferiert werden, erklärt sich für Sidgwick also aus der positiven Wirkung, die diese überwiegend auf das Bewußtsein ausüben. Die Individuen haben nach seiner Einschätzung die Erwartung, daß die "idealen Güter" mit "pleasure" zusammenfallen, derart verinnerlicht, daß ihnen ihr gelegentliches Auseinandertreten, das eigentlich die Zurückweisung der "idealen Güter" zur Folge haben müßte, leicht unbemerkt bleibt. (Vgl. Schneewind 1977, 322ff. und Christiano 1992, 269ff.)

Nach dem kurzen Überblick über die wichtigsten utilitaristischen Theorien läßt sich nun die Bedeutung festlegen, in der ich "pleasure" in der nachfolgenden Diskussion verwenden werde. Die zuletzt erörterte Definition von Henry Sidgwick scheint mir aus verschiedenen Gründen die besten Aussichten für eine Verteidigung der "Pleasure"-Konzeption zu bieten. Sidgwicks "Pleasure"-Begriff enthält - darin freilich den Begriffsbestimmungen Benthams und Mills nicht überlegen - keine Einschränkungen hinsichtlich der möglichen Ursachen eines freudvollen Erlebnisses. Er erlaubt, neben den sinnlichen Genüssen auch ein weites Spektrum sinnlich nicht erfahrbarer Aktivitäten, wie z.B. tugendhafte Handlungen, als potentielle Quelle angenehmer Bewußtseinszustände in Betracht zu ziehen. Zudem verengt Sidgwicks Definition die Bedeutung von "pleasure" nicht auf einen bestimmten Kanon von Bewußtseinszuständen, sondern läßt ein großes Maß an interindividuellen Variationen zu. Schließlich - und das scheint mir der wichtigste Gesichtspunkt zu sein - erlaubt sie die weitestmögliche Übereinstimmung des "Pleasure"-Begriffs mit subjektiven Wertungen, zu der eine reine "Pleasure"-Konzeption imstande ist. Sidgwicks Konzeption ist weit eher geeignet als ihre Vorgänger, eine Diskrepanz zwischen den Urteilen der Individuen und den Wertungen, die auf Basis des "Pleasure"-Kriteriums getroffen werden, zu vermeiden.

5.2 Kritik der "Pleasure"-Interpretation

Für die Beurteilung der "Pleasure"-Interpretation ist die Beantwortung der Frage, die bereits Sidgwick beschäftigt hat, ob "begehrtes Bewußtsein" tatsächlich das einzige Gut ist, dem wir bei näherer Betrachtung einen intrinsischen Wert zuschreiben können, von entscheidender Bedeutung. Ich werde im folgenden zu zeigen versuchen, daß sich unsere Vorstellungen von einem wertvollen menschlichen Leben nicht in dem Erreichen von "pleasure" erschöpfen. Ich werde argumentieren, daß wir gewöhnlich über starke Wertüberzeugungen verfügen, die wir auch dann verwirklichen wollen, wenn sie nicht zu den jeweils angestrebten Bewußtseinszuständen führen. (10) Den durch diese Wertüberzeugungen konstituierten Zielen kommt nur dann Beweiskraft zu, wenn sie den Erklärungen, die Sidgwick für ihre Existenz gefunden hatte, widerstehen. Sie müssen daher zum einen um ihrer selbst willen angestrebt werden und nicht als Mittel, um langfristig eine positive "Pleasure"-Bilanz zu erzielen. Zum anderen müssen die Individuen wissen, daß die Verwirklichung dieser Ziele nicht mit dem Erreichen von "pleasure" vereinbar ist. Die Ziele müssen also für die Individuen einen so hohen Stellenwert besitzen, daß sie auch in Kenntnis des bestehenden Wertkonflikts nicht zu ihrer Revision bereit sind.

Betrachten wir zunächst eine fiktive Situation, in der das, was nach Maßgabe des "Pleasure"-Kriteriums als menschliches Wohlergehen anzusehen ist, ohne Einschränkung verwirklicht ist. Robert Nozick hat für dieses Gedankenexperiment eine "experience machine" konstruiert, die die Fähigkeit besitzen soll, jeglichen Bewußtseinszustand, der von einem Individuum begehrt wird, in ihm hervorzurufen. Bevor die Individuen an die Elektroden der Maschine angeschlossen werden, können sie aus einem umfangreichen Menü die Erlebnisse auswählen, die die Maschine für sie simulieren soll. Sobald die Maschine eingeschaltet ist, wird das Bewußtsein der Individuen vollständig von dem gewählten Programm okkupiert, so daß sie augenblicklich vergessen, sich in einer künstlichen Welt zu befinden. Was auch immer sie sich gewünscht haben - sei es ein großer Schriftsteller zu sein, der gerade an einem epochalen Werk arbeitet, sei es ohne Unterlaß (und ohne Bauchschmerzen) Schokoladenpudding zu essen - läßt sie die "experience machine" real empfinden. Nach Ablauf einer bestimmten Zeitspanne wird die Maschine für einige Momente abgeschaltet und die Individuen erhalten erneut Gelegenheit, das Programm für den folgenden Zeitraum festzulegen. Die Apparatur gewährt uns also, wenn wir von der kurzen Zeit absehen, die die Entscheidung für ein Programm in Anspruch nimmt, ein maximales Erleben von "pleasure". Das Leben, das sie uns ermöglicht, ist aus der Perspektive der "Pleasure"-Theorie jeglicher Lebensperspektive überlegen, die sich uns, wenn wir realistische Annahmen zugrunde legen, ohne "experience machine" bieten würde. Legen wir uns nun die entscheidende Frage vor: "Would you plug in? What else can matter to us, other than how our lives feel from the inside?" (Nozick 1974, 43) (11)

Nozick prognostiziert, daß die meisten Menschen grundsätzlich keinen Gebrauch von der "experience machine" machen würden. Es scheint mir allerdings genauer zu sein, die These in einer etwas abgeschwächten Form zu vertreten: Die meisten Menschen würden sich, obwohl sie gerade dadurch ihre persönliche "Pleasure"-Bilanz optimieren könnten, nicht unausgesetzt der "experience machine" bedienen. Nozicks Argumentation nimmt keinen Schaden, wenn sie die Möglichkeit zuläßt, daß die Maschine ab und zu eingeschaltet wird. Ausschlaggebend ist, daß überhaupt das Auftreten von Fällen plausibel gemacht werden kann, in denen sich die Individuen gegen die Maschine und damit gegen das Erleben von "pleasure" entscheiden würden. Nozick nennt drei Ziele, von denen sich annehmen läßt, daß sie alle Menschen bis zu einem gewissen Grade teilen, die aber nur außerhalb der von der Maschine simulierten Welt erreicht werden können. Erstens wollen wir bestimmte Dinge selber tun. Wir wollen Handelnde sein und nicht bloß passive Empfänger vorgewählter Stimuli. Zweitens wollen wir eine bestimmte Art von Person sein. Jemandem, der dauerhaft in der virtuellen Realität der "experience machine" lebt, können persönliche Eigenschaften, wie Mut, Hilfsbereitschaft oder Schlagfertigkeit, nicht zugeschrieben werden. Seine Identität bleibt jenseits der Fiktion der Maschine gänzlich unbestimmt. Drittens wollen wir unseren Erfahrungshorizont nicht auf eine von Menschen geschaffene Wirklichkeit beschränken. Wir schätzen Erfahrungen, die auf einem tatsächlichen Kontakt mit der uns umgebenden Welt basieren, weit höher als die Erfahrungen, die uns eine künstlich erzeugte Scheinwelt zu vermitteln vermag. Die Authentizität des Erlebten besitzt für uns einen vom begleitenden Bewußtseinszustand unabhängigen Wert. (Vgl. Nozick 1974, 43f.)

Die Wertvorstellungen der Aktivität, Identität und Authentizität stellen elementare Komponenten des "guten Lebens" dar. Sie korrespondieren in gewisser Weise mit den "idealen Gütern", gegen die sich bereits Sidgwicks Argumentation gewandt hatte. Das Ziel, ein aktives Leben zu führen, ist Bestandteil des Freiheitsideals; der Wunsch, eine bestimmte Identität auszubilden, schließt die Tugenden, hier verstanden als vortreffliche Charaktereigenschaften, mit ein; Authentizität und Wahrheit schließlich sind nur schwer gegeneinander abzugrenzende Wertvorstellungen. Ich werde diesen Zusammenhang aber nicht weiter untersuchen, da ich hier lediglich den Nachweis führen möchte, daß wir nicht ausschließlich Bewußtseinszustände begehren. Nozicks Beispiel demonstriert meiner Ansicht nach überzeugend, daß es konkurrierende Werte gibt, die der Maximierung von "pleasure" vorgezogen werden können. Es hat aber den Nachteil, zu sehr dem Bereich des "science fiction" verhaftet zu sein. Dadurch setzt es sich dem Einwand aus, daß die angenommene Ablehnung von "pleasure" nur auf dessen künstliche Erzeugung zurückzuführen sei. Es ließe sich z.B. behaupten, daß das Ziel, selbständig zu handeln, in der realen Welt nicht in Gegensatz zu dem Ziel, "pleasure" zu erleben, geraten könne, und daß ein aktives Leben nur deshalb geschätzt werde, weil es der beste Garant für eine Vielzahl freudvoller Erlebnisse sei. Um diese Bedenken auszuräumen, werde ich versuchen, Nozicks Argumentation mit einigen Beispielen zu stützen, die realistischen Lebenssituationen entstammen.

James Griffin führt das Beispiel eines unheilbar kranken Mannes an, der in seinen letzten Tagen große Schmerzen zu erdulden hat. Seine Leiden könnten beträchtlich gemildert werden, aber der Patient verweigert die Einnahme eines starken Palliativs, weil er einen klaren Verstand der Linderung seiner Schmerzen vorzieht. Der Mann ist kein Masochist, dem es gefällt, daß ihm Schmerzen zugefügt werden. Wie die meisten Menschen würde er viel darum geben, wenn er die ihm verbleibende Zeit ohne Schmerzen erleben könnte, aber in seiner besonderen Situation kollidiert der Wunsch, schmerzfrei zu leben, mit anderen wichtigen Zielen. Er kann nur in einem "unverfälschten" Kontakt zu der ihm umgebenden Welt bleiben und seine geistigen Aktivitäten uneingeschränkt aufrechterhalten, wenn er Bewußtseinszustände in Kauf nimmt, die er fürchtet. Die Qualen, denen er sich aussetzt, sind offensichtlich keine Investition in eine freudvolle Zukunft, denn sein nahes Ende steht ihm ja in dem Augenblick, in dem er sich gegen die Einnahme des Medikaments entscheidet, deutlich vor Augen. Seine Entscheidung bringt vielmehr zum Ausdruck, daß er Werten anhängt, die dem Erleben der von ihm begehrten Bewußtseinszustände entgegenwirken können und sie gelegentlich zu übertrumpfen vermögen. (Vgl. Griffin 1986, 7ff.)

Ähnliche Beweggründe können uns dazu veranlassen, deprimierende Wahrheiten angenehmen Illusionen vorzuziehen. Trotz der damit verbundenen Enttäuschung kann man es z.B. sehr hoch schätzen, die Wahrheit über einen falschen Freund oder einen untreuen Ehepartner zu erfahren. Dabei muß die Enthüllung der unerfreulichen Tatsachen nicht unbedingt auf lange Sicht Nutzen stiften, etwa indem sie die betreffende Person auf einen neuen Lebensweg führt, der letztlich unvorhergesehene Vorzüge offenbart. Selbst wenn man sicher sein kann, daß sich die Täuschung in der Münze des "pleasure" das ganze Leben lang gerechnet hätte, gibt es gute Gründe, ihre Decouvrierung zu begrüßen. Man mag z.B. sagen: "So weh es auch getan hat, ich bin doch froh, die Wahrheit erfahren zu haben. Die Konfrontation mit der harten Realität ziehe ich einem Glück vor, das ich nur der Vorspiegelung falscher Tatsachen zu verdanken habe." Wenn man auf diese oder eine vergleichbare Weise reagiert, gründet man seine Vorstellung von einem guten Leben nicht ausschließlich auf das Erreichen "begehrter Bewußtseinszustände". Man demonstriert, daß die Wertvorstellungen - hier vor allen Dingen die Authentizität des Erlebten -, die uns Nozick zufolge davon abhalten, unser Bewußtsein der "experience machine" zu überantworten, auch im Alltagsleben wirksam sind.

Weitere Beispiele lassen sich anfügen. Einige Menschen nehmen große Anstrengungen auf sich, um dem "goldenen Käfig", in dem sie von ihren Eltern oder ihrem Ehepartner gehalten werden, zu entfliehen. Sie versuchen, sich der wohlmeinenden Bevormundung ihrer Angehörigen zu entziehen, weil sie selbständig Entscheidungen treffen und eigene Erfahrungen sammeln wollen. Sie sehen genau voraus, daß sie enorme Schwierigkeiten zu bewältigen haben und vielfältige Frustrationen erleben werden, sobald sie auf sich allein gestellt sind. Sie wissen auch, daß sie ein sehr angenehmes Leben führen könnten, wenn sie sich den bestehenden Verhältnissen anpassen, also an der ständigen Bevormundung keinen Anstoß mehr nehmen und im großen und ganzen den Erwartungen ihrer Angehörigen entsprechen würden. Aber die Aussicht auf ein freieres Leben liefert ihnen einen ausreichenden Grund, sich gegen die Lebensalternative zu entscheiden, die insgesamt mehr "pleasure" zu erbringen verspricht. Für ihre Entscheidung mag es sogar von Bedeutung sein, daß sie die schleichende Wirkung des Paternalismus, die sie bequemer werden und an der Unselbständigkeit zunehmend Gefallen finden läßt, fürchten. Denn es ist uns in vielen Fällen nicht gleichgültig, wie ein Bewußtseinszustand zustandekommt. Wir können z.B. beschämt sein, wenn wir feststellen, daß wir aus einer Handlung Lust gewinnen, die wir mißbilligen, oder bestürzt, wenn wir bemerken, daß wir uns in einer Lebenssituation wohl fühlen, die sich uns bei näherer Betrachtung als demütigend darstellt. Der Wert, den wir dem Erleben von "pleasure" beimessen, ist zumindest zum Teil von der Bewertung der Umstände abhängig, die für sein Entstehen verantwortlich sind.

Manche Menschen verschreiben sich einer Aufgabe, z.B. einer Forschungsarbeit, einem künstlerischen Werk, einem gottgefälligen Leben oder der Sorge für ihre Familie, die ihnen selbst freudlos erscheint. Die Erfüllung ihrer Aufgabe hindert sie zudem daran, Freuden zu erleben, die ihnen andere Lebenswege zweifellos bieten könnten. Sie sind jedoch überzeugt, daß die Aufgabe, der sie sich widmen, ihrem Leben einen Wert verleiht, den es anderenfalls nicht hätte. Man mag geneigt sein, in diesen Lebensentscheidungen keinen Widerspruch zum "Pleasure"-Konzept zu sehen. Die vermeintlich freudlosen Aktivitäten, so ließe sich einwenden, werden nur gewählt, weil sie sublimierte Lustempfindungen verursachen, die von den Individuen unbewußt genossen werden. Dieser Erklärungsversuch kann aber nicht überzeugen, weil er einen "Pleasure"-Begriff voraussetzt, für den die Selbstbeschreibung der Individuen nicht länger verbindlich ist. Die Individuen können sich zwar in den Ursachen ihrer Freuden bzw. Leiden irren, nicht jedoch in der Qualität der von ihnen erlebten Bewußtseinszustände. So kann man z.B. seine Freude auf den erfolgreichen Abschluß einer Arbeit zurückführen, obwohl sie in Wirklichkeit durch die lobenden Worte des Vorgesetzten ausgelöst wurde. Die Behauptung, daß man Freude empfindet, ist aber auch dann nicht falsch, wenn die Erklärung, die man für ihr Entstehen gibt, unzutreffend ist. (12)

Die angeführten Beispiele zeigen, daß sich unsere Vorstellungen von einem wertvollen menschlichen Leben nicht auf das Erreichen von "pleasure" beschränken. Das Erleben begehrter Bewußtseinszustände muß unzweifelhaft als wichtiger Bestandteil eines erfüllten Lebens betrachtet werden. Aber die Kategorie des "pleasure" fokussiert eben nur einen Ausschnitt aus dem komplexen Bild, das die Darstellung des menschlichen Wohlergehens erfordert. Daneben werden auch andere Ziele verfolgt; und sie werden aus Gründen verfolgt, die nicht mit dem Streben nach "pleasure" erklärt werden können. Die Bedeutung des "pleasure" wird leicht überschätzt, weil viele der Aktivitäten und Zustände, die uns wertvoll erscheinen, im Regelfall von einem positiven Bewußtseinszustand begleitet werden. Es wäre jedoch falsch, aus dieser Koinzidenz zu schließen, daß sich unser Verlangen letztlich immer nur auf Bewußtseinszustände richtet. "Even when we do enjoy what we have or have done, we often enjoy it because we think it valuable, not vice versa." (Dworkin 1981a, 222) Sobald, wie in den diskutierten Beispielen, die Realisierung eines wichtigen Lebensziels mit dem Ziel, "pleasure" zu maximieren, in Konflikt gerät, wird offenbar, daß wir mitunter bereit sind, andere Güter über das Erreichen "begehrter Bewußtseinszustände" zu stellen.

5.3 Die "Preference"-Interpretation des Nutzens

Die Mehrzahl der zeitgenössischen utilitaristischen Ethiker hat das klassische Verständnis von Nutzen als das Erleben freudvoller Bewußtseinszustände verworfen. In der utilitaristischen Theorie der Gegenwart dominiert die Ansicht, daß der Nutzen eines Individuums als Befriedigung seiner Präferenzen zu konzipieren sei. (13) Der Präferenzutilitarismus geht davon aus, daß jedes Individuum über eine vollständige und transitive Präferenzordnung verfügt. Er setzt weiter voraus, daß sowohl ein intrasubjektiver wie auch ein intersubjektiver Vergleich der verschiedenen Präferenzen möglich ist. Der Paradigmenwechsel innerhalb der utilitaristischen Theorie erklärt sich aus drei Vorzügen, die die "Preference"-Interpretation des Nutzenbegriffs gegenüber der älteren "Pleasure"-Interpretation aufweist.

Erstens kann die Kritik am Utilitarismus, die ich im vorigen Abschnitt dargelegt habe, durch die präferenztheoretische Reformulierung des Nutzenbegriffs ausgeräumt werden. Das von Nozick vorgebrachte Gedankenexperiment der "experience machine" und die im weiteren diskutierten Beispiele haben gezeigt, daß für das menschliche Wohlergehen nicht nur das Erreichen von "pleasure" signifikant ist. Sie haben auf Werte, wie die Authentizität des Erlebens, verwiesen, die von den meisten Menschen ungeachtet ihres Gratifikationswertes als unverzichtbarer Bestandteil eines geglückten Lebens betrachtet werden. Die "Preference"-Interpretation des Nutzens kann der Bedeutung, die diesen Werten im allgemeinen zugesprochen wird, mühelos gerecht werden. Werthaltungen, die der Optimierung der persönlichen "Pleasure"-Bilanz entgegenstehen - etwa der Wunsch, mit deprimierenden Wahrheiten konfrontiert zu werden - drücken sich automatisch in den Präferenzen der Individuen aus. Sie werden entsprechend der Bedeutung, die die Individuen ihnen beimessen, von der jeweiligen individuellen Präferenzordnung repräsentiert und gehen so in das utilitaristische Bewertungsverfahren ein.

Zweitens sind Präferenzen wesentlich besser als Bewußtseinszustände mit empirischen Beobachtungen verknüpfbar. Die Präferenzen eines Individuums können unter der Bedingung, daß es seine Ziele rational verfolgt, aus seinem Verhalten rekonstruiert werden. Wenn sich z.B. ein Individuum unter den gegebenen Handlungsalternativen A, B und C zu entscheiden hat und zwischen den Alternativen nicht indifferent ist, läßt seine Wahl der Option A darauf schließen, daß es A gegenüber B und C präferiert. Das Verhalten eines Individuums gibt aber, wie die im vorigen Abschnitt erörterten Fälle gezeigt haben, keinen zuverlässigen Aufschluß über die von ihm "begehrten Bewußtseinszustände". Rufen wir uns z.b. die Situation des kranken Mannes ins Gedächtnis, der vor der Wahl stand, Palliative einzunehmen und schmerzfrei zu sterben, oder auf Medikamente zu verzichten und seine letzten Tage mit starken Schmerzen, aber bei klarem Verstand zu verbringen. Aus seiner Weigerung, sich der schmerzlindernden Mittel zu bedienen, kann nicht gefolgert werden, daß er die resultierenden Schmerzen als einen begehrenswerten Bewußtseinszustand betrachtet. Sein Verhalten offenbart aber seine Präferenzen; es zeigt, daß er einen klaren Verstand der Schmerzlosigkeit vorzieht. Die empirische Beobachtbarkeit der individuellen Präferenzen erleichtert die praktische Anwendung der utilitaristischen Ethik. Das "Preference"-Kriterium ist mit weitaus geringeren Problemen der Informationsbeschaffung verbunden als das zuvor diskutierte "Pleasure"-Kriterium.

Der dritte Vorzug der "Preference"-Interpretation dürfte der eigentlich entscheidende Grund für die Abkehr vom klassischen Nutzenverständnis sein: Das Kriterium der Präferenz verschafft dem modernen Ideal der individuellen Autonomie die größtmögliche Geltung im utilitaristischen Bewertungsverfahren. Im Gegensatz zum "Pleasure"-Kriterium, das ein Ziel, nämlich die Maximierung von "pleasure", als für alle Menschen gegeben voraussetzt, läßt das "Preference"-Kriterium eine Vielzahl individuell unterschiedlicher Zielbestimmungen zu. Es erlaubt den Individuen selbst zu entscheiden, welche Ziele für sie wichtig sind und im moralischen Kalkül berücksichtigt werden sollen. (Vgl. Scanlon 1975, 657f. und Griffin 1986, 10) John C. Harsanyi, einer der führenden Vertreter der präferenzutilitaristischen Ethik, faßt den zentralen Gedanken wie folgt zusammen: "(...) Our basic moral duty is to treat other people in accordance with their own wants and preferences. This means that we should help them to obtain pleasure or to avoid pain, or to attain 'mental states of intrinsic worth', or to achieve any other objective, only as far as they want to achieve this objective, and only because they want to achieve it. We should help them to attain what they want, rather than what we might want for them, or what we might think to be 'good' for them." (Harsanyi 1977b, 28f.)

Das Autonomieideal wird in Harsanyis Werk durch das Akzeptanzprinzip ("principle of acceptance") zum Ausdruck gebracht. Das Akzeptanzprinzip verpflichtet den Moralbeurteiler, die von den Individuen angegebenen Präferenzen uneingeschränkt anzuerkennen. Der Moralbeurteiler soll die Präferenzen der Individuen also auch dann zur Grundlage seiner Überlegungen machen, wenn er überzeugt ist, daß die Individuen besser daran täten, andere Ziele zu verfolgen. Das Akzeptanzprinzip untersagt ihm, sich über die Präferenzen der zu beurteilenden Personen hinwegzusetzen und ihren Nutzen nach seinen eigenen Wertmaßstäben zu bemessen. (Vgl. Harsanyi 1977a, 51ff. und Jakob 1996, 57ff.) (14)

Die Beachtung aller von den Individuen artikulierten Präferenzen, so wie sie das Akzeptanzprinzip verlangt, kann jedoch in einigen Fällen dem Ziel, das individuelle Wohlergehen zu steigern, entgegenwirken. Die Individuen unterliegen oftmals Irrtümern; z.B. präferieren sie Objekte, die sie in voller Kenntnis aller relevanten Informationen nicht begehren würden. Harsanyi führt das Beispiel eines Patienten an, der eine starke Präferenz für das Medikament A hat, weil er von der heilenden Wirkung dieser Arznei überzeugt ist. Er weiß nicht, daß die Einnahme des Medikaments A schädlich für ihn wäre und sein Zustand nur durch eine Behandlung mit dem Medikament B verbessert werden könnte. Das Wohlergehen des Patienten wird unter den geschilderten Umständen offenkundig nicht durch die Befriedigung der von ihm geäußerten Präferenz gefördert. Wenn man im Interesse des Patienten handeln will, erscheint es unumgänglich, seine explizite Präferenz einer wohlwollenden Interpretation zu unterziehen. Man muß dann fragen, welche Ziele er eigentlich verfolgt bzw. welche Präferenzen er hätte, wenn er über die maßgeblichen Informationen verfügen würde. Dieser Argumentationslinie folgend läßt sich plausibel behaupten, daß die Präferenz des Patienten für das Medikament A einzig auf dem Wunsch, so schnell wie möglich zu gesunden, basiert. Der Patient würde, wenn er mehr medizinischen Sachverstand besäße oder von einem Fachmann über den wahren Sachverhalt aufgeklärt würde, unweigerlich seine Haltung ändern und das Medikament B dem Medikament A vorziehen. (Vgl. Harsanyi 1977a, 61f. und 1988a, 130f.) (15)

Das Beispiel zeigt, daß das Akzeptanzprinzip einer wichtigen Modifikation bedarf. Die ursprüngliche Annahme, daß die Präferenzbefriedigung dem individuellen Wohlergehen diene, kann nur aufrechterhalten werden, wenn die Präferenzen der Individuen einer behutsamen Korrektur zugänglich gemacht werden. An die Stelle der manifesten Präferenzen - das sind die Präferenzen, die die Individuen explizit nennen oder implizit durch ihr Verhalten zu erkennen geben - muß ein Konzept der rationalen Präferenzen treten. (16) Die rationalen Präferenzen sind rein hypothetischer Natur. Sie bezeichnen die Ziele, die ein Individuum hätte, wenn es unter idealen Umständen, also z.B. in Kenntnis der zur Heilung seiner Krankheit erforderlichen Medikamente, seine Präferenzen bilden würde. Das modifizierte Akzeptanzprinzip fordert von dem Moralbeurteiler nicht länger, die manifesten Präferenzen der Individuen ungeprüft zu übernehmen, sondern stellt ihn vor die weitaus anspruchsvollere Aufgabe, ihre rationalen Präferenzen zu eruieren. Die sich so eröffnende Möglichkeit der Korrektur manifester Präferenzen autorisiert den Moralbeurteiler aber nicht zu paternalistischen Eingriffen. Der Moralbeurteiler ist ausschließlich zu Korrekturen befugt, die dem Grundgedanken der uneingeschränkten Akzeptanz individueller Wertsetzungen nicht widersprechen. Er darf Veränderungen an den manifesten Präferenzen nicht durch Berufung auf objektiv gültige Werte rechtfertigen, sondern muß in jedem einzelnen Fall den Nachweis erbringen, daß die spezifischen Ziele des betreffenden Individuums durch seine Intervention besser zur Geltung gebracht werden.

Die Substitution der manifesten Präferenzen durch die rationalen Präferenzen erscheint unausweichlich; sie vermindert aber in verschiedener Hinsicht die Attraktivität, die dem präferenzutilitaristischen Bewertungsmodus anfänglich attestiert wurde. Der

Übergang vom Kriterium der manifesten Präferenz zum Kriterium der rationalen Präferenz entkoppelt die utilitaristische Bewertung des Wohlergehens von den Wertungen der beurteilten Person. Die Befriedigung einer manifesten Präferenz wird von der betreffenden Person zunächst immer positiv bewertet, da ein von ihr tatsächlich gehegter Wunsch in Erfüllung geht. Das gilt nicht in gleicher Weise für rationale Präferenzen, die den Personen kontrafaktisch zugeschrieben werden. Sofern eine Person faktisch andere Präferenzen hat, wird sie zumindest anfangs die Befriedigung ihrer rationalen Präferenzen nicht zu schätzen wissen. Dieser Sachverhalt ist in der Regel unproblematisch, denn die Personen werden es zumeist später, wenn sie über die relevanten Informationen verfügen, begrüßen, daß ausschließlich ihre rationalen Präferenzen beachtet wurden. So wird der Patient aus Harsanyis Beispiel, sobald er über die medizinischen Erfordernisse in Kenntnis gesetzt wurde, froh sein, daß die Ärzte seinen expliziten Wunsch ignoriert und nur sein "wahres" Ziel berücksichtigt haben. In Ausnahmefällen ist es aber auch möglich, daß einer Person langfristig die Informationen vorenthalten bleiben, die zur richtigen Einschätzung ihrer Situation erforderlich wären. Sie wird dann, obwohl ihre rationalen Präferenzen erfüllt wurden, dauerhaft unzufrieden sein, weil ihr aktuelles Wollen frustriert wird. In diesem Fall gerät die utilitaristische Bewertung des Wohlergehens in einen heiklen Widerspruch zu der Selbsteinschätzung der Person. Es fällt unter Umständen schwer, der präferenzutilitaristischen Beurteilung des Wohlergehens zu folgen, wenn die beurteilte Person ihr Befinden kontinuierlich ganz entgegengesetzt bewertet.

Des weiteren verschließen sich rationale Präferenzen im Unterschied zu manifesten Präferenzen der empirischen Beobachtung. Rationale Präferenzen können, da sie einen rein hypothetischen Status haben, nicht aus dem faktischen Verhalten der Individuen abgeleitet werden. Beispielsweise sagt das beobachtete Streben des Patienten, mit einem bestimmten Medikament behandelt zu werden, nichts darüber aus, welches Medikament er vernünftigerweise bevorzugen sollte. Die Eruierung rationaler Präferenzen macht eine aufwendige und diffizile Bewertung der Umstände, unter denen die Individuen ihre manifesten Präferenzen offenbaren, erforderlich. Dabei gewinnen - was die folgenden Ausführungen noch veranschaulichen werden – die Informationsprobleme, die das Präferenzkonzept zunächst zu vermeiden schien, erneut an Gewicht.

Das größte Problem, das die modifizierte Version des Präferenzutilitarismus aufwirft, ist aber, den Begriff der rationalen Präferenz so zu bestimmen, daß der zentrale Gedanke der Akzeptanz subjektiver Wertsetzungen keinen Schaden nimmt. Die Frage, was als rationale Präferenz eines Individuums zählen soll, ist nicht immer so leicht zu beantworten wie in Harsanyis Patientenbeispiel. In vielen Fällen lassen sich Korrekturen, die die manifesten Präferenzen der Individuen im Sinne ihrer eigenen Ziele verbessern, nur schwer gegen bevormundende Eingriffe, die mit dem Akzeptanzprinzip konfligieren, abgrenzen. Ich werde im folgenden versuchen, den Begriff der rationalen Präferenz im Einklang mit dem Akzeptanzprinzip zu explizieren. Im wesentlichen sehe ich drei Gründe, die eine Korrektur der manifesten Präferenzen rechtfertigen können:

1. Der Prozeß der Präferenzwahl findet oftmals unter ungünstigen, die rationale Entscheidungsfindung beeinträchtigenden Umständen statt. Die vom Moralbeurteiler zu betrachtenden Individuen können sich z.b. gezwungen sehen, wichtige Entscheidungen unter Zeitdruck oder in einem Zustand emotionaler Erregung zu treffen. Präferenzen, die sie unter derartigen Bedingungen artikulieren oder in ihrem Verhalten offenbaren, laufen häufig ihren eigentlichen Interessen zuwider; sie würden, wenn sie mehr Zeit zur Verfügung hätten und in Ruhe nachdächten, für andere Präferenzen optieren. Der Moralbeurteiler ist daher gefordert, manifeste Präferenzen, die unter Umständen gewählt wurden, die einer rationalen Entscheidung abträglich sind, zu hinterfragen. Wenn z.B. ein Vater, der die Nachricht erhält, daß sein Sohn einer Straftat überführt wurde, wutentbrannt ausruft, daß er seinen Sohn niemals wiedersehen wolle, gilt es zu ermitteln, ob er diesen Wunsch auch in einer besonneneren Gemütsverfassung aufrechterhalten würde. Ist der Vater als Choleriker bekannt, der seine Wutausbrüche schnell bedauert, im allgemeinen aber seinem Sohn in großer Liebe zugetan ist, läßt sich schließen, daß die von ihm geäußerte Präferenz nicht rational war und folglich auch keine Beachtung verdient. Weiß man hingegen, daß der Vater ein prinzipientreuer Moralist ist, der auch bei seinen nächsten Angehörigen keine Verfehlungen duldet, hat der Moralbeurteiler keine Veranlassung, seine manifeste Präferenz abzuändern. (Vgl. Harsanyi 1977b, 29f. und 1977c, 645f.)

2. Die Korrektur einer manifesten Präferenz ist auch zulässig, wenn sich der aktuelle Wunsch des Individuums mit ausreichender Sicherheit auf eine Willensschwäche zurückführen läßt. Eine Willensschwäche liegt z.B. vor, wenn sich ein Individuum des Wunsches, Alkohol zu trinken, nicht erwehren kann, obwohl ihm der Erhalt seiner Gesundheit wichtiger ist und es genau weiß, daß sein angegriffener Gesundheitszustand strikte Abstinenz erfordert. Das Individuum nimmt in diesem Fall selbst einen wertenden Standpunkt zu seinem Wunsch nach Alkoholgenuß ein: Es besitzt eine höherrangige Präferenz ("second order preference") dafür, die manifeste Präferenz ("first order preference"), deren schädliche Wirkung ihm bekannt ist, nicht zu haben. Der Moralbeurteiler, dem die Rationalisierung der manifesten Präferenzen aufgegeben ist, hat hier allen Grund, die Präferenz erster Ordnung im Sinne der reflektierteren Präferenz zweiter Ordnung abzuändern. Das Wohlergehen des beschriebenen Individuums wird nicht dadurch gefördert, daß man seinem momentanen Verlangen nach Alkohol nachkommt, sondern dadurch, daß man seinen Vorsatz, enthaltsam zu leben, unterstützt, ihm also gegebenenfalls zu einer Therapie verhilft, die ihm die Überwindung seiner Sucht ermöglicht. (Vgl. Griffin 1986, 13ff. und Harsanyi 1988a, 132f.) Allerdings darf der Moralbeurteiler nicht einfach voraussetzen, daß jeder Mensch eine höherrangige Präferenz für den Erhalt seiner Gesundheit bzw. seines Lebens hat. (17) Er darf nicht - wie die im folgenden Kapitel zu untersuchende Fähigkeitenethik - unterstellen, daß alle Menschen kraft ihrer gemeinsamen Natur bestimmte Ziele teilen. Die Beachtung des Akzeptanzprinzips fordert von ihm, die Möglichkeit in Betracht zu ziehen, daß der geschilderte Trinker ein kurzes ausschweifendes Leben dauerhafter Abstinenz vorzieht. Der Moralbeurteiler ist

nur autorisiert, die manifeste Präferenz des Trinkers zu korrigieren, wenn er gute Gründe hat anzunehmen, daß dieser seiner Gesundheit tatsächlich einen höheren Wert beimißt. Wichtige Indizien hierfür können dem Moralbeurteiler z.B. die guten Vorsätze, die der Trinker im nüchternen Zustand geäußert hat, oder früher von ihm unternommene Anstrengungen, aus eigener Kraft vom Alkohol loszukommen, liefern.

3. Jede Präferenzwahl basiert auf der Annahme, daß das präferierte Objekt hinsichtlich seines instrumentellen oder intrinsischen Wertes mindestens genauso gut wie allen anderen verfügbaren Objekte ist. Diese Annahme kann jedoch falsch sein, wenn sie auf unvollständigen oder fehlerhaften Informationen beruht. (Vgl. Harsanyi 1988a, 130f.) Man hält z.B. das Auto für das geeignetste Mittel, seinen Urlaubsort zu erreichen, weil man nichts von dem Ferienbeginn und den damit verbundenen Verkehrsstaus im Nachbarland weiß, oder man zieht einen bestimmten Urlaubsort anderen Urlaubsorten vor, weil man ihm, irregeleitet durch die Angaben des Reiseprospekts, Eigenschaften zuschreibt, die er in Wirklichkeit nicht besitzt. Die Befriedigung der manifesten Präferenzen fördert in diesen Fällen nicht das Wohlergehen der betroffenen Personen. Sie selbst würden ihre aktuellen Wünsche ändern, also ein anderes Verkehrsmittel und einen anderen Urlaubsort bevorzugen, wenn sie die gegebenen Alternativen adäquat beurteilen könnten. Dem Moralbeurteiler stellt sich daher die Aufgabe, manifeste Präferenzen, deren Wahl mit einem Informationsdefizit belastet ist, auf ihre Übereinstimmung mit den eigentlichen Interessen der Individuen zu untersuchen. Er handelt dem Akzeptanzprinzip gemäß, wenn er seiner Bewertung des individuellen Wohlergehens die Präferenzen zugrunde legt, die die Individuen in Kenntnis aller relevanten Informationen hätten.

Die Festlegung, was unter einer relevanten Information zu verstehen ist, birgt allerdings Schwierigkeiten; sie kann den Moralbeurteiler leicht in Konflikt mit dem Akzeptanzprinzip bringen. Betrachten wir als Beispiel Individuen, die Dosenbier erlesenen Spitzenweinen vorziehen oder die Unterhaltungsmusik höher schätzen als die Opern Richard Wagners. Der Moralbeurteiler mag geneigt sein anzunehmen, daß die manifesten Präferenzen dieser Individuen auf einem Mangel an Informationen beruhen müssen. Mangelnde Informiertheit meint hier wohlgemerkt nicht, daß die betreffenden Individuen noch nie eine Wagner-Oper gehört haben. Die komplexe Musik Wagners ist dem ungeübten Ohr nicht unbedingt gefällig; das einmalige Hören einer Wagner-Oper würde nicht zwangsläufig eine Präferenzänderung zur Folge haben. Mangelnde Informiertheit bedeutet vielmehr, daß die Individuen nicht die notwendige Kennerschaft erworben haben, um den Wert eines musikalischen Werkes beurteilen zu können. Als informiert gilt nur, wer über eine umfassende musikalische Bildung und einen kultivierten Musikgeschmack verfügt. Ein in diesem Sinne informiertes Individuum würde unweigerlich seine ursprüngliche Präferenzordnung revidieren und Wagner-Opern der Unterhaltungsmusik vorziehen. (18)

Das beschriebene Verständnis von Informiertheit ist mit dem Akzeptanzprinzip nicht vereinbar. Der Moralbeurteiler soll die manifesten Präferenzen der Individuen von Irrtümern befreien, d.h. er soll die manifesten Präferenzen in Einklang mit den eigentlichen Zielen der Individuen bringen. Bei der Eruierung, was die eigentlichen Ziele der Individuen sind, muß er aber von deren gegenwärtigen Entwicklungsstand ausgehen. Orientiert sich der Moralbeurteiler hingegen, wie in dem oben angeführten Beispiel, an kontrafaktischen Fähigkeiten und Kenntnissen, so setzt er Ziele voraus, die den zu beurteilenden Individuen nicht zugeschrieben werden können. Es mag zwar zutreffen, daß jeder Musikkenner Wagner-Opern präferiert, daraus folgt aber nicht, daß auch jeder Mensch die Präferenz hat, ein Musikkenner zu werden. Wenn der Moralbeurteiler die typische Präferenzordnung des gebildeten Musikliebhabers zum Prüfstein für die Rationalität einer Präferenz macht, diskriminiert er abweichende Zielbestimmungen. Er erhebt dann entweder seine eigenen oder die in der Gesellschaft mehrheitlich anerkannten Wertvorstellungen zum Bewertungsmaßstab. In beiden Fällen verstößt er gegen die vom Akzeptanzprinzip geforderte uneingeschränkte Respektierung individueller Zielsetzungen.

5.4 Kritik der "Preference"-Interpretation

Im vorangegangenen Abschnitt habe ich mich bemüht, eine möglichst überzeugende Konzeption des Präferenzutilitarismus zu skizzieren. Ich habe dargelegt, weshalb das Kriterium der manifesten Präferenz aufgegeben werden sollte, und erörtert, welchen Bedeutungsgehalt das an seine Stelle tretende Kriterium der rationalen Präferenz hat. Nun gilt es zu untersuchen, ob die von mir skizzierte "stärkste" Konzeption des Präferenzutilitarismus einen geeigneten Bewertungsmaßstab für das menschliche Wohlergehen bereitstellt. Sie darf als geeignet gelten, wenn die auf ihrer Grundlage getroffenen Bewertungen im großen und ganzen mit unserer intuitiven Vorstellung von menschlichem Wohlergehen übereinstimmen. Im folgenden werde ich zu zeigen versuchen, daß auch die verbesserte, auf das Kriterium der rationalen Präferenz gestützte Version des Präferenzutilitarismus dieser Anforderung nicht genügt und daher zumindest dann abzulehnen ist, wenn man die Begründungskonzeption eines Überlegungsgleichgewichts akzeptiert.

Für eine erste Einschätzung der Präferenzkonzeption ist es aufschlußreich, sie in einem Bereich zu erproben, für den "Welfare"-Theorien üblicherweise eine besondere Kompetenz beanspruchen. Im vierten Kapitel habe ich bereits kurz die Kritik erläutert, die von Anhängern des "Welfare"-Ansatzes an der vermeintlichen Differenzblindheit der "Resource"-Theorien geübt wird. Ein Beispiel, das in diesem Zusammenhang oftmals angeführt wird, ist die unterschiedliche Befähigung von gesunden und behinderten Menschen, Ressourcen in wertvolle Zustände zu transformieren. Die körperlichen bzw. geistigen Defizite der Behinderten führten dazu, daß sie in der Regel weitaus mehr Ressourcen benötigten als Nicht-Behinderte, um ein vergleichbares Niveau des Wohlergehens zu erreichen. Theorien, die nur die faktische Verteilung von Ressourcen bewerteten, könnten daher im Bereich der Behindertenpolitik keine plausiblen Ergebnisse erbringen; nur ein "Welfare"-Kriterium, wie es unter anderem vom Präferenzutilitarismus angewandt werde, sei in der Lage, die Benachteiligung der Behinderten adäquat zu erfassen. (19)

In der folgenden Diskussion werde ich mich auf zwei Annahmen über die normativen Überzeugungen, die für unseren Umgang mit Behinderten maßgeblich sind, stützen. Zum einen gehe ich davon aus, daß die Einschätzung, behinderte Menschen verfügten über ein geringeres Wohlergehen als gesunde Menschen, allgemein geteilt wird. Zum anderen setze ich voraus, daß die große Mehrzahl der Gesellschaftsmitglieder bereit ist, zumindest in einem begrenzten Umfang öffentliche Gelder zur Verbesserung der Lebenssituation von Behinderten aufzuwenden. Prima facie führt die Anwendung der Präferenzkonzeption zu Ergebnissen, die mit der geschilderten solidarischen Haltung gegenüber den Behinderten im Einklang stehen. (20) Behinderte Menschen erleben im allgemeinen ein geringeres Maß an Präferenzbefriedigung als gesunde Menschen, da sie ihre Gebrechen oftmals an der Realisierung wichtiger persönlicher Ziele hindern. Das Präferenz-Kriterium scheint daher geeignet zu sein, die Behinderten mit großer Zuverlässigkeit als schlechter gestellt zu qualifizieren und ihnen einen Anspruch auf Hilfsleistungen zuzuerkennen. Weiter darf man davon ausgehen, daß behinderte Menschen gewöhnlich starke Präferenzen für den Erhalt von Hilfsmitteln haben, die die aus der Behinderung entstehenden Beeinträchtigungen mildern oder beseitigen. Beispielsweise werden Querschnittsgelähmte normalerweise großes Interesse an einem Rollstuhl, Amputationsverletzte an einer Prothese, Sehbehinderte an Sehhilfen, usw. haben. Die Präferenzkonzeption wird daher im Regelfall Maßnahmen empfehlen, die unmittelbar auf die Beseitigung der durch die Behinderung verursachten Nachteile zielen.

Die Resultate, zu denen die Präferenzkonzeption im Bereich der Behindertenpolitik gelangt, scheinen also weitestgehend der in der Gesellschaft vorherrschenden moralischen Einstellung zu entsprechen. Es läßt sich jedoch einwenden, daß diese Übereinstimmung nur kontingenten Umständen zu verdanken ist, da die Präferenzkonzeption die Motive, die der Hilfsbereitschaft zugrunde liegen, nicht zutreffend erfaßt. Betrachten wir, um diesen Einwand zu veranschaulichen, den Fall eines Querschnittsgelähmten, der sich mit Begeisterung und großem Talent dem Violinespiel widmet. Um seiner musikalischen Leidenschaft frönen und seine Karriereziele fördern zu können, benötigt der vielversprechende Musiker, der selbst nur über bescheidene finanzielle Mittel verfügt, ein kostspieliges Musikinstrument. Nach reiflicher Überlegung gelangt er zu dem Schluß, daß für ihn der Besitz dieses Instruments wichtiger, als der Besitz eines Rollstuhls ist. Da er seine Entscheidung in besonnener Gemütsverfassung und unter Berücksichtigung aller relevanten Informationen getroffen hat, steht die Rationalität seiner Präferenz außer Zweifel. Der querschnittsgelähmte Musiker fordert nun, daß die Gelder, die die staatliche Gemeinschaft für die Anschaffung eines Rollstuhls auszugeben bereit war, zum Kauf des teuren Musikinstruments verwendet werden. Die Anwendung des Präferenz-Kriteriums, das die uneingeschränkte Akzeptanz der individuellen Ziele vorsieht, läßt der staatlichen Gemeinschaft keine andere Wahl, als seinem Wunsch nachzukommen.

Ronald Dworkin vertritt die Auffassung, daß dieses Resultat keine Zustimmung finden würde, da es wichtigen Wertintuitionen widerspricht. Seiner Ansicht nach belegt das Beispiel, daß es uns bei der Unterstützung, die wir Behinderten zukommen lassen wollen, nicht primär um die Befriedigung von Präferenzen geht. Wir fühlten uns nicht verpflichtet, Präferenzen zu befriedigen, die - wie die Präferenz für ein Musikinstrument - in keinem Zusammenhang mit der Behinderung stehen. Die Hilfe, die Behinderten zugestanden werde, intendiere, die Nachteile, die ihnen aus ihren jeweiligen Gebrechen entstehen, zu kompensieren. Sie sei durch die Einsicht motiviert, daß es den Behinderten ohne eigenes Verschulden an körperlichen bzw. geistigen Ressourcen und in der Konsequenz häufig auch an materiellen Ressourcen mangele. Zudem, so Dworkin, zeigt das Beispiel, daß die Präferenzkonzeption die Interessen der Behinderten nicht zuverlässig privilegieren kann. Die Präferenz des Querschnittsgelähmten für ein Musikinstrument unterscheide sich nicht grundsätzlich von der gleichgerichteten Präferenz eines Nicht-Behinderten. Wenn ein gesunder und ein behinderter Mensch das gleiche Maß an Präferenzbefriedigung aufwiesen, könnten ihre Präferenzen nicht unterschiedlich behandelt werden - entweder müßte beiden oder keinem ein Anspruch auf das Musikinstrument zugestanden werden. (Vgl. Dworkin 1981a, 243f. und Cohen 1989, 918) Weiter unten werde ich auf die Ursachen, die eine Angleichung des Niveaus der Präferenzbefriedigung von gesunden und behinderten Menschen haben kann, noch ausführlich eingehen. Es wird dann das Phänomen, daß die Individuen sowohl sehr bescheidene und leicht zu erfüllende als auch sehr ambitionierte und schwer zu erfüllende Wünsche entwickeln können, zu untersuchen sein.

Dworkins Argumentation ist sicherlich imstande, Zweifel an der grundsätzlichen Überlegenheit von "Welfare"-Theorien auf dem Gebiet der Behindertenpolitik zu wecken. Mir scheint aber nicht ganz klar zu sein, ob das Ergebnis, zu dem das Präferenz-Kriterium in dem diskutierten Beispiel führt, tatsächlich so kontraintuitiv ist, wie Dworkin annimmt. Der Respekt vor den autonomen Zielsetzungen der Individuen ist ein moralischer Gesichtspunkt, der auch für unseren Umgang mit Behinderten Gewicht besitzt. Wenn man das Ziel verfolgt, das Wohlergehen der Behinderten zu fördern, kann man durchaus bezweifeln, ob es ausreichende Gründe gibt, die Hilfsleistungen nicht an den wohlerwogenen Wünschen der Betroffenen auszurichten. Es ist daher nicht auszuschließen, daß viele Menschen nach sorgfältiger Reflexion zu der Einsicht gelangen würden, daß der querschnittsgelähmte Violinist, so wie es die Präferenzkonzeption fordert, selbst über die Verwendung der ihm zugestandenen Geldmittel entscheiden sollte.

Gegen die Präferenzkonzeption können aber noch stichhaltigere Einwände vorgebracht werden. Ihr entscheidendes Defizit besteht meiner Ansicht nach darin, daß sie die Beziehung, in der die Präferenzen zu den sozioökonomischen Lebensbedingungen der Individuen stehen, nicht berücksichtigt. Ich werde im folgenden zwei - einander geradezu entgegengesetzte - Aspekte dieser Beziehung problematisieren:
a) Das Phänomen, daß sich die Präferenzen an die sozialen, ökonomischen und kulturellen Lebensumstände der Individuen anpassen und

b) das Phänomen, daß die Präferenzen nicht auf die unter den jeweiligen Lebensumständen gegebenen Verwirklichungsaussichten abgestimmt und sogenannte "kostspielige Präferenzen" ausgeprägt werden.

a) Das Phänomen der Präferenzanpassung kann auf verschiedene Ursachen zurückgeführt werden. Ich beschränke mich hier darauf, drei Faktoren zu skizzieren, die ich für besonders bedeutungsvoll halte. Zunächst ist an den elementaren psychologischen Sachverhalt zu erinnern, daß es für jeden Menschen einen starken Anreiz gibt, sich "realistische" Ziele zu setzen. Schon unsere Alltagserfahrung lehrt uns, daß der Frustrationstoleranz der Menschen, also ihrer Fähigkeit, Enttäuschungen zu verarbeiten, enge Grenzen gesetzt sind. Die Unzufriedenheit, die durch die permanente Frustration wichtiger Wünsche zwangsläufig hervorgerufen wird, veranlaßt die Individuen oftmals dazu, ihre Ansprüche zu bescheiden. Um nicht mit einer zu großen Anzahl negativer Erlebnisse konfrontiert zu werden, stellen sie ihre Präferenzen - bewußt oder unbewußt - auf das in ihrer Situation vernünftigerweise zu erwartende ein. Als zweiter wichtiger Einflußfaktor ist der persönliche Erfahrungshorizont der Individuen zu nennen. Die Individuen orientieren ihre Zielsetzungen in erster Linie an den Lebensplänen, die ihnen aus ihrem sozialen Umfeld vertraut sind. In ihre Präferenzen finden besonders die Werte Eingang, die ihnen das sozialisierende Personal aus Familie, Schule und Freundeskreis vermittelt. Wenn in der Gesellschaft verschiedene Gruppen oder soziale Schichten stark segregiert sind, kann es für den einzelnen zudem ausgesprochen schwierig sein, Kenntnis von alternativen Lebensentwürfen zu erhalten. Beispielsweise hat ein Angehöriger der Unterschicht unter Umständen keine präzisen Vorstellungen vom Leben eines wohlhabenden Bürgers; Lebensziele, die für einen wohlhabenden Bürger selbstverständlich sind, können gänzlich außerhalb seiner Vorstellungsmöglichkeiten liegen. Drittens darf auch der Einfluß, den politische Doktrinen und religiöse Lehren auf die Präferenzbildung der Individuen ausüben können, nicht unterschätzt werden. Selbst in Menschen, die in sehr elenden Verhältnissen leben, wird möglicherweise der Wunsch nach einem besseren Leben nicht wach, wenn ihre Weltanschauung umfassende Erklärungs- und Legitimationsmuster für ihre mißliche Lage bereithält. Wenn sie z.B. glauben, daß jeder sein von Gott vorherbestimmtes Schicksal klaglos annehmen muß, oder überzeugt sind, daß anspruchsvollere Wünsche ein verwerfliches Zeichen westlicher Dekadenz darstellen, werden sie auch keine Verbesserung ihrer Situation begehren. Der letztgenannte Faktor gewinnt in Staaten, deren Machthaber gezielt versuchen, die Bevölkerung zu manipulieren, noch zusätzlich an Bedeutung.

Die vorangegangenen Ausführungen dürfen nicht im Sinne einer vollständigen Determination der individuellen Präferenzen verstanden werden; gezeigt werden sollte lediglich, daß soziale, ökonomische und kulturelle Faktoren auf den Prozeß der Präferenzbildung einwirken können. Im weiteren Verlauf der Diskussion (siehe Punkt b) werde ich davon ausgehen, daß die Individuen über einen nennenswerten Freiraum verfügen, der ihnen genuine Wahlentscheidungen hinsichtlich ihrer Präferenzen ermöglicht.
(21) Belegt werden sollte also nur die schwächere These, daß Präferenzen tendenziell

die Bedingungen reproduzieren, unter denen sie entstanden sind. Gerade diese Tendenz führt aber dazu, daß die Bewertungen, die auf Basis der Präferenzkonzeption getroffen werden, unserer vortheoretischen Auffassung von menschlichem Wohlergehen deutlich widersprechen können: "The battered slave, the broken unemployed, the hopeless destitute, the tamed housewife, may have the courage to desire little, but the fulfilment of those disciplined desires is not a sign of great success and cannot be treated in the same way as the fulfilment of the confident and demanding desires of the better placed." (Sen 1987b, 11)

Die von Sen genannten Fälle verdeutlichen meiner Ansicht nach, daß sich der Grad der Präferenzbefriedigung nicht als Maßstab für die Beurteilung des individuellen Wohlergehens eignet. Die Behauptung, daß der geknechtete Sklave über ein hohes Wohlergehen verfüge, besitzt selbst dann keine Überzeugungskraft, wenn er sein Schicksal annimmt und kein anderes Leben zu führen wünscht. Noch deutlicher tritt die Kontraintuitivität der auf das Präferenz-Kriterium gestützten Bewertungen zutage, wenn man sie zu interindividuellen Vergleichen heranzieht. So glauben wir gemeinhin nicht, daß der unzufriedene Reiche über ein niedrigeres Wohlergehen verfügt als der Arme, der sich mit seinem bitteren Los zufrieden gibt. Die "Welfare"-Urteile, die auf Basis der Präferenzkonzeption getroffen werden, kranken in den angesprochenen Fällen vor allem daran, daß sie die faktische Lebenssituation der Individuen nicht zuverlässig wiedergeben. Der im vorangehenden skizzierte Mechanismus der Präferenzanpassung verhindert, daß reale Unterschiede, etwa hinsichtlich der Einkommens-, Wohn- oder Arbeitsverhältnisse, im Grad der Präferenzbefriedigung zum Ausdruck kommen. Die Präferenzkonzeption scheitert, weil sie für die gesellschaftlichen Bedingungen, unter denen die Individuen ihre Präferenzen ausprägen, blind ist. Sie richtet ihren Blick nur auf die Gegenwart, also auf die gegebenen Präferenzen der Individuen; die Vergangenheit, also die Umstände der Präferenzentstehung, entzieht sich ihrer Wahrnehmung. Die Präferenzkonzeption verkennt, wie Jon Elster es ausgedrückt hat, "(...) the need for an analysis of the genesis of wants". (Vgl. Elster 1982, 237)

Den oben angeführten Beispielen kann allerdings entgegengehalten werden, daß sie nur auf die manifesten Präferenzen der Individuen abstellen. Es bleibt daher zu prüfen, ob die mit ihnen verbundene Kritik auch dann zutrifft, wenn sich der Präferenzutilitarismus des im dritten Abschnitt explizierten Kriteriums der rationalen Präferenz bedient. Zur Erinnerung sei gesagt, daß der Moralbeurteiler von dieser Version des Präferenzutilitarismus autorisiert wird, die manifesten Präferenzen der Individuen zu rationalisieren. Er soll sich bei der Beurteilung des Wohlergehens nach den Präferenzen richten, die die Individuen unter "idealen" Bedingungen hätten, in denen Störfaktoren, wie z.B. Informationsdefizite, keine Rolle spielen. Zunächst fällt auf, daß der Vorgang der Präferenzanpassung nicht als Störfaktor betrachtet werden kann. Die Orientierung der Wünsche an der Möglichkeit ihrer Erfüllung erspart den Individuen vielfältige Enttäuschungen und gewährleistet ihnen einen höheren Grad an Zufriedenheit. Die Adaptation der Präferenzen liegt daher im Interesse der Individuen; sie verhalten sich durchaus rational, wenn sie bei der Wahl ihrer Ziele die Chancen der Zielverwirklichung in Rechnung stellen. (Vgl. Elster 1982, 233f.)

In Anbetracht von Sens Beispielen mag es attraktiv erscheinen, den Begriff der rationalen Präferenz anders als im vorigen Abschnitt dargelegt zu deuten. Zwei Strategien bieten sich hier an, die aber beide bereits zurückgewiesen worden, weil sie mit dem Leitgedanken des Präferenzutilitarismus, die Zielsetzungen der Individuen vorbehaltlos zu akzeptieren, nicht vereinbar sind. Der Moralbeurteiler darf zum einen rationale Präferenzen nicht im Sinne von Grundbedürfnissen interpretieren, die allen Menschen gleichermaßen zu eigen sind. Beispielsweise darf er nicht voraussetzen, daß jedes mittellose Individuum eine rationale Präferenz für bestimmte Gebrauchsgüter besitzt. Der Moralbeurteiler muß prinzipiell die Möglichkeit sehr ungewöhnlicher Vorlieben zulassen, er muß z.B. für die Möglichkeit offen sein, daß ein mitteloser Mensch tatsächlich Güter nicht begehrt, die andere Menschen als unverzichtbar erachten. Der Moralbeurteiler darf zum anderen auch nicht die Ziele, die die Menschen unter günstigen materiellen Lebensbedingungen typischerweise entwickeln, zum Maßstab für rationale Präferenzen erheben. Die Auszeichnung einer bestimmten sozialen Gruppe oder Schicht ist mit ähnlichen Schwierigkeiten verbunden wie der im dritten Abschnitt behandelte Fall des Musikkenners. Der Moralbeurteiler versagt, wenn er seine Rationalisierung der manifesten Präferenzen an den spezifischen Zielen einer gesellschaftlichen Gruppe orientiert, den Präferenzen von Individuen, die dieser Gruppe nicht angehören, grundsätzlich die Anerkennung. Er muß daher in seinem Bemühen, die rationalen Präferenzen zu ermitteln, von der sozialen Position ausgehen, die die zu beurteilende Person tatsächlich bekleidet. Auf dieser Grundlage hat er aber keine Veranlassung, angepaßten Präferenzen, wie sie etwa der geknechtete Sklave besitzt, die Rationalität abzusprechen.

Abschließend sei noch darauf hingewiesen, daß der gegen die "Preference"-Interpretation des Nutzens erhobene Einwand auch gegen die "Pleasure"-Interpretation geltend gemacht werden kann. (Vgl. Dworkin 1981a, 220ff.) Analog zu den Präferenzen ist auch die Entstehung und Bewertung von Bewußtseinszuständen zumindest zum Teil von den spezifischen Lebensbedingungen der Individuen abhängig. Nur ein geringer Teil des menschlichen Erfahrungsspektrums - zu denken ist etwa an Liebkosungen oder körperliche Schmerzen - wird von Geburt an positiv bzw. negativ erlebt. Der weitaus größere Teil der Erfahrungen gewinnt seine "hedonische Qualität" erst in einem Prozeß sozialer Konditionierung. Der Prozeß der Konditionierung bewirkt, daß Erfahrungen, die zunächst neutral erlebt werden, einen positiven bzw. negativen Gratifikationswert annehmen, indem sie an die in der Gesellschaft vorherrschenden Werthaltungen - hauptsächlich vermittelt durch Lob und Tadel der Mitmenschen - gekoppelt werden. Die Bewertungen, zu denen die Kategorie des "pleasure" kommt, können so von gesellschaftlichen Faktoren beeinflußt werden. Auch sie spiegelt daher objektive Unterschiede im Lebensstandard der Individuen nicht immer verläßlich wider. (Vgl. Sen 1985a, 188 und 1987b, 8)

b) Die Diskussion des vorangegangenen Abschnitts hat gezeigt, daß die Präferenzkonzeption zu unplausiblen Bewertungen des individuellen Wohlergehens führt, wenn die Individuen unter dem Einfluß widriger Lebensumstände "bescheidene Präferenzen" entwickeln. Im folgenden werde ich argumentieren, daß die Präferenzkonzeption auch bei der Bewertung "kostspieliger Präferenzen" zu inakzeptablen Resultaten gelangt. Eine "kostspielige Präferenz" kann z.B. die Vorliebe des Gourmets, in teuren Feinschmeckerlokalen zu speisen, oder der Wunsch des Globetrotters, exklusive Reisen zu unternehmen, sein. Das Vorhandensein derartiger Wünsche stellt für sich betrachtet keine Schwierigkeit für die Präferenzkonzeption dar. Unbefriedigende Ergebnisse erbringt sie nur in den Fällen, in denen die Individuen nicht über die Mittel verfügen, die zur Befriedigung ihrer "kostspieligen Präferenzen" erforderlich sind. Eine Diskrepanz zwischen den Präferenzen und der Möglichkeit, sie zu befriedigen, entsteht typischerweise immer dann, wenn die Individuen die im vorigen Abschnitt thematisierten Anpassungsleistungen nicht erbringen. (22)

Das Problem, vor das die "kostspieligen Präferenzen" die modernen utilitaristischen Theorien stellen, kann an Hand des folgenden Beispiels illustriert werden. X stammt aus einem reichen Elternhaus, in dem ihm aller erdenklicher Luxus geboten wurde. Nachdem er sein Studium abgeschlossen hat, weigern sich seine Eltern, ihn weiter zu unterstützen, weil er endlich lernen soll, auf eigenen Füßen zu stehen. X findet schnell eine einträgliche Anstellung, die ihm einen Lebensstandard sichert, der deutlich über dem gesellschaftlichen Durchschnitt liegt. Dennoch ist sein Einkommen zu gering, um ihm weiterhin die Mitgliedschaft in einem exklusiven Golfklub und die alljährliche Großwildjagd in Kenia zu ermöglichen - Aktivitäten, die in seinem bisherigen Leben einen hohen Stellenwert hatten. Aus der Perspektive von X hat sich seine Situation gravierend verschlechtert; er kann Ziele, denen er eine große Bedeutung beimißt, nicht mehr verwirklichen. X beanstandet, daß er hinsichtlich seines Wohlergehens schlechter gestellt ist als die Mehrzahl der Gesellschaftsmitglieder, da es ihm in einem geringeren Umfang als diesen möglich ist, seine Präferenzen zu befriedigen. Er fordert von der staatlichen Gemeinschaft, ihm über redistributive Maßnahmen zusätzliche Ressourcen zuzuteilen, damit er seinen Nachteil ausgleichen kann. Wenn die staatliche Gemeinschaft ihre Sozialpolitik auf der Basis der Präferenzkonzeption betreibt, kann sie nicht umhin, die Berechtigung seiner Forderung anzuerkennen.

Meiner Ansicht nach widerspricht dieses Ergebnis zentralen moralischen Intuitionen; wohl kaum jemand würde der Einschätzung zustimmen, daß X über ein geringes Wohlergehen verfügt. Wie schon die von Sen angeführten Fälle, zeigt auch dieses Beispiel, daß die tatsächliche Lebenssituation der Individuen bei der intuitiven Beurteilung ihres Wohlergehens ins Gewicht fällt. Die Bewertung, zu der die Präferenzkonzeption gelangt, erscheint unplausibel, weil X in verschiedener Hinsicht - man denke an sein hohes Einkommen oder seine qualifizierte Ausbildung - besser gestellt ist als die Mehrzahl seiner Mitbürger. Die Befriedigung von Präferenzen ist, selbst wenn es sich um subjektiv als besonders wichtig erachtete Präferenzen handelt, nicht der ausschlaggebende Gesichtspunkt für unsere "Welfare"-Urteile. "Desires and wants, however intense, are not by themselves reasons in matter of justice. The fact that we have a compelling desire does not argue for the propriety of its satisfaction any more than the strength of a conviction argues for its truth." (Rawls 1982, 171 und vgl. 1975b, 551 ff.)

Die Ablehnung, mit der dem Kompensationsanspruch von X begegnet wird, beruht auch auf der Überzeugung, daß die "kostspieligen Präferenzen" in seinen eigenen Verantwortungsbereich fallen. Zwar stehen die Präferenzen von X in einem engen Zusammenhang mit seinen früheren Lebensumständen, besonders mit dem Luxus, an den er seit Kindertagen gewöhnt war. Die im vorstehenden beschriebene Wirkung äußerer Faktoren auf die Präferenzbildung entzieht die Präferenzen aber nicht gänzlich der willentlichen Einflußnahme; man darf davon ausgehen, daß X durchaus imstande wäre, seine Ziele zu überdenken und auf die veränderte Situation abzustimmen. Er hat es folglich selbst zu verantworten, wenn er sich der neuen Lage nicht anpaßt und dadurch nur einen relativ niedrigen Grad der Präferenzbefriedigung erreicht. (23) X diese Anpassungsleistung abzuverlangen, erscheint unbedenklich, weil er im gesellschaftlichen Vergleich noch immer über einen hohen Lebensstandard verfügt. Im Gegensatz zu den Fällen, die Sen geschildert hat, geht es für ihn nicht darum, sich mit einer elenden Existenz abzufinden, sondern materielle Restriktionen zu akzeptieren, die für die meisten Menschen ohnedies selbstverständlich sind. Eine materielle Entschädigung von X hätte zudem die inakzeptable Konsequenz, daß die Bereitschaft, sich auf seine jeweilige Lage einzustellen und realisierbare Ziele zu verfolgen, bestraft würde. Denn die Kompensationszahlungen müßten von den Gesellschaftsmitgliedern aufgebracht werden, die einen höheren Grad der Präferenzbefriedigung aufweisen als X, weil sie im Unterschied zu ihm eine Adaptation ihrer Ziele an die gegebenen Möglichkeiten vollzogen haben.

Abschließend bleibt noch die Frage zu erörtern, ob die Präferenzkonzeption so modifiziert werden kann, daß sie den dargestellten kontraintuitiven Konsequenzen entgeht. Ist eine Präferenzkonzeption denkbar, die den Moralbeurteiler nicht nur zur Rationalisierung manifester Präferenzen, sondern auch zur Nichtbeachtung "kostspieliger Präferenzen" autorisiert? Zunächst fällt auf, daß diese Vorgehensweise dem im Akzeptanzprinzip ausgedrückten Leitgedanken der Präferenzkonzeption widersprechen würde. Das Akzeptanzprinzip verpflichtet den Moralbeurteiler, grundsätzlich alle Präferenzen der Individuen, also auch luxuriöse Wünsche, zu berücksichtigen. Eine Ausnahme bilden lediglich Präferenzen, die den im dritten Abschnitt erläuterten Rationalitätsstandards nicht genügen; der Moralbeurteiler ist zu ihrer Korrektur befugt, wenn er dadurch die "eigentlichen Interessen" der Individuen besser zur Geltung bringen kann. Bei der Nichtbeachtung einer "kostspieligen Präferenz" kann sich der Moralbeurteiler jedoch nicht auf das Interesse des betreffenden Individuums berufen. Nicht das Individuum, das die teure Vorliebe hat, sondern seine Mitbürger, die über redistributive Maßnahmen zu deren Finanzierung beitragen müssen, haben ein Interesse daran, daß "kostspielige Präferenzen" ignoriert werden.

Die Möglichkeit, daß die Berücksichtigung "kostspieliger Präferenzen" dritten zum Nachteil gereicht, könnte aber einen Anhänger der Präferenzkonzeption zu der Einsicht führen, daß die Geltung des Akzeptanzprinzips eingeschränkt werden muß. Der Moralbeurteiler, so könnte er argumentieren, müsse befugt sein, Präferenzen die Anerkennung zu versagen, deren Befriedigung dritte schädigen würde. Diese Strategie zur Rettung der Präferenzkonzeption erfordert jedoch ein Kriterium, mit dessen Hilfe sich eine Schädigung dritter identifizieren läßt. Offenkundig kann die Schädigung hier nicht nach dem Präferenz-Kriterium bemessen werden, denn auf einen niedrigen Grad der Präferenzbefriedigung berufen sich auch die Individuen, denen es an den notwendigen Mitteln zur Erfüllung ihrer luxuriösen Wünsche mangelt. Vielmehr erscheint es - wie Ronald Dworkin hervorgehoben hat - sinnvoll, die negativen Konsequenzen der Präferenzbefriedigung in der Münze der Ressourcen zu berechnen. (Vgl. Dworkin 1981a, 228ff.) Beispielsweise könnte der Moralbeurteiler alle Präferenzen unberücksichtigt lassen, zu deren Befriedigung andere Gesellschaftsmitglieder einen unvertretbar hohen Anteil ihrer Ressourcen herzugeben hätten. Wenn sich die Präferenzkonzeption aber gezwungen sähe, ein "Resource"-Kriterium zu integrieren, würde sie aufhören, eine eigenständige "Welfare"-Theorie zu sein. "If someone begins anxious to defend some version or conception of equality of welfare, but also wishes to resist the consequence that those who develop expensive tastes should have more, he will come, in the end, to a very different theory of equality. He will find that he must presuppose some other theory that makes his conception of equality of welfare either idle or self-defeating." (Dworkin 1981a, 240)

5.5 Utilitaristische Kriterien der Wohlfahrtsmessung im liberalen Staat

Die bisher angestellten Überlegungen haben ergeben, daß weder die "Pleasure"- noch die "Preference"-Interpretation des Nutzens einen geeigneten Maßstab für die Evaluation des menschlichen Wohlergehens bietet. Die Frage nach der sozialpolitischen Umsetzung der utilitaristischen Konzeptionen verliert durch diesen Befund erheblich an Relevanz. "Welfare"-Theorien können nur als ernsthafte Alternative zu "Resource"-Theorien in Betracht gezogen werden, wenn sie sich auf eine überzeugende Darstellung des menschlichen Wohlergehens stützen. (24) Dennoch erscheint es mir lohnend, kurz auf die Probleme einzugehen, mit denen ein auf dem Fundament utilitaristischer "Welfare"-Theorien errichteter Wohlfahrtsstaat unweigerlich konfrontiert wäre. Die Probleme, die bei der Anwendung des "Pleasure"- bzw. des "Preference"-Kriteriums entstehen, können exemplarisch die "antiliberalen" Tendenzen, die meines Erachtens in allen "Welfare"-Theorien zum Tragen kommen, vor Augen führen. Ich werde mich im folgenden auf die Diskussion des "Preference"-Kriteriums beschränken; mutatis mutandis können die vorgebrachten Einwände aber auch gegen das "Pleasure"-Kriterium geltend gemacht werden.

Eine Sozialpolitik, die sich an der Präferenzkonzeption orientiert, kann mit unterschiedlichen Distributionszielen verknüpft sein. Das anspruchsvollste Ziel, das sie sich setzen könnte, wäre, die Individuen hinsichtlich ihrer Präferenzbefriedigung gleichzustellen. Sie könnte sich aber auch darauf beschränken, die zwischen den Individuen bestehende Diskrepanz nicht über einen bestimmten Toleranzwert hinauswachsen zu lassen, oder sich damit begnügen, jedem Individuum ein bestimmtes Mindestmaß an Präferenzbefriedigung zu garantieren. In jedem Fall würde sich die staatliche Gemeinschaft gegenüber den Mitgliedern, deren Präferenzbefriedigung hinter der jeweiligen Zielvorstellung zurückbleibt, zu kompensatorischen Leistungen verpflichten. Die zu entrichtende Kompensation könnte allerdings nicht unmittelbar in der Befriedigung von Präferenzen bestehen; verwaltungstechnisch wäre es kaum praktikabel, die unter Umständen recht ausgefallenen Wünsche der kompensationsberechtigten Individuen direkt zu erfüllen. Der geforderte Ausgleich müßte daher in der indirekten Form der Redistribution von Ressourcen erfolgen. Die von der Präferenzkonzeption als benachteiligt ausgewiesenen Individuen würde die erhöhte Verfügbarkeit von Ressourcen in die Lage versetzen, eine größere Anzahl ihrer Ziele zu realisieren und so einen höheren Grad der Präferenzbefriedigung zu erreichen. Auf der anderen Seite hätten die Individuen, denen durch die Umverteilung Ressourcen entzogen werden, weniger Möglichkeiten, ihre persönlichen Ziele zu verwirklichen; sie müßten einen verminderten Grad der Präferenzbefriedigung hinnehmen. An verschiedenen Beispielen soll nun demonstriert werden, daß eine auf der Präferenzkonzeption basierende Sozialpolitik in einen eklatanten Gegensatz zu elementaren rechtsstaatlichen Prinzipien geraten kann.

Es dürfte außer Zweifel stehen, daß nicht alle individuellen Präferenzen mit den Erfordernissen eines friedfertigen gesellschaftlichen Zusammenlebens vereinbar sind. Die Befriedigung mancher Präferenzen - man denke z.B. an den Wunsch, andere sexuell zu belästigen oder zu mißbrauchen - verletzt wichtige Rechte dritter und muß daher unter Strafe gestellt werden. Die utilitaristische Ethik kann, indem sie die direkten und indirekten Handlungsfolgen für alle Betroffenen berücksichtigt, eine Strafandrohung für sexuelle Übergriffe überzeugend rechtfertigen. Die Leiden der Opfer und die Bedrohung, der sich andere ausgesetzt sehen würden, wenn der sexuelle Mißbrauch straffrei bliebe, fallen bei der Folgenbewertung zweifellos stärker ins Gewicht als die "Genüsse", die den Tätern vorenthalten werden. (25) Das utilitaristische Bewertungsverfahren wird daher zu dem Ergebnis gelangen, daß der gesamtgesellschaftliche Nutzen am größten ist, wenn die entsprechenden strafrechtlichen Normen eingeführt werden.

In Widerspruch zu wichtigen intuitiven Wertvorstellungen gerät die Präferenzkonzeption erst auf der sozialpolitischen Ebene. Die Strafandrohung verhindert Aktivitäten, deren Ausübung von einigen Individuen intensiv begehrt wird. Das Wohlergehen dieser Individuen, das sich ja ausschließlich nach dem Grad ihrer Präferenzbefriedigung bemißt, wird durch die Einführung der strafrechtlichen Normen gravierend beeinträchtigt. Aus dem Blickwinkel der Präferenzkonzeption, die jeglichen individuellen Wunsch ungeachtet seines Inhalts respektiert, erscheinen sie benachteiligt. Sofern der von ihnen erreichte Umfang der Präferenzbefriedigung unter ein bestimmtes Niveau sinkt, haben sie einen Anspruch auf Kompensation gegen die staatliche Gemeinschaft. Wie schon oben ausgeführt, kann die zugestandene Entschädigung jedoch nicht in der Befriedigung von Präferenzen bestehen. Die Kompensationsberechtigten müssen statt dessen eine redistributive Zuteilung von Ressourcen erhalten, mit deren Hilfe sie andere Ziele realisieren und ihr Wohlbefinden auf das sozialpolitisch intendierte Maß heben können. Eine Sozialpolitik, die eine materielle Belohnung für Individuen auslobt, deren Handlungsdisposition in Widerspruch zur geltenden Rechtsordnung steht, ist aber in einem rechtsstaatlich organisierten Gemeinwesen nicht hinnehmbar. Es ist nicht einsichtig, warum das Unterlassen einer rechtswidrigen Handlung einen kompensatorischen Anspruch konstituieren soll. Wenn das Handlungsverbot gerechtfertigt ist, gibt es keinen Grund, die Personen, deren Verhalten durch strafrechtliche Sanktionen restringiert werden muß, zu entschädigen. Zudem droht eine Rechtsordnung, deren Verbotswirkungen durch sozialstaatliche Zuwendungen ausgeglichen werden, ihre handlungsorientierende Funktion zu verlieren. Sie kann kaum noch einen Anreiz schaffen, rechtskonforme Charakterdispositionen auszuprägen, da auch Individuen, die diese Charakterdispositionen nicht entwickelt haben, ein bestimmter Grad der Präferenzbefriedigung staatlich zugesichert wird.

Neben den bislang behandelten Präferenzen für rechtswidrige Handlungen stellen auch Präferenzen für undemokratische Gesellschaftsstrukturen die Präferenzkonzeption vor ernste Schwierigkeiten. Wir müssen davon ausgehen, daß in jeder demokratischen Gesellschaft einige Menschen leben, die - z.B. weil sie einer rassistischen Lehre glauben schenken - den Grundsatz der Gleichheit aller Gesellschaftsmitglieder vor dem Recht ablehnen. Sie würden eine Gesellschaftsordnung bevorzugen, unter der den Volksgruppen, denen sie sich überlegen dünken, die rechtliche Gleichbehandlung verwehrt bliebe. Die Tatsache, daß sie ihre rassistischen Präferenzen im liberalen Verfassungsstaat nicht befriedigen können, beeinträchtigt nach den Wertmaßstäben der Präferenzkonzeption ihr Wohlergehen - und zwar um so mehr, je intensiver sie die Verwirklichung rassistischer Ideen herbeisehnen. Der Verfechter der Präferenzkonzeption kann sich daher genötigt sehen, Rassisten einen Anspruch auf materielle Entschädigung zugestehen zu müssen. Diese Konsequenz ist aber völlig inakzeptabel. Wenn die Verwirklichung des Grundsatzes der rechtlichen Gleichbehandlung moralisch geboten ist, kann sie nicht zugleich Grundlage eines moralisch begründeten Kompensationsanspruches sein. Es kann dann nicht richtig sein, den Anhängern der freiheitlichen Ordnung Ressourcen wegzunehmen, um damit ihre erklärten Gegner zu entschädigen. Außerdem würde eine derartige Prämierung rassistischer Haltungen die Stabilität der demokratischen Ordnung unterminieren, da so jeder Versuch, demokratische Einstellungen in der Bevölkerung zu fördern, konterkariert würde.

Zu einem ähnlich widersprüchlichen Ergebnis gelangt die Präferenzkonzeption auch, wenn sie anstelle eines Gegners der Rechtsstaatsidee einen Gegner der Sozialstaatsidee zu bewerten hat. Ein Individuum, das jegliche Form staatlicher Umverteilung strikt ablehnt, kann in einem Gemeinwesen, das sich redistributiven Zielen verschrieben hat, eine wichtige politische Präferenz dauerhaft nicht befriedigen. Es kann daher behaupten, hinsichtlich seines Wohlergehens benachteiligt zu sein, und eine Umverteilung der verfügbaren Ressourcen zu seinen Gunsten verlangen. Diese Konsequenz kompromittiert aber, wie Ronald Dworkin zu recht hervorgehoben hat, die Präferenzkonzeption: "(...) It is surely a mark against any conception of equality that it recommends a distribution in which people have more for themselves the more they disapprove or are unmoved by equality." (Dworkin 1981a, 199)

Es sollte hier nicht unerwähnt bleiben, daß John C. Harsanyi für eine Modifikation des präferenzutilitaristischen Bewertungsmodus plädiert hat, die in den geschilderten Fällen kontraintuitive Ergebnisse vermeiden würde. Harsanyi hat zunächst vorgeschlagen, "anti-social preferences" - das sind Präferenzen, die man für die Schädigung dritter hat - unberücksichtigt zu lassen. Er argumentiert, daß die Einbeziehung übelwollender Präferenzen in das Nutzenkalkül in Widerspruch zu den Beweggründen stehen würde, um derentwillen man sich der utilitaristischen Position anschließt: "A utilitarian is presumably a utilitarian out of benevolence to other people; and, being a *benevolent* person, he can no doubt rationally refuse to co-operate with anybody's *malevolent* preferences." (Harsanyi 1988b, 96) Die wohlwollende Haltung, auf die Harsanyi Bezug nimmt, kommt besonders in der Bereitschaft zum Ausdruck, das eingangs erläuterte Prinzip der Folgenverallgemeinerung anzuwenden, mit dem man sich darauf festlegt, bei der Folgenbewertung seine eigenen Interessen nicht über die Interessen anderer Personen zu stellen. Im nächsten Argumentationsschritt befürwortet Harsanyi dann, "external preferences" - das sind alle Präferenzen, übelwollende wie wohlwollende, die das Befinden dritter zum Gegenstand haben - außer acht zu lassen. Seiner Auffassung nach ist ein noch weitergehender Ausschluß von Präferenzen notwendig, um im Nutzenkalkül den Interessen aller Individuen das gleiche Gewicht geben zu können. Die Berücksichtigung externer Präferenzen würde zu "Mehrfachzählungen" führen, von denen die Individuen, je nachdem wie vielen Menschen ihr Glück bzw. Unglück am Herzen liegt, in unterschiedlichem Maße profitieren würden. (Vgl. Harsanyi 1988a, 133ff.; 1988b, 96ff. und Kliemt 1998b, 107ff.)

Harsanyis Modifikationen hätten allerdings einen hohen Preis; sie würden eine gravierende Einschränkung des Akzeptanzprinzips erfordern. Der Moralbeurteiler hätte nicht nur manifesten Präferenzen, die dem aufgeklärten Interesse des einzelnen widersprechen, sondern grundsätzlich allen Präferenzen, die sich auf andere Personen beziehen, die Anerkennung zu verweigern. Eine derartige "Aushöhlung" des Akzeptanzprinzips würde aber den Anspruch des Präferenzutilitarismus, das individuelle Wohlergehen zu bewerten, ad absurdum führen. Für die meisten Menschen hat das Geschick dritter eine große Bedeutung. Sie sorgen sich nicht nur um das eigene Wohlbefinden, sondern haben auch ein Interesse an dem Glück ihrer Familienangehörigen und Freunde, mitunter sogar an dem Scheitern ihrer Feinde. Wenn alle externen Präferenzen ausgeblendet werden, kann über einen zentralen Aspekt des Wohlergehens, nämlich die sozialen Beziehungen, keine Aussage getroffen werden. Der Präferenzutilitarismus kann dann nicht mehr dem Kreis der ernsthaft zu erwägenden "Welfare"-Theorien zugerechnet werden.

Die Resultate des vorliegenden Kapitels lassen sich wie folgt zusammenfassen: Die utilitaristischen Theorien sind, gleichgültig welche Interpretation des Nutzenbegriffs ihnen zugrunde liegt, nicht imstande, das menschliche Wohlergehen adäquat zu erfassen. Schon aus diesem Grund scheidet sowohl die Maßeinheit "pleasure" als auch die

Maßeinheit "preference" als Antwort auf die Frage, was bei der Bewertung einer Verteilung betrachtet werden soll, aus. Die Diskussion des letzten Abschnitts hat zudem gezeigt, daß die sozialpolitische Anwendung der utilitaristischen Kriterien elementare rechtsstaatliche Prinzipien verletzen würde. Sie wäre daher selbst dann abzulehnen, wenn das "Pleasure"- bzw. "Preference"-Kriterium eine plausible Evaluation des menschlichen Wohlergehens leisten könnte.

Anmerkungen

(1): Eine Ausnahme bilden einige moderne "welfare functions", die eine Gewichtung der Nutzenwerte besonders benachteiligter Individuen mit einem Faktor X > 1 vorsehen. (Vgl. Ericsson 1976, 73ff.)

(2): Ähnliche Charakterisierungen des Utilitarismus finden sich bei Amartya Sen, der die Elemente "Consequentialism", "Welfarism" und "Sum Ranking" nennt, und bei Otfried Höffe, der das Folgenprinzip, das Utilitätsprinzip, das hedonistische Prinzip und das universalistische Prinzip unterscheidet. (Vgl. Sen 1979, 463ff. und 1985a, 175 sowie Höffe 1992, 10f.)

(3): In demselben Sinne gibt John Stuart Mill seiner Auffassung Ausdruck, "(...) daß Lust und das Freisein von Unlust die einzigen Dinge sind, die als Endzwecke wünschenswert sind, und daß alle anderen wünschenswerten Dinge (...) entweder deshalb wünschenswert sind, weil sie selbst lustvoll sind oder weil sie Mittel sind zur Beförderung von Lust und zur Vermeidung von Unlust." (Mill 1985, 13) Zu diesem Ergebnis kommt auch Henry Sidgwick in dem Kapitel "Das höchste Gut" in dem Werk "Methoden der Ethik". (Vgl. Sidgwick 1909b, 183ff.)

(4): Textstellen, wie "Pain and pleasure are produced in men's minds by the action of certain causes", und der Gesamtzusammenhang der in der "Introduction to the Principles of Morals and Legislation" ausgebreiteten Theorie scheinen mir die Interpretation, daß Bentham Bewußtseinszustände im Sinn hatte, wenn er von "pleasure" sprach, ausreichend zu stützen. (Bentham 1970, 51) Es darf aber nicht verschwiegen werden, daß es auch Textstellen gibt, die eine andere Lesart erlauben. So glaubt Dan W. Brock aus dem Satz "Pleasure is 'whatever it is that people seek for its own sake, when they are rational'" schließen zu können, daß Bentham "pleasure" gleichbedeutend mit "rationaler Präferenz" verwandt hat. (Brock 1973, 242)

(5): Im utilitaristischen Verfahren der Folgenverallgemeinerung schlägt zudem der Wert zu Buche, den geistige Aktivitäten für dritte haben: "(...) The pleasures of poetry or mathematics may be extrinsically valuable in a way in which those of pushpin or sunbathing may not be. Though the poet or mathematican may be discontented, society as a whole may be the more contented for his presence." (Smart 1961, 8)

(6): Mill macht sich hier die Tugendlehre des Aristoteles zu eigen: "(Die Lust) scheint dem Menschengeschlecht vorzugsweise vertraut zu sein, und darum erzieht man auch die jungen Menschen, indem man sie mit Lust und Schmerz lenkt. Auch für die ethische

Tugend scheint es überaus wichtig zu sein, daß man sich freut, woran man soll, und haßt, was man soll. (...) Denn man wählt das Angenehme und meidet das Schmerzliche." (Aristoteles 1991, 1172a19ff.) Interessant zu diesem Thema sind die Ausführungen von Nancy Sherman in "The Fabric of Character". (Vgl. Sherman 1989, 184ff.)
(7): Auch in diesem Zusammenhang beruft sich Mill auf das Urteil von Personen, denen beide Optionen vertraut sind. Er fährt fort: "Und wenn der Narr oder das Schwein anderer Ansicht sind, dann deshalb, weil sie nur die eine Seite der Angelegenheit kennen. Die andere Partei hingegen kennt beide Seiten." (Mill 1985, 18)
(8): Die Ausgestaltung, die das Konzept der informierten Präferenz durch den modernen Utilitarismus erfährt, wird im dritten Abschnitt des vorliegenden Kapitels behandelt.
(9): Sidgwick zufolge ist diese Illusion nicht ohne Nutzen. Er glaubt, "(...) daß ein Verfolgen der (...) idealen Güter, wie Tugend, Wahrheit, Freiheit, usw. um ihrer selbst willen zwar nicht vorwiegend und absolut, aber doch indirekt und an zweiter Stelle vernünftig ist. Denn nicht nur, wenn man sie erlangt, wird man glücklich sein, sondern auch, wenn man ihnen uneigennützig nachstrebt. Wenn wir dagegen ein endgültiges Kriterion für den Vergleichswert der verschiedenen Gegenstände des menschlichen Strebens suchen, werden wir es trotzdem davon abhängig machen, bis zu welchem Grade sie unser Glück fördern." (Sidgwick 1909b, 195)
(10): Die hier geltend gemachte Kritik hat ein einflußreiches Vorbild in der Position, die Aristoteles im zehnten Buch der Nikomachischen Ethik vertritt: "(...) Wir (würden) uns um vieles bemühen, auch wenn es uns keine Lust brächte, wie um Sehen, Erinnerung, Wissen, Besitz der Tugenden. Wenn dem nun notwendigerweise Lust folgt, so macht das keinen Unterschied; denn wir würden es wählen, auch wenn keine Lust folgte." (Aristoteles 1991, 1174a4ff.)
(11): Ein nahezu identisches Gedankenexperiment hat bereits John Smart in "An Outline of a System of Utilitarian Ethics" vorgestellt. Die daraus resultierenden Erkenntnisse werden allerdings von Robert Nozick weitaus prägnanter formuliert. (Vgl. Smart 1961, 11ff.)
(12): In seiner Interpretation einer Textstelle aus Platons Schrift "Philebus" vertritt Irving Thalberg hingegen die These, daß es sinnvoll sei von "false pleasures" zu sprechen. (Vgl. Thalberg 1962, 65ff.)
(13): Ausnahmen stellen Richard Brandt und Allan Gibbard dar, die ihre kritische Sicht des Präferenzutilitarismus zur Rückbesinnung auf das ältere "Pleasure"-Konzept veranlaßt hat. (Vgl. Brandt 1979, 246ff. und Gibbard 1986, 179ff.)
(14): Ein Gegensatz zwischen den beiden Spielarten des Utilitarismus entsteht an diesem Punkt nur, weil sich erwiesen hat, daß die Grundannahme des "Pleasure"-Konzepts unzutreffend ist. Wenn alle Menschen tatsächlich nur nach "pleasure" im Sinne von "begehrtem Bewußtsein" streben würden, dann könnte auch Sidgwicks Theorie beanspruchen, der individuellen Autonomie den vom Akzeptanzprinzip geforderten Respekt zu zollen.
(15): Gibbard diskutiert zwei Gegenargumente, die auch unter den geschilderten Umständen die Akzeptanz des von dem Patienten geäußerten Willens fordern: Zum einen

kann man der Meinung sein, daß der Wert der individuellen Selbstbestimmung konkurrierenden Werten, wie dem Erhalt der Gesundheit, lexikographisch vorgeordnet sei; zum anderen kann man zwar zugestehen, daß es in einigen Fällen besser für das Individuum wäre, wenn sein expliziter Wunsch nicht ausschlaggebend wäre, aber bestreiten, daß wir mit ausreichender Sicherheit erkennen können, wann diese Fälle vorliegen. Gibbard kommt - meines Erachtens zu recht - zu dem Schluß, daß beide Argumente nicht stichhaltig sind. (Vgl. Gibbard 1986, 171f.)

(16): Es gibt unter den modernen Präferenzutilitaristen, die - soweit mir bekannt - alle von dem Konzept der manifesten Präferenz abgerückt sind, keine einheitliche Begriffsverwendung. Harsanyi spricht von "true preferences", James Griffin von "informed-desires" und Richard Brandt verwendet den Begriff "rational preferences". Ich werde im weiteren den Terminus der "rationalen Präferenz" übernehmen, ihm jedoch eine Bedeutung geben, die geringfügig von Brandts Konzeption abweicht. (Vgl. Harsanyi 1977a, 61ff.; Griffin 1986, 11ff.; Brandt 1979, 110ff.)

(17): Eine entgegengesetzte Meinung vertreten Robert Goodin und Christoph Fehige, deren Ansicht nach der Moralbeurteiler voraussetzen darf, daß jeder Mensch "implizite Präferenzen" für die genannten Güter hat. (Vgl. Goodin 1986, 83ff. und Fehige 1997, 340ff.)

(18): Zu erinnern ist in diesem Zusammenhang an John Stuart Mills "Hedonismus wohlinformierter Präferenzen", der im ersten Abschnitt des vorliegenden Kapitels diskutiert wurde.

(19): Viele Kritiker übersehen, daß von führenden Vertretern des "Resource"-Ansatzes nicht nur materielle Güter, sondern auch körperliche und intellektuelle Güter den Ressourcen zugerechnet werden. (Vgl. Kap. 7)

(20): Probleme sind allerdings bei der Beurteilung von geistig Behinderten zu erwarten, denen keine rationalen Präferenzen zugeschrieben werden können.

(21): G. A. Cohen hat zu recht angemerkt, daß hier das metaphysische Problem der Willensfreiheit aufgeworfen wird. (Vgl. Cohen 1989, 931ff.) In den folgenden Untersuchungen werde ich dieses Problem ausklammern und mich - wie in der gesamten Arbeit - auf intuitive Vorstellungen berufen. Im Blickpunkt wird also nicht die metaphysische Spekulation über die Willensfreiheit des Menschen, sondern das gesellschaftlich vorherrschende Verständnis von individueller Verantwortung stehen. Diese Vorgehensweise kommt dem Vorschlag John Roemers nahe, in gesellschaftlichen Entscheidungsprozessen festzulegen, welche Faktoren dem Verantwortungsbereich des Individuums zugerechnet werden sollen. Roemer bezieht sich allerdings nicht auf moralische Intuitionen; sein Vorschlag ist insofern rein "dezisionistisch". (Vgl. Roemer 1993, 146ff.)

(22): Gegen den Präferenzutilitarismus ist von verschiedenen Autoren der Einwand erhoben worden, daß er für die Individuen einen Anreiz schafft, einen teuren Geschmack zu entwickeln. So konstatiert z.B. John Rawls: "(...) It may encourage people to develop, or claim to have developed, costly conceptions of the good in order to shift the distribution of the means of satisfaction in their direction, if only to protect themselves against the exorbitant claims of others." (Rawls 1975b, 552) Ich gehe im folgenden nicht auf die Möglichkeit ein, daß die Individuen wahrheitswidrig behaupten könnten, "kostspielige Präferenzen" zu unterhalten. Wohl alle Theorien der Verteilungsgerechtigkeit, die Redistributionen vorsehen, setzen einen Anreiz zum Vortäuschen falscher Tatsachen; auch für die Adressaten von "Resource"-Theorien kann es einträglich sein, den eigenen Ressourcenbesitz niedriger zu veranschlagen, als er in Wirklichkeit ist. Eigentlich interessant ist die Frage, ob es für die Individuen rational ist, einen teuren Geschmack zu kultivieren, wenn sich die Verteilung nach dem "Preference"-Kriterium richtet. Meiner Auffassung nach muß diese Frage - wie sich an einem einfachen Beispiel demonstrieren läßt - verneint werden. Nehmen wir an zwei Freunde, A und B, unternehmen einmal pro Woche einen Kneipenbummel, den sie aus einer gemeinsamen Kasse finanzieren, in die beide 20 DM einzahlen. Die Zechkumpane folgen der Regel, daß solange Runden bestellt werden, in denen jeder jeweils ein Getränk seiner Wahl erhält, bis die insgesamt 40 DM aufgebraucht sind. Beide haben einen eher schlichten Geschmack und ziehen Bier (zum Preis von 2 DM das Glas) allen anderen Getränken vor. Wenn wir weiter voraussetzen, daß die Präferenzbefriedigung für A und B in allen Runden einen identischen Nutzenwert hat, dann stellt sie die Befolgung der genannten Regel sowohl im Hinblick auf die Ressourcen als auch auf das Wohlergehen gleich. Beide konsumieren Güter im Gesamtwert von 20 DM und können gleich häufig, nämlich zehnmal, ihre Präferenz befriedigen. Ist es nun für A (bzw. B) vorteilhaft, eine "kostspielige Präferenz", sagen wir für Sekt (zum Preis von 8 DM das Glas), auszuprägen? Rawls ist insofern zuzustimmen, als daß A durch eine Präferenzänderung die Verwendung der verfügbaren Geldmittel eindeutig zu seinen Gunsten beeinflussen würde; A würde fortan für 32 DM Sekt erhalten, während B nur mehr für 8 DM Bier trinken könnte. Wenn aber - wie von der Präferenzkonzeption unterstellt - die Präferenzbefriedigung der entscheidende Aspekt einer Verteilung ist, kann As Motiv, seine Vorliebe für Bier aufzugeben, nicht in der Vergrößerung seines Ressourcenanteils gesehen werden. Sein Interesse an der Entwicklung eines exquisiteren Geschmacks muß vielmehr in der Aussicht auf einen höheren Grad an Wohlergehen begründet sein. Hinsichtlich des zu erwartenden "welfare" muß A jedoch bedenken, daß sich durch seine Präferenzänderung für ihn, wie auch für B, die Anzahl der Präferenzbefriedigungen von zehn auf vier verringern würde. Von der planmäßigen Verfeinerung seines Geschmacks würde A also nur profitieren, wenn die Präferenzbefriedigung für ihn in der Situation des Sektliebhabers einen weitaus größeren Nutzenwert als in der Situation des Bierliebhabers hätte. Dies ist aber eher unwahrscheinlich, denn der Bierliebhaber wird im allgemeinen der Befriedigung seiner einfachen Bedürfnisse eine ähnlich große Bedeutung beimessen wie der Sektliebhaber der Erfüllung seiner anspruchsvollen Wünsche. A hätte folglich nur dann ein Motiv, "kostspielige Präferenzen" zu entwickeln, wenn er eigentlich nicht die Befriedigung seiner Präferenzen, sondern die Akkumulation von Ressourcen anstreben würde - wenn also mit anderen Worten die Grundannahme des Präferenzutilitarismus ohnehin unzutreffend wäre.

(23): Die Frage nach der Verantwortung des einzelnen für seine Präferenzen werde ich noch einmal aufgreifen, sobald ich die zentralen Elemente der Gerechtigkeitstheorie Ronald Dworkins eingeführt habe. (Vgl. Kap. 7.2.2)

(24): Die plausible Konzeptualisierung des menschlichen Wohlergehens ist, wie ich schon in der Einleitung zu diesem Kapitel konstatiert habe, eine notwendige, aber keine hinreichende Bedingung für die Eignung einer "Welfare"-Theorie.

(25): Gegen den Utilitarismus ist allerdings vielfach eingewandt worden, daß die Berücksichtigung offenkundig "amoralischer Präferenzen" im Nutzenkalkül für eine ethische Theorie prinzipiell unangemessen sei.

6. Die neoaristotelische Fähigkeitenethik

Die "capability ethic" ist von zwei Autoren unterschiedlicher wissenschaftlicher Provenienz konzipiert worden. Der aus Indien stammende Ökonom Amartya Sen hat seine ethische Position in Auseinandersetzung mit, noch heute das Fach dominierenden, wirtschaftswissenschaftlichen Theoremen entwickelt. Seit Beginn der siebziger Jahre hat sich Sen in zahlreichen Publikationen vor allem gegen die Kriterien gewandt, die in der Wohlfahrtsökonomie herangezogen werden, um Aussagen über den Entwicklungsstand von Gesellschaften und den Lebensstandard von Individuen zu treffen. Er kritisiert, daß sich die meisten Untersuchungen damit begnügen, Daten über die gesamtgesellschaftliche Prosperität zu erheben. Häufig angeführte Kriterien, wie das Bruttosozialprodukt oder das Pro-Kopf-Einkommen, seien nicht geeignet, Aufschluß über das Wohlergehen des einzelnen zu geben. Sie berücksichtigten weder die gesellschaftliche Verteilung des Wohlstands noch das sehr unterschiedliche Vermögen der Individuen, die verfügbaren Mittel zu nutzen. Nach Sens Überzeugung muß sich die Wohlfahrtsmessung von generalisierenden Wirtschaftsdaten lösen und die tatsächliche *Fähigkeit* der Individuen, wichtige *Funktionen* auszuüben, ins Zentrum ihrer Betrachtung stellen. (Vgl. Sen 1987b, 20ff.)

Das Denken der amerikanischen Philologin und Philosophin Martha C. Nussbaum hat seine Wurzeln in der aristotelischen Philosophie. In ihrem 1986 veröffentlichten Werk "The Fragility of Goodness" und in einer Reihe aufeinander verweisender Aufsätze hat Nussbaum eine kenntnisreiche Interpretation der aristotelischen Ethik vorgelegt. Nussbaum versucht in ihren Schriften, die aristotelische Ethik zu "modernisieren" und ihre Einsichten für aktuelle Gerechtigkeitsdebatten fruchtbar zu machen. In diesem Zusammenhang hat sie aus der aristotelischen Konzeption vom guten Leben kulturübergreifende Standards zur Bewertung des menschlichen Wohlergehens abgeleitet. Ausgehend von dem aristotelischen Verständnis von Tugend als Disposition zu einem hervorragenden Tätigsein formuliert sie diese Standards genau wie Sen in den Begriffen "function" und "capability". Beide Autoren haben verschiedene Schriften gemeinsam publiziert und sich in ihren separat veröffentlichten Texten immer wieder aufeinander berufen. Seit Mitte der achtziger Jahre arbeiten sie im Rahmen eines interdisziplinären Projekts des WIDER (World Institute for Development Economics Research) - ein an die United Nations University angeschlossenes Forschungsinstitut, das sich primär mit den Themenkreisen Entwicklungshilfe und internationale Verteilungsgerechtigkeit beschäftigt - zusammen. (Vgl. Crocker 1992, 584ff.)

Die vielfältigen Überschneidungen, die die ethischen Positionen von Nussbaum und Sen aufweisen, lassen es gerechtfertigt erscheinen, ihre Konzeptionen in den nachfolgenden Ausführungen zu einer kohärenten Darstellung der Fähigkeitenethik zusammenzufassen. Dennoch darf nicht übersehen werden, daß es sowohl Aspekte gibt, die von Nussbaum und Sen unterschiedlich behandelt werden, als auch Aspekte, die nur von einem der beiden Autoren thematisiert werden. Ich werde mich daher im weiteren bemühen, kenntlich zu machen, auf welchen Verfasser die jeweils zu besprechenden Theoriekomponenten zurückgehen. (1)

Eine gewinnbringende Auseinandersetzung mit der Fähigkeitenethik ist meines Erachtens nur möglich, wenn ihr theoriegeschichtlicher Hintergrund zumindest in Grundzügen bekannt ist. Ich beginne daher im ersten Abschnitt mit einer kurzen Rekonstruktion der aristotelischen Tugendlehre, die das Denken Sens und mehr noch Nussbaums stark beeinflußt hat. Im Blickpunkt des zweiten Abschnitts werden die essentialistischen Grundannahmen der Fähigkeitenethik stehen, in denen viele Kritiker ein besonders problematisches Erbe der aristotelischen Tradition gesehen haben. Dabei wird vor allen Dingen zu erörtern sein, ob eine Normbegründung, die von Wesenseigenschaften des Menschen ausgeht, den vielfältigen und tiefgreifenden Unterschieden, die zwischen den Angehörigen verschiedener Kulturen bestehen, gerecht werden kann. Im dritten Abschnitt werde ich Nussbaums Fähigkeitenliste, die eine Aufstellung aller wertvollen menschlichen Fähigkeiten enthält, vorstellen und die Grundbegriffe der Konzeption "Funktion" und "Fähigkeit" einer kritischen Analyse unterziehen. Der vierte Abschnitt soll Aufschluß darüber geben, welche sozialpolitischen Konsequenzen Nussbaum und Sen aus ihren theoretischen Überlegungen ziehen. Dabei werden die Begründung individueller Ansprüche gegen die staatliche Gemeinschaft und das in Aussicht genommene institutionelle Gefüge des Wohlfahrtsstaates im Mittelpunkt stehen. Im abschließenden fünften Abschnitt bleibt die diffizile Frage zu klären, ob die Sozialstaatskonzeption der Fähigkeitenethik mit konstitutiven Elementen des liberalen Rechtsstaates vereinbar ist. Da die Fähigkeitenethik ihrem Selbstverständnis nach eine Theorie vom guten Leben ist, erscheinen Bedenken besonders hinsichtlich der individuellen Freiheitsrechte und der weltanschaulichen Neutralität des Staates angebracht.

6.1 Der aristotelische Eudaimonismus

Aristoteles beginnt in der "Nikomachischen Ethik" die Untersuchung der Frage, worin das gute menschliche Leben besteht, mit einer abstrakten Beschreibung des "summum bonum". Der Zustand der Glückseligkeit ist Aristoteles zufolge durch zwei Eigenschaften, die Vollkommenheit und die Selbstgenügsamkeit, gekennzeichnet. Vollkommen ist die Glückseligkeit, weil sie das Endziel des menschlichen Handelns darstellt. Sie ist das einzige Gut, das stets um seiner selbst willen gewählt wird, also niemals nur als Mittel zur Erlangung anderer Güter fungiert. Mit dem Merkmal der Selbstgenügsamkeit bezeichnet Aristoteles die Bedürfnislosigkeit, in der ein glückseliger Mensch lebt. Wer sich in einem Zustand der Glückseligkeit befindet, hat das letzte Ziel seines Strebens erreicht. Es gibt per definitionem kein weiteres Gut, das von ihm noch begehrt werden könnte. (Vgl. Aristoteles 1991, 1097a25ff.)

Die konkrete Ausgestaltung der ethischen Konzeption, die Aristoteles im Fortgang seiner Untersuchung erarbeitet, läßt sich nur angemessen verstehen, wenn man das teleologische Weltbild zu Rate zieht, das seinem gesamten Denken zugrunde liegt. Im ersten Buch der "Politik" schreibt Aristoteles: "Wie nämlich jedes nach Vollendung seiner Entwicklung ist, so nennen wir dies die Natur eines jeden, etwa die des Menschen, des Pferdes und des Hauses." (Aristoteles 1989, 1252b30) Die Textstelle macht deutlich, daß Aristoteles im Unterschied zu Platon nicht von einer universalen Idee des Guten ausgeht. Er nimmt an, daß den verschiedenen Lebewesen spezifische Lebensziele vorgegeben sind, die sich nicht in eine einheitliche Konzeption vom guten Leben integrieren lassen. Das höchste Ziel jedes Lebewesens - und offenbar auch jedes unbelebten Gegenstandes - sieht Aristoteles in der Vervollkommnung der ihm eigentümlichen Vermögen. (Vgl. Aristoteles 1970, 1022a20ff.) Das gute Leben der Menschen unterscheidet sich folglich von dem guten Leben der Götter oder dem der wilden Tiere. Wenn der Mensch die Glückseligkeit erlangen will, darf er nicht einer Lebensform nacheifern, die nur den Göttern oder nur den Tieren angemessen wäre, sondern muß nach einer Lebensform suchen, in der er sein spezifisches Entwicklungspotential entfalten kann. Die teleologische Grundannahme, daß sich die Bestimmung der Lebensziele an den Anlagen der jeweiligen Spezies orientieren muß, führt Aristoteles zu der Frage, welche Merkmale für die menschliche Lebensform charakteristisch sind. Denn das spezifisch Gute für den Menschen kann seiner Überzeugung nach nur durch die Entwicklung der Vermögen erreicht werden, die für die menschliche Existenz konstitutiv sind. Was sind also die Vermögen, die das Besondere des menschlichen Lebens ausmachen? (Vgl. Nussbaum 1986a, 291ff.)

Aristoteles hebt zwei Aspekte des Menschseins hervor, die Befähigung zu einer rationalen Lebensführung und die Angewiesenheit auf ein Leben in Gemeinschaften. Zum Aspekt der Rationalität bemerkt er im ersten Buch der Nikomachischen Ethik: "Wenn nun die eigentümliche Leistung des Menschen in einer Tätigkeit der Seele besteht, die sich nach der Vernunft oder doch nicht ohne die Vernunft vollzieht, (...) dann ist das Gute für den Menschen die Tätigkeit der Seele auf Grund ihrer besonderen Befähigung, und wenn es mehrere solche Befähigungen gibt, nach der besten und vollkommensten; und dies außerdem noch ein volles Leben hindurch." (Aristoteles 1991, 1098a6ff.) Ein vernunftgemäßes Tätigsein zeigt sich in der Praxis der dianoethischen (intellektuellen) und der ethischen Tugenden. Die dianoethischen Tugenden gehören ausschließlich dem rationalen Seelenteil an. Aristoteles unterscheidet sie nach den Gegenständen, auf die sich das Erkenntnisinteresse richtet. Für die praktische Lebensführung ist die Tugend der "phronesis", die mit der Erkenntnis der veränderlichen Gegenstände befaßt ist, von entscheidender Bedeutung. Der Besitz der "phronesis" - am sinnvollsten zu übersetzen mit "Klugheit" oder "praktische Vernunft" - ist Voraussetzung für die Ausübung der ethischen Tugenden. (Vgl. Aristoteles 1991, 1144b15ff. und MacIntyre 1984, 65f.)

Die ethischen Tugenden haben sowohl am rationalen als auch am irrationalen Seelenteil Anteil. Die Ausübung der ethischen Tugenden besteht in der vernunftgemäßen Anleitung des Strebevermögens, das den im Gegensatz zum vegetativen Vermögen durch die Vernunft beeinflußbaren Part des irrationalen Seelenteils bezeichnet. (2) Aristoteles ordnet verschiedenen Erfahrungsbereichen jeweils eine ethische Tugend zu, z.B. den Erfahrungen von Lust und Schmerz die Tugend der Besonnenheit oder dem

Geben und Nehmen von Geld die Tugend der Großzügigkeit. Seine Auflistung der Tugenden umfaßt alle Handlungsfelder, die für ein menschliches Leben von Bedeutung sind, sofern es nicht wichtiger Entfaltungsmöglichkeiten beraubt ist. (Vgl. Aristoteles 1991, 1107a28ff.) (3) Die ethischen Tugenden müssen als Charakterdispositionen verstanden werden, die es den Individuen ermöglichen, auf stets wechselnde Handlungsprobleme angemessen zu reagieren. Der tugendhafte Akteur verfügt also nicht über einen Satz allgemeiner Entscheidungsregeln, die er umstandslos auf alle praktischen Probleme, mit denen er konfrontiert wird, anwenden könnte. Er räsoniert nicht auf einem hohen Abstraktionsniveau, sondern zeichnet sich durch die sensible Wahrnehmung der Spezifika der konkreten Handlungssituation aus. Seine Entscheidungsfindung muß auf der genauen Kenntnis aller Gesichtspunkte beruhen, die in der jeweiligen Situation ethisch relevant sind. Nur so läßt sich ein Regelmechanismus bei der Handlungswahl vermeiden, der nach Aristoteles' Ansicht dem vielgestaltigen Gegenstand der praktischen Lebensführung nicht gerecht werden könnte. (Vgl. Aristoteles 1991, 1104a1ff.)

Aristoteles weist darauf hin, daß der bloße Besitz von Tugenden noch nicht das Erreichen der Glückseligkeit garantiert. Ein Mensch, der "(...) schläft oder in irgendeiner anderen Weise außer aller Tätigkeit ist", kann seine hervorragenden Charakterdispositionen nicht nutzen. (Aristoteles 1991, 1099a1) Dasselbe gilt - so veranschaulicht Martha Nussbaum die aristotelische Argumentation - für ein Unfallopfer, das im Koma liegt, oder einen Strafgefangenen, der in strenger Haft gehalten wird. Beide würde Aristoteles, selbst wenn sie über vollkommene Charakteranlagen verfügten, nicht glückselig nennen, weil es ihnen an Gelegenheiten mangelt, ihre Anlagen in tugendhaften Handlungen zu verwirklichen. Das gute Leben kann seiner Auffassung nach nur in der Praxis der Tugenden bestehen, zu der ihr Besitz lediglich eine notwendige, aber keine hinreichende Bedingung ist. (Vgl. Nussbaum 1986a, 322ff.)

Die Praxis der Tugenden setzt nicht nur das Vorhandensein von seelischen Gütern, also der oben genannten hervorragenden Charakterdispositionen, voraus, sie bedarf auch der körperlichen und der äußeren Güter. Das wichtigste körperliche Gut, die Gesundheit, ist für viele Aktivitäten eine unentbehrliche Grundlage. Ein kranker Mensch ist auf Grund seiner schlechten körperlichen Konstitution nicht in der Lage, die Tätigkeiten, die seinem tugendhaften Potential entsprechen würden, in vollem Umfang auszuführen. Auch hohes Alter oder extreme Häßlichkeit können, wie Aristoteles bemerkt, die Verwirklichung eines guten Lebens behindern. Wenn das betreffende Individuum wegen seiner Betagtheit oder wegen seines unangenehmen Äußeren vom Gemeinschaftsleben weitgehend ausgeschlossen bleibt, werden ihm die sozialen Voraussetzungen für eine tugendhafte Praxis entzogen. (Vgl. Aristoteles 1991, 1099b2 und 1157b15) Zur Bedeutung der äußeren Güter für das gute Leben konstatiert Aristoteles: "Es ist (...) unmöglich oder doch nicht leicht, das Edle zu tun, wenn man keine Mittel zur Verfügung hat. Denn vieles richtet man aus durch Freunde, Reichtum und politische Macht, die sozusagen als Werkzeuge dienen." (Aristoteles 1991, 1099a30ff.) Wer keine Freundschaften - in der weiten Bedeutung, die Aristoteles dem Begriff gibt - pflegt, hat keine Gelegenheit, sich gerecht, großzügig oder gastfreundlich zu verhalten. Ebenso ist der

Besitz ausreichender finanzieller Mittel eine unabdingbare Vorbedingung, um im ausreichenden Umfang am gesellschaftlichen Leben partizipieren und die eigenen Fähigkeiten optimal realisieren zu können. Ein mittelloses Individuum kann zwar das passive Objekt einer tugendhaften Handlung sein, es ist aber in vielen sozialen Kontexten nicht in der Lage, sein Handlungspotential aus eigener Kraft zu entfalten.

Aristoteles' Ausführungen über die äußeren Güter machen deutlich, daß er die Möglichkeit, tugendhaft zu handeln, an die Einbettung des Akteurs in ein dicht geknüpftes soziales Netz gebunden sieht. Sie verweisen somit auf den zweiten Aspekt des Menschseins, der in der aristotelischen Konzeption einen zentralen Platz einnimmt. Im Anfangskapitel der "Politik" stellt Aristoteles fest, "(...) daß der Mensch von Natur aus ein staatsbezogenes Lebewesen ist und daß ferner der, der seiner Natur nach und nicht dem Zufall gemäß ohne Bindung an einen Staat ist, entweder schlecht ist oder bedeutender als ein Mensch. (...) Wenn (...) jemand nicht in der Lage ist, an der Gemeinschaft teilzuhaben, oder zufolge seiner Selbstgenügsamkeit ihrer nicht mehr bedarf, der ist kein Teil des Staates, somit also entweder ein wildes Tier oder gar ein Gott." (Aristoteles 1989, 1253a3ff.; vgl. auch 1991, 1169b16ff.) Die Bedeutung der Gemeinschaften - sowohl des Oikos und der verschiedenen Freundschaftsformen wie auch der Polis - für das gute Leben ist noch grundsätzlicher, als es die bisherigen Ausführungen nahegelegt haben. Die Einbindung in Gemeinschaften ist nicht nur eine wichtige Voraussetzung für die Praxis der Tugenden, sie ist auch die Conditio sine qua non für die Ausbildung und Verstetigung der tugendhaften Charakterdispositionen. Aristoteles glaubt, daß kein Mensch von Natur aus gut oder schlecht ist. Die Charaktereigenschaften des Menschen stehen nach seiner Überzeugung nicht von Geburt an fest, sondern müssen erst in einem anspruchsvollen Prozeß der Erziehung geformt werden. Diese Formung geschieht durch Gewöhnung an ein den ethischen Tugenden gemäßes Verhalten. Die Heranwachsenden müssen immer wieder zu tugendhaften Handlungen angeleitet und mit Zuspruch und Lob motiviert werden, damit sie eine Neigung zu wertvollen Aktivitäten entwickeln, die sich schließlich in stabilen Charakterdispositionen verfestigt. (Vgl. Aristoteles 1991, 1103a23) (4)

Aristoteles erkennt der Familie eine bedeutende Rolle bei der Erziehung zu. Die Kinder orientieren sich in erster Linie an den Verhaltensmustern, die sie in ihrer Familie täglich erleben. Sie empfinden normalerweise eine große emotionale Nähe zu ihren Eltern, die sie für deren Ratschläge und Ermahnungen besonders empfänglich macht. Zudem sind die Anordnungen des Vaters, der dem Oikos vorsteht, mit einer Autorität ausgestattet, der sich der Heranwachsende zunächst nicht verweigern kann. Aristoteles lehnt das von Platon in der "Politeia" konzipierte Projekt, die wahren Familienbande zu verheimlichen und alle Kinder einer Polis der gemeinschaftlichen Fürsorge der älteren Generation zu unterstellen, folglich ab. Er hält die Familie als Kernzelle der Polis-Gemeinschaft aus zwei Gründen für unverzichtbar. Zum einen beruft er sich auf die Erfahrung, daß sich die Menschen nur um die Dinge wirklich kümmern, die ihr Eigentum sind. Die Angehörigen der älteren Generation werden seiner Auffassung nach nur die Kinder mit der erforderlichen Sorgfalt erziehen, mit denen sie ein besonderes Gefühl der Zugehörigkeit verbindet. Wenn die Identifikation der eigenen Kinder unmöglich gemacht wird, wird sich nicht, wie von Platon intendiert, jeder Erwachsene für die Erziehung aller Kinder verantwortlich fühlen, sondern niemand wird sich mehr um die Erziehung irgendeines Kindes bemühen. (Vgl. Aristoteles 1989, 1261b32ff.) Zum anderen verfügen die Eltern über ein Wissen, das sonst niemand besitzt. Sie kennen den spezifischen Entwicklungsstand ihrer Kinder, sie wissen um ihre besonderen Bedürfnisse, und sie können am besten beurteilen, welche erzieherischen Mittel bei ihren Kindern mit Erfolg angewandt werden können. Sie sind am ehesten befähigt, das partikulare Detail an der heranreifenden Persönlichkeit ihrer Kinder wahrzunehmen, das verallgemeinernde Erziehungsgrundsätze nicht hinreichend zu berücksichtigen vermögen. (Vgl. Aristoteles 1991, 1180b6ff.)

Auch den Freundschaften spricht Aristoteles einen Einfluß auf die Charakterbildung zu. Eine Freundschaft zu unterhalten, erfordert nach aristotelischem Verständnis, daß die beteiligten Individuen Zeit miteinander verbringen und gemeinsam handeln. Das gilt im besonderen Maße für die vollkommenste Form der Freundesgemeinschaft, die nicht um des Nutzens oder um der Lust willen besteht, sondern weil die charakterlichen Qualitäten des Freundes geschätzt werden. Räumlich dauerhaft voneinander getrennten Personen, die zwar in sympathischer Anteilnahme, nicht jedoch durch gemeinschaftliche Aktivitäten miteinander verbunden sind, fehlt im aristotelischen Verständnis das wichtigste Merkmal der Freundschaft. Die gemeinsame Praxis bewirkt auf lange Sicht eine Angleichung der befreundeten Personen. Sie nehmen sich Handlungen des Freundes, die sie bewundern, zum Vorbild oder ahmen unbewußt die Verhaltensweisen nach, die sie durch den regen Kontakt mit dem Freund häufig vor Augen haben. Der mimetische Charakter der Freundschaft läßt es aus aristotelischer Perspektive besonders wichtig erscheinen, die richtigen Freunde zu wählen. Der Umgang mit tugendhaften Menschen fördert die Vervollkommnung und Festigung der eigenen Charakterdispositionen, die Gemeinschaft mit lasterhaften Menschen hingegen hemmt die Entwicklung der zur Verwirklichung eines guten Lebens notwendigen Fähigkeiten. (Vgl. Aristoteles 1991, 1172a8ff.) Die Ausführungen über die Freundschaft zeigen, daß Aristoteles an eine permanente, über die gesamte Lebenszeit bestehende Gefährdung der charakterlichen Dispositionen glaubt. Auch nach einer erfolgreichen Erziehung bleiben die Individuen in gewissem Maße auf Lebensumstände angewiesen, die tugendhafte Aktivitäten begünstigen.

Aristoteles zufolge darf die Aufgabe der Erziehung nicht gänzlich in die Hand der Familie bzw. der Freunde gelegt werden. Es ist nicht sicher, ob alle Heranwachsenden tugendhafte Eltern oder Freunde haben, an derem Vorbild sie ihr eigenes Verhalten ausrichten können. In der Nikomachischen Ethik bemerkt Aristoteles: "(...) Von Jugend auf eine rechte Erziehung zur Tugend zu erhalten ist schwer, wenn man nicht unter entsprechenden Gesetzen aufwächst." (Aristoteles 1991, 1179b32) Die Gesetze erfüllen zwei Funktionen für die Charakterbildung, eine habituelle und eine kognitive. Die habituelle Funktion üben sie aus, indem sie die Mißachtung bestimmter Verhaltensnormen unter Strafe stellen. Durch die Strafandrohung für Normbrüche werden Verhaltensregelmäßigkeiten erzeugt, die auf lange Sicht von den Polis-Bürgern verinnerlicht werden. Die Gesetze können so auf die Ausprägung und Stabilisierung tugendhafter Charakterdispositionen positiv einwirken. Sie setzen gewissermaßen die Erziehungsaufgabe der Familie fort, wenn die Zöglinge mündig geworden sind, und kompensieren die Defizite, die die private Erziehung unter Umständen bei ihnen hinterlassen hat. (Vgl. Aristoteles 1991 1103b2) Die kognitive Funktion der Gesetze besteht darin, den Individuen zur Erkenntnis des ethisch richtigen Handelns zu verhelfen. Zumindest idealiter, d.h. sofern sie von einem tugendhaften Gesetzgeber erlassen wurden, enthalten die Gesetze ethische Grundsätze, deren Bedeutung über ihren unmittelbaren Regelungsbereich hinausreicht. Sie verkörpern das die Polisgemeinschaft tragende normative Fundament, an dem die Individuen ihr Verhalten in jeglicher Lebenssphäre orientieren können. So sind den Gesetzen auch die abstrakten Leitsätze zu entnehmen, in deren Geist die Erziehung in der Familie erfolgen soll. (Vgl. Sherman 1989, 144ff. und Aristoteles 1989 1337a10f.)

Die skizzierten teleologischen und anthropologischen Grundannahmen prägen auch die staatsphilosophische Konzeption von Aristoteles. Politische Institutionen müssen seiner Überzeugung nach daran gemessen werden, inwieweit sie die Verwirklichung des "Telos" der in ihrem Herrschaftsbereich lebenden Bürger fördern. Seinem Politikverständnis ist die dem modernen Denken geläufige Trennung fremd, die zwischen einer öffentlichen Sphäre, in der der auf Neutralität verpflichtete Staat den Konflikt der divergierenden Individualinteressen moderiert, und einer privaten Sphäre, in der die Bürger ihre jeweilige Vorstellung von einem guten Leben zu verwirklichen suchen, unterscheidet. Aristoteles zufolge ist die Politik in zweifacher Hinsicht für das gute Leben der Bürger verantwortlich. Sie muß sowohl die letzten Ziele des menschlichen Lebens erkennen als auch die legislativen und materiellen Voraussetzungen schaffen, die zu ihrer Realisierung erforderlich sind: "According to Aristotle it is not enough for an (political) arrangement to concern itself with goods and resources and offices - the traditional political reward. The distributive task must be done (...) with an eye on a full conception of the human good and human functioning. The 'aim of every lawgiver', Aristotle insists, is to make people capable of living well (...)" (Nussbaum 1988, 149f.)

6.2 Das essentialistische Fundament der Fähigkeitenethik

Im vorangegangenen Abschnitt haben wir gesehen, daß das aristotelische Gedankengebäude auf der Überzeugung fußt, jedes Lebewesen besitze in der Vervollkommnung und Praxis der ihm eigentümlichen Vermögen sein spezifisches Telos. Diesem Grundgedanken gemäß verfährt die Darstellung des guten Lebens, die Aristoteles in seinen ethischen Untersuchungen erarbeitet, anthropozentrisch. Sie bestimmt die Aktivitäten und Zustände, die dem menschlichen Leben Wert verleihen, indem sie nach den Vermögen fragt, die für das Menschsein wesenhaft sind.

Die Fähigkeitenethik übernimmt die theoretische Ausgangsstellung des Aristotelismus. Sie legt ihrer Darstellung des Guten eine Erklärung des Menschen zugrunde, "(...)

die seine essentiellen (substantiellen) von seinen akzidentellen Eigenschaften abgrenzt. Eine solche Erklärung würde beispielsweise sagen: Nehmen wir die Eigenschaften X, Y und Z weg (sagen wir, die sonnengebräunte Haut, die Kenntnis der chinesischen Sprache oder ein Jahreseinkommen von 40000 Dollars), so haben wir es immer noch mit einem Menschen zu tun. Nehmen wir hingegen die Eigenschaften A, B und C weg (die Fähigkeit, sich Gedanken über die Zukunft zu machen, oder die Fähigkeit, auf die Ansprüche anderer zu antworten, oder die Fähigkeit, zu entscheiden und zu handeln), dann haben wir es überhaupt nicht mehr mit menschlichem Leben zu tun." (Nussbaum 1993a, 329) Die Fähigkeitenethik setzt also voraus, daß bestimmte Charakteristika des menschlichen Lebens für jeden Menschen unabhängig von seiner besonderen historischen und sozialen Situation von zentraler Bedeutung sind. Nussbaum beansprucht, ein Set von Fähigkeiten benennen zu können, das alle entscheidenden Charakteristika beinhaltet. Die Fähigkeiten, die sie in der im folgenden Abschnitt zu erörternden Liste aufführt, versteht sie als universale Werte, die die Natur des Menschen der ethischen Theorie vorgibt. Diese Werte bilden aus ihrer Sicht das normative Gerüst, das in jeder angemessenen Konzeption vom guten Leben, gleichgültig in welchem geschichtlichen und gesellschaftlichen Kontext sie steht, enthalten sein muß. (Vgl. Crocker 1992, 588ff.)

Das essentialistische Fundament, auf das sich die Fähigkeitenethik stützt, ist jedoch verschiedenen Anfechtungen ausgesetzt. Vor allem zwei Einwände verdienen meiner Auffassung nach Beachtung. Es gilt
a) zu untersuchen, ob die Fähigkeitenethik Individuen aus der menschlichen Gemeinschaft ausgrenzt;
b) zu prüfen, ob die Fähigkeitenethik die Unterschiedlichkeit der Kulturen und der für sie typischen Wertvorstellungen ausreichend berücksichtigt. (5)

a) Wenn bestimmte Eigenschaften als essentielle Bestandteile des Menschseins betrachtet werden, besteht die Gefahr, daß Individuen, denen diese Eigenschaften tatsächlich oder vermeintlich fehlen, aus der menschlichen Gemeinschaft ausgeschlossen werden. Die Exklusionsmöglichkeiten, die essentialistische Grundannahmen einer Theorie bieten, treten in der aristotelischen Ethik deutlich zutage. Die Betrachtungen, die Aristoteles über das gute Leben anstellt, beziehen sich weder auf die Gruppe der Frauen noch auf die Gruppe der "Barbaren", die alle Angehörigen nicht-griechischer Kulturen umfaßt. Beide Gruppen können seiner Auffassung nach nicht im vollen Sinne als Menschen gelten, weil es ihnen an der notwendigen Vernunftbegabtheit mangelt, um die höchste Form des menschlichen Lebens zu verwirklichen. Das unterstellte Fehlen einer zentralen menschlichen Eigenschaft disqualifiziert Frauen und "Barbaren" nicht nur als Adressaten der aristotelischen Ethik; es hat auch weitreichende politische Implikationen. Beide Gruppen bedürfen Aristoteles zufolge der rationalen Anleitung und stehen deshalb in einem natürlichen Unterordnungsverhältnis zu den griechischen Männern, denen er eine überlegene Rationalität zuspricht. (Vgl. Aristoteles 1989, 1254b5ff.)

Die Fähigkeitenethik hat die in der aristotelischen Theorie präsenten Ausschlußstrategien korrigiert. Sie setzt ganz selbstverständlich voraus, daß Männer und Frauen aller

Kulturkreise über die relevanten Attribute des Menschseins verfügen. Martha Nussbaum zufolge bietet die Fähigkeitenliste sogar eine geeignetere Grundlage als "ein vager moralischer Begriff wie der der Person", um die Ausgrenzung von Frauen oder Angehörigen fremder Kulturen aus der menschlichen Gemeinschaft zu verhindern. Wenn diese Individuen als nicht-menschliche Lebewesen verunglimpft werden, könne auf deren Fähigkeiten verwiesen und so demonstriert werden, daß ein substantieller Kern an Gemeinsamkeiten bestehe. (Vgl. Nussbaum 1993a, 344) Der Fähigkeitenethik muß zugute gehalten werden, daß die bloße Möglichkeit eines exklusionistischen Mißbrauchs kein stichhaltiges Argument gegen eine Theorie liefert. Wohl jede Theorie kann, wenn sie absichtsvoll gegen die Intention ihres Autors interpretiert oder mit theoriefremden Elementen angereichert wird, zur Ausgrenzung genutzt werden. Beispielsweise entfaltet auch eine präferenzutilitaristische Ethik eine exklusionistische Wirkung, wenn man ihr die Unterstellung hinzufügt, daß die Angehörigen einer bestimmten Bevölkerungsgruppe keine rationalen bzw. keine durch den Moralbeurteiler rationalisierbaren Präferenzen besitzen. (Vgl. Kap. 5.3) Der Präferenzutilitarist kann auf eine solche Unterstellung nur mit dem Hinweis reagieren, daß eine von Vorurteilen unbelastete Wirklichkeitsbeschreibung zu dem Ergebnis kommen müßte, daß ausnahmslos alle Menschen die Anwendungsvoraussetzungen seiner Theorie erfüllen. Er befindet sich damit aber in keiner komfortableren argumentativen Situation als der Fähigkeitenethiker.

Bedenken erscheinen jedoch hinsichtlich der Behandlung behinderter Individuen durch die Fähigkeitenethik angebracht. (Vgl. Wolf 1995, 107f.) Die Fähigkeitenethik definiert, wie wir gesehen haben, die menschliche Existenz durch das Vorhandensein spezifischer Fähigkeiten. Manche Behinderungen sind aber so gravierend, daß die betroffenen Individuen gerade über die rationalen und sozialen Fähigkeiten, die zur Unterscheidung des Menschen von anderen Lebewesen herangezogen werden, nicht verfügen. Es steht zu befürchten, daß diese Schwerbehinderten definitorisch aus der menschlichen Gemeinschaft ausgeschlossen werden und als mögliche Empfänger staatlicher Zuwendungen grundsätzlich ausscheiden. (6) Die Exklusion von Schwerbehinderten aus dem Kreis der potentiellen Empfänger von Hilfsleistungen würde die Fähigkeitenethik aber in einen eklatanten Gegensatz zu unseren moralischen Alltagsüberzeugungen bringen. Denn unsere Hilfsbereitschaft hängt nicht alleine davon ab, ob ein Individuum zu den Aktivitäten und Zuständen befähigt werden kann, die wir als Charakteristika des menschlichen Lebens betrachten. Wir empfinden gemeinhin auch dann Solidarität gegenüber phänotypisch eindeutig als Menschen identifizierbaren Lebewesen, wenn ihr funktionales Niveau eher dem nicht-menschlicher Lebewesen vergleichbar ist. (Vgl. Nussbaum 1988, 177)

b) Der Vorwurf, daß die Fähigkeitenethik kulturelle Differenzen vernachlässigt, kann in zwei Varianten vorgebracht werden. Zum einen kann man erkenntnistheoretische Zweifel an der Möglichkeit einer essentialistischen Ethik hegen. Die Beschreibung essentieller menschlicher Eigenschaften erfolgt immer vor dem Hintergrund einer bestimmten kulturellen Erfahrung und aus der Perspektive eines bestimmten historischen Zeitpunktes. So sehr sich ein Theoretiker auch bemüht, die Vielfalt der menschlichen Lebensformen zu überblicken und ihren Wert unparteiisch zu würdigen, kann er doch nie einen wirklich neutralen Standpunkt einnehmen. Die Praktiken und Normen, in die sein eigenes Leben eingebettet ist, müssen unweigerlich seine Wahrnehmungen und Bewertungen beeinflussen. Wenn er von universalen menschlichen Eigenschaften spricht, wird er notwendig dazu tendieren, das Menschenbild seiner eigenen Kultur zu verallgemeinern. Zum anderen kann man in Abrede stellen, daß ein interkultureller Kern an Gemeinsamkeiten existiert, der es erlaubt, von einer "Essenz" des menschlichen Lebens zu sprechen. Beispielsweise ist die Auffassung vertreten worden, daß sich selbst die Fähigkeit, rational zu entscheiden und zu handeln, die in westlichen Kulturen eine zentrale Stellung einnimmt, nicht problemlos auf die Menschheit als Ganze übertragen lasse. In anderen Kulturen, wie der indischen, habe der Begriff der Rationalität entweder eine weitaus geringere Bedeutung als im westlichen Kulturkreis oder werde in einem Bedeutungszusammenhang verwandt, der sich grundlegend von der westlichen Tradition unterscheide. Bei angemessener Berücksichtigung der kulturellen Differenzen müsse sich die Behauptung, die menschliche Spezies besitze essentielle Eigenschaften, als Schimäre erweisen. (Vgl. Nussbaum/Sen 1989 und Nussbaum 1993a, 324ff.)

Die Vertreter der Fähigkeitenethik, insbesondere Martha Nussbaum, haben sich in verschiedenen Arbeiten darum bemüht, die Einwände zu entkräften. Nussbaums Entgegnung beginnt wiederum mit einem Rückgriff auf die aristotelische Ethik; sie glaubt, daß die aristotelische Methode der Werterkenntnis den Schlüssel zur Rechtfertigung einer essentialistischen Ethik liefern kann. Nussbaum hebt in diesem Zusammenhang die Tatsache hervor, daß die aristotelische Ethik ihre Aussagen über die Natur des Menschen auf empirische Beobachtungen stützt. Wie wir im folgenden sehen werden, besteht die Korrektur, die von ihr an der aristotelischen Methode vorgenommen wird, im wesentlichen in der Ausdehnung der empirischen Basis auf die Gesamtheit aller Menschen. (7)

Im vorstehenden habe ich schon dargelegt, daß das wichtigste Anliegen der aristotelischen Ethik nicht die Bestimmung des Guten *an sich*, sondern des Guten *für* den Menschen ist. Aristoteles ist nicht der Konzeption Platons gefolgt, der in dem kontemplativen Schauen einer universalen Idee des Guten die einzige Möglichkeit gesehen hat, zu ethischen Erkenntnissen zu gelangen. Sollten sich auf dem Wege der Kontemplation überhaupt Erkenntnisse gewinnen lassen, müßten es, so Aristoteles, sehr abstrakte, die praktischen Probleme der Menschen kaum berührende Einsichten sein. (Vgl. Aristoteles 1991, 1096b32ff.) Wirklich zielführende Aufschlüsse über das gute Leben kann Aristoteles zufolge nur derjenige gewinnen, der sich den von Platon geringgeschätzten Erscheinungen zuwendet und sich mit den Lebensbedingungen und Ansichten der Menschen vertraut macht. Aristoteles' ethische Untersuchungen setzen daher bei den Meinungen (endoxa) an, die seine Zeitgenossen über die richtige Lebensführung vertreten haben. "Endoxa are of two main kinds: opinions held by all or most men, by the plain men as we might say, and opinions held by some or most of the wise, by philosophers. According to Aristotle an opinion backed by either of these kinds of authority is never sheer error and indeed is likely to be 'right in at least some one respect or even in most respects'". (Hardie 1980, 38)

Nach Aristoteles' Überzeugung muß die philosophische Arbeit mit einer Auflistung der verschiedenen Auffassungen beginnen, die zu einem ethischen Problem existieren. Damit ist aber noch nicht viel gewonnen, denn die einfachen Menschen bekunden ihre Ansichten oft in einer verworrenen Form und verwickeln sich leicht in Widersprüchen, und auch die Einsichten der Weisen sind, obgleich gewöhnlich klarer formuliert, vielfach nicht miteinander zu vereinbaren. Der Moralphilosoph muß zunächst dafür Sorge tragen, daß alle Auffassungen eine verständliche Darstellung erhalten. Erst danach kann er versuchen, die verbleibenden Unstimmigkeiten auszuräumen, indem er das Für und Wider der konkurrierenden Standpunkte gegeneinander abwägt. In diesem argumentativen Prozeß wird er einige Meinungen verwerfen, andere modifizieren, bis schließlich ein kohärentes Aussagensystem entstanden ist. In einem letzten Schritt muß er die gewonnenen Einsichten noch einmal mit den Meinungen vergleichen, von denen er ausgegangen war. Nur so kann er sicherstellen, daß sich seine Theorie vom guten Leben nicht zu weit von den Überzeugungen der Menschen entfernt hat, deren Praxis sie anleiten soll. Am Ende der ethischen Untersuchung sollen zwei Ziele erreicht sein: "(...) We might call these individual clarification of ends and communal agreement concerning ends. These two goals go together (...) in that what the individual comes to see more clearly is a conception of the good that he receives from society and according to which he intends to live in society; the communal agreement is arrived at as a result of the reciprocal scrutiny and clarification of different individual proposals." (Nussbaum 1986b, 61; vgl. auch 1986a, 245ff. und 1990b, 172ff.)

Die Fähigkeitenethik muß, wenn sie die oben skizzierten Kritikpunkte entkräften will, das "communal agreement", das Aristoteles im Rahmen der Polis angestrebt hatte, auf die globale Gemeinschaft aller Menschen ausdehnen. Diese Zielsetzung macht es erforderlich, die Basis der ethischen Untersuchung zu verbreitern. Keine kulturelle oder gesellschaftliche Gruppe darf von vornherein ausgegrenzt werden; die ganze Vielfalt der Meinungen muß Eingang in den ethischen Diskurs finden. Der Fähigkeitenethik stellt sich daher zunächst die Aufgabe, einen umfassenden Überblick über die verschiedenen Sichtweisen zu gewinnen. Martha Nussbaum zufolge nutzt sie dazu im wesentlichen drei Quellen: Sie beobachtet, wie die Menschen in den verschiedenen Kulturen leben, und fragt, was ihre Praktiken über ihre Werthaltungen verraten; sie sichtet die einflußreichsten philosophischen Weltdeutungen und analysiert, welche Vorstellungen vom guten Leben in ihnen enthalten sind; ergänzend zieht sie schließlich Werke der Literatur zu Rate und erkundet die Lebenswege und Lebensideale, die diese beschreiben. Die eruierten Meinungen sollen nach dem oben skizzierten Vorbild der aristotelischen Methode "rationalisiert", d.h. in eine klare und widerspruchsfreie Form gebracht werden. Auch eine solche Rationalisierung kann, so Nussbaum, nicht von einem wirklich neutralen Standpunkt aus vorgenommen werden. Wenn man sich dieser erkenntnistheoretischen Schwierigkeit bewußt sei, ließen sich jedoch kulturell bedingte Voreingenommenheiten weitgehend vermeiden. Es gebe daher keinen triftigen Grund, warum man - wie es die Kritik nahelegt - darauf verzichten sollte, die Erfahrungen fremder Kulturen in die ethische Untersuchung einzubeziehen. (Vgl. Nussbaum 1990b, 23ff. und 1993a, 334) (8)

Die beschriebene Klärungsarbeit wird nach Nussbaums Überzeugung erweisen, daß allen Meinungen ein Kern an Werten gemeinsam ist. Nussbaum konzediert zwar, daß es keinen menschlichen Erfahrungsbereich gibt, der von kulturellen Einflüssen gänzlich frei ist. Es sei nicht zu leugnen, daß Faktoren, wie die Sprache, das wissenschaftliche Weltbild, der religiöse Glaube oder die gesellschaftliche Organisation, nachhaltig auf die Wahrnehmungsweise der Individuen einwirken. Die Kritiker essentialistischer Theorien könnten also zu recht behaupten, daß Menschen, die verschiedenen kulturellen Kontexten entstammen, ihre Umwelt, ja sogar ihren eigenen Körper, unterschiedlich erleben. Die Folgerung, man dürfe aus diesem Grunde nicht von einer "Essenz" des menschlichen Lebens sprechen, ist aber laut Nussbaum übereilt. Ihrer Ansicht nach läßt die menschliche Natur nur eine begrenzte Variationsbreite hinsichtlich des individuellen Erlebens zu und gewährleistet so ein hohes Maß an Übereinstimmung. "The experience of the body is culturally influenced; but the body itself, prior to such experience, provides limits and parameters that ensure a great deal of overlap in what is going to be experienced, where hunger, thirst, desire and the five senses are concerned. It is all very well to point to the cultural component in these experiences. But when one spends time considering issues of hunger and scarcity (...) such differences appear relatively small and refined, and one cannot fail to acknowledge that there are no known ethnic differences in human physiology with respect to metabolism of nutrients." (Nussbaum 1993b, 263)

Nussbaums Schlußfolgerung, daß die Fähigkeit, angemessen ernährt zu sein, einen Aspekt des guten menschlichen Lebens darstellt, der universale Geltung beanspruchen kann, erscheint durchaus plausibel. Es ist kaum denkbar, daß eine Kultur die ausreichende Ernährung der ihr angehörenden Menschen konsequent negativ bewerten kann. Eine derartige Negierung der "natürlichen Vorgaben" müßte den Fortbestand der kulturellen Gemeinschaft akut gefährden. Zwar können asketische Werte eine wichtige Rolle für das Selbstverständnis einer kulturellen Gemeinschaft spielen; ihre gesellschaftliche Praxis muß aber immer eine genau geregelte Ausnahme bleiben. Es läßt sich wohl keine kulturelle Gemeinschaft anführen, in der die Befolgung asketischer Werte nicht zeitlich oder sozial strikt eingeschränkt ist. Die defizitäre Ernährung ist entweder auf einen bestimmten Zeitraum, z.B. einen Fastenmonat, oder eine bestimmte Bevölkerungsgruppe, z.B. eine religiöse Kaste, die die Askese stellvertretend für die Gemeinschaft auf sich nimmt, begrenzt. Die Existenz leibfeindlicher Ideale, die ja nicht bestritten werden soll, kann daher Nussbaums Anspruch, einen universalen Wert benannt zu haben, nicht widerlegen. Die Fähigkeit, angemessen ernährt zu sein, ist ein konstitutiver Wert, der immer schon vorausgesetzt werden muß, wenn eine Gemeinschaft asketische Sonderwege beschreitet. (9)

Die Konzipierung universaler Werte als Fähigkeiten kommt zudem den geäußerten Bedenken weit entgegen. Fähigkeiten versetzen die Individuen in die Lage, eine Vielzahl unterschiedlicher Aktivitäten auszuüben und eine Vielzahl unterschiedlicher Zustände zu erreichen. Die Forderung, daß jedes Individuum bestimmte Fähigkeiten besitzen soll, läßt daher für die Verwirklichung ganz verschiedenartiger Lebensformen Raum. Sie stellt sich nicht blind gegenüber kulturellen Differenzen, sondern läßt sich im Gegenteil nur konkretisieren, wenn man die Besonderheiten des kulturellen Hintergrundes berücksichtigt. Nussbaum und Sen haben verschiedentlich die Fähigkeit, sich ohne Scham in der Öffentlichkeit zeigen zu können, als Beispiel für die Bedeutung der kulturellen Rahmenbedingungen angeführt. Abhängig von den jeweiligen gesellschaftlichen Konventionen bedürfen die Menschen ganz unterschiedlicher Mittel, um nicht der sozialen Verachtung preisgegeben zu sein. Beispielsweise kann ein Europäer den Erwartungen seiner Mitmenschen nur entsprechen, wenn er über ein Paar Schuhe verfügt; für einen Schwarzafrikaner, der in einem traditionsbewußten Stammesverband lebt, mögen Schuhe eher unbedeutend, andere Kleidungsstücke, die in Europa keine Rolle spielen, hingegen unentbehrlich sein. Die korrekte Anwendung der Fähigkeitenethik setzt daher die genaue Kenntnis kulturspezifischer Gegebenheiten voraus. Auf der Ebene der Verteilung, wenn über die zu distribuierenden Güter entschieden werden muß, fordert die Fähigkeitenethik daher explizit die Einbeziehung partikularer Werte. (Vgl. Sen 1984, 332ff. und Nussbaum/Sen 1989, 320)

Aus meiner Sicht ist die Begründung, die die Fähigkeitenethik für essentielle Eigenschaften gibt, grundsätzlich schlüssig; Zweifel erscheinen mir allerdings bezüglich des Umfangs der von ihr vorgenommenen Verallgemeinerungen angebracht. Die im folgenden Abschnitt zu besprechende Fähigkeitenliste enthält eine ganze Reihe von Fähigkeiten, die sich nicht in der dargestellten Weise als universale Werte rechtfertigen lassen. Betrachten wir nur als ein Beispiel die unter Punkt 9 genannte Fähigkeit, "to enjoy recreational activities". Freizeitaktivitäten haben in modernen westlichen Gesellschaften zweifellos einen hohen Stellenwert. Einige Menschen definieren sich sogar primär über ihre Hobbys, d.h. für ihr Selbstverständnis mag z.B. der Triathlonwettkampf wichtiger sein als die Rolle des Bankangestellten oder des Familienvaters, die sie außerdem noch ausfüllen. Dennoch würde wohl niemand Freizeitaktivitäten als einen unverzichtbaren Bestandteil des menschlichen Daseins betrachten. Das Leben von Individuen, die sich einer rigiden Arbeitsethik unterordnen und nie Freizeitaktivitäten genießen, wird im allgemeinen nicht als "menschenunwürdig" bewertet. Zudem gilt es zu bedenken, daß die Fähigkeitenethik beansprucht, ihre essentiellen Werte aus dem empirischen Vergleich aller Kulturen gewonnen zu haben. In manchen kulturellen Gemeinschaften erfreuen sich Freizeitaktivitäten aber weder einer expliziten Wertschätzung noch lassen die dort zu beobachtenden sozialen Praktiken auf eine implizite Wertschätzung schließen. Die Fähigkeit, Freizeitaktivitäten zu genießen, reflektiert in erster Linie einen modernen, für westliche Gesellschaften charakteristischen Wert. Insgesamt scheinen die normativen Überschneidungen, die die verschiedenen Kulturkreise aufweisen, weitaus geringer auszufallen, als die Fähigkeitenliste glauben machen will.

6.3 Die Fähigkeitenliste

Martha Nussbaum gibt folgende Liste von "Basic Human Functional Capabilities" an:
"1. Being able to live to the end of a complete human life, as far as is possible; not dying prematurely, or before one's life is so reduced as to be not worth living.
2. Being able to have good health; to be adequately nourished; to have adequate shelter; having opportunities for sexual satisfaction; being able to move about from place to place.
3. Being able to avoid unnecassary and non-useful pain, and to have pleasurable experiences.
4. Being able to use the five senses; being able to imagine, to think and reason.
5. Being able to have attachments to things and persons outside ourselves; to love those who love and care for us, to grieve at their absence; in general, to love, grieve, to feel longing and gratitude.
6. Being able to form a conception of the good and to engage in critical reflection about the planning of one's own life.
7. Being able to live for and to others, to recognize and to show concern for other human beings, to engage in various forms of familial and social interaction.
8. Being able to live with concern for and in relation to animals, plants, the world of nature.
9. Being able to laugh, to play, to enjoy recreational activities.
10. Being able to live one's own life and nobody else's.
10a. Being able to live one's own life in one's very own surroundings and context." (Nussbaum 1990a, 225 und vgl. 1993a, 339f.)

Ich werde in diesem Abschnitt
a) die Grundbegriffe der Fähigkeitenethik, "function" und "capability", explizieren;
b) das Zusammenspiel der beiden Grundbegriffe erläutern und die Beweggründe darlegen, die die Fähigkeitenethiker veranlassen, ihre Konzeption in der Sprache der "capabilities" und nicht in der Sprache der "functions" zu formulieren;
c) die Struktur der Fähigkeitenliste untersuchen, d.h. der Frage nachgehen, in welcher Relation die aufgeführten Fähigkeiten zueinander stehen.

a) Der Begriff "function" bezeichnet die Aktivitäten, die eine Person ausübt, und die Zustände, in denen sie sich befindet. Tätigkeiten, wie wahrnehmen, nachdenken oder Nahrung aufnehmen, und Zustände, wie bei guter Gesundheit zu sein, ausreichend ernährt zu sein oder ein Dach über den Kopf zu haben, fallen unterschiedslos unter den Begriff der Funktion. Die Gesamtheit der Funktionen, die eine Person p zu einem Zeitpunkt t verwirklicht, wird Funktionen-Set genannt. Das Funktionen-Set beschreibt die *faktische* Lebenssituation der betreffenden Person. (Vgl. Sen 1985a, 195ff. und Crocker 1995, 153ff.)

Wenn man die Unterteilung der konkurrierenden Verteilungstheorien in "Resource"- und "Welfare"-Theorien zugrunde legt, muß man den Begriff der Funktion den "Welfare"-Theorien zuordnen. (Vgl. Kap. 4) Die Funktionen dienen im Unterschied zu den Ressourcen nicht zur Realisierung eines außer ihnen liegenden Ziels, sondern stellen selbst die Ziele dar, zu denen die vorhandenen Mittel genutzt werden sollen. Ressourcen haben nur eine indirekte Bedeutung für die Funktionen, insoweit sie notwendig sind, um wertvolle Aktivitäten und Zustände zu erreichen. Die Fähigkeitenethik und die utilitaristischen "Welfare"-Theorien stimmen überein, daß die Verwertungsmöglichkeit und nicht der Besitz von Ressourcen als der entscheidende Gesichtspunkt einer Verteilung betrachtet werden muß. Die Maßstäbe, nach denen sie den Erfolg einer Transformation von Ressourcen in "welfare" beurteilen, weichen jedoch erheblich voneinander ab. Die utilitaristischen Kriterien, "pleasure" und "preference", stellen auf das Erreichen positiver Bewußtseinszustände und die Erfüllung individueller Präferenzen ab. Das Kriterium der Funktion ist hingegen von subjektiven Empfindungen und Wertungen unabhängig. Die in der Liste genannten Funktionen gelten der Fähigkeitenethik auch dann als wertvoll, wenn sie von dem zu beurteilenden Individuum weder positiv erlebt werden noch zu der Befriedigung seiner Präferenzen beitragen.

Die Bewertung des menschlichen Wohlergehens aus dem Blickwinkel der Funktionen bietet nicht zu leugnende Vorteile. Die Einwände, die im vorigen Kapitel zur Zurückweisung der utilitaristischen Kriterien geführt hatten, können von einer Theorie, die sich auf das Kriterium der Funktion stützt, ausgeräumt werden. Im Zusammenhang mit dem "Pleasure"-Kriterium wurden verschiedene Fälle erörtert, in denen sich die involvierten Personen gegen die Maximierung ihrer persönlichen "Pleasure"-Bilanz entschieden. Die Werte, die sie in diesen Fällen höher schätzten als ihren eigenen Lustgewinn, können plausibel durch den Begriff der Funktion wiedergegeben werden. Erinnern wir uns z.B. an die Situation des unheilbar kranken Mannes, der seine Schmerzen nur durch die Einnahme eines Palliativs lindern konnte. Er entschied sich dafür, die Schmerzen zu ertragen, weil die Wirkung des Palliativs ihn daran gehindert hätte, seine letzten Tage bei klarem Verstande zu verbringen. Es war ihm wichtiger, grundlegende Funktionen, wie nachdenken oder wahrnehmen, uneingeschränkt aufrecht zu erhalten, als seine "Pleasure"-Bilanz zu verbessern.

Ein zentraler Vorwurf gegen das "Preference"-Kriterium lautete, daß die jeweilige materielle und soziale Situation, in der sich die Individuen befinden, ihre Präferenzbildung maßgeblich beeinflußt. Bedrückende Lebensumstände, so wurde argumentiert, prägen die Vorstellungswelt und die Erwartungen der Individuen und werden daher oftmals in ihren Präferenzen antizipiert. Das Kriterium der Funktion schaltet diese "Fehlerquelle" in der Beurteilung des menschlichen Wohlergehens verläßlich aus. Die Fähigkeitenethik würde beispielsweise auch für Menschen - man denke etwa an brasilianische Straßenkinder - eine angemessene Behausung fordern, deren persönlicher Erfahrungshorizont die Entstehung eines derartigen Wunsches vielleicht gar nicht zuläßt. (10)

Die angeführten Beispiele scheinen genau die Situationen zu erfassen, in denen unsere Wertschätzung einer Aktivität oder eines Zustandes von den utilitaristischen Theorien nicht wiedergegeben wird. Sie deuten darauf hin, daß das "Pleasure"- und das "Preference"-Kriterium nicht bestehen können, wenn ihre Bewertungen in Widerspruch zu den Bewertungen des "Function"-Kriteriums geraten. Divergierende Bewertungen sind allerdings nur in Ausnahmefällen zu erwarten. Die Fähigkeitenethik muß, da offensichtlich nicht alle menschlichen Aktivitäten und Zustände wertvoll sind, eine Auswahl begründen, d.h. sie muß festlegen, welche Funktionen für das menschliche Wohlergehen Bedeutung haben. (Vgl. Arneson 1989, 90ff.) Dabei kann sie nur Akzeptanz finden, wenn die ausgewählten Funktionen ein hohes Maß an Übereinstimmung mit den utilitaristischen Kriterien aufweisen. Denn eine Funktion wird sich nur dann als wertvoll darstellen lassen, wenn ihre Ausübung von der Mehrzahl der Menschen gewünscht wird bzw. wenn sie überwiegend mit positiven Bewußtseinszuständen einhergeht.

Der Begriff der Funktion ist ein wichtiger Bestandteil der Definition des "Capability"-Begriffs: "Capabilities" bezeichnen das Vermögen, bestimmte Funktionen erreichen zu können. Eine Person ist dann im Besitz einer Fähigkeit, wenn sie die korrespondierende Funktion durch ihre Willensentscheidung realisieren kann. Fähigkeiten erlauben keine Rückschlüsse auf gegenwärtig ausgeübte Aktivitäten oder auf gegenwärtig erreichte Zustände, sondern beschreiben das funktionale Potential einer Person. Die Gesamtheit der Fähigkeiten, über die eine Person p zu einem Zeitpunkt t verfügt, wird Fähigkeiten-Set genannt. Das Fähigkeiten-Set umfaßt alle *hypothetischen* Lebenssituationen, die im Wahlbereich der betreffenden Person liegen. (Vgl. Sen 1985a, 200ff.; 1988, 289ff. und Crocker 1995, 157ff.)

Der "Capability"-Begriff enthält zwei Elemente, für die Martha Nussbaum die Bezeichnung interne Fähigkeit ("I-capability") und externe Fähigkeit ("E-capability") eingeführt hat. Die "I-capabilities" bezeichnen die Vermögen, die in der Person selbst angesiedelt sind, also etwa ihre intellektuellen Fertigkeiten oder ihre emotionale Kompetenz. Mit "E-capabilities" sind die äußeren Voraussetzungen des menschlichen Funktionierens, z.B. das Vorhandensein bestimmter gesellschaftlicher Institutionen oder die Verfügbarkeit materieller Mittel, gemeint. Der interne und der externe Aspekt der Fähigkeiten können nur analytisch getrennt werden und sind in der Fähigkeitenliste nicht gesondert berücksichtigt. Jede der dort aufgeführten Fähigkeiten enthält - mit unterschiedlicher Gewichtung - sowohl interne als auch externe Elemente. Beispielsweise ist die unter Punkt 6 genannte Fähigkeit, kritisch zu reflektieren, in erster Linie eine "I-capability". Ihre Ausprägung und Praxis hängt aber auch ganz wesentlich davon ab, ob das betreffende Individuum unter einer politischen Ordnung lebt - also über eine "E-capability" verfügt -, die ihren Bürgern Entscheidungsfreiräume zugesteht. Umgekehrt liegt der Schwerpunkt bei der unter Punkt 2 genannten Fähigkeit, bei guter Gesundheit zu sein, eindeutig auf einem externen Faktor, nämlich dem Zugang zu einem leistungsfähigen Gesundheitssystem. Aber auch charakterliche Disposition des Individuums - etwa seine Fähigkeit, auf schädliche Genüsse, wie das Rauchen oder unmäßigen Alkoholkonsum, zu verzichten - spielen für den Erhalt seiner Gesundheit eine wichtige Rolle. (Vgl. Nussbaum 1988, 160ff. und 1990a, 228)

Die Verwendung des "Capability"-Begriffs entfernt die Fähigkeitenethik von den "Welfare"-Theorien und nähert sie den "Resource"-Theorie an. Wie die Maßeinheit "Ressourcen" so stellt auch die Maßeinheit "Fähigkeiten" auf die Möglichkeitsbedingungen des individuellen Wohlergehens und nicht auf das Wohlergehen als solches ab. Dabei hat die Differenzierung zwischen "I-capabilities" und "E-capabilities" eine ungefähre Entsprechung in der Unterscheidung, die eingangs zwischen verschiedenen Arten von Ressourcen getroffen wurde. (Vgl. Kap. 4) Der interne Aspekt der Fähigkeiten verweist auf den Besitz von körperlichen bzw. intellektuellen Gütern, der externe Aspekt der Fähigkeiten bezieht sich auf die Verfügbarkeit sowohl von materiellen als auch von institutionellen Gütern. Hervorzuheben ist aber, daß zwischen der Fähigkeitenethik und den "Resource"-Theorien ein signifikanter Unterschied besteht, der uns im fünften Abschnitt noch eingehend beschäftigen wird. Die "Resource"-Theorien enthalten sich jeglicher Aussage, zu welchem Zweck die verfügbaren Mittel verwendet werden sollen. Sie beinhalten keine Vorstellung, worin eine angemessene Verwendung der Ressourcen besteht, sondern akzeptieren die unterschiedlichen Zweckbestimmungen der Individuen uneingeschränkt. Demgegenüber besitzt die Fähigkeitenethik mit dem Begriff der Funktion ein Kriterium, das die Ziele, die durch die Fähigkeiten verwirklicht werden sollen, explizit angibt. Die Funktionen zeichnen ein verbindliches Bild vom guten Leben, das auch dann theoretische Relevanz hat, wenn sich die Individuen andere Ziele setzen.

Gerald Cohen hat zu recht darauf hingewiesen, daß der "Capability"-Begriff in der Fähigkeitenethik einen Bedeutungsgehalt hat, der partiell von dem normalen Sprachgebrauch abweicht. Gewöhnlich spricht man von Fähigkeiten nur im Zusammenhang mit aktiven Handlungen, z.B. sagt man, daß A (eine Person) befähigt ist, X (eine Handlung) zu tun. Die Fähigkeitenethik erweitert die Bedeutung des "Capability"-Begriffs dadurch, daß sie ihn durch den Begriff der Funktion definiert, der seinerseits außer Aktivitäten auch Zustände bezeichnet. So wird der Begriff der Fähigkeit in der oben angeführten Liste auch in bezug auf Zustände verwandt, beispielsweise nennt Nussbaum unter Punkt 2 unter anderem die Fähigkeit, angemessen ernährt zu sein, und die Fähigkeit, eine angemessene Unterkunft zu haben. Beide Fähigkeiten thematisieren nicht das Handlungspotential der Individuen, etwa ob sie in der Lage sind, selbständig zu essen oder sich eine Unterkunft zu verschaffen, sondern bezeichnen offenkundig die "Chancen" bzw. die "Möglichkeiten" der Individuen, den jeweiligen Zustand zu erreichen. Eine Person besitzt auch dann die "Fähigkeit", angemessen ernährt zu sein bzw. eine angemessene Unterkunft zu haben, wenn sie diese Zustände nur durch fremde Hilfe erreichen kann, z.B. indem sie gefüttert wird oder indem ihr eine staatliche Behörde Wohnraum zuteilt. Der Fähigkeitenbegriff erhält so eine zusätzliche Bedeutungsdimension, die durch den herkömmlichen Sprachgebrauch nicht gedeckt ist. Ernährung und Behausung sind zwar zweifellos moralisch relevante Aspekte des individuellen Wohlergehens, sie können aber nur um den Preis einer terminologischen Unschärfe als "capabilities" bezeichnet werden. (Vgl. Cohen 1989, 941 ff. und 1993, 17 ff.) (11)

b) Der Kerngedanke der Fähigkeitenethik tritt erst dann deutlich hervor, wenn man die Beziehung betrachtet, in der die Begriffe "function" und "capability" zueinander stehen. Die Formulierung der Fähigkeitenliste dürfte bereits deutlich gemacht haben, daß sich das Augenmerk nicht auf das tatsächliche Funktionieren, sondern auf die Fähigkeiten der Menschen richtet. Das Kriterium der Fähigkeit bietet den Vorteil, die Alternativen, die ein Individuum hinsichtlich seiner Funktionen besitzt, in die Bewertung seiner Situation einzubeziehen. Sen spricht von den Fähigkeiten auch als "refined functionings", weil sie einen Gesichtspunkt zur Geltung bringen, der von einer ausschließlich Funktionen berücksichtigenden Theorie nicht erfaßt werden könnte: "In examining the well-being aspect of a person, attention can legitimately be paid to the capability set of the person and not just to the chosen functioning vector. This has the effect of taking note of the positive freedom in a general sense (the freedom 'to do this', or 'to be that') that a person has." (Sen 1985a, 201)

Sen untermauert den Anspruch, mit den "capabilities" das geeignetere Bewertungskriterium zu benennen, durch ein einfaches Beispiel. Stellen wir uns vor, die Person A und die Person B sind unterernährt, d.h. beide weisen hinsichtlich einer wichtigen Funktion einen gravierenden Mangel auf. Das funktionale Defizit von A liegt in seiner ökonomischen Situation begründet; er ist zu arm, um in ausreichendem Maß Nahrungsmittel zu erwerben. Das funktionale Defizit von B hat hingegen religiöse Gründe; er hat sich zu einem ausgedehnten Fasten entschlossen, um für seine Sünden zu büßen. Der entscheidende Unterschied zwischen den beiden Personen besteht darin, daß der wohlhabende B, der jederzeit genügend Nahrungsmittel erwerben könnte, den Hunger freiwillig auf sich nimmt. B besitzt im Gegensatz zu A die Fähigkeit, angemessen ernährt zu sein. Eine Gerechtigkeitstheorie, die nur die Funktionen-Sets der beiden Individuen vergleicht, kann diesen Unterschied nicht wahrnehmen und wird folglich die Gleichbehandlung von A und B fordern. Sie ist somit "blind" gegenüber dem Gesichtspunkt, der für unsere intuitive moralische Beurteilung ausschlaggebend ist. Denn das Schicksal von A ist durchaus geeignet, unsere spontane Hilfsbereitschaft zu motivieren; wohl niemand wäre aber bereit, Anstrengungen zu unternehmen, um eine ausreichende Ernährung von B sicherzustellen. Auch B selbst könnte an einer solchen Hilfe kein Interesse haben, weil sie ihn daran hindern würde, Buße zu üben und die erhoffte Vergebung seiner Sünden zu erlangen. Erst die Orientierung am Kriterium der Fähigkeit bringt die ethische Theorie in Einklang mit unseren elementaren Gerechtigkeitsintuitionen. Denn nur aus der Perspektive der "capabilities" erscheint es geboten, A in der genannten Hinsicht zu "befähigen", d.h. ihn mit den für eine angemessene Ernährung erforderlichen Mitteln auszustatten, nicht jedoch B für das von ihm freiwillig gewählte funktionale Defizit zu entschädigen. (Vgl. Sen 1985b, 9ff.; 1987b, 36ff. sowie 1988, 289ff.) (12)

c) Auf die Frage nach der relativen Bedeutung der in der Fähigkeitenliste aufgeführten Fähigkeiten bleiben sowohl Nussbaum als auch Sen bewußt eine klare Antwort schuldig. Beide Theoretiker glauben nicht an die Kommensurabilität der durch die verschiedenen Fähigkeiten bezeichneten Wertdimensionen. Sen hat mehrfach darauf hingewiesen, daß die Bewertung der individuellen Fähigkeiten-Sets in der Regel nicht zu einer vollständigen Ordnung führen werde. Es sei aber unter Umständen möglich, zu einer partiellen Ordnung der Fähigkeiten-Sets zu gelangen, beispielsweise sei das Fähigkeiten-Set des Individuums X dem Fähigkeiten-Set des Individuums Y eindeutig überlegen, wenn X hinsichtlich aller in dem Set enthaltenen Fähigkeiten Y dominiere. (13) Die eingeschränkte Vergleichbarkeit der Fähigkeiten-Sets stellt nach Sens Auffassung keinen Nachteil dar: "The ambiguities in evaluation (...) may require us to be silent on some comparisons while being articulate on others. There is no great failure in the inability to babble." (Sen 1987b, 33)

Martha Nussbaum hat in verschiedenen Arbeiten die Bedeutung von zwei Fähigkeiten besonders hervorgehoben. Im Rückgriff auf die aristotelischen Wurzeln ihrer Theorie betont Nussbaum dort die "architektonische Funktion", die die Befähigung zur praktischen Vernunft ("practical reason") und die Befähigung zu sozialen Bindungen ("affiliation") erfüllen. "Architektonisch" ist ihre Rolle, weil sie in allen anderen Fähigkeiten schon vorausgesetzt sind und somit die gesamte menschliche Praxis organisieren. Ein Individuum kann Nussbaum zufolge keine der aufgelisteten Fähigkeiten wirklich besitzen, wenn es nicht auch über das rationale Potential und den sozialen Bezugsrahmen verfügt, die beide gleichermaßen zu ihrer Realisierung notwendig sind. Diese Struktur konstituiert aus der Perspektive der aristotelischen Denktradition das Moment, durch das sich die menschliche Lebensform von der tierischen unterscheidet. Aktivitäten, wie die Nahrungsaufnahme, die Mensch und Tier verbinden, erhalten erst durch ihre rationale Organisation und ihre soziale Einbindung eine spezifisch menschliche Gestalt. (Vgl. Nussbaum 1990a, 226f. und 1993a, 340)

Die besondere Signifikanz von "practical reason" und "affiliation" spiegelt sich jedoch in der Fähigkeitenliste nicht wider. Beiden Vermögen wird kein privilegierter Platz eingeräumt: Die praktische Vernunft wird in Punkt 6 genannt und ist in dem allgemeiner gefaßten Punkt 4 mit einbegriffen; die verschiedenen Facetten der sozialen Natur des Menschen werden in den Punkten 5 und 7 fokussiert. Es gibt keinen Anhaltspunkt dafür, daß sich die "architektonische Funktion" der beiden Vermögen in den Bewertungen niederschlagen soll, die aus der Perspektive der Fähigkeitenethik getroffen werden. Auch sonst enthält die Präsentation der Fähigkeitenliste keinen Hinweis darauf, daß die in der Liste aufgeführten "capabilities" unterschiedlich gewichtet werden sollen. Ihre Aufschlüsselung in zehn bzw. elf Punkte soll offenbar keine Rangordnung indizieren, sondern lediglich die Darstellung übersichtlicher gestalten.

Der Verzicht auf eine Gewichtung der verschiedenen "capabilities" führt aber in zweierlei Hinsicht zu ernst zu nehmenden Anwendungsproblemen. Erstens bestehen zwischen den Fähigkeiten Interdependenzen, d.h. die Realisierung einer Fähigkeit kann den Besitz einer anderen Fähigkeit negativ beeinflussen oder ganz ausschließen. Nehmen wir z.B. an, eine Person P erhält den dringenden ärztlichen Rat, ihren Wohnsitz in eine entlegene Bergregion zu verlegen, weil sie die verschmutzte Luft in der Großstadt nicht mehr verträgt. P hat ihr ganzes Leben in der Großstadt verbracht und unterhält dort ein dichtes Netz an sozialen Beziehungen. Wenn sie der Empfehlung ihres Arztes folgen würde, müßte sie den gewohnt engen Kontakt zu ihrer Familie und ihren Freunden aufgeben. Da die Bewohner der Bergregion für ihr verschlossenes und mißtrauisches Wesen bekannt sind, hätte sie kaum Aussichten, sich in der neuen Umgebung ein gleichwertiges soziales Umfeld aufzubauen.

P besitzt sowohl die Fähigkeit, bei guter Gesundheit zu sein (siehe Punkt 2 der Fähigkeitenliste), als auch die Fähigkeit, an verschiedenen Formen familiärer und sozialer Interaktion teilzunehmen (siehe Punkt 7 der Fähigkeitenliste). So wie sich Ps Lage darstellt, kann sie die eine Fähigkeit aber nur in die korrespondierenden Funktionen umsetzen, wenn sie Einschränkungen hinsichtlich der anderen Fähigkeit in Kauf nimmt. Wenn sie ihre Fähigkeit, bei guter Gesundheit zu sein, realisiert und in die Bergregion zieht, muß sie die gemeinschaftlichen Aktivitäten mit ihrer Familie und ihren Freunden aufgeben; wenn sie ihre Fähigkeit, an verschiedenen Formen familiärer und sozialer Interaktion teilzunehmen, bewahrt und in der Großstadt bleibt, muß sie mit einer Beeinträchtigung ihrer Gesundheit rechnen. Ps Entscheidung zwischen den beiden Handlungsalternativen, Umzug in die Bergregion auf der einen und Verbleib in der Großstadt auf der anderen Seite, hängt davon ab, welcher Fähigkeit sie größeren Wert beimißt. Die Fähigkeitenethik benennt kein Kriterium, das ihr erlauben würde, die Bedeutung verschiedener Fähigkeiten gegeneinander zu gewichten. Auf ihrer Basis kann P kein begründetes Urteil fällen. (Das gleiche Problem stellt sich natürlich auch für einen externen Beobachter, der die Situation von P in der Großstadt mit ihrer Situation in der Bergregion vergleichen will.) Da Wechselwirkungen zwischen den "capabilities" kein marginales Phänomen sind, wird die praktische Relevanz der Fähigkeitenethik erheblich beeinträchtigt. In vielen Anwendungsfällen wird sie zu keinen eindeutigen Resultaten führen. (Vgl. Williams 1987, 98f. und Sen 1987b, 109) (14)

Zweitens muß eine an der Fähigkeitenethik ausgerichtete Sozialpolitik damit rechnen, daß ihre Gestaltungsmöglichkeiten beschränkt sind. Angesichts knapper finanzieller Mittel wird sie wohl in den meisten Fällen die Zielvorstellung aufgeben müssen, das Fähigkeiten-Set aller in ihrem Verantwortungsbereich lebenden Individuen zu optimieren. Es ist realistisch anzunehmen, daß das Sozialbudget in der Regel nur ausreichen wird, um die Ausprägung einer begrenzten Zahl von Fähigkeiten bei einer begrenzten Zahl von Individuen zu fördern. Die Entscheidungsträger in der Sozialpolitik werden also immer wieder gezwungen sein, eine Auswahl sowohl hinsichtlich der Empfänger als auch hinsichtlich der Förderungsziele der staatlichen Hilfe zu treffen. (Vgl. Wolf 1995, 111f.)

Betrachten wir folgendes Beispiel: Dem Rat der Stadt X liegen zwei Anträge vor, die einen bestimmten Haushaltsposten für verschiedene Zwecke verwenden wollen. Der erste Antrag fordert, die vorhandenen Finanzmittel für einen Erweiterungsbau des städtischen Krankenhauses zu nutzen, der zweiten Antrag sieht die Schaffung eines Naherholungsgebietes vor. Beide Antragsteller können sich auf die Fähigkeitenethik berufen. Die Befürworter des ersten Projekts können geltend machen, daß eine Vergrößerung der Bettenkapazität im städtischen Krankenhaus die Fähigkeit der Bürger, bei guter Gesundheit zu sein (siehe Punkt 2 der Fähigkeitenliste), steigern würde; die Befürworter des zweiten Projekts können beanspruchen, mit der Schaffung eines Naherholungsgebietes die Fähigkeit der Bürger, sich an Freizeitaktivitäten zu erfreuen (siehe Punkt 9 der Fähigkeitenliste), zu fördern. Der Stadtrat kann auf Grundlage der Fähigkeitenethik keine begründete Entscheidung treffen. Die Fähigkeitenethik weist beide Projekte als moralisch gerechtfertigte Verwendungszwecke der öffentlichen Mittel aus, benennt aber kein Kriterium, das es erlauben würde, einem der beiden Anträge den Vorzug zu geben.

Abschließend ist festzuhalten, daß die von der Fähigkeitenethik favorisierten Maßeinheiten "function" und "capability" eindeutige Vorzüge gegenüber den Maßeinheiten besitzen, die im Zentrum der utilitaristischen Theorien stehen. Die Untersuchung hat aber auch gezeigt, daß die praktische Anwendung der Fähigkeitenethik mit dem Problem behaftet ist, in vielen Fällen zu keinem klaren Ergebnis zu führen. Insofern lassen die dargestellten theoretischen Grundsatzüberlegungen auch nicht unmittelbar erkennen, welche sozialpolitischen Konsequenzen sich aus ihnen ergeben. Im folgenden Abschnitt soll nun erörtert werden, wie nach der Auffassung von Nussbaum und Sen ein an der Fähigkeitenethik ausgerichteter Sozialstaat beschaffen sein müßte.

6.4 Die Sozialstaatskonzeption der Fähigkeitenethik

Die Vertreter der Fähigkeitenethik haben keine umfassende Theorie des Sozialstaates vorgelegt. In ihren Schriften finden sich jedoch verschiedene Passagen, die einen relativ klaren Eindruck von ihren sozialstaatlichen Vorstellungen vermitteln. Im weiteren sollen
a) Sens Konzeption positiver Anspruchsrechte,
b) Nussbaums Begründung individueller Ansprüche an den Staat und
c) Nussbaums Ausführungen zu konkreten sozialpolitischen Maßnahmen und sozialstaatlichen Institutionen betrachtet werden.

a) Amartya Sen hat sich in verschiedenen Aufsätzen bemüht, den moralischen Gehalt der Fähigkeitenethik in ein System der individuellen Rechte einzubringen. Er schreibt: "(...) Minimal demands of well-being (in the form of basic functionings, e.g., not to be hungry), and of well-being freedom (in the form of minimal capabilities, e.g., having the means of avoiding hunger), can well be seen as rights that command attention and call for support." (Sen 1985a, 217) Sen hat seine rechtstheoretischen Vorstellungen in Auseinandersetzung mit der einflußreichen Staatsphilosophie Robert Nozicks entwickelt. In dem Werk "Anarchy, State, and Utopia" hat Nozick - verkürzt dargestellt - aus einem vertragstheoretischen Begründungsansatz die Auffassung abgeleitet, daß die der staatlichen Machtausübung unterworfenen Individuen mit negativen Freiheitsrechten ausgestattet sind. Diese individuellen Rechte gelten absolut und können durch kein übergeordnetes staatliches Ziel, wie z.B. die Förderung des Gemeinwohls, außer Kraft gesetzt werden. Zudem erlegen sie dem individuellen Handlungsspielraum, wie Nozick formuliert, "side constraints" auf, d.h. sie erlauben nur Handlungen, die keine Rechtsposition eines dritten verletzen. (Vgl. Nozick 1978, 28ff.)

Eine hervorgehobene Stellung nehmen in der John Locke verpflichteten Konzeption Nozicks die Eigentumsrechte ein. Nozick zufolge kann ein Individuum auf drei Arten rechtmäßig Eigentum erwerben: Durch Aneignung eines Gegenstandes, den noch niemand besitzt; durch Übertragung von einem rechtmäßigen Eigentümer, z.B. durch einen Kaufvertrag; oder durch vergeltende Maßnahmen, die einen Verstoß gegen die beiden erstgenannten Erwerbsgrundsätze rückgängig machen. Verteilungen, die ausschließlich aus rechtmäßigen Akten der Aneignung und des Eigentumstransfers entstanden sind, betrachtet Nozick prinzipiell als gerecht. Für die konsequentialistische Bewertung der Verteilungsergebnisse, wie sie die Fähigkeitenethik nach dem Gesichtspunkt der Fähigkeiten und die utilitaristischen Theorien nach dem Gesichtspunkt des Nutzens vornehmen, läßt sein Ansatz keinen Raum. Für Nozick ist allein entscheidend, daß die Verteilung prozedural korrekt zustandegekommen ist. (15) Aus dieser Auffassung ergibt sich zwingend die Forderung, daß die Kompetenz des Staates auf den Schutz der Individualrechte beschränkt werden muß. Der Staat ist nicht autorisiert, die Ergebnisse des rechtskonformen Wirtschaftens seiner Bürger zu "korrigieren" und eine, wie auch immer motivierte, Politik der Umverteilung zu betreiben. (Vgl. Nozick 1978, 150ff.; Kliemt 1980 und Kersting 1994, 292ff.)

Sen vertritt die Ansicht, daß ein System negativer Freiheitsrechte nicht konsistent formuliert werden kann. Negative Freiheitsrechte schützen die Privatsphäre der Individuen vor Übergriffen dritter; sie fordern, Handlungen zu unterlassen, die den rechtlich garantierten Freiraum eines Mitbürgers beschneiden. Ein System negativer Freiheitsrechte impliziert Sen zufolge aber auch positive Pflichten für die der Rechtsgemeinschaft angehörenden Individuen. Wenn es geboten ist, Handlungen zu unterlassen, die die Rechte von A verletzen, dann muß es auch geboten sein, andere an der Ausführung solcher Handlungen aktiv zu hindern. Wenn wir verpflichtet sind, die Eigentumsrechte von A zu respektieren, dann sind wir auch verpflichtet, gegen Bs Einbruch in As Haus einzuschreiten. Gerade die hohe Wertschätzung, die wir negativen Freiheitsrechten entgegenbringen, läßt es aus Sens Perspektive unverzichtbar erscheinen, in bezug auf sie positive Pflichten anzuerkennen. (Vgl. Sen 1984, 313ff. und 1988, 274f.)

Wenn man Sens Gedankengang bis zu diesem Punkt für plausibel hält, kann man einen Schritt weitergehen und fragen, welche Tragweite die positiven Pflichten haben. Stellen wir uns vor, wir können den Einbruch in As Haus nur verhindern, indem wir die Tür des abwesenden Nachbarn C gewaltsam öffnen und mit Hilfe seines Telefons die Polizei alarmieren. Wir kennen C als einen egoistischen Zeitgenossen und wissen, daß er unser Eindringen in seine Privatsphäre auch unter den gegebenen Umständen nicht gutheißen würde. Sen argumentiert, daß wir die Pflicht haben, uns über den zu erwartenden Protest von C hinwegzusetzen und A beizustehen. Das Abwägen der Konsequenzen, die die jeweilige Rechtsverletzung für A bzw. für C hat, müßte uns zu dem Schluß führen, daß die Verletzung von Cs Rechtsposition in diesem Ausnahmefall gerechtfertigt ist. Der Verlust eines beträchtlichen Teils seines Vermögens, möglicherweise Gefahr für Leib und Leben auf der Seite von A wiege weit schwerer als der Schaden, der C durch die aufgebrochene Tür entstehen würde.

Nozicks deontologische Rechtskonzeption kommt hier zu einem anderen Ergebnis. Wie wir gesehen haben, verpflichtet Nozick die Individuen nicht zu aktivem Handeln, sondern verlangt nur, daß sie Handlungen, die die Rechte dritter verletzen, unterlassen. Zudem vertritt er die Auffassung, daß die Geltung der Individualrechte durch konsequentialistische Erwägungen nicht beeinträchtigt werden darf. Daher sind die Rechte von C für ihn prinzipiell, d.h. ungeachtet der daraus entstehenden Folgen, unverletzlich. Sens Einwand streicht heraus, daß Nozicks Rechtskonzeption keinen effektiven Schutz der in einem weitaus stärkeren Maße gefährdeten Rechte von A gewährleisten kann. Der grundsätzliche Verzicht auf konsequentialistische Wertungen verhindere in dem geschilderten Fall eine sinnvolle Gewichtung der konkurrierenden Rechtspositionen und wirke sich nachteilig auf die Garantie der negativen Freiheitsrechte aus. Nozicks Rechtskonzeption sei unschlüssig, weil sie sich selbst der Möglichkeit beraube, das von ihr propagierte System der negativen Freiheitsrechte optimal durchzusetzen. (Vgl. Sen 1982b, 4ff.)

In einer anderen Argumentationslinie verweist Sen darauf, daß Nozicks Rechtskonzeption wichtigen moralischen Überzeugungen zuwiderläuft. Laut Sen lehrt die historische Erfahrung, daß sich auch in Staaten, die ihren Bürgern negative Freiheitsrechte garantieren, Katastrophen, wie z.B. Hungersnöte, ereignen können. (Vgl. Sen 1990, 49f.) Ein System der negativen Freiheitsrechte schließe zwar einige Ursachen des Hungers, wie massive Formen der Ausbeutung, wirksam aus und leiste insofern einen wichtigen Beitrag zur Prävention von Hungersnöten; es sei aber grundsätzlich mit einer extremen gesellschaftlichen Ungleichverteilung der verfügbaren Nahrungsmittel vereinbar. In einigen Ländern lasse sich das periodische Auftreten von Hungersnöten ursächlich darauf zurückführen, daß sich der Besitz von Grund und Boden in den Händen weniger Privilegierter konzentriere. Das Ziel, Hungersnöte dauerhaft zu vermeiden, könne man in diesen Fällen nur erreichen, indem man in bestehende Eigentumsrechte eingreife. Nozicks Rechtstheorie untersagt jedoch jegliche Einschränkung individueller Rechtspositionen, weil das ihr zugrunde liegende prozedurale Gerechtigkeitsverständnis die Berücksichtigung konsequentialistischer Bedenken prinzipiell ausschließt. Sen hält dem entgegen: "Consequent states of affairs may not be the only things that matter, but they can nevertheless matter. Since it is implausible (...) to claim that consequences in the form of life and death, starvation or nourishment, indeed pleasure or pain, are intrinsically matters of moral indifference, or have only very weak intrinsic moral relevance, it is not easy to see why history-based rules of procedure should be so invulnerable to the facts of their consequences." (Sen 1984, 313)

Sens Ansicht nach kann ein Rechtssystem nur dann moralische Akzeptanz finden, wenn es für konsequentialistische Wertaspekte sensibel ist. Dazu sei es erforderlich, daß das Rechtssystem neben negativen Freiheitsrechten auch positive Anspruchsrechte umfasse, die den Individuen ein elementares Wohlstandsniveau verbindlich zusicherten. In

6. Die neoaristotelische Fähigkeitenethik

dieser erweiterten Konzeption kann Sen das Kriterium der "capabilities" auf zweierlei Weise rechtstheoretisch zur Geltung bringen. Zum einen empfehlen sich die "capabilities", wie bereits im letzten Abschnitt erläutert, aus Sens Perspektive als Maßstab, um das Wohlergehen der Individuen zu beurteilen. Sie dienen dazu, die Folgen einer Rechtsordnung für die Bürger zu bewerten, und stellen so einen von mehreren Faktoren dar, von dem die moralische Legitimität einer Rechtsordnung abhängt. Zum anderen intendiert Sen offenbar auch, den Individuen positive Anspruchsrechte auf die Mittel zuzugestehen, die sie zur Realisierung wichtiger Funktionen benötigen. Obwohl er an diesem Punkt nicht sagt, an welche Ansprüche er konkret denkt, wird doch zumindest deutlich, daß die "Befähigung" der Bürger das Leitmotiv für die Gestaltung des Sozialrechts sein soll. (Vgl. Sen 1982b, 15ff.)

b) Ein Hinweis auf die Position, die Martha Nussbaum zur Konstitution individueller Ansprüche an die staatliche Gemeinschaft bezieht, findet sich in ihrer Interpretation der aristotelischen Schriften. In einem Aufsatz, in dem sie Aristoteles' Vorstellung von den distributiven Aufgaben der Polis rekonstruiert, schreibt Nussbaum: "At least a *necessary* condition of being a recipient of such distribution is that one should already possess *by nature* a less developed capability to perform the functionings in question, a capability such that, given the appropriate education and external resources, one could, in time, become fully capable of that functioning. (...) Let us call it a basic capability or B-capability, and define it as follows: A person is B-capable of function A if and only if the person has an individual constitution organized so as to A, given the provision of suitable training, time, and other instrumental necessary conditions. (In this sense a boy is capable of functioning as a general; a myopic person is capable of seeing well; an embryo is capable of seeing and hearing; an acorn is capable of becoming a tree; a male child is capable of the ethical virtues.) Is the presence of a B-capability (or B-capabilities) sufficient as well as necessary for being a subject of the lawgiver's concern? I am inclined to think that it is. We cannot find any other positive criterion that fits as well." (Nussbaum 1988, 166) (16)

Die Aussage, daß das Vorhandensein von "B-capabilities" sowohl eine hinreichende als auch eine notwendige Bedingung für individuelle Ansprüche an die staatliche Gemeinschaft ist, bringt meiner Auffassung nach verschiedene Schwierigkeiten mit sich. Betrachten wir zunächst, welche praktischen Konsequenzen sich aus dem ersten Teil der Aussage ergeben. Wenn "B-capabilities" als hinreichende Bedingung gelten, hat jeder, der über sie verfügt, im Bedarfsfall ein Anrecht darauf, bei der Entwicklung seiner Fähigkeiten durch geeignete sozialstaatliche Maßnahmen unterstützt zu werden. Diese Bestimmung hat meines Erachtens zur Folge, daß der Kreis der Anspruchsberechtigten in dreierlei Hinsicht zu weit gezogen wird.

Erstens zeigt das von Nussbaum angeführte Beispiel des Embryos, daß auf der Grundlage von "B-capabilities" keine Abgrenzung des postnatalen vom pränatalen Leben geleistet werden kann. Ein Embryo ist ebenso "B-capable" wie ein Neugeborenes, weil in ihm bereits alle Fähigkeiten angelegt sind, die ein vollendetes menschliches Leben auszeichnen. Dasselbe trifft allerdings auch auf befruchtete Eizellen und möglicherweise sogar auf unbefruchtete männliche bzw. weibliche Keimzellen zu. Zumindest wenn man in den Keimzellen den potentiellen Menschen schon enthalten sieht und die Befruchtung nur als eine von mehreren Voraussetzungen für die Entfaltung des gegebenen Entwicklungspotentials auffaßt, kann man Keimzellen den Besitz von "B-capabilities" zusprechen. Nun wäre es aber offenkundig abwegig, jeder Keimzelle einen durch staatliche Stellen durchzusetzenden Anspruch auf künstliche oder natürliche Befruchtung einzuräumen. Und auch die Festlegung, daß jede befruchtete Eizelle einen Anspruch auf die bestmögliche Entwicklung besitzt, hätte weitreichende Folgen. Sie würde z.B. dafür sprechen, Abtreibungen grundsätzlich unter Strafe zu stellen und "Antibabypillen" zu verbieten, da diese die Einnistung befruchteter Eizellen in die Gebärmutterschleimhaut verhindern können.

Zweitens läßt der Rekurs auf "B-capabilities" eine diskriminierende Behandlung von Inländern und Ausländern wohl kaum zu. Nussbaums Anspruchskonzeption verpflichtet die politische Gemeinschaft, für das Wohlergehen jedes Lebewesens Sorge zu tragen, das über spezifisch menschliche Anlagen verfügt. Ansprüche des Individuums gründen nicht auf seiner Zugehörigkeit zu einer bestimmten politischen Gemeinschaft, wie sie etwa durch die Staatsbürgerschaft beglaubigt wird, sondern auf seiner Zugehörigkeit zu der übergeordneten Gemeinschaft aller Menschen. Folglich kann jeder Mensch ganz unabhängig von seiner jeweiligen Staatsangehörigkeit Forderungen auf den Besitz von "B-capabilities" stützen. Wer z.B. in seinem Herkunftsland nicht die gebotene Unterstützung erhält, kann Ansprüche gegen wohlhabendere Staaten erheben, da er sich in bezug auf seine natürlichen Anlagen nicht von deren Mitgliedern unterscheidet. Die Fähigkeitenethik sprengt so aber den gewohnten nationalstaatlichen Bezugsrahmen der Sozialpolitik. Ihre Berufung auf die menschliche Natur erfordert eher eine Art "Weltsozialstaat" als Anwendungskontext - eine Perspektive, die zumindest in absehbarer Zeit kaum realisierbar sein dürfte. (Vgl. Nussbaum 1990a, 207 und Kap. 3)

Drittens ist auf Basis der "B-capabilities" keine Unterscheidung zwischen Individuen, die sich um die Ausbildung ihrer wertvollen Anlagen bemühen, und solchen, die sie verkümmern lassen, möglich. In welchem Ausmaß ein Individuum seine Fähigkeiten entwickelt, hängt nicht ausschließlich, wie Nussbaum zu unterstellen scheint, von den äußeren Lebensbedingungen ab. Eine wichtige Rolle spielt auch die Bereitschaft des Individuums, das unter Umständen recht anstrengende und zeitaufwendige Training auf sich zu nehmen, das erst die optimale Entfaltung seines Potentials bewirken kann. Folglich können defizitäre Fähigkeiten sowohl darauf zurückzuführen sein, daß die zu ihrer Ausprägung erforderlichen sozialen Rahmenbedingungen nicht bereitgestellt wurden, als auch in Versäumnissen des einzelnen begründet liegen. Wenn aber grundsätzlich jedem Gesellschaftsmitglied, das über "B-capabilities" verfügt, ein Anspruch auf sozialstaatliche Unterstützung zuerkannt wird, kann die Differenzierung zwischen verschiedenen Ursachen der Hilfsbedürftigkeit keine praktischen Auswirkungen haben. Auch wenn die defizitäre Entwicklung der Fähigkeiten von dem betreffenden Individuum ganz oder teilweise selbst zu verantworten ist, kann es redistributive Leistungen der staatlichen Gemeinschaft in vollem Umfang einfordern.

Auch der zweite Teil der hier diskutierten Aussage wirft meiner Ansicht nach ernste Probleme auf. Wenn der Besitz von "B-capabilities" zur notwendigen Bedingung für den Erhalt von Hilfsleistungen erklärt wird, kommen Individuen, denen es an den betreffenden Fähigkeiten mangelt, nicht als Adressaten sozialstaatlicher Aktivitäten in Betracht. Nussbaum zeigt sich überzeugt, daß diese Bestimmung zu keiner unerwünschten Ausschlußwirkung führt. Sobald man die Vorurteile ablege, die Aristoteles gegen Frauen und Barbaren gehegt hat, zeige sich, daß ausnahmslos alle Lebewesen, die der Spezies Mensch zugerechnet werden, über "B-capabilities" verfügen. Nussbaums Einschätzung trifft meines Erachtens jedoch nicht zu. Bereits im zweiten Abschnitt habe ich im Zusammenhang mit dem dort kurz diskutierten Exklusionsvorwurf darauf hingewiesen, daß die Fähigkeitenethik Gefahr läuft, behinderte Menschen auszugrenzen. Die oben wiedergegebenen Ausführungen Nussbaums erhärten den Verdacht, daß die Fähigkeitenethik zumindest einigen Behinderten Ansprüche auf wichtige sozialstaatliche Leistungen vorenthält. Die Definition der "B-capability" als "a capability such that (...) one could (...) become *fully* capable of that functioning" besagt, daß nur die Individuen "B-capable" und somit anspruchsberechtigt sind, die über die Perspektive eines vollkommenen oder zumindest deutlich verbesserten Funktionierens verfügen. Für einige Individuen, z.B. für geistig Schwerbehinderte, besteht eine derartige Entwicklungsperspektive jedoch nicht. Selbst wenn die Betroffenen eine optimale finanzielle und medizinische Unterstützung erhalten, können sie ihr intellektuellen Fähigkeiten nicht nennenswert erweitern.

Allerdings ist nicht ohne weiteres klar, daß die Fähigkeitenethik im Fall der geistig Schwerbehinderten zu Resultaten kommt, die der sozialstaatlichen Praxis in starkem Maße widersprechen. Zum einen fehlt es Menschen, die an einer Geistesschwäche leiden, nicht generell, sondern nur im Hinblick auf ihre intellektuellen Fähigkeiten an "B-capabilities". Daher kann die Fähigkeitenethik ihnen durchaus einen Anspruch auf angemessene Versorgung und angemessene Unterbringung zugestehen. Zum anderen ist es prima facie nicht unplausibel, die Förderung auf Fähigkeiten zu beschränken, durch die sich das funktionale Potential der Individuen steigern läßt. Vom Standpunkt der Fähigkeitenethik aus könnte man argumentieren, daß die Unterstützung von Fähigkeiten, die ohnehin keine Entwicklungsperspektive bieten, eine "Verschwendung" öffentlicher Mittel darstellen würde. Gerade diese Sichtweise ist nach meiner Beobachtung aber für die Behindertenpolitik moderner Sozialstaaten nicht maßgebend. Viele soziale Einrichtungen und Hilfsprogramme verfolgen eindeutig nicht das Ziel, die Funktionsfähigkeit von Behinderten zu erhöhen oder gar zu perfektionieren. Beispielsweise werden geistig Schwerbehinderte in Behindertenwerkstätten mit Arbeiten betraut, die ihrem spezifischen Leistungsvermögen entsprechen, obwohl keine Aussicht besteht, daß ihre intellektuellen Fähigkeiten dadurch merklich gesteigert werden. Einer solchen Maßnahme liegt vielmehr die Intention zugrunde, den Betroffenen ein Betätigungsfeld für ihre begrenzten Talente zu eröffnen und so ihr bescheidenes funktionales Potential möglichst dauerhaft zu bewahren. Das Motiv, die Ausübung unabänderlich reduzierter Fähigkeiten zu fördern und ihrer Verkümmerung entgegenzuwirken, hat aber in der die Entwicklung und Vervollkommnung von "B-capabilities" betonenden Konzeption Nussbaums keinen Platz. Sie ist daher, wenn meine Lesart korrekt ist, zumindest partiell nicht in der Lage, weithin akzeptierte sozialstaatliche Aktivitäten zu begründen.

c) Die Arbeiten Martha Nussbaums enthalten keine detailliert ausgearbeitete Darstellung, welche sozialstaatlichen Institutionen und sozialpolitischen Programme den Anforderungen der Fähigkeitenethik entsprechen würden. Auf einer sehr allgemeinen Reflexionsebene befürwortet Nussbaum das Modell des "institutional welfarism", dessen Ziel es ist, die Fähigkeiten aller Bürger kontinuierlich zu unterstützen. Die sozialstaatlichen Aktivitäten sollen nicht auf akute Notsituationen beschränkt bleiben, sondern durch Institutionen, die die Bürger das ganze Leben lang begleiten, verstetigt werden. Die Gegenposition beschreibt das Modell des "residual welfarism", das lediglich ein punktuelles und temporär begrenztes Eingreifen des Staates vorsieht. Nach diesem Modell soll der Sozialstaat nur eine Art Ausfallbürgschaft für den Fall übernehmen, daß ein Individuum nicht in der Lage ist, aus eigener Kraft einen angemessenen Lebensstandard zu erreichen. Der Unterschied zwischen den beiden Modellen läßt sich am Beispiel der Gesundheitspolitik verdeutlichen. Der "institutional welfarism" sieht vor, daß der Staat jedem Bürger eine lückenlose oder zumindest sehr umfangreiche Gesundheitsversorgung garantiert. Er intendiert, das Entstehen individueller Notlagen - man denke etwa an Schwerkranke, denen das Geld für den Arztbesuch fehlt - von vornherein auszuschließen. Der "residual welfarism" hingegen befürwortet staatliche Interventionen erst, wenn die Gesundheitsversorgung einzelner Bürger oder Bevölkerungsgruppen ohne Staatseingriff eklatante Mängel aufweisen würde. (Vgl. Nussbaum 1990a, 228)

Für die sozialstaatliche Zielbestimmung ist die Unterscheidung von zwei Schwellen wichtig, die Nussbaum hinsichtlich der individuellen Funktionsfähigkeit trifft. Die erste Schwelle kennzeichnet die Grenze, unterhalb derer ein Individuum nicht befähigt ist, ein menschliches Leben zu führen. Die zweite Schwelle markiert die Grenze, unterhalb derer ein Individuum zwar eine menschliche Lebensform erreichen kann, aber nicht die Möglichkeit hat, ein gutes menschliches Leben zu verwirklichen. Die von Nussbaum intendierten sozialstaatlichen Aktivitäten zielen generell auf das Überschreiten der zweiten Schwelle; sie haben die Aufgabe, die Fähigkeiten-Sets möglichst vieler Bürger über das von ihr bezeichnete Niveau zu heben. Sobald die Bürger die zweite Schwelle überwunden haben, können sie sich selbst überlassen bleiben. Sie verfügen dann über die notwendigen Fähigkeiten, um spezifische Vorstellungen vom guten Leben eigenständig zu entwickeln und verantwortlich zu entscheiden, wie sie ihr funktionales Potential nutzen wollen. (Vgl. Nussbaum 1993a, 337ff.)

Aus der umfassenden Verantwortung des Staates für das gute Leben seiner Bürger ergeben sich Verpflichtungen, die weit über den traditionellen Bereich der Sozialpolitik hinausreichen. Die Fähigkeitenethik fordert, daß das gesamte institutionelle Gefüge wie auch alle konkreten politischen Programme unter Berücksichtigung der Funktionen, die

die Fähigkeitenliste als wertvoll ausweist, organisiert werden müssen. "The idea is that the entire structure of the polity will be designed with a view to these functionings. Not only programs of allocation, but also the division of land, the arrangement for forms of ownership, the structure of labor relations, institutional support for forms of family and social affiliation, ecological policy and policy towards animals, institutions of political participation, recreational institutions - all these, as well as more concrete programs and policies within these areas, will be chosen with a view to good human functioning." (Nussbaum 1990a, 230) (17)

Nussbaum hat für vier gesellschaftliche Bereiche - Erziehung, Eigentum, politische Partizipation und Arbeit - ihre Vorstellungen von einer der Fähigkeitenethik gemäßen Organisation knapp umrissen. In Anbetracht der aristotelischen Wurzeln der Fähigkeitenethik kann es nicht überraschen, daß sie der Erziehung eine herausragende Rolle zuerkennt. Die in der Liste genannten Fähigkeiten, z.B. die Fähigkeit, bei guter Gesundheit zu sein, oder die Fähigkeit, mit Bezug zu anderen Spezies und zur Natur zu leben, können Nussbaums Ansicht nach nur erreicht werden, wenn das Verhalten der Individuen geschult und ihnen ein geeigneter Kenntnisstand vermittelt wird. Die Bildungsaufgaben des Staates erstrecken sich daher über die Organisation des Schul- und Hochschulwesens hinaus auf eine Vielzahl gesellschaftlicher Problemfelder, wie die Suchtaufklärung oder die Umwelterziehung. Prinzipiell entsteht immer dann staatlicher Handlungsbedarf, wenn sich defizitäre Fähigkeiten-Sets der Bürger ursächlich auf einen Mangel an Bildung zurückführen lassen.

Das "Capability"-Kriterium dient der Fähigkeitenethik auch als Rechtfertigungsgrundlage für die Institution des Privateigentums. Die verfassungsrechtliche Garantie des Privateigentums wird mit dem Argument begründet, daß diese Eigentumsform erst die notwendigen Voraussetzungen für das Erreichen wertvoller Fähigkeiten schaffe. Besonders die Fähigkeit, kritisch über die Planung seines Lebens nachzudenken, und die Fähigkeit, sein Leben in seiner eigenen Umgebung und seinem eigenen Kontext zu führen (siehe die Punkte 6 und 10a der Fähigkeitenliste), könnten nur realisiert werden, wenn die Möglichkeit, über Privateigentum zu verfügen, gegeben sei. Diese Legitimation des Privateigentums ist im Gegensatz zu einem naturrechtlichen Begründungsmodus von kontingenten Faktoren abhängig. Wenn sich zeigen ließe, daß kollektive Formen des Besitzes günstigere Wirkungen auf die Fähigkeiten-Sets der Bürger entfalten, wäre es geboten, den Schutz des Privateigentums einzuschränken oder ganz aufzuheben.

Mit einer ähnlichen Argumentation befürwortet Nussbaum weitreichende politische Partizipationsmöglichkeiten. Die Teilnahme der Bürger an öffentlichen Diskursen und politischen Entscheidungsprozessen ist nicht aus demokratietheoretischen Erwägungen wünschenswert - etwa weil das Ideal demokratischer Selbstbestimmung durch das Modell der repräsentativen Demokratie nur unvollständig realisiert wird -, sondern weil sie sich vorteilhaft auf wichtige Fähigkeiten auswirkt. Aus Nussbaums Sicht lassen besonders die Fähigkeit, eine Konzeption vom Guten zu bilden und kritisch über die Planung seines Lebens nachzudenken, und die Fähigkeit, Interesse für andere Menschen zu zeigen und an verschiedenen Gemeinschaftsformen teilzuhaben (siehe die Punkte 6 und 7 der Fähigkeitenliste), eine breite Beteiligung der Bürger am politischen Leben erforderlich erscheinen.

Für den Bereich der Arbeit zeigt das Fähigkeitenkriterium an, wie die Arbeitsbeziehungen gestaltet werden sollen. Nussbaum zufolge ist ein Mensch, der ausschließlich oder überwiegend monotone Arbeiten verrichtet, der Möglichkeit beraubt, seine Fähigkeiten voll zu entwickeln. Das gleiche gilt für Menschen, die extrem zeitaufwendigen Beschäftigungen nachgehen und keine ausreichende Gelegenheit haben, andere wertvolle Aktivitäten auszuüben. Die Fähigkeitenethik verlangt, Arbeitsverhältnisse rechtlich zu untersagen, die auf diese oder ähnliche Weise den Arbeitnehmern die Ausprägung wichtiger Fähigkeiten unmöglich machen. (Vgl. Nussbaum 1990a, 230ff.)

6.5 Die Frage der Vereinbarkeit mit rechtsstaatlichen Grundsätzen

Im vorangegangenen Abschnitt wurde dargelegt, welche sozialstaatlichen Bestimmungen sich Nussbaum und Sen zufolge aus der Fähigkeitenethik ergeben. Nun gilt es zu prüfen, ob ihre vom aristotelischen Politikverständnis geprägte Sozialstaatskonzeption mit dem der liberalen Theorietradition entstammenden Rechtsstaatsideal vereinbar ist. Besonderes Augenmerk verdient in diesem Zusammenhang die Verpflichtung des liberalen Rechtsstaates zu weltanschaulicher Neutralität. Liberale Theoretiker sehen die Aufgabe des Staates primär darin begründet, Regeln zur friedfertigen Austragung der Konflikte bereitzustellen, die aus der Koexistenz divergierender religiöser, moralischer und politischer Überzeugungen in der Gesellschaft entstehen. Ihrer Auffassung nach darf der Staat nicht für eine spezifische Konzeption vom guten Leben Partei ergreifen und die Durchsetzung einer ihr gemäßen Lebensweise in der Gesellschaft aktiv fördern. Die Wahl zwischen den konkurrierenden Weltanschauungen soll jedem Bürger selbst überlassen bleiben und durch die Garantie individueller Freiheitsrechte vor staatlicher Einflußnahme geschützt werden.

Sowohl Nussbaums als auch Sens Auseinandersetzung mit der liberalen Theorie bezieht sich fast ausnahmslos auf das Werk von John Rawls. Es empfiehlt sich daher, zunächst einen Blick auf die Neutralitätskonzeption zu werfen, die Rawls in seinen neueren Schriften entwickelt hat. Im Zentrum von Rawls' Überlegungen steht die Feststellung, daß moderne Gesellschaften durch das "Faktum des Pluralismus" gekennzeichnet sind. Rawls spricht von einem Faktum, weil er in der Vielfalt der Meinungen ein dauerhaftes Phänomen sieht, das allenfalls temporär unterdrückt werden kann, wenn politische Macht dazu mißbraucht wird, das Erscheinungsbild der Gesellschaft zu homogenisieren. Seiner Überzeugung nach kann der Dissens auch unter vollkommen vernünftigen Bürgern, die ihre Positionen logisch konsistent und in Kenntnis aller relevanten Informationen formulieren, nicht vollständig ausgeräumt werden. Selbst wenn uneingeschränkte Einigkeit über die sachliche Einschätzung einer Streitfrage bestehe - etwa über die medizinischen Aspekte der Sterbehilfe - könnten sich die Bürger außerstande sehen, eine Übereinkunft zu erzielen. Wenn die Streitparteien entsprechend ihrer unterschiedlichen Weltbilder und persönlichen Erfahrungen die Bedeutung der involvierten moralischen Werte unterschiedlich gewichteten, müsse die Diskussion einen Punkt erreichen, an dem alle Argumente ausgetauscht sind und eine weitere Annäherung der Standpunkte nicht mehr zu erwarten ist. Die Disputanten befänden sich dann in der Situation, daß sie ihre "(...) eigene Position gegen alle Einwände verteidigen können, ohne aber in der Lage zu sein, alle ihr widersprechenden Auffassungen als falsch oder unvernünftig abzuweisen". (Hinsch 1992, 25 und vgl. Rawls 1992, 336ff. sowie 1993, 54ff.)

Die Einsicht, daß der gesellschaftliche Pluralismus auf vernünftigen, d.h. durch rationale Argumentation nicht auflösbaren, Meinungsverschiedenheiten gründet, führt Rawls zu der Forderung, daß keine der Konfliktparteien ihre Weltanschauung allen anderen Gesellschaftsmitgliedern aufzwingen darf. Die politische Konzeption, die die für alle Bürger verbindlichen Regeln des Zusammenlebens festlegt, müsse von einem "übergreifenden Konsens" getragen werden. Dazu sei es erforderlich, daß ihr vom Standpunkt jeder Weltanschauung aus zugestimmt werden könne. Die notwendige allgemeine Akzeptanz könne nur erzielt werden, wenn religiöse und moralische Streitfragen aus der öffentlichen Sphäre verbannt werden und die Regeln des Zusammenlebens keine Parteinahme für eine der rivalisierenden Lehren vom guten Leben erkennen lassen. Die Verwurzelung der politischen Ordnung in einem "übergreifenden Konsens" stellt laut Rawls die einzige Möglichkeit dar, staatliche Machtausübung unter der Bedingung gesellschaftlicher Pluralität zu rechtfertigen. Zudem biete sie den praktischen Vorteil, günstigste Voraussetzungen für dauerhafte gesellschaftliche Stabilität zu schaffen. (Vgl. Rawls 1992, 293ff. und 1993, 133ff.)

Hervorzuheben ist, daß mit der staatlichen Neutralitätsverpflichtung nicht allen in der Gesellschaft vertretenen Konzeptionen vom guten Leben die gleichen Erfolgsaussichten zugesichert werden. Zum einen ist der liberale Staat unter bestimmten Umständen befugt, radikale Weltanschauungen aktiv zu bekämpfen. Die Unparteilichkeit des Staates muß sich nach Rawls' Ansicht nur auf die Gruppe der "reasonable comprehensive doctrines" erstrecken. Das Prädikat "reasonable" bezieht sich hier nicht auf den Wahrheitsgehalt der betreffenden Lehren, sondern ausschließlich auf ihren Umgang mit dem "Faktum des Pluralismus". Als vernünftig in diesem Sinne kann nur eine Weltanschauung gelten, die die Meinungsvielfalt als Grundlage des gesellschaftlichen Zusammenlebens akzeptiert und Gewalt als Mittel der Interessendurchsetzung prinzipiell ausschließt. Beispielsweise gehört eine religiöse Lehre, die die Unterdrückung oder Vernichtung von "Ungläubigen" postuliert, nicht zu der Gruppe der "reasonable comprehensive doctrines". Wenn sich ihre Anhänger Übergriffe gegen Andersdenkende zuschulden kommen lassen, ist das Verbot der betreffenden religiösen Gemeinschaft durchaus gerechtfertigt. Die staatliche Verpflichtung, die individuelle Entscheidungsfreiheit zu schützen, gebietet dann, nach der Maxime "keine Toleranz gegen die Intoleranten" zu verfahren. (Vgl. Rawls 1993, 36ff. und 58ff. sowie Habermas 1997, 184ff.)

Zum anderen ist es möglich, daß manche Weltanschauungen - auch solche, die als "reasonable" eingestuft werden können - und die mit ihnen verbundenen Lebensformen unter einer liberalen Gesellschaftsordnung nicht bestehen können. Wenn z.B. die Mitglieder einer traditionellen Wertegemeinschaft unter den Einfluß moderner Ideen geraten, kann es geschehen, daß sie ihr Weltbild revidieren und sich in großer Zahl von ihrer bisherigen Lebensweise lossagen. Der liberale Staat ist in diesem Fall nicht verpflichtet, Maßnahmen zum Schutz der gefährdeten Gemeinschaft zu ergreifen. Er handelt vielmehr nur im Einklang mit dem Ideal der Neutralität, wenn er in den freien Wettbewerb der Meinungen nicht eingreift. Denn das Ideal der Neutralität bezieht sich auf die Unparteilichkeit der im Staat angewandten Verfahren; es impliziert nicht, daß das staatliche Regelsystem den verschiedenen Konzeptionen vom guten Leben die gleichen Erfolgsaussichten bieten muß. (Vgl. Larmore 1994, 45ff.)

Der kurze Rekurs auf Rawls' Neutralitätskonzeption läßt sichtbar werden, welche Vorbehalte von einem liberalen Standpunkt aus gegen die aristotelische Fähigkeitenethik bestehen. Die Fähigkeitenethik legt in der im dritten Abschnitt wiedergegebenen Liste konkrete Standards fest, nach denen die Qualität eines menschlichen Lebens beurteilt werden soll. Aus dieser Vorstellung vom guten Leben leitet sie das oberste Ziel des staatlichen Handelns ab, nämlich die Gesellschaft so zu gestalten, daß die Fähigkeiten-Sets der Bürger ein angemessenes Niveau erreichen. Das Staatsverständnis der Fähigkeitenethik basiert auf einer spezifischen Weltanschauung, von der nicht vorausgesetzt werden kann, daß sie von allen Gesellschaftsmitgliedern geteilt wird. Aus liberaler Sicht verfehlt die Fähigkeitenethik daher die Anforderungen, die das "Faktum des Pluralismus" an die Rechtfertigung der staatlichen Grundordnung stellt. Die ausdrückliche Berufung auf eine Konzeption vom guten Leben birgt zudem ernste Gefahren für die Freiheitsrechte der Individuen. Wenn der Staat in erster Linie der Realisierung einer bestimmten Idee vom Guten dienen soll, kann er seinen Bürgern das Recht, ihr Leben nach eigenem Gutdünken zu gestalten, nicht uneingeschränkt zugestehen.

Die Vertreter der Fähigkeitenethik beggnen der liberalen Kritik mit zwei Argumenten;
a) bestreiten sie, daß der Liberalismus selbst dem Ideal der Neutralität vollkommen entsprechen kann, und verweisen darauf, daß sowohl die Praxis liberaler Staaten als auch Rawls' Theorie Elemente einer Konzeption vom guten Leben enthalten; (18)
b) machen sie geltend, daß sie ihre Konzeption vom guten Leben auf einem hohen Abstraktionsniveau formulieren und den Bürgern die Wahl zwischen einer großen Zahl sehr verschiedenartiger Lebenspläne belassen.

a) Martha Nussbaum konstatiert, daß gegenwärtig kein moderner westlicher Staat seine Sozialpolitik darauf beschränkt, finanzielle Mittel zu transferieren, über die die Bürger entsprechend ihrer jeweiligen Lebensziele frei verfügen können: "Governments do not, in fact, completely stay out of the buisness of choosing to support certain human functions rather than others. No modern state simply puts income and wealth into the citizens' pockets; instead, programs are designed to support certain areas of life - health, education, defense, and so forth." (Nussbaum 1990a, 212) Hinter der Förderung der genannten Lebensbereiche steht Nussbaum zufolge die Überzeugung, daß die subventionierten Güter unentbehrlicher Bestandteil eines guten Lebens sind. Wenn der Sozialstaat z.B. öffentliche Mittel für die Gesundheitsversorgung bereitstellt - anstatt sie den

Bürgern direkt auszuzahlen, so daß die Verwendung in ihrem Belieben steht - lasse das darauf schließen, daß der Besitz einer guten Gesundheit als für alle Gesellschaftsmitglieder wertvoll erachtet werde. Ähnliche Vorstellungen lägen auch der Einrichtung sozialer Zwangsversicherungen, der Förderung von Bildungs- und Kultureinrichtungen, der steuerlichen Begünstigung von Familien sowie zahlreichen weiteren Regelungen zugrunde. Letztlich muß, so Nussbaum, jede Entscheidung über die Art der im Sozialstaat zu verteilenden Ressourcen auf konkreten Annahmen beruhen, worin das Gute für den Menschen besteht.

Auch auf der theoretischen Ebene ist nach Nussbaums Auffassung der Graben zwischen dem liberalen und dem neoaristotelischen Staatsverständnis der Fähigkeitenethik nicht so breit, wie es auf den ersten Blick erscheinen mag. Bei näherer Betrachtung lasse Rawls' Theorie eine beachtliche Nähe zu zentralen aristotelischen Ideen erkennen. In seinem Hauptwerk "A Theory of Justice" stützt sich Rawls auf eine empirische These über die Natur des Menschen, die er explizit als "aristotelischen Grundsatz" bezeichnet. Der "aristotelische Grundsatz" besagt, daß die Menschen danach streben, ihre Fähigkeiten zu entwickeln und auszuüben, und daß ihr Interesse an der Ausübung komplizierter Fähigkeiten größer als an der Ausübung anspruchsloser Fähigkeiten ist. (Vgl. Rawls 1975a, 463ff.) (19) Diese motivationale Ausrichtung erklärt nach Rawls' Auffassung auch den besonderen Wert, den das Leben in der Gemeinschaft für die Menschen besitzt. Da sie ihre Fähigkeiten in der Regel nur im Zusammenspiel mit anderen ausprägen und in die Praxis umsetzen können, wären sie als isolierte Einzelwesen nicht in der Lage, ihre wichtigsten Ziele zu erreichen. (Vgl. Rawls 1975a, 565ff.)

In seinen neueren Publikationen bringt Rawls auch bei der Beschreibung der Personen, die im Urzustand die Gerechtigkeitsprinzipien wählen, nach denen die Gesellschaft organisiert werden soll, den Fähigkeitenbegriff ins Spiel. Rawls betrachtet nun die Personen im Urzustand "(...) als durch zwei moralische Vermögen und zwei ihnen korrespondierende höchstrangige Interessen an der Verwirklichung und Ausübung dieser Vermögen gekennzeichnet." (Rawls 1992, 93) Mit den zwei moralischen Vermögen meint Rawls die Fähigkeit, einen Gerechtigkeitssinn zu entwickeln, und die Fähigkeit, eine vernünftige Konzeption vom Guten zu bilden. Der Gerechtigkeitssinn erlaubt den Menschen, die Ansprüche der anderen anzuerkennen, und qualifiziert sie so für das gesellschaftliche Zusammenleben. Er ist die Grundlage der sozialen Kooperation in der "wohlgeordneten Gesellschaft". Die Fähigkeit, eine eigenständige Konzeption vom Guten zu bilden, weist den Menschen als rationalen Akteur aus, der seine Lebensziele und die zu ihrer Realisierung zu beschreitenden Wege vernunftgemäß bestimmen kann.

Nussbaum zufolge offenbaren die genannten Theoriekomponenten die Präsenz essentialistischer Grundannahmen in Rawls' Denken. Auch Rawls komme nicht umhin, die Gemeinschaftsorientierung, die praktische Vernunft und das Interesse an der Entwicklung und Ausübung zentraler Fähigkeiten als Konstanten der menschlichen Natur anzuerkennen. Diese Charakteristika der menschlichen Existenz seien schon in der Beschreibung des Urzustands enthalten und würden somit der Anfechtung durch die Vertragsparteien entzogen. In der Konsequenz müßten sie als "notwendige Einschränkung jedes Ergebnisses" wirken, für das sich die Vertragsparteien im Urzustand entscheiden können. (Vgl. Nussbaum 1993a, 343 und 1990a, 226ff.) (20)

Die Personen im Urzustand beschließen über die gesellschaftliche Verteilung von Grundgütern. Die Grundgüter, das sind individuelle Freiheiten, Chancen, Einkommen, Vermögen und die sozialen Grundlagen der Selbstachtung, bezeichnet Rawls als "all-purpose means". Ihre Verfügbarkeit muß von jeder vernünftigen Konzeption vom guten Leben vorausgesetzt werden. Gleichgültig welcher Konzeption die Individuen anhängen, sie bedürfen zur Verwirklichung ihrer Lebenspläne eher mehr als weniger der genannten Grundgüter. Rawls' Idee ist hier, daß der Staat seiner Neutralitätspflicht nur genügen kann, wenn er seine distributiven Aktivitäten auf Güter beschränkt, die für alle konkurrierenden Konzeptionen vom Guten einen instrumentellen Wert besitzen und sich somit aus der Perspektive jeder Weltanschauung als nützlich begreifen lassen. Er räumt jedoch ein, daß sich die Auswahl der Grundgüter auf eine "schwache Theorie vom Guten" ("thin theory of the good") stützen muß, die sehr allgemeine Aussagen über den Gehalt eines wertvollen menschlichen Lebens trifft. Rawls erkennt an, daß es nur auf Basis einer solchen "schwachen Theorie vom Guten" möglich ist, die Ressourcen zu identifizieren, die zur Realisierung eines jeden vernünftigen Lebensplans erforderlich sind. Die Gerechtigkeitstheorie benötigt zumindest elementare Kenntnisse vom Guten für den Menschen, um zu bestimmen, welche Ressourcen als universell verwertbare Grundgüter für die gesellschaftliche Distribution in Frage kommen. (Vgl. Rawls 1975a, 433ff. und Kap. 7.1.2)

Nach Ansicht der Fähigkeitenethiker zeigt Rawls' explizite Berufung auf eine "schwache Theorie vom Guten", daß der Unterschied zwischen der liberalen und der neoaristotelischen Position nicht prinzipieller Art ist. Beide Theorien verankern ihre Distributionskriterien in Listen, die der Grundgüter einerseits und die der Fähigkeiten andererseits, die auf substantiellen Aussagen über das Gute für den Menschen fußen. Aus dieser Perspektive gestehen die Fähigkeitenethiker der Theorie vom Guten lediglich mehr Gewicht zu, da sie die Voraussetzungen eines wertvollen menschlichen Lebens in der Fähigkeitenliste ausführlicher darlegen als Rawls in seiner Grundgüterkonzeption. Der graduelle Unterschied zwischen den beiden Theorien wird zudem durch aktuelle Entwicklungstendenzen im Rawlsschen Werk weiter verringert. Rawls hat in seinen neueren Veröffentlichungen eine Erweiterung der Grundgüterliste erwogen, die sie der Fähigkeitenliste merklich annähern würde: "Provided due precautions are taken, we can, if need be, expand the list to include other goods, for example, leisure time, and even certain mental states such as freedom from physical pain." (Rawls 1993, 181f.) (21)

b) Ein zentraler Einwand liberaler Theoretiker gegen den Aristotelismus lautet, daß er den Individuen unter Berufung auf seine spezifische Vorstellung vom Guten eine bestimmte Lebensweise verbindlich vorschreibt. Martha Nussbaum argumentiert dagegen, daß die in der Fähigkeitenethik formulierte Lesart der aristotelischen Philosophie eine starke pluralistische Komponente enthält. In Abgrenzung gegen John Rawls' "thin theory of the good" bezeichnet sie die Konzeption der Fähigkeitenethik als "thick vague theory of the good". Die Konzeption ist "dick", weil sie substantielle Aussagen über den Inhalt eines guten menschlichen Lebens trifft. Im Gegensatz zur Rawlsschen Gerechtigkeitstheorie, die sich auf die Bestimmung der zur Verfolgung vernünftiger Lebenspläne erforderlichen Mittel beschränkt, definiert die Fähigkeitenethik die Zwecke des menschlichen Lebens. Der entscheidende Gesichtspunkt im Hinblick auf die Kritik der liberalen Opponenten ist, daß die Festlegung dieser Zwecke in einer sehr "vagen" Form erfolgt. Die in der Fähigkeitenliste aufgeführten Funktionen sind Nussbaum zufolge bewußt so allgemein gefaßt, daß sie eine Vielzahl sehr unterschiedlicher Lebensweisen zulassen: "Some conceptions of the good are (...) ruled out by the insistence on our list of functionings. But many alternatives are left in. For corresponding to each of the vague functions there is an indefinite plurality of concrete specifications that may be imagined, in accordance with circumstances and tastes." (Nussbaum 1990a, 235) Beispielsweise ist die Ausübung der unter Punkt 7 genannten Funktion, an familiären und sozialen Interaktionen zu partizipieren, nicht an ein bestimmtes Gemeinschaftsideal gebunden. Den Individuen wird keine besondere Gemeinschaftsform, wie etwa die bürgerliche Ehe, vorgegeben, sondern es steht ihnen frei, sich für eine der vielen alternativen Modi des Zusammenlebens zu entscheiden. Desgleichen zielen die im zweiten Punkt der Fähigkeitenliste verankerten "opportunities for sexual satisfaction" nicht auf eine Normierung des individuellen Sexualverhaltens. Ihre Aufnahme in den Katalog der Fähigkeiten intendiert lediglich den Ausschluß von Praktiken, die - wie die in einigen afrikanischen Gesellschaften übliche Klitorisbeschneidung - das Erleben sexueller Befriedigung grundsätzlich zu verhindern trachten. (22)

Neben der "vagen" Formulierung der Funktionen sorgt aus Nussbaums Sicht auch der Vorrang, der dem Kriterium der Fähigkeit gegenüber dem Kriterium der Funktion in ihrer Konzeption eingeräumt wird, für einen effektiven Schutz der individuellen Entscheidungsfreiheit im neoaristotelischen Wohlfahrtsstaat. Das Ziel einer an der Fähigkeitenethik orientierten Sozialpolitik könne nicht sein, eine bestimmte Lebensweise in der Gesellschaft durchzusetzen, sondern es müsse ihr immer darum gehen, die Bürger zur Wahl wertvoller Funktionen zu befähigen. Ein Individuum, das eine als wichtig erachtete Fähigkeit besitze, sei nicht gezwungen, die mit dieser Fähigkeit korrespondierenden Funktionen auch zu realisieren. Beispielsweise könne sich ein Gesellschaftsmitglied, das über ausreichende "opportunities for sexual satisfaction" verfügt, jederzeit entschließen, auf sexuelle Kontakte zu verzichten. Die Fähigkeitenethik schränke die sexuelle Selbstbestimmung der Individuen nicht ein, sondern schaffe im Gegenteil erst die argumentative Grundlage, von der aus rechtliche Regelungen und soziale Praktiken, die in das individuelle Selbstbestimmungsrecht eingreifen, kritisiert werden können.

In diesem Zusammenhang hebt Nussbaum auch die "architektonische" Rolle hervor, die die praktische Vernunft in der Fähigkeitenethik spielt. Wie bereits im dritten Abschnitt dargelegt, ist die Ausprägung des Vermögens, rationale Entscheidungen treffen zu können, ein wichtiges Anliegen der Fähigkeitenethik. Nach Nussbaums Überzeugung können die in der Fähigkeitenliste aufgeschlüsselten Fähigkeiten nur von Individuen, die mit praktischer Vernunft ausgestattet sind, situationsgerecht realisiert werden. Der Wert der individuellen Entscheidungsfreiheit werde daher von der Fähigkeitenethik keineswegs in Frage gestellt, sondern als integraler Bestandteil der gesamten Konzeption gewürdigt. (Vgl. Nussbaum 1988, 152f. und 1993a, 341ff.)

Der Fähigkeitenethik muß zugestanden werden, daß die Kluft zwischen ihrer Deutung der aristotelischen Ethik und liberalen Positionen weitaus geringer ist, als die Kritik der liberalen Theoretiker zunächst vermuten läßt. Im ersten Teil ihrer Erwiderung kann Nussbaum am Beispiel der Rawlsschen Gerechtigkeitskonzeption zeigen, daß auch liberale Theorien zumindest sehr allgemein formulierte Vorstellungen vom guten menschlichen Leben enthalten müssen. Im zweiten Teil ihrer Erwiderung verweist sie zu recht darauf, daß der individuellen Entscheidungsfreiheit auch im Rahmen der Fähigkeitenethik eine besondere Bedeutung zukommt. Dennoch gelingt es ihr meines Erachtens nicht, alle Bedenken zu zerstreuen, die aus liberaler Sicht geäußert wurden.

Nussbaum hat in ihrer Argumentation vor allem zwei Eigenschaften der Fähigkeitenethik betont: Zum einen hat sie hervorgehoben, daß die Fähigkeitenethik mit einem unbestimmten, zahlreiche Variationen zulassenden Begriff der Funktion operiert; zum anderen hat sie herausgestellt, daß das theoretisch entscheidende Kriterium nicht das tatsächliche Funktionieren der Individuen ist, sondern ihre Fähigkeit, adäquate Funktionen wählen zu können. Meiner Auffassung nach ist besonders der zweite Teil der Argumentation problematisch. Obwohl das Kriterium der Fähigkeit zweifellos ein Element der individuellen Wahl beinhaltet, darf nicht übersehen werden, daß hier ein prinzipieller Unterschied zu liberalen Theorien besteht. Im Gegensatz etwa zur Rawlsschen Theorie, die keine Aussage darüber trifft, wie die Individuen ihre Ressourcen nutzen sollen, wird die individuelle Wahl in der Fähigkeitenethik nicht ergebnisoffen konzipiert. Die den Fähigkeiten korrespondierenden Funktionen geben den Individuen genau vor, auf welche Aktivitäten oder Zustände ihre Entscheidungen zielen sollen.

Die Verknüpfung von "capabilities" und "functions" wirkt sich auch auf das Staatsverständnis der Fähigkeitenethik aus. Wie im vorigen Abschnitt beschrieben, sollen alle staatlichen Institutionen primär dazu dienen, die Fähigkeiten der Individuen zu fördern. Der entscheidende Gesichtspunkt ist nun, daß sich die staatliche Förderung der individuellen Fähigkeiten immer an den als wichtig erachteten Funktionen zu orientieren hat. Die Individuen sollen nicht zu beliebigen, von ihnen selbst zu bestimmenden Zwecken, sondern zur Realisierung genau festgelegter Funktionen befähigt werden. Beispielsweise muß das staatliche Erziehungssystem bestrebt sein, die Individuen so zu formen, daß sie sich für die "richtigen" Funktionen entscheiden. Der Erfolg der Erziehung wird in erster Linie danach zu beurteilen sein, inwieweit es ihr gelingt, das individuelle Wahlverhalten zu prädeterminieren. Würde eine große Zahl von Bürgern ihr Leben auf eine Weise gestalten, die sich nach den Maßstäben der Fähigkeitenethik als unzulänglich darstellt, wäre das als Versagen der mit der Erziehung betrauten Institutionen zu werten.

Wenn die Erziehung aber Erfolg hätte, würde sie den Spielraum, den die Individuen bei der Entscheidung zwischen konkurrierenden Konzeptionen vom Guten und den entsprechenden Lebensplänen haben, nicht unwesentlich einschränken. Die Individuen hätten dann die Wertungen der Fähigkeitenethik derart internalisiert, daß sie aus "freien Stücken" nur noch für die von ihr ausgezeichneten Funktionen optieren würden. Dadurch würden genuine Wahlentscheidungen zwar nicht ausgeschlossen, denn die Funktionen sind ja "vage" formuliert und gestatten den Individuen, zwischen vielfältigen Konkretisierungsmöglichkeiten zu wählen. Ausgeschlossen würde aber die Wahl von Lebensweisen, die dem von der Fähigkeitenethik gezeichneten Bild vom guten menschlichen Leben grundsätzlich widersprechen. Beispielsweise könnte ein Individuum, das die Ansicht verinnerlicht hat, die Teilnahme an familiären oder sozialen Interaktionen sei ein essentieller Bestandteil des Guten, keine gemeinschaftsferne Lebensform wählen. Desgleichen könnte sich ein Individuum, das gelernt hat, in ausreichender Nahrungsaufnahme und sexueller Befriedigung grundlegende Werte zu sehen, nicht zu einem asketischen Lebensstil entschließen. In beiden Fällen ist die von der Fähigkeitenethik ausgeschlossene Konzeption vom Guten im Rawlsschen Sinne als "reasonable" zu qualifizieren. Weder eine eigenbrötlerische noch eine asketische Lebensweise verstößt gegen das Toleranzgebot, das aus dem "Faktum des Pluralismus" abgeleitet wurde. Ihre diskriminierende Behandlung durch staatliche Institutionen ist folglich mit dem liberalen Neutralitätsideal nicht vereinbar.

Ein weiteres Problem stellt sich auf der sozialpolitischen Anwendungsebene. Eine an der Fähigkeitenethik ausgerichtete Sozialpolitik muß zuverlässig unterscheiden können, ob die Individuen vorhandene Fähigkeiten nur schlecht nutzen oder ob sie über die betreffenden Fähigkeiten gar nicht verfügen. Nussbaum und Sen haben wiederholt klargestellt, daß der Staat im erstgenannten Fall die individuelle Ausübung der Fähigkeiten uneingeschränkt respektieren muß. Wenn die Individuen über ein angemessenes Fähigkeiten-Set verfügen, gebe es keine Rechtfertigung für paternalistische Eingriffe des Staates. Im letztgenannten Fall hingegen seien staatliche Hilfsleistungen nicht nur erlaubt, sie seien sogar zwingend geboten. Wenn die Fähigkeiten-Sets der Individuen inakzeptable Defizite aufweisen, müsse ihnen in geeigneter Form Unterstützung gewährt werden.

Welche Schwierigkeiten die geforderte Unterscheidung bereiten kann, läßt sich mit Hilfe eines der oben angeführten Beispiele veranschaulichen. Stellen wir uns vor, das Individuum X entschließt sich, der menschlichen Gemeinschaft zu entsagen und ein Leben als Eremit zu führen. X sieht sich nicht durch äußere Umstände, etwa die gesellschaftliche Ächtung seiner Person, zu diesem Schritt gedrängt. Die sozialen Rahmenbedingungen geben ihm ausreichend Gelegenheit, an verschiedenen Formen des gemeinschaftlichen Lebens teilzunehmen; es ist also unstrittig, daß er über den externen Aspekt ("E-capability") der in Frage stehenden Fähigkeit verfügt. Nun gibt es zwei Möglichkeiten, seinen Entschluß zu deuten. Zum einen kann man die Entscheidung für das Eremitendasein als Ausdruck einer individuellen Präferenz interpretieren, die X zu befriedigen trachtet. Nach dieser Lesart gibt es keinen Grund für eine staatliche Intervention, denn ihr zufolge macht X lediglich von seiner Freiheit Gebrauch, eine bestimmte Fähigkeit nicht zu realisieren. Zum anderen kann man in der Entscheidung von X aber auch einen Hinweis auf eine defizitäre Fähigkeit sehen. Beispielsweise läßt sich aus Xs Präferenz für das Eremitendasein schließen, daß er den Wert des gemeinschaftlichen Lebens nicht genügend zu schätzen gelernt hat oder daß seinem Entschluß traumatische Erfahrungen mit gemeinschaftlichen Lebensformen vorausgegangen sein müssen. Diese Auslegung deutet darauf hin, daß es X an dem erforderlichen internen Vermögen ("I-capability") mangelt, um verantwortlich entscheiden zu können, welche Lebensweise für ihn geeignet ist. Sie läßt es geboten erscheinen, X einer Nachschulung oder einer Therapie zu unterziehen, die ihn zur Wahl wertvoller Funktionen befähigt.

Die Vertreter der Fähigkeitenethik benennen kein Kriterium - und vermutlich läßt sich auch prinzipiell kein Kriterium angeben -, das eine zweifelsfreie Entscheidung für eine der beiden dargelegten Interpretationen gestatten würde. Eine an der Fähigkeitenethik orientierte Sozialpolitik wird daher die Grenze, die ihren Verantwortungsbereich von den individuellen Freiräumen trennt, nicht klar erkennen können. Es besteht die Gefahr, daß sie in vielen Fällen unter Berufung auf die zuletzt beschriebene Lesart massiv in individuelle Freiheitsrechte eingreifen wird. Die aufgezeigten Probleme machen meines Erachtens deutlich, daß die Fähigkeitenethik den Anforderungen eines liberalen Rechtsstaates nicht vollauf genügen kann. Letztlich ist es gerade die Anbindung des "Resource"-Kriteriums Fähigkeit an das "Welfare"-Kriterium Funktion, die sie mit wichtigen Elementen des Rechtsstaates in Konflikt geraten läßt.

Anmerkungen

(1): Der wohl wichtigste Unterschied zwischen den beiden Theoretikern besteht darin, daß Nussbaum die von ihr als wertvoll erachteten menschlichen Fähigkeiten in einer Liste explizit benennt (siehe Abschnitt 3), während Sen eine derartige Festlegung bewußt vermeidet. Sen geht es primär um den Nachweis, daß "Fähigkeiten" die angemessene Maßeinheit für die Bewertung von Verteilungen darstellen. Mit dem Fähigkeitenkriterium sind seiner Auffassung nach verschiedene Theorien vom Guten vereinbar; Nussbaums Fähigkeitenliste betrachtet er insofern nur als eine von mehreren möglichen Konkretisierungen. (Vgl. Sen 1993, 46ff. und Qizilbash 1998, 52ff.) Allerdings läßt sich, wie David Crocker gezeigt hat, aus den vielzähligen Beispielen, die Sen in seinen Arbeiten für wertvolle menschliche Fähigkeiten anführt, eine Liste zusammenstellen, die mit der Darstellung Nussbaums weitestgehend übereinstimmt. (Vgl. Crocker 1995, 174ff.)

(2):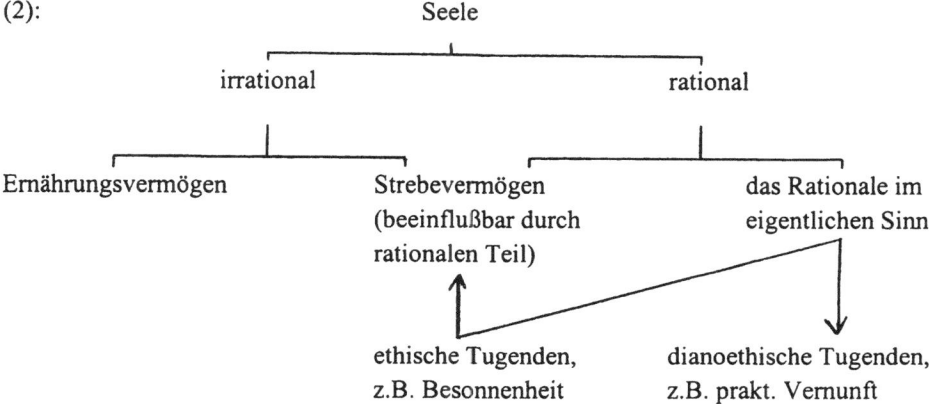

(3): In dem Aufsatz "Non-Relative Virtues" führt Martha Nussbaum eine vollständige Aufstellung der elementaren menschlichen Erfahrungsbereiche ("spheres of grounding experiences") und der korrespondierenden Tugenden an. (Vgl. Nussbaum 1993b, 246)

(4): Die Aussage, daß die ethischen Tugenden durch Gewöhnung erworben werden müssen, steht prima facie in Widerspruch zu der Rolle, die Aristoteles der praktischen Vernunft zuweist. Wenn man unter Gewöhnung das gedankenlose Einüben bestimmter Verhaltensmuster versteht, ist nicht nachzuvollziehen, wie der Heranwachsende zu selbständigen Handlungsentscheidungen befähigt werden kann. Es bietet sich daher an, den Begriff "Gewöhnung" im Sinne einer Anleitung zu sensiblem Wahrnehmen von Situationen und Treffen von vernünftigen Entscheidungen zu deuten: "(...) Habituation is not mindless drill, but a cognitive shaping of desires through perception, belief, and intention. These capacities are involved in acting *from* character, and, to a different extent and degree, in *acquiring* character." (Sherman 1989, 7)

(5): In Opposition zu universalistischen Positionen in der Ethik haben in jüngster Zeit besonders kommunitaristische Autoren auf die Bedeutung kulturspezifischer Werte verwiesen. (Vgl. MacIntyre 1987, 1988 und 1993; Taylor 1993; Walzer 1990a, 1990b und 1992)

(6): Ich werde die Frage, inwieweit die Fähigkeitenethik Behinderten Ansprüche an die staatliche Gemeinschaft zugesteht, noch einmal im vierten Abschnitt aufgreifen. Dort werde ich unter Punkt b erörtern, welche Konsequenzen es hat, daß nur Individuen, die über "Basic-Capabilities" verfügen - d.h. über ein Potential, das sich durch geeignete Unterstützung entwickeln läßt -, als anspruchsberechtigt gelten.

(7): Zwischen der Methode, die Nussbaum im Anschluß an Aristoteles entwickelt, und dem zu Beginn der Arbeit vorgestellten Verfahren des Überlegungsgleichgewichts besteht eine auffallende Ähnlichkeit. (Vgl. Kap. 2.1)

(8): Die geschilderte Vorgehensweise muß wohl als langfristiges Ziel der Fähigkeitenethiker verstanden werden. Das anspruchsvolle und aufwendige Projekt eines interkulturellen Vergleichs ist zum jetzigen Zeitpunkt bestenfalls ansatzweise realisiert worden. (Vgl. Nussbaum/Sen 1989, 1993 und Nussbaum 1993a) Über seine theoretischen Erträge lassen sich daher noch keine zuverlässigen Urteile fällen.

(9): Die These, daß bestimmte natürliche Charakteristika die Menschen über alle kulturellen Divergenzen hinweg verbinden, hat auch in anderen wissenschaftlichen Disziplinen prominente Vertreter gefunden. Im Bereich der Psychologie hat Abraham Maslow argumentiert, daß es fünf hierarchisch angeordnete Gruppen von Grundbedürfnissen - physiologische Bedürfnisse, Sicherheitsbedürfnisse, usw. - gebe, von denen anzunehmen sei, daß sie alle Menschen ungeachtet ihrer unterschiedlichen kulturellen Prägungen besäßen. (Vgl. Maslow 1954, 80ff.) Im Bereich der Rechtsphilosophie hat Herbert Hart versucht, aus "natürlichen Fakten" des menschlichen Daseins - Überlebenswille, Verletzlichkeit, usw. - inhaltliche Mindestanforderungen abzuleiten, denen jedes Rechtssystem genügen muß. (Vgl. Hart 1994, 185ff.)

(10): Martha Nussbaum pointiert den Unterschied zum Präferenzutilitarismus wie folgt: "The basis does not (...) depend upon the presence of a desire for these functionings, or a need that is felt by the subject as such. A person who has been taught, in circumstances of deprivation, not to want the functionings in question still has a claim to them; for there is in the person right now a condition that demands that functioning as its fulfilment." (Nussbaum 1988, 169)

(11): G. Cohen hat vorgeschlagen, alternativ den Terminus "midfare" zu verwenden, dessen Bedeutungsgehalt er wie folgt erläutert: "The difference between midfare and capability (properly so called) will perhaps become more evident if we reflect a little about small babies. Small babies do not sustain themselves through exercise of capability. But it is false that, in the case of babies, goods generate utility and nothing else worth mentioning. When food is assigned for the consumption of either a baby or an adult, each is enabled to be nourished. The fact that only the adult is able to nourish himself does not mean that he alone gets midfare. The baby gets it too. Hence midfare, the product of goods which, in turn, generates utility, is not co-extensive with capability, and 'capability' is therefore a bad name for midfare." (Cohen 1993, 20)

(12): Die Überzeugung, daß sich das Augenmerk der Gerechtigkeitstheorie nicht auf das faktische Wohlergehen der Individuen, sondern auf ihre das Wohlergehen betreffenden Realisierungschancen zu richten habe, wird auch von R. Arneson und G. Cohen geteilt. Arneson nennt die Maßeinheit, die im Mittelpunkt seiner Konzeption steht "opportunity for welfare"; Cohen spricht in seinem Entwurf von "access to advantage". (Vgl. Arneson 1989, 90ff.; Cohen 1989, 916ff.; Roemer 1993, 146ff. und 1996, 263ff.)

(13): Sen gibt noch weitere Möglichkeiten an, wie zumindest eine partielle Ordnung erreicht werden könnte; das hier angeführte Beispiel beschreibt nur den einfachsten Fall. (Vgl. Sen 1985, 16 und 33ff. sowie 1987b, 29ff.)

(14): Sen hat auf einen vergleichbaren Einwand Bernard Williams mit den Hinweis geantwortet, daß nicht einzelne Fähigkeiten, sondern nur ganze Fähigkeiten-Sets miteinander verglichen werden sollen. Seine kursorische Replik kann die Kritik aber nicht wirksam entkräften, denn selbst wenn der Vergleich immer Fähigkeiten-Sets umfaßt, bleibt die Frage bestehen, welchen Stellenwert die verschiedenen Elemente der Sets haben.

(15): Nozick im Wortlaut: "(...) The holdings of a person are just if he is entitled to them by the principles of justice in acquisition and transfer, or by the principle of rectification of injustice (...). If each person's holdings are just, then the total set (distribution) of holdings is just. (Nozick 1978, 153)

(16): Sen bezeichnet mit dem Begriff "basic capabilities" im Gegensatz zu Nussbaum nicht natürliche Anlagen, die es zu entwickeln gilt, sondern Fähigkeiten, denen eine besonders grundlegende Bedeutung zukommt. Er schreibt: "The term 'basic capabilities' (...) was intended to separate out the ability to satisfy certain crucially important functionings up to certain minimally adequate levels. (Sen 1993, 41; vgl. 1982a, 367ff.)

Beachtenswert sind die Einwände, die David Charles gegen Nussbaums Aristoteles-Interpretation vorgebracht hat. Charles vertritt die Auffassung, daß Aristoteles nicht beabsichtigte, die Fürsorge der Polis auf alle Menschen auszudehnen, die über "B-capabilities" verfügten. Er versucht, an Hand verschiedener Textstellen nachzuweisen, daß Aristoteles den Bauern und Handwerkern zwar im Gegensatz zu den Frauen und Sklaven den Besitz von "B-capabilities" zuerkannt hat, ihnen aber gleichzeitig das Bürgerrecht vorenthalten wollte. Aristoteles' Grund für die Ausgrenzung dieser Bevölkerungsgruppen sei nicht ihr (vermeintlicher) Mangel an tugendhaften Anlagen, sondern ihr (vermeintlicher) Mangel an faktisch ausgeprägten Tugenden gewesen. Die perfektionistische Zielsetzung der aristotelischen Konzeption bezieht sich Charles zufolge ausschließlich auf die Mitglieder der politischen Gemeinschaft. Das jeder Polis vorgegebene Telos, ihre Bürger zu einem glückseligen Leben zu führen, impliziere nicht, daß alle Individuen, die zu einem tugendhaften Leben befähigt wären, auch den Bürgerstatus erhalten müßten. (Vgl. Charles 1990, 190ff.)

(17): Nussbaum setzt offenbar voraus, daß sich das Ziel, die Entwicklung wichtiger menschlicher Fähigkeiten zu fördern, am besten durch umfassende Aktivitäten des Staates realisieren läßt. Diese Annahme ist jedoch nicht unstrittig. Beispielsweise hat Wilhelm von Humboldt, obschon auch er glaubte, daß der "wahre Zweck des Menschen" in der Entfaltung seiner wertvollen Anlagen liegt, sozialstaatliche Eingriffe entschieden abgelehnt. Humboldt war überzeugt, daß sozialstaatliche Praktiken kontraproduktiv sind, weil sie die Individuen sehr rasch an fremde Hilfe gewöhnen und ihnen jeden Anreiz nehmen, eigene Anstrengungen zur Ausbildung ihrer Talente zu unternehmen. (Vgl. Humboldt 1967, 22 und 32f. sowie Kliemt 1995, 36ff.) Meines Wissens läßt Nussbaum nur an einer Stelle Zweifel anklingen, ob sozialstaatliche Maßnahmen ein probates Mittel zur Förderung aller relevanten Fähigkeiten darstellen. In dem Aufsatz "Menschliches Tun und soziale Gerechtigkeit" bemerkt sie, daß die Fähigkeit der sozialen Bindung und die Fähigkeit der praktischen Vernunft primär durch die "eigenen Kräfte zur Entscheidung und Selbstbestimmung" entwickelt werden, so daß es in der Regel keiner sozialstaatlichen Interventionen bedarf. Obwohl damit gerade die Fähigkeiten angesprochen sind, die eine "architektonische Funktion" für das gesamte Gerüst der Fähigkeiten erfüllen, wird der Gedankengang nicht weiter ausgeführt. (Vgl. Nussbaum 1993a, 338f.)

(18): Die Möglichkeit einer neutralen Staatsrechtfertigung wird auch von einigen Anhängern einer liberalen Gesellschaftsordnung in Abrede gestellt. (Vgl. Galston 1991, 79ff. und Waldron 1986, 146)

(19): Zu betonen ist, daß Rawls mit dem "aristotelischen Grundsatz" eine deskriptive Aussage über Ziele trifft, die die Menschen im allgemeinen erreichen wollen. Es handelt sich also im Unterschied zur metaphysisch aufgeladenen Theorie von Aristoteles nicht um eine normative Aussage über ein den Menschen vorgegebenes Telos. Folgerichtig läßt Rawls die Möglichkeit zu, daß auch Menschen, die nicht den im "aristotelischen Grundsatz" genannten Zielen nacheifern, einen vernünftigen Lebensplan verfolgen können. (Vgl. Rawls 1975a, 471f. und Kersting 1998b. 220ff.)

(20): Martha Nussbaum führt das ausschließliche Interesse der Rawlsschen Theorie an der Verwirklichung und Ausübung der beiden moralischen Vermögen, auf den Einfluß der kantischen Moralphilosophie zurück. (Vgl. Nussbaum 1990a, 242f.)

(21): Ein interessanter Versuch, Rawls' Grundgüterkonzeption sinnvoll zu erweitern, liegt in den Arbeiten Norman Daniels' vor. Daniels' Beweggrund für den Ausbau der Grundgüterkonzeption rührt aus der Einsicht her, daß die Chancen der Individuen, ihre Vorstellungen von ihrem persönlichen Wohl in der Gesellschaft zu verwirklichen, in starkem Maße von Faktoren, wie Gesundheit oder Bildung, abhängen. Er schlägt deshalb vor, daß unter dem Grundgut der Chancen nicht, wie von Rawls vorgesehen, lediglich der Zugang zu beruflichen Karrieren und öffentlichen Ämtern, sondern auch der Zugang zu Gesundheits- und Bildungseinrichtungen verstanden werden soll. (Vgl. Daniels 1981, 160ff. und 1990, 276ff. sowie Koller 1987, 131)

(22): Das Beispiel verweist noch einmal auf den im zweiten Abschnitt diskutierten Einwand der Partikularisten, daß die Fähigkeitenethik kulturell bedingte Unterschiede in den divergierenden Auffassungen vom guten menschlichen Leben nicht ausreichend berücksichtige. Nussbaum macht dagegen geltend, daß die "Vagheit" der von der Fähigkeitenethik postulierten Konzeption vom Guten eine Vielzahl lokaler Konkretisierungen ("local specifications") zulasse. Zwar könnten kulturspezifische Traditionen, die dem Imperativ der menschlichen Natur nicht gehorchten und auf die Unterdrückung wichtiger Fähigkeiten angelegt seien, keine Akzeptanz finden. Den Individuen verbleibe aber ein weiter Spielraum, um die Werte, die ihre kulturelle Identifikation bestimmen, in ihre Lebenspläne einzubeziehen. (Vgl. Nussbaum 1990a, 234ff.)

7. "Resource"-Theorien

Die einflußreichsten "Resource"-Theorien sind von John Rawls in seinem 1971 erschienenen Hauptwerk "A Theory of Justice" und von Ronald Dworkin in zwei im Jahre 1981 unter dem Titel "What is Equality?" publizierten Aufsätzen entwickelt worden. Im Mittelpunkt der Darstellung werden die Antworten stehen, die die beiden Theorien auf die zweite Frage der Verteilungsgerechtigkeit – was soll bei einer Verteilung berücksichtigt werden – geben. Die besondere Fragestellung, unter der die beiden Ansätze betrachtet werden, bringt es unvermeidlich mit sich, daß einige Aspekte, vor allem des komplexen Theoriegebäudes von John Rawls, unbeachtet bleiben müssen.

Ich werde im folgenden argumentieren, daß dem Denken von Rawls und Dworkin ein, wenn auch nicht identisches, so doch sehr ähnliches intuitives Verständnis von Verteilungsgerechtigkeit zugrunde liegt. In Abschnitt 7.1.1 werde ich zunächst Rawls' zentrale Gerechtigkeitsintuition erörtern und zeigen, wie diese Intuition in seine Beschreibung eines hypothetischen Urzustands eingeht. Das Theorieelement, das den Rawlsschen Ansatz als "Resource"-Theorie ausweist, ist die Liste der Grundgüter, über deren Verteilung die Parteien im Urzustand zu entscheiden haben. Die Begründung, die Rawls für seine Auswahl der Grundgüter gibt, und die Einwände, die gegen seine Konzeption erhoben worden sind, stehen im Zentrum von Abschnitt 7.1.2. In dem den ersten Teil beschließenden Abschnitt 7.1.3 werde ich ausgehend von einer kurzen Analyse der im Urzustand gewählten Verteilungsprinzipien die Defizite, die Rawls' theoretische Position aus meiner Sicht aufweist, benennen.

Der zweite Teil des vorliegenden Kapitels ist der Auseinandersetzung mit Ronald Dworkins Theorie der Verteilungsgerechtigkeit vorbehalten. In Abschnitt 7.2.1 werde ich Dworkins intuitive Gerechtigkeitsvorstellung als Alternative zu Rawls einführen und die Beschreibung rekonstruieren, die Dworkin von seiner Version eines hypothetischen Urzustands gibt. Wohl vor allem um den Schwierigkeiten zu entgehen, die bei der Analyse der Rawlsschen Verteilungstheorie zutage getreten waren, hat Dworkin verschiedene Veränderungen an seiner anfänglichen Konzeption des Urzustands vorgenommen. Diese Modifikationen werde ich in den beiden folgenden Abschnitten untersuchen: In Abschnitt 7.2.2 erörtere ich, wie Dworkin mit dem Problem der Behinderung umgeht; in Abschnitt 7.2.3 diskutiere ich, wie er auf das Problem der Talentlosigkeit reagiert. Abschließend werde ich dann in Abschnitt 7.2.4 die von Dworkin vorgeschlagenen sozialstaatlichen Institutionen einer kritischen Bewertung unterziehen.

Der dritte Teil des Kapitels wird eine kurze Schlußbetrachtung zur Was-Frage der Verteilungsgerechtigkeit enthalten. Dort werde ich noch einmal den Gedankengang der letzten Kapitel im Zusammenhang darstellen und die wichtigsten Ergebnisse der Untersuchung resümieren.

7.1 John Rawls' Ressourcentheorie

7.1.1 Die Ausblendung moralisch arbiträrer Faktoren im Urzustand

Rawls baut seine Argumentation auf der intuitiven Überzeugung auf, daß die gesellschaftliche Güterverteilung nicht von Faktoren beeinflußt werden darf, die im moralischen Sinne willkürlich sind. In seiner Darstellung stehen zwei Ursachen für arbiträre Verteilungsergebnisse im Vordergrund: Zum einen die soziale Position - also Schichtzugehörigkeit, Bildungsprofil des Elternhauses oder ähnliches -, in die die Gesellschaftsmitglieder hineingeboren wurden; zum anderen die unterschiedlichen körperlichen und geistigen Fähigkeiten, mit denen sie die "Lotterie der Natur" ausgestattet hat. (Vgl. Rawls 1975a, 94) Die beiden Faktoren sind aus Rawls' Sicht willkürlich, weil der einzelne nichts getan hat, was die aus ihnen entstehenden Vorteile oder Nachteile rechtfertigen könnte. Beispielsweise habe es niemand "verdient", in einer wohlhabenden Familie aufzuwachsen oder mit einer überdurchschnittlichen Intelligenz begabt zu sein.

Verschiedene Textstellen zeigen, daß Rawls auch in den Anstrengungen, die die Individuen zur Verbesserung ihrer Situation unternehmen, willkürliche Einflußfaktoren sieht. Es wird allerdings nicht ganz klar, weshalb er die Auswirkungen, die der Fleiß und die Initiative der Individuen auf die Verteilung der Güter haben, als "unverdient" betrachtet. Einmal gewinnt man den Eindruck, daß Rawls das unterschiedliche Maß an Anstrengung, das die Gesellschaftsmitglieder investieren, weitestgehend auf ihre soziale Position und ihre natürlichen Fähigkeiten zurückführt. Demnach würden sie eine Disposition, sich für die Verwirklichung ihrer Ziele einzusetzen, um so stärker ausprägen, desto mehr sie in den zufälligen Genuß sozialer Privilegien und natürlicher Begabungen gekommen sind. Andere Textpassagen deuten hingegen darauf hin, daß Rawls zumindest von einer partiellen Verantwortung der Individuen für ihre Leistungsbereitschaft ausgeht, es aber für unmöglich hält, das Verhältnis von sozialer bzw. biologischer Determination und eigenen Einwirkungsmöglichkeiten genau zu bestimmen. Die Einstufung der individuellen Anstrengungen als arbiträrer Faktor wäre somit in erster Linie durch pragmatische Erwägungen motiviert. (Vgl. Cohen 1989, 912ff.) (1)

Rawls' Ausführungen konzentrieren sich vor allem auf die Verteilung sozialer und natürlicher Vor- bzw. Nachteile durch den Zufall der Geburt. Die Zufälle, denen die Individuen im Laufe ihres Lebens ausgesetzt sind, man denke z.B. an Naturkatastrophen oder Krankheiten, werden allenfalls am Rande erwähnt, obschon man sie mit der gleichen Berechtigung wie die zuvor erwähnten Umstände als willkürlich ansehen könnte.

Die Intuition, Gerechtigkeit müsse von Willkürlichem absehen, liefert Rawls die Grundlage für die Gestaltung des Urzustands, der von jeher im Zentrum der Rezeption seines Werkes gestanden hat. Im Urzustand entscheiden die Gesellschaftsmitglieder nach dem Vorbild der vertragstheoretischen Begründungstradition konsensuell über die Gerechtigkeitsprinzipien, nach deren Maßgabe die wichtigsten gesellschaftlichen Güter - die im folgenden Abschnitt noch eingehend zu erörternden Grundgüter - verteilt werden sollen. Der Urzustand beschreibt keine faktische Entscheidungssituation, sondern ist, wie Rawls ausdrücklich betont, als ein Gedankenexperiment zu verstehen, in das man jederzeit eintreten kann. Mit seiner Hilfe soll bestimmt werden, auf welche Gerechtigkeitsprinzipien sich die Gesellschaftsmitglieder einigen würden, wenn sie ihre Entscheidung unter idealisierten Bedingungen zu treffen hätten. Die aus diesem Gedankenexperiment hervorgehenden Prinzipien gewinnen ihre argumentative Kraft allein aus den kontrafaktischen Entscheidungsbedingungen, die ein moralisch qualifiziertes Ergebnis verbürgen sollen.

Die Bedeutung der eingangs erläuterten Gerechtigkeitsintuition für das kontraktualistische Argument liegt nun darin, daß sie darüber Auskunft gibt, welche Idealisierungen die Beschreibung des Urzustands erfordert. Rawls formuliert den Grundgedanken wie folgt: "Die Grundsätze der Gerechtigkeit werden hinter einem Schleier des Nichtwissens festgelegt. Dies gewährleistet, daß dabei niemand durch die Zufälligkeiten der Natur oder der gesellschaftlichen Umstände bevorzugt oder benachteiligt wird." (Rawls 1975a, 29; vgl. auch 1975a, 159) (2)

Die Metapher vom "Schleier des Nichtwissens" bringt zum Ausdruck, daß die Wahl der Gerechtigkeitsprinzipien unter Informationsbeschränkungen erfolgen soll. Die Parteien im Urzustand sollen weder wissen, welche gesellschaftliche Position sie bekleiden noch welche körperlichen und geistigen Fähigkeiten sie besitzen. Sie sollen zudem über keinerlei Kenntnisse von ihren jeweiligen Wertvorstellungen und Lebenszielen verfügen. Unbekannt soll den Parteien im Urzustand ferner die besondere wirtschaftliche und politische Lage ihrer Gesellschaft sein; sie sollen lediglich ein allgemeines Verständnis ökonomischer und politischer Fragen haben, das ihnen erlaubt, Praktikabilitätserwägungen bei ihren Entscheidungen zu berücksichtigen. (3) Die Auferlegung von Wissensbeschränkungen verfolgt das Ziel, diejenigen Faktoren auszublenden, die nach Rawls' Auffassung einen moralisch arbiträren Einfluß ausüben. Die Gesellschaftsmitglieder können ihre faktischen Kenntnisse nicht nutzen, um die Prinzipien zu identifizieren, die sich für ihre spezifische soziale Position oder ihre spezifischen Talente am vorteilhaftesten auswirken würden. Bei der Prinzipienwahl hinter dem "Schleier des Nichtwissens" müssen sie davon ausgehen, daß sie sich mit der gleichen Wahrscheinlichkeit auch in der Situation eines jeden anderen befinden könnten. Folglich können sie ihr individuelles Interesse nur fördern, wenn sie eine Entscheidung treffen, die jede Position berücksichtigt.

Es ist wichtig zu betonen, daß die verallgemeinerte Interessenberücksichtigung ausschließlich durch die hypothetischen Entscheidungsbedingungen gewährleistet wird. Der Urzustand wird nicht von Altruisten bevölkert; seine Bewohner charakterisiert Rawls ausdrücklich als vernünftige und gegenseitig desinteressierte Akteure. (Vgl. Rawls 1975a, 166ff.) Rawls setzt also zum einen voraus, daß die Individuen im Urzustand rational entscheiden und die Prinzipien präferieren, von denen sie unter Berücksichtigung aller zugänglichen Informationen die besten Realisierungschancen für ihre Ziele erwarten dürfen. Zum anderen nimmt er an, daß sie mit ihrer Wahl nur ihre eigenen Lebenspläne fördern und anderen Gesellschaftsmitgliedern weder nutzen noch schaden wollen. Die Darstellung der Prinzipienwahl als vernünftigen und interessegeleiteten Vorgang intendiert, die Rationalität der Gerechtigkeitsprinzipien zu begründen, während die weitgehenden Informationsbeschränkungen, unter denen die Entscheidung erfolgen muß, die Moralität der Gerechtigkeitsprinzipien gewährleisten sollen. (Vgl. Teitelman 1972, 547f.; Kersting 1994, 274) Die theoretische Verknüpfung einer rationalen Entscheidung mit der Verhüllung wichtiger Informationen bringt allerdings ernst zu nehmende Schwierigkeiten mit sich. Das im Urzustand entscheidende Individuum kann die Vor- und Nachteile der konkurrierenden Prinzipien nur gegeneinander abwägen, wenn es zumindest in Grundzügen weiß, worin seine Interessen bestehen. In diesem Zusammenhang stellt sich insbesondere die Frage, wie es rational die Gerechtigkeitsprinzipien bestimmen kann, die die günstigsten Voraussetzungen für die Realisierung seiner Ziele schaffen, wenn es "seine Vorstellung vom Guten" und "die Einzelheiten seines vernünftigen Lebensplanes" nicht kennt? (Vgl. Rawls 1975a, 160)

7.1.2 Die Grundgüterkonzeption

Rawls' beantwortet die Frage, wie eine rationale Entscheidung hinter dem "Schleier des Nichtwissens" möglich sein kann, mit Verweis auf die Konzeption der Grundgüter. Er charakterisiert Grundgüter als "(...) Dinge, von denen man annimmt, daß sie ein vernünftiger Mensch haben möchte, was auch immer er sonst noch haben möchte. Wie auch immer die vernünftigen Pläne eines Menschen im einzelnen aussehen mögen, es wird angenommen, daß es verschiedenes gibt, wovon er lieber mehr als weniger haben möchte. Wer mehr davon hat, kann sich allgemein mehr Erfolg bei der Ausführung seiner Absichten versprechen, welcher Art sie auch sein mögen." (Rawls 1975a, 112) In der Darstellung, die Rawls in "A Theory of Justice" gibt, umfaßt die Liste der Grundgüter Freiheiten, Chancen, Einkommen und Vermögen sowie die sozialen Grundlagen der Selbstachtung. Die Beschränkung der Verteilung auf Grundgüter erlaubt den Parteien im Urzustand, auch unter den festgelegten Informationsbeschränkungen eine rationale Wahl zwischen den verschiedenen Gerechtigkeitsprinzipien zu treffen. Auch ohne ihre konkreten Ziele zu kennen, wissen die Parteien, daß sie umso bessere Aussichten haben, ihre jeweiligen Lebenspläne zu realisieren, desto mehr Grundgüter sie besitzen. Folglich liegt es in ihrem Interesse, für die Prinzipien zu votieren, von denen sie - eingedenk der Unsicherheit, in welcher gesellschaftlichen Position sie sich befinden werden, wenn der "Schleier des Nichtwissens" gelüftet wird - die günstigste Zuteilung von Grundgütern erwarten können.

Die Definition der Grundgüter als Mittel, die dem Erreichen vernünftiger Zwecke dienen, ordnet sie eindeutig den Ressourcen zu. Aus der angeführten Auflistung der Grundgüter ist zu ersehen, daß sich Rawls' Ressourcenbegriff nicht in materiellen Gütern erschöpft. Noch vor Einkommen und Vermögen werden mit den Freiheiten und den Chancen - gemeint ist der Zugang zu wichtigen gesellschaftlichen Positionen und Ämtern - individuelle Rechtspositionen genannt. Die sozialen Bedingungen der Selbstachtung, die Rawls verschiedentlich als das wichtigste Grundgut bezeichnet hat, bedürfen einer kurzen Erläuterung. Ein Individuum besitzt nach Rawls' Auffassung Selbstachtung, wenn zwei Voraussetzungen erfüllt sind: Erstens muß es von dem Wert seiner Lebenspläne überzeugt sein, und zweitens muß es über das notwendige Selbstvertrauen verfügen, um die als wertvoll erachteten Vorhaben ausführen zu können. Selbstachtung ist von fundamentaler Bedeutung, weil nur sie die Individuen in die Lage versetzt, ihre Ziele - gleichgültig wie diese im einzelnen aussehen mögen - zu verwirklichen bzw. die Verwirklichung als befriedigend zu erleben. Laut Rawls gewinnt man die Gewißheit, daß man selbst und seine jeweiligen Lebensvorstellungen einen Wert haben, in der Gemeinschaft mit gleichgesinnten Individuen. Die sozialen Bedingungen der Selbstachtung sind demnach gegeben, wenn sich die Gesellschaftsmitglieder zu einer Vielzahl von Gemeinschaften, die ihre verschiedenartigen Zielsetzungen unterstützen, zusammenschließen können. Rawls hebt in diesem Zusammenhang hervor, daß eine "perfektionistische" Gesellschaftsordnung, in der nur eine bestimmte Lebensweise Anerkennung und Förderung erfährt, nicht in der Lage wäre, die erforderlichen Bedingungen herzustellen. Aus seiner Sicht sind vor allem Freiheitsrechte und ein Mindestmaß an materiellen Mitteln vonnöten, damit die Gesellschaftsmitglieder ihren jeweiligen Plänen gemeinschaftlich nachgehen können. (Vgl. Rawls 1975a, 204ff. und 1992, 189ff.) Die Beurteilung der Frage, ob die sozialen Bedingungen der Selbstachtung gegeben sind, hängt also letztlich davon ab, inwieweit die Gesellschaftsmitglieder über andere Grundgüter, wie Freiheiten oder Einkommen, verfügen. Dem Grundgut "soziale Bedingungen der Selbstachtung" kommt daher keine eigenständige Bedeutung zu; es stellt keine Erweiterung des Rawlsschen Ressourcenbegriffs dar, sondern wird aus dessen Komponenten gebildet. (Vgl. Rawls 1975a, 479ff.)

Auffallend ist, daß Rawls die körperlichen und geistigen Fähigkeiten, deren arbiträre Verteilung einer der Gründe war, die ihn zur Formulierung seiner Gerechtigkeitstheorie motiviert haben, nicht in die Liste der Grundgüter aufnimmt. Er qualifiziert die körperlichen und geistigen Fähigkeiten zwar ausdrücklich als "natürliche Grundgüter", beschränkt den Regelungsbereich der Gerechtigkeitsprinzipien im folgenden aber auf die oben genannten "gesellschaftlichen Grundgüter". Ausschlaggebend für diese Vorgehensweise ist offenbar die Überlegung, daß es sich bei den körperlichen und geistigen Fähigkeiten um nicht-transferierbare Ressourcen handelt, auf die gesellschaftliche Verteilungsentscheidungen nur einen indirekten Einfluß ausüben können. (Vgl. Rawls 1975a, 83) Die Nicht-Beachtung der natürlichen Grundgüter wirft jedoch Probleme auf; sie führt, wie ich im nächsten Abschnitt zeigen werde, zu einem der gravierendsten Einwände gegen die Rawlssche Gerechtigkeitstheorie.

Rawls verbindet mit der Grundgüterkonzeption den Anspruch, sich neutral gegenüber den divergierenden Vorstellungen vom Guten zu verhalten, die von den verschiedenen Gesellschaftsmitgliedern vertreten werden. Da der Besitz von Grundgütern eine notwendige Bedingung für die Realisierung aller vernünftigen Lebenspläne sei, werde keine der unterschiedlichen individuellen Zielsetzungen begünstigt oder benachteiligt. Rawls räumt aber ein, daß seine Gerechtigkeitstheorie nicht auf jegliche Aussage, worin das Gute für den Menschen besteht, verzichten kann. Die Grundgüterkonzeption muß sich auf eine "schwache Theorie vom Guten" stützen, die darüber Aufschluß gibt, welche Ressourcen den Grundgütern zuzurechnen sind. Die Theorie ist "schwach", weil sie sich der Parteinahme für eine konkrete Lebenspraxis enthält; sie handelt dennoch "vom Guten", weil sie die Ressourcen hinsichtlich ihrer Bedeutung für die unterschiedlichen individuellen Lebenspläne bewertet. Sie legt - wie wir gesehen haben - fest, daß Freiheitsrechte, Einkommen, usw. für alle vernünftigen Lebenspläne unverzichtbar sind, während andere Güter nur für die Lebenspläne bestimmter Individuen oder Gruppen Relevanz besitzen.

An dieser Stelle wird erkennbar, daß Rawls in seiner Gerechtigkeitstheorie "Welfare"-Aspekte berücksichtigt. Die Aufgabe der "schwachen Theorie vom Guten" besteht darin, diejenigen Ressourcen zu identifizieren, die alle Individuen benötigen, um die von ihnen jeweils als wertvoll angesehenen Zustände zu erreichen. Ohne die unterschiedliche Bedeutung zu berücksichtigen, die die verschiedenen Ressourcen für das Wohlergehen der Gesellschaftsmitglieder haben, könnte Rawls nicht bestimmen, welche Ressourcen Gegenstand der gesellschaftlichen Verteilung sein sollen. (Vgl. Kap. 6.5) Im Unterschied zu den "Welfare"-Theorien, die im fünften Kapitel behandelt wurden, will er "welfare" aber nicht als Kriterium zur Bewertung von Verteilungen verwenden; die Bezugnahme auf das individuelle Wohlergehen dient ihm lediglich dazu, die verteilungsrelevanten Ressourcen auszuwählen. (Vgl. Rawls 1975a, 433ff. und 472ff.)

Gegen die Rawlssche Grundgüterkonzeption sind zwei zentrale Einwände erhoben worden. Zum einen haben verschiedene Theoretiker die Neutralität der Grundgüterkonzeption in Abrede gestellt. Insbesondere ist die Ansicht vertreten worden, daß die Zusammenstellung der Grundgüterliste "individualistische" Lebenspläne, in denen gemeinschaftsbezogene Zielsetzungen keine oder nur eine untergeordnete Rolle spielen, begünstigen würde. Zum anderen ist ein Argument vorgebracht worden, daß ich bereits als Standardkritik an den Ressourcentheorien der Verteilungsgerechtigkeit vorgestellt habe. (Vgl. Kap. 4.2) Dieses Argument hebt hervor, daß die Grundgüter nur Mittel darstellen, die es den Individuen ermöglichen, wertvolle Aktivitäten auszuüben oder wertvolle Zustände zu erreichen. Problematisch sei die theoretische Fixierung auf die Verteilung von Grundgütern vor allem deshalb, weil die Individuen in ganz unterschiedlichem Maße imstande seien, die ihnen zur Verfügung stehenden Mittel in "welfare" zu transformieren. Eine gerechte Verteilung von Grundgütern führe nicht automatisch zu einer gerechten Verteilung von "welfare".

Rawls hat nach dem Erscheinen von "A Theory of Justice" verschiedene Modifikationen an seinem Theoriegebäude vorgenommen. Unter anderem gibt er seit Anfang der 80er Jahre eine veränderte Begründung für die Grundgüterkonzeption an, die möglicherweise - das wird im folgenden zu prüfen sein - geeignet ist, die beiden Einwände zu entkräften. Rawls leitet die Grundgüterkonzeption neuerdings aus einer kantischen Konzeption der Person ab. Der kantische Personenbegriff vertraut, wie auch die anderen Bausteine der Rawlsschen Gerechtigkeitstheorie, auf seine intuitive Überzeugungskraft. Rawls hofft, mit ihm "(...) an eine Konzeption der Person appellieren zu können, die in dieser Kultur stillschweigend bejaht wird, oder sich andernfalls nach angemessener Darstellung und Erklärung den Bürgern als akzeptabel erweisen würde." (Rawls 1992, 85) Der Verwendungsort des kantischen Personenbegriffs ist die Beschreibung der Parteien im Urzustand. Rawls charakterisiert die Parteien durch zwei moralische Vermögen: Zum einen setzt er voraus, daß sie die Fähigkeit besitzen, Gerechtigkeitsprinzipien zu verstehen und im Einklang mit ihnen zu handeln; zum anderen schreibt er ihnen die Fähigkeit zu, eine Vorstellung vom Guten entwickeln, rational verfolgen und revidieren zu können. Die Individuen im Urzustand haben, so Rawls, ein "höchstrangiges Interesse" an der Entwicklung und Ausübung der beiden moralischen Vermögen. Diesem Interesse untergeordnet ist ein "höherrangiges Interesse" an der Realisierung der konkreten Lebenspläne, mit denen die Individuen in den Urzustand eintreten.

Der entscheidende Unterschied zu Rawls' früherer Argumentation besteht darin, daß sich die Grundgüterkonzeption nun ausschließlich auf den kantischen Personenbegriff beruft. Die Grundgüter sind nicht länger "(...) als allgemein dienliche Mittel zur Verwirklichung dessen zu verstehen, was eine umfassende empirische oder historische Übersicht als letzte Ziele erweisen könnte, die Menschen gewöhnlich oder normalerweise unter allen sozialen Bedingungen gemeinsam haben." (Rawls 1992, 96) (4) Ihre Verwendung im Urzustand ist aus Rawls' Sicht gerechtfertigt, weil sie für Personen mit den beschriebenen "kantischen" Eigenschaften und Interessen unverzichtbar sind. Beispielsweise seien elementare Freiheitsrechte, wie die Meinungsfreiheit, eine notwendige Voraussetzung für die Entwicklung und Ausübung der beiden moralischen Vermögen. Ohne eine institutionelle Garantie derartiger Rechte seien die Individuen weder imstande, einen adäquaten Gerechtigkeitssinn auszubilden, noch wäre gewährleistet, daß sie ihre jeweilige Konzeption vom Guten rational verfolgen und gegebenenfalls revidieren könnten. (Vgl. Rawls 1982, 164ff. und 1992, 93ff.)

Rawls' neuer Begründungsmodus ist aus meiner Sicht nicht in der Lage, die Bedenken auszuräumen, die gegen die Grundgüterkonzeption geäußert wurden. Wer den Anspruch, in den Grundgütern ein neutrales Bewertungskriterium zu besitzen, für verfehlt hält, findet in der kantischen Konzeption der Person kein Argument, das ihn vom Gegenteil überzeugen könnte. Der die rationale Autonomie des einzelnen in den Vordergrund stellende kantische Personenbegriff dürfte den Kritikern nur als weiterer Beleg für die Voreingenommenheit zugunsten "individualistischer" Lebenspläne erscheinen, die sie der Rawlsschen Gerechtigkeitstheorie in toto attestieren. Des weiteren bietet die veränderte Rechtfertigung der Grundgüterkonzeption auch keinen Anhaltspunkt, wie dem Standardeinwand gegen Ressourcentheorien der Verteilungsgerechtigkeit begegnet werden könnte. Die grundsätzliche Frage, warum sich die Verteilung an Ressourcen und nicht an irgendeinem Maß des individuellen Wohlergehens orientieren soll, wird durch die kantische Konzeption der Person nicht beantwortet. (Vgl. Arneson 1990, 438ff.) Der enttäuschende Ertrag der neuen Begründungsstrategie zwingt aber nicht dazu, die skizzierten Kritikpunkte zu akzeptierten. Rawls stehen, wie ich im folgenden zeigen werde, durchaus erwägenswerte Gegenargumente zu Gebote.

Die Kritik an dem Neutralitätsanspruch der Grundgüterkonzeption ist in verschiedenen Spielarten geübt worden, die eine gesonderte Behandlung erfordern. Ich beginne mit der Behauptung, daß die von Rawls genannten Grundgüter Gesellschaftsmitglieder, die gemeinschaftsorientierte Ziele verfolgen, benachteiligen würden. Dieser Behauptung ist zunächst entgegenzuhalten, daß die Grundgüter prinzipiell jede Verwendungsweise zulassen; beispielsweise können Freiheitsrechte sowohl zu "individualistischen" wie auch zu "gemeinschaftlichen" Lebenspraktiken genutzt werden. (5) Die Aufgabe der Freiheitsrechte besteht allerdings primär darin, dem einzelnen Schutz vor der zwangsweisen Vereinnahmung für die Interessen anderer Gesellschaftsmitglieder zu bieten. Insofern könnte es durchaus sein, daß die Freiheitsrechte des Individuums X die Verwirklichung der gemeinschaftsorientierten Ziele des Individuums Y verhindern. Diese Wirkung des Grundguts "Freiheitsrechte" stellt aber keine die Neutralität verletzende Diskriminierung gemeinschaftsbezogener Lebenspläne dar. Wie schon im vorstehenden Kapitel ausgeführt, verpflichtet das Neutralitätsgebot nur dazu, konkurrierende Konzeptionen vom Guten unparteiisch zu behandeln, es verlangt nicht, jeder Konzeption die gleichen Realisierungschancen zu garantieren. Zudem erstreckt sich die staatliche Verpflichtung zur Unparteilichkeit nur auf Konzeptionen, die ein Mindestmaß an Toleranz gegenüber Andersdenkenden beobachten. Die notwendige Selbstbeschränkung des Neutralitätsideals kann aber nicht als grundsätzliche Benachteiligung gemeinschaftsorientierter Ziele gewertet werden. Denn betroffen sind ja nicht alle "kollektivistischen" Vorstellungen, sondern nur solche, die zu ihrer Durchsetzung auf die Ausübung von Zwang angewiesen sind. (Vgl. Kap. 6.5)

Die Neutralität der Rawlsschen Grundgüterliste ist auch mit dem Argument in Zweifel gezogen worden, daß nicht alle der in ihr aufgeführten Ressourcen zur Verwirklichung jedes vernünftigen Lebensplanes notwendig seien. (6) Beispielsweise sei das Grundgut "Einkommen und Vermögen" nur Individuen nützlich, die materiellen Dingen zugetan seien, für Individuen, die asketischen Idealen nacheiferten, habe es hingegen keine Bedeutung. So formuliert ist der Einwand zweifellos unhaltbar, da auch ein Asket auf ein Minimum an finanziellen Mitteln angewiesen ist, um die zur Aufrechterhaltung seiner elementaren Lebensfunktionen notwendige Nahrung zu erwerben. Das Beispiel deutet aber darauf hin, daß sich nicht - wie Rawls unterstellt hat - jedes Individuum 'mehr Erfolg bei der Ausführung seiner Absichten versprechen kann', wenn es mehr Grundgüter besitzt. Die Chancen des Asketen, seinen Lebensplan zu verwirklichen, erhöhen sich nicht, wenn ihm über das unverzichtbare Minimum hinaus ein höheres Einkommen oder ein größeres Vermögen zur Verfügung stehen. (Vgl. Teitelman 1972, 549ff. und Schwartz 1973, 298ff.)

Selbst wenn es zuträfe, daß zusätzliche Geldmittel dem Asketen keinen Vorteil bringen, spräche das aber nicht gegen die Neutralität der Grundgüterkonzeption, denn eine Verletzung der Neutralität läge nur dann vor, wenn der Asket gegenüber den anderen Gesellschaftsmitgliedern benachteiligt würde. Hier muß daran erinnert werden, daß die Rawlssche Gerechtigkeitstheorie nur Aussagen über die Verteilung und nicht über die Verwendung von Ressourcen trifft. Den Gesellschaftsmitgliedern wird weder vorgeschrieben, zu welchem Zweck sie ihre Grundgüter nutzen sollen, noch werden sie genötigt, die ihnen zugebilligten Grundgüter überhaupt in Anspruch zu nehmen. Dem Asketen steht es frei, Grundgüter ungenutzt zu lassen, deren er zur Realisierung seiner Lebensziele nicht bedarf; er wird nicht zu ihrem Konsum gezwungen. (Vgl. Rawls 1975a, 166) Die Behauptung, daß bereits die Verfügbarkeit zusätzlicher Grundgüter eine Schädigung des Asketen darstelle, kann nicht überzeugen. (Vgl. Schwartz 1973, 304) Zwar mag es dem Anhänger einer asketischen Lebensweise schwerer fallen, seinen Idealen treu zu bleiben, wenn ihm die Möglichkeit geboten wird, höhere Geldmittel zu beziehen. Das Eröffnen neuer Möglichkeiten benachteiligt ihn aber nicht gegenüber den anderen Gesellschaftsmitgliedern, da auch deren Zielsetzungen keinen Schutz vor der Konkurrenz alternativer Lebensentwürfe genießen.

Bisher bin ich der Argumentation der Opponenten gefolgt und habe mich darauf beschränkt, ihre gegen den Neutralitätsanspruch der Grundgüterkonzeption gerichteten Schlußfolgerungen in Frage zu stellen. Es sollte aber nicht unerwähnt bleiben, daß man keineswegs gezwungen ist, ihre Prämisse, nicht alle Individuen würden von einer erhöhten Grundgüterzuteilung profitieren, zu akzeptieren. Rawls' Annahme, daß es im Interesse eines jeden Individuums liegt, einen Anspruch auf das größtmögliche Set von Grundgütern zu besitzen, gewinnt an Plausibilität, wenn die Möglichkeit der Revision von Lebensplänen mit in Betracht gezogen wird. Jedes Individuum muß damit rechnen, daß sich seine Ziele im Laufe der Zeit ändern, beispielsweise vermag auch der Asket nicht auszuschließen, daß er eines Tages materialistischen Werten anhängen wird. Eine Zugriffsmöglichkeit auf Ressourcen zu haben, die man gegenwärtig nicht zu nutzen beabsichtigt, kann daher von großer Wichtigkeit sein. In Anbetracht der Ungewißheit, welchen Modifikationen die persönlichen Ziele unterworfen sein werden, erscheint es rational, sich gerade die vielseitig verwendbaren Ressourcen sichern zu wollen, die Rawls in seiner Grundgüterliste aufgeführt hat. Insofern dürfte auch der Asket daran interessiert sein, in einer Gesellschaft zu leben, die ihm einen Anspruch auf eine möglichst große Menge von Grundgütern gewährt. Solange er seinen asketischen Wertvorstellungen verhaftet bleibt, fügen ihm die Grundgüter keinen Schaden zu; sobald sich aber seine Wertorientierung ändert, werden sie sich mit hoher Wahrscheinlichkeit als nützlich erweisen. (Vgl. Buchanan 1975, 402f.; Rawls 1982, 165 und 1992, 94)

Auf den Standardeinwand der "Welfare"-Theoretiker hat Rawls in "A Theory of Justice" und in seinen späteren Arbeiten in nahezu identischer Form reagiert. (Vgl. Rawls 1975a, 114 und 1993, 33f.) Rawls' vorrangiges Motiv, Ressourcen in den Mittelpunkt seiner Verteilungstheorie zu stellen, ist die Überzeugung, daß die Individuen für die Art und Weise, wie sie ihre Mittel nutzen, selbst Verantwortung tragen. Unter der Voraussetzung, daß die maßgeblichen Ressourcen - also die Grundgüter - gerecht distribuiert worden sind, ist es seiner Auffassung nach unbedenklich, wenn die Individuen hinsichtlich ihres Wohlergehens differieren. Beispielsweise könnten Unterschiede im Hinblick auf die Präferenzbefriedigung außer acht gelassen werden, weil die Individuen in der Lage seien, ihre Präferenzen willentlich zu beeinflussen. Abgesehen von psychisch kranken Menschen dürfe man davon ausgehen, daß alle Verteilungsadressaten die Fähigkeit besitzen, ihre Ziele auf die verfügbaren Güter abzustimmen. Individuen, die diese Anpassungsleistung nicht erbringen und in der Konsequenz ein verhältnismäßig geringes Maß an Präferenzbefriedigung erleben, könnten daher nicht als Beleg für das vermeintliche Versagen der Ressourcentheorien angesehen werden. (Vgl. Rawls 1982, 167ff. und 1993, 183ff. sowie Kap. 5.4)

Meines Erachtens ist der Antwort, die Rawls auf die Kritik der "Welfare"-Theoretiker gibt, im Grundsatz zuzustimmen: Der Gesichtspunkt der individuellen Verantwortung kann nur adäquat berücksichtigt werden, wenn Ressourcen und nicht das durch ihre Verwertung erreichte Wohlergehen im Blickpunkt der Verteilungstheorie stehen. Rawls' Entgegnung macht aber auch deutlich, daß sich jede "Resource"-Theorie daran messen lassen muß, ob sie eine einsichtige Trennung zwischen individuell zu verantwortenden und nicht zu verantwortenden Faktoren zu leisten vermag. Im folgenden Abschnitt werde ich argumentieren, daß Rawls' eigene Konzeption in dieser Beziehung Mängel aufweist.

7.1.3 Defizite der Rawlsschen Theorie der Verteilungsgerechtigkeit

Um die Schwachstellen der Theorie sichtbar zu machen, ist es erforderlich, die von Rawls vorgeschlagenen Gerechtigkeitsprinzipien bereits hier in vereinfachter Form einzuführen. (Eine detailliertere Analyse der Verteilungsprinzipien wird im achten Kapitel vorgenommen.) Rawls vertritt die Auffassung, daß die Gesellschaftsmitglieder unter den besonderen Entscheidungsbedingungen des Urzustands für die nachstehend aufgeführte Verteilung der Grundgüter votieren würden:
1. Alle Gesellschaftsmitglieder sollen gleiche Freiheitsrechte erhalten, wobei der Umfang der dem einzelnen zugestandenen Freiheiten ausschließlich durch die Rechte der anderen Gesellschaftsmitglieder begrenzt sein soll.
2. Allen Gesellschaftsmitgliedern soll der Zugang zu öffentlichen Ämtern und sozialen Positionen gemäß fairer Chancengleichheit offenstehen.
3. Unter den Gesellschaftsmitgliedern darf das Einkommen und Vermögen nur dann ungleich verteilt sein, wenn das den am wenigsten begünstigten Individuen den größtmöglichen Vorteil bringt. (Vgl. Rawls 1975a, 336f.)

Im Hinblick auf die Gerechtigkeitsintuition, auf der Rawls sein Theoriegebäude aufbaut, bedarf vor allem der als Differenz- oder Unterschiedsprinzip bekannte dritte Grundsatz der Erläuterung. Wie wir eingangs gesehen haben, läßt sich Rawls von der intuitiven Überzeugung leiten, daß moralisch arbiträre Faktoren keinen Einfluß auf die gesellschaftliche Güterverteilung ausüben sollen. Als im moralischen Sinne arbiträr sind Rawls zufolge sowohl die sozialen und natürlichen Vorteile anzusehen, die der Zufall der Geburt gewährt, als auch die Bemühungen der Individuen, ihre soziale Position zu verbessern und ihre natürlichen Fähigkeiten zu entwickeln. Rawls' weites Verständnis von "moralisch arbiträr" legt die Vermutung nahe, daß nur eine Gleichverteilung von Einkommen und Vermögen im Einklang mit der zugrunde liegenden Gerechtigkeitsintuition stehen kann; wenn selbst die Bemühungen der Individuen, also ihr Fleiß und ihre Leistungsbereitschaft, unter den Begriff des Arbiträren fallen, ist ein nicht-arbiträrer Einflußfaktor, der Einkommens- und Vermögensunterschiede legitimieren könnte, nur schwer vorstellbar. Der Gedankengang, der Rawls zum Differenzprinzip führt, nimmt auch tatsächlich bei einem Zustand, in dem alle Grundgüter gleichmäßig unter den Gesellschaftsmitgliedern verteilt sind, seinen Anfang. Rawls führt dann aber weiter aus: "Dieser Zustand ist ein Ausgangspunkt für die Beurteilung von Verbesserungen. Falls bestimmte Ungleichheiten des Reichtums und der Macht jeden besser stellen als in dem angenommenen Ausgangszustand, stimmen sie mit der allgemeinen Gerechtigkeitsvorstellung überein." (Rawls 1975a, 83f.)

Die egalitäre Distribution von Einkommen und Vermögen, die Rawls' Gerechtigkeitsintuition eigentlich geboten erscheinen läßt, fungiert also als Bewertungsgrundlage, der gegenüber abweichende Verteilungen gerechtfertigt werden müssen. Ein Rechtfertigungsgrund liegt nach Rawls' Auffassung nur dann vor, wenn durch den Übergang von der Gleich- zu einer Ungleichverteilung jedes Gesellschaftsmitglied besser gestellt wird. Die Zulässigkeit von Ungleichheit wird somit an die Erfüllung der schwachen Pareto-Bedingung gebunden. Die schwache Pareto-Bedingung besagt, daß ein Zustand X, den jedes der Gesellschaftsmitglieder gegenüber einem alternativen Zustand Y vorzieht, auch kollektiv präferiert werden sollte. Rawls glaubt, daß Gesellschaften einen höheren Wohlstand erwirtschaften können, wenn sie Einkommens- und Vermögensunterschiede zulassen. Es sei davon auszugehen, daß sich die talentierten Gesellschaftsmitglieder, die den größten Beitrag zur Wohlstandsproduktion leisten könnten, nur zu einem maximalen Einsatz ihrer Fähigkeiten motivieren ließen, wenn ihnen überdurchschnittliche Verdienste ermöglicht würden. Solange gewährleistet sei, daß die Einführung ungleichheitsfördernder Anreizstrukturen ausnahmslos allen Gesellschaftsmitgliedern zugute komme, gebe es keinen Grund, den erreichbaren Zugewinn ungenutzt zu lassen. (Vgl. Rawls 1975a, 96ff. und 121ff.)

Diese Argumentation erklärt allerdings noch nicht die oben angegebene Formulierung des Differenzprinzips. Denn das Differenzprinzip fragt nicht nach dem Vorteil aller Gesellschaftsmitglieder; es stellt auf den Vorteil der am wenigsten Begünstigten ab. Rawls begründet die ausschließliche Betrachtung der untersten gesellschaftlichen Gruppe mit der Annahme, daß die verschiedenen sozialen Positionen untereinander verknüpft sind. Seine sogenannte Verkettungsthese geht davon aus, daß von einer Maßnahme, die sich positiv auf die am schlechtesten gestellte Gruppe auswirkt, auch die am zweitschlechtesten, drittschlechtesten usw. gestellte Gruppe profitieren wird. Beispielsweise sei zu erwarten, daß die Erhöhung des Einkommensniveaus der am schlechtesten gestellten Gruppe zu verbesserten Einkünften der übergeordneten sozialen Positionen führe. Wenn die Verkettungsthese zutrifft, läßt sich der Vergleich verschiedener Verteilungsoptionen auf einen Vergleich der nachteiligsten sozialen Position reduzieren. Die Verteilungsoption, in der die Gruppe der am schlechtesten gestellten Gesellschaftsmitglieder über das höchste Einkommen und Vermögen verfügt, bietet dann automatisch auch den Angehörigen aller anderen gesellschaftlichen Gruppen den größten Vorteil. Sie erfüllt folglich die schwache Pareto-Bedingung, d.h. ihr kann vom Standpunkt jeder Gruppe aus zugestimmt werden. (Vgl. Rawls 1975a, 100ff.; Barry 1989, 226ff.; Roemer 1996, 192ff.) (7)

Die Darstellung der Gerechtigkeitsprinzipien erlaubt nun, zwei Defizite aufzuzeigen, mit denen Rawls' Theorie der Verteilungsgerechtigkeit aus meiner Sicht belastet ist. Die Gerechtigkeitsprinzipien scheinen mir
a) nicht in vollem Einklang mit der Gerechtigkeitsintuition zu stehen, deren theoretische Präzisierung sich Rawls zum Ziel gesetzt hatte, und
b) vor Augen zu führen, daß Rawls' Gerechtigkeitsintuition in einer Hinsicht, nämlich der Bestimmung, was als "moralisch willkürlich" zu gelten hat, wenig plausibel ist.

a) Der kurze Rekurs auf die Gerechtigkeitsprinzipien hat gezeigt, daß nach Rawls' Auffassung gesellschaftliche Ungleichheiten nur gerechtfertigt sind, wenn sie der Gruppe der am schlechtesten gestellten Individuen den größtmöglichen Vorteil bringen. Da die Grundgüter "Freiheiten" und "Chancen" nach Maßgabe der ersten beiden Gerechtigkeitsprinzipien gleich verteilt werden müssen, kann sich die Schlechterstellung nur auf das Grundgut "Einkommen und Vermögen" beziehen. Der Referenzgruppe gehören folglich die Gesellschaftsmitglieder an, die das niedrigste Einkommen beziehen und über das geringste Vermögen verfügen. Durch die ausschließliche Berücksichtigung der finanziellen Situation der Gesellschaftsmitglieder wird meines Erachtens aber ein wichtiger Aspekt der von Rawls explizierten Gerechtigkeitsintuition vernachlässigt. Rawls hatte dargelegt, daß nicht nur Unterschiede im Hinblick auf die soziale Position, sondern auch im Hinblick auf die Ausstattung mit natürlichen Fähigkeiten als im moralischen Sinne "unverdient" anzusehen sind; "natürlichen Grundgütern" müßte also die gleiche theoretische Relevanz beigemessen werden wie "gesellschaftlichen Grundgütern". Bei der Festlegung, welche Gesellschaftsmitglieder der Gruppe der am wenigsten Begünstigten zuzurechnen sind, spielt jedoch ein Mangel an "natürlichen Grundgütern", z.B. eine Behinderung, keine Rolle. (Vgl. Sen 1982a, 364ff.)

Zur Verteidigung von Rawls' Vorgehensweise könnte darauf verwiesen werden, daß eine weitgehende Entsprechung zwischen der Ausstattung mit natürlichen Fähigkeiten und der Ausstattung mit finanziellen Mitteln besteht. Individuen, deren natürliche Fähigkeiten eingeschränkt sind, etwa weil sie unter einer Behinderung leiden, haben in der Regel relativ schlechte Aussichten, ein profitables Einkommen zu erzielen. Sie müssen zudem oftmals hohe Kosten für medizinische Behandlungen, spezielle Transporterfordernisse usw. aufbringen, die ihre Chancen, ein Vermögen anzusparen oder ein bereits vorhandenes Vermögen zu bewahren, stark beeinträchtigen. Gesellschaftsmitglieder, die hinsichtlich der "natürlichen Grundgüter" benachteiligt sind, scheinen daher im großen und ganzen auch von Rawls' Definition der Gruppe der am wenigsten Begünstigten miterfaßt zu werden.

Der Konnex von körperlichen und geistigen Fähigkeiten auf der einen und Einkommen und Vermögen auf der anderen Seite steht außer Zweifel; er ist aber nicht geeignet, die angeführte Kritik zu entkräften. Die von Rawls zugrunde gelegte Gerechtigkeitsintuition stellt soziale und natürliche Nachteile auf eine Stufe, indem sie beide Arten der Benachteiligung als gleichermaßen willkürlich qualifiziert. Bezüglich der sozialen Nachteile argumentiert Rawls, daß die Gesellschaft verpflichtet ist, die unterschiedliche Ausstattung der Individuen mit "gesellschaftlichen Grundgütern" auszugleichen. (Erst ausgehend von dieser Gleichheitsforderung spezifiziert er in einem zweiten Argumentationsschritt, unter welchen Bedingungen Unterschiede zulässig sind.) Die natürlichen Nachteile gelangen hingegen bestenfalls indirekt, insofern sie sich negativ auf das Einkommen und Vermögen der Gesellschaftsmitglieder auswirken, in das Blickfeld der Rawlsschen Theorie. Sie gelten im Gegensatz zu den sozialen Nachteilen nicht als eigenständiger Kompensationsgrund. Die differierende Behandlung von sozialen und natürlichen Nachteilen stellt aber nicht nur eine theoretische Inkonsistenz dar; sie hat auch praktische Konsequenzen. Der ursprünglichen Gerechtigkeitsintuition folgend müßten Gesellschaftsmitglieder, die einen Mangel an "natürlichen Grundgütern" aufweisen, ganz unabhängig von ihrer jeweiligen finanziellen Situation kompensatorische Leistungen erhalten. Beispielsweise müßte Behinderten auch dann ein Anspruch auf Erstattung der durch ihr Gebrechen entstehenden Kosten zuerkannt werden, wenn sie über hohe Einkünfte oder ein beträchtliches Vermögen verfügen. Ein solcher Kompensationsanspruch könnte die Verschlechterung ihrer wirtschaftlichen Lage verhindern und würde dadurch der behaupteten Entsprechung von ökonomischen und natürlichen Nachteilen entgegenwirken. (Vgl. Kymlicka 1990, 71ff.) (8)

b) Gegen die von Rawls vertretenen Gerechtigkeitsprinzipien ist aber nicht nur einzuwenden, daß sie die Nachteile, die die Individuen in bezug auf die "natürlichen Grundgüter" haben, unberücksichtigt lassen. Ein gravierendes Manko besteht auch darin, daß sie zu vielen Individuen zugestehen, hinsichtlich ihrer Ausstattung mit "gesellschaftlichen Grundgütern" benachteiligt zu sein. Die Zugehörigkeit zu der Gruppe der am wenigsten Begünstigten wird allein nach der faktischen Verteilung von Einkommen und Vermögen in der Gesellschaft bestimmt. Die Individuen, die über die geringsten finanziellen Mittel verfügen, werden ungeachtet der Gründe, auf die ihre Situation zurückzuführen ist, als benachteiligt eingestuft. Die Gründe können aber ganz unterschiedlicher Art sein: Die Individuen können sich in der schlechtesten sozialen Position befinden, weil sie - wie oben beschrieben - unter einem körperlichen Gebrechen leiden oder weil ihr Haus vom Blitz getroffen wurde und mit all ihrem Hab und Gut abgebrannt ist; es ist aber ebensogut möglich, daß sie nur zu geringen Arbeitsleistungen bereit waren oder ihr Geld für ein kostspieliges Hobby ausgegeben haben. Obwohl Rawls intendiert, nur "unverdiente", d.h. von den Individuen nicht zu verantwortende, Nachteile auszugleichen, differenziert er nicht zwischen den verschiedenen Ursachen der monetären Schlechterstellung. Dabei stützt er sich, wie wir gesehen haben, auf einen sehr weiten Begriff des moralisch Arbiträren, der sowohl die Zufälle der Geburt als auch die von den Individuen unternommenen Anstrengungen umfaßt. Eine genauere Untersuchung, wie es zu der gegenwärtigen Einkommens- und Vermögensverteilung gekommen ist, erübrigt sich aus

Rawls' Perspektive, weil praktisch alle denkbaren Ursachen von Ungleichheit als arbiträr angesehen werden.

Das zugrunde gelegte Verständnis von "moralisch arbiträr" steht meiner Auffassung nach aber in einem unüberbrückbaren Widerspruch zu den vortheoretischen Überzeugungen, an die Rawls anknüpfen wollte. Wir gehen gemeinhin sehr wohl davon aus, daß das Maß an Arbeit, das eingesetzt wird, oder die Freizeitaktivitäten, für die Geld aufgebracht wird, in den Verantwortungsbereich des einzelnen fallen. Unsere Hilfsbereitschaft wird in der Konsequenz ganz unterschiedlich angesprochen, je nachdem wie wir die Verantwortung des Notleidenden für seine Lage beurteilen, beispielsweise sind wir im allgemeinen weitaus eher geneigt, jemanden zu unterstützen, der Opfer einer Naturkatastrophe geworden ist, als jemanden, der seine finanziellen Ressourcen leichtfertig konsumiert hat. Auf dieses Alltagsverständnis von individueller Verantwortung beruft sich Rawls auch, wenn er den Präferenzutilitarismus attackiert. "(...) Rawls urges that our preferences are at least to some extent the result of our voluntary choices, so the expected frustration of our preferences is not a basis for government redistributive intervention in a liberal society. But this objection can be turned successfully against the difference principle. An individual's lifelong share of primary goods is not to be considered manna from heaven. The size of any individual's expected share is to some large extent determined by the voluntary choices made by the individual. So the objection that rules out equal proportionate satisfaction of preferences as a principle of distributive justice also rules out the difference principle." (Arneson 1990, 444f.; vgl. auch Kymlicka 1990, 73ff. und Roemer 1996, 172ff.)

7.2 Ronald Dworkins Ressourcentheorie

7.2.1 Die Auktion

Ronald Dworkin entwickelt seine Gerechtigkeitstheorie, genau wie Rawls, aus der Vorstellung, daß moralisch arbiträre Faktoren keinen Einfluß auf die gesellschaftliche Güterverteilung ausüben dürfen. Die von beiden geteilte Gerechtigkeitsintuition unterzieht Dworkin aber einer Präzisierung, die als Versuch gedeutet werden kann, die Defizite der Rawlsschen Theorie zu überwinden. Dworkins zentrale Aussage lautet: Gerechte Verteilungen müssen "endowment-insensitive" und "ambition-sensitive" sein. (Vgl. Dworkin 1981b, 311) Die Forderung nach "endowment-insensitivity" besagt, daß sich die unterschiedliche Ausstattung der Gesellschaftsmitglieder mit natürlichen Fähigkeiten nicht auf die Verteilung der sozialen Güter auswirken soll. Die Forderung nach "ambition-sensitivity" beinhaltet hingegen, daß sich die divergierenden Lebensziele und die im unterschiedlichen Maße zu ihrer Realisierung unternommenen Anstrengungen im Verteilungsergebnis widerspiegeln sollen.

Die Argumentation, in deren Verlauf Dworkin die beiden Konkretisierungen genauer ausarbeitet, beginnt - auch darin Rawls folgend - mit einem Gedankenexperiment, in dem eine Situation ursprünglicher gesellschaftlicher Gleichheit imaginiert wird. In Dworkins Version des Urzustands besteht die Gesellschaft aus einer Gruppe von Schiffbrüchigen, die an den Strand einer unbewohnten Insel gespült wird. Die glücklich Geretteten, die bei der Havarie ihr ganzes Hab und Gut verloren haben, finden auf der Insel eine große Fülle von materiellen Ressourcen vor, über die sie nach ihrem Belieben verfügen können. Dworkin setzt voraus, daß sich die Gesellschaft der Schiffbrüchigen bei der Ressourcenverteilung von drei Prinzipien leiten läßt. Erstens stimmen die Gesellschaftsmitglieder überein, daß alle Ressourcen der Insel in Privateigentum überführt und nicht in irgendeiner Form von Gemeineigentum verwaltet werden sollen. Zweitens besteht Einigkeit, daß die Eigentumsrechte an den Ressourcen nicht durch individuelle Akte der Inbesitznahme, so wie es z.B. die Theorie John Lockes vorsieht, zu erwerben sind, sondern den Gesellschaftsmitgliedern durch ein kollektives Verteilungsverfahren zugesprochen werden sollen. Das anzuwendende Verteilungsverfahren soll drittens die Interessen aller Schiffbrüchigen unparteiisch berücksichtigen und eine Gleichverteilung der verfügbaren Güter gewährleisten. (9)

Dworkin schlägt vor, den "envy-test" - ein maßgeblich von dem Ökonomen Hal Varian propagiertes Verfahren - als Prüfstein für die Gleichheit einer Verteilung zu verwenden. (Vgl. Varian 1974) Der "envy-test" fordert, daß die Verteilung keinem Gesellschaftsmitglied Anlaß geben darf, ein anderes Gesellschaftsmitglied zu beneiden. (10) Jedes Gesellschaftsmitglied ist aufgerufen, seine Situation mit der Situation jedes anderen zu vergleichen. Bezugspunkt des Vergleichs ist das gesamte Bündel der distribuierten Güter; es sollen also Ressourcen-Sets, nicht einzelne Ressourcen betrachtet werden. Eine Verteilung gilt als neidfrei, wenn kein Verteilungsadressat das Ressourcen-Set irgendeines anderen Verteilungsadressaten gegenüber seinem eigenen Ressourcen-Set bevorzugt. Weitergehende Begehrlichkeiten der Individuen sind nicht Gegenstand des Neidtests. Die Bedingung der Neidfreiheit ist auch dann erfüllt, wenn ein Individuum nach Abschluß der Verteilung Ressourcen, über die andere verfügen, noch zusätzlich zu seinen eigenen Ressourcen zu erhalten wünscht. Ausschlaggebend ist allein die Frage, ob das Individuum bereit wäre, sein eigenes Ressourcen-Set gegen das Ressourcen-Set irgendeines anderen Verteilungsadressaten einzutauschen.

Der "envy-test" bietet allerdings, wie Dworkin einräumt, kein hinreichendes Kriterium, um aus der Vielzahl möglicher Distributionen diejenige auszuwählen, die unter Gerechtigkeitsgesichtspunkten am geeignetsten erscheint. Nehmen wir zur Veranschaulichung dieses Problems an, daß die Gesellschaft der Schiffbrüchigen aus nur zwei Personen, A und B, besteht und daß die Insel nur zwei Güterarten, Äpfel und Birnen, bereithält. Nehmen wir weiter an, daß A Äpfel liebt und Birnen verabscheut und B umgekehrt Birnen liebt und Äpfel verabscheut. Der "envy-test" wird unter den beschriebenen Voraussetzungen von allen Verteilungen bestanden, in denen A mindestens die Hälfte der verfügbaren Äpfel und B mindestens die Hälfte der verfügbaren Birnen erhält. Diese Verteilungen sind als neidfrei zu klassifizieren, weil sie den beiden beteiligten Individuen mindestens genausoviel von dem einzigen Gut, das sie jeweils schätzen, zusprechen wie dem anderen und ihnen somit keinen Grund geben, dessen Ressourcen-Set dem eigenen vorzuziehen. Nun unterscheiden sich die neidfreien Distributionen erheblich hinsichtlich der Effizienz, mit der sie die Verteilungsadressaten in den Besitz der von ihnen begehrten Güter bringen, z.B. kann der Anteil, den A an den vorgefundenen Äpfeln erhält, zwischen 50% und 100% variieren. Das Kriterium der Neidfreiheit bedarf daher der Ergänzung durch das starke Pareto-Kriterium. Das starke Pareto-Kriterium fordert, daß eine Verteilung X gegenüber einer Verteilung Y präferiert werden soll, wenn sie mindestens ein Individuum besser und alle anderen Individuen nicht schlechter stellt. In dem behandelten Beispiel bewirkt die zusätzliche Anwendung des starken Pareto-Kriteriums, daß diejenige Distribution ausgewählt wird, die A mit allen Äpfeln und B mit allen Birnen ausstattet. (Vgl. Dworkin 1981b, 285f.) (11)

Das geeignetste Distributionsverfahren, um das geforderte neidfreie und Pareto-effiziente Ergebnis zu erzielen, ist nach Dworkins Auffassung die Auktion. Alle Mitglieder der Schiffbrüchigengesellschaft werden für die Auktion mit der gleichen Summe eines neutralen Zahlungsmittels - in Dworkins Beispiel Muscheln - ausgestattet. Sodann wählen sie aus ihrer Mitte einen Auktionator, der alle auf der Insel vorgefundenen Ressourcen meistbietend versteigert. Die Auktion führt zu einem neidfreien Verteilungsergebnis, weil die gleiche Kaufkraft der Teilnehmer garantiert, daß alle Gesellschaftsmitglieder die gleichen Chancen haben, die vorhandenen Ressourcen zu erwerben. Jeder Teilnehmer hat die Möglichkeit, die Güter, die ein anderes Gesellschaftsmitglied ersteigert, selbst zu erwerben, wenn er bereit ist, den für sie in der Auktion ermittelten Preis zu bezahlen. Die Auktion bewirkt eine Pareto-effiziente Verteilung, weil sie keine schematische Gleichverteilung der Güter vornimmt, sondern jedem Gesellschaftsmitglied erlaubt, seine spezifischen Präferenzen zur Geltung zu bringen. Die Auktionsteilnehmer bieten nur für Güter, die sie wirklich schätzen - der Apfelliebhaber für Äpfel, der Birnenliebhaber für Birnen. (12)

Der beschriebene Mechanismus der Ressourcenverteilung bietet aus Dworkins Sicht einen wichtigen Vorzug gegenüber "Welfare"-Theorien. Die Auktion etabliert einen Markt, in dem die Preise der Ressourcen durch Güterknappheit und Nachfrage bestimmt werden. Der Preis, den die Gesellschaftsmitglieder für ein Gut entrichten müssen, berücksichtigt implizit die Verfügbarkeit des Gutes und das Interesse, das andere Gesellschaftsmitglieder an seinem Besitz haben. "Under equality of resources (...) people decide what sorts of life to pursue against a background of information about the actual cost their choices impose on other people and hence on the total stock of resources that may be fairly used by them." (Dworkin 1981b, 288) "Welfare"-Theorien stellen hingegen nicht sicher, daß die Gesellschaftsmitglieder den tatsächlichen Kosten ihrer Entscheidungen Beachtung schenken müssen. Beispielsweise hat meine Diskussion des Präferenzutilitarismus gezeigt, daß die Individuen ihre Präferenzen ohne Rücksicht auf Kostengesichtspunkte geltend machen können. (Vgl. Kap. 5.4)

Dworkin ist sich bewußt, daß die kontrafaktische Situation, die er in seinem Gedankenexperiment skizziert, in zweifacher Hinsicht zu einfach ist, um einer realen Gesellschaft als moralische Richtschnur dienen zu können. Zum einen wird in dem Gedankenexperiment die unterschiedliche Ausstattung der Individuen mit körperlichen und geistigen Fähigkeiten vernachlässigt. Dworkin betont, daß die körperlichen und geistigen Fähigkeiten Mittel darstellen, die es den Individuen erlauben, ihre jeweiligen Lebensziele zu realisieren. Seiner Ansicht nach müssen die internen Vermögen daher zu den Ressourcen, die den Gegenstandsbereich seiner Theorie der Verteilungsgerechtigkeit konstituieren, gerechnet werden. (Vgl. Dworkin 1981b, 300f. und Kap. 4) In der oben beschriebenen Auktion werden aber nur die auf der Insel vorgefundenen materiellen Güter (transferierbare Ressourcen) verteilt, die Ungleichheit der Verteilungsadressaten hinsichtlich ihrer körperlichen und geistigen Güter (nicht-transferierbare Ressourcen) findet hingegen keine Beachtung. (13) Zum anderen berücksichtigt Dworkins Gedankenexperiment nicht, daß die durch die Auktion bewirkte Gleichverteilung der materiellen Ressourcen nicht lange aufrechterhalten werden kann. Unmittelbar im Anschluß an die Auktion beginnen die Individuen, die erhaltenen Güter zu konsumieren, mit ihnen zu handeln und neue Güter zu erwirtschaften. Für die nach kurzer Zeit auftretende Ungleichheit der Ressourcen-Sets sind neben dem unterschiedlichen Fleiß und den divergierenden Lebensplänen der Gesellschaftsmitglieder auch die erwähnten Unterschiede im Hinblick auf ihre körperlichen und geistigen Ressourcen verantwortlich. Da die Individuen über unterschiedliche körperliche und geistige Fähigkeiten verfügen, sind sie auch in ganz unterschiedlicher Weise imstande, die in ihrem Besitz befindlichen materiellen Ressourcen produktiv zu nutzen.

Dworkin versucht im weiteren, die zunächst ausgeblendeten Aspekte gesellschaftlicher Ungleichheit in sein Gedankenexperiment einzubeziehen. Er intendiert, den von ihm konzipierten Verteilungsmechanismus so zu modifizieren, daß er auch unter Einbeziehung der körperlichen und intellektuellen Ressourcen und der im Laufe der Zeit eintretenden Veränderungen zu neidfreien Distributionen führt. Um dieser Anforderung gerecht zu werden, dehnt Dworkin die eingangs beschriebene Auktion aus. Zusätzlich zu den auf der Insel vorgefundenen Ressourcen sollen die Schiffbrüchigen auch Versicherungsschutz gegen verschiedene Arten von Risiken ersteigern können. Den Entscheidungen, die die Individuen auf dem so ins Leben gerufenen Versicherungsmarkt treffen, werden allerdings Informationsbeschränkungen auferlegt; es handelt sich - aus Gründen, die im folgenden noch eingehend zu erörtern sein werden - um einen "hypothetischen Versicherungsmarkt". Dworkin stellt den "hypothetischen Versicherungsmarkt" in zwei Varianten vor, die den Gesellschaftsmitgliedern verschiedene Versicherungsmöglichkeiten bieten. In der ersten Variante (Kap. 7.2.2) können die Gesellschaftsmitglieder Versicherungsschutz gegen das Risiko, unter einer Behinderung zu leiden, erwerben; in der zweiten Variante (Kap. 7.2.3) können sie sich gegen das Risiko, aufgrund von Talentlosigkeit keine einträgliche Arbeit zu finden, versichern.

7.2.2 Der hypothetische Versicherungsmarkt I

In Dworkins Argumentation für den hypothetischen Versicherungsmarkt kommt der Unterscheidung von "option luck" und "brute luck" eine zentrale Bedeutung zu. "Option luck is a matter of how deliberate and calculated gambles turn out (...). Brute luck is a matter of how risks fall out that are not in that sense deliberate gambles." (Dworkin 1981b, 293) Die Resultate von Wetten, Kauf- oder Investitionsentscheidungen, bei denen die Individuen Gewinnerwartungen und Risiken rational gegeneinander abwägen, sind Beispiele für "option luck". Wenn man eine Wette gewinnt oder mit einer Investition Erfolg hat, spricht man von gutem "option luck"; wird die Wette hingegen verloren oder die Investition mit Verlusten abgeschlossen, spricht man von schlechtem "option luck". Unvorhersehbare, dem individuellen Kalkül entzogene Ereignisse gelten als "brute luck". Beispielsweise bezeichnet man eine unvermittelt hereinbrechende Naturkatastrophe oder eine plötzlich auftretende Krankheit als schlechtes "brute luck" der Betroffenen. Nach Dworkins Auffassung sind nur Ungleichheiten, die auf "brute luck" zurückgehen, im moralischen Sinne arbiträr. Die durch "option luck" hervorgerufenen Ungleichheiten stünden nicht im Widerspruch zu der eingangs präzisierten Gerechtigkeitsintuition. Die Forderung, daß die gesellschaftlichen Distributionen "ambitionsensitive" sein sollen, lasse es zwingend geboten erscheinen, Ungleichheiten, die der individuellen Verantwortungssphäre zugerechnet werden müssen, zuzulassen.

Die neu eingeführte Differenzierung zwischen "brute luck" und "option luck" macht auch eine veränderte Interpretation des Neidtests notwendig. Der Test darf sich nicht länger auf den Vergleich der aktuellen Ressourcen-Sets beschränken, sondern muß auch ihre Entstehungsgeschichte, also die Risiken und Chancen, die mit dem Erwerb der Ressourcen einhergegangen sind, in den Vergleich mit einbeziehen. Durch die Historisierung des Verfahrens gelingt es Dworkin, Beschwerden gegen Ungleichheiten, die auf "option luck" beruhen, die Grundlage zu entziehen. Beispielsweise kann niemand behaupten, gegenüber einem Gesellschaftsmitglied benachteiligt zu sein, das bei risikoreichen Geschäften hohe Gewinne erzielt hat, wenn er selbst nicht bereit war, entsprechend große Risiken einzugehen. Denn Vergleichsmaßstab des modifizierten Neidtests ist nicht allein das größere Ressourcen-Set, über das der erfolgreiche Geschäftsmann gegenwärtig verfügt, sondern auch das größere Verlustrisiko, das er zuvor in Kauf genommen hat. Aus demselben Grund könnte aber auch der Geschäftsmann, wenn er bei seinen riskanten Geschäften hohe Verluste erlitten hätte, keine Kompensationsforderungen auf das Neidkriterium stützen. Auch in diesem Fall wäre neben der Tatsache, daß der glücklose Geschäftsmann zum Zeitpunkt des Vergleichs weniger Ressourcen kontrolliert als die meisten seiner Mitbürger, auch der Umstand in Rechnung zu stellen, daß er zuvor größere Gewinnchancen besessen hat. Dworkin betont, daß die Weigerung, die aus "option luck" herrührende Ungleichheit zu korrigieren, in vollem Einklang mit dem Grundgedanken der Auktion steht; sie folge der Einsicht, daß jedes Gesellschaftsmitglied die tatsächlichen Kosten seiner Entscheidungen zu tragen habe.

Prima facie ist die unterschiedliche Ausstattung der Individuen mit körperlichen und intellektuellen Gütern der Kategorie "brute luck" zuzuordnen. Ein Mangel an diesen Ressourcen, z.B. eine Behinderung, erscheint gewöhnlich als Schicksalsschlag, der nicht auf vorausgegangene Entscheidungen des betroffenen Individuums zurückgeführt werden kann. (14) Dworkin weist jedoch darauf hin, daß zwischen den Kategorien "brute luck" und "option luck" eine Verbindung besteht; die soziale Technik der Versicherung macht es möglich, "brute luck" wie "option luck" zu behandeln. Wenn ein funktionierender Versicherungsmarkt existiert, der den Individuen die Möglichkeit bietet, sich gegen "brute luck" zu versichern, können sie mit rational kalkulierten Entscheidungen Einfluß auf ihr Schicksal nehmen. Sie können dann abwägen, wie wahrscheinlich ihnen der Eintritt eines Schadensfalls erscheint, in welcher Höhe sie Versicherungsschutz für nötig erachten und welche Summe sie für welche Versicherungsleistungen aufzuwenden bereit sind. Von den Entscheidungen, die die Individuen in diesem Zusammenhang treffen, hängt es ab, welche Folgen die als "brute luck" zu klassifizierenden Schicksalsschläge für sie haben werden. Nehmen wir z.B. an, daß verschiedene Versicherungsgesellschaften Unfallversicherungen mit unterschiedlichen Leistungen und Beitragssätzen gegen das Risiko der Behinderung anbieten. Die Situation, in der sich die Individuen nach Eintritt des Schadensfalls befinden, ist kausal mit der Entscheidung verknüpft, die sie zuvor auf dem Versicherungsmarkt getroffen haben. Zwar ist der Unfall als solcher und die daraus resultierende Behinderung weiterhin als "bad brute luck" zu betrachten, aber der Anspruch auf materielle Kompensation und medizinische Hilfsleistungen, der durch Abschluß eines Versicherungsvertrags erworben werden konnte, muß als "option luck" angesehen werden. (Vgl. Dworkin 1981b, 296f.)

Durch den Rekurs auf die Versicherungstechnik schränkt Dworkin den Bereich gesellschaftlicher Ungleichheiten, die aus Sicht seiner Theorie der Korrektur bedürfen, weiter ein. Individuen, die sich in einer mißlichen Lage befinden, weil sie keinen oder einen sehr niedrigen Versicherungsschutz gekauft haben, können aus dem "envy-test" keine Forderungen an die Gemeinschaft ableiten. Das zentrale Argument, das gegen die Beachtung von schlechtem "option luck" angeführt wurde, gilt auch in ihrem Fall: Die Kosten individuell zu verantwortender Entscheidungen dürfen nicht der Gemeinschaft aufgebürdet werden.

Der geschilderten Transformation von "brute luck" in "option luck" sind allerdings Grenzen gesetzt. Es gibt Formen von "bad brute luck", z.B. angeborene Behinderungen, gegen die der Versicherungsmarkt keinen Schutz bieten kann, weil der "Schadensfall" schon eingetreten ist, bevor die Betroffenen Gelegenheit hatten, sich zu versichern. Dworkin glaubt, das Problem der nicht-versicherbaren Risiken lösen zu können, indem er sein Gedankenexperiment um einen hypothetischen Versicherungsmarkt erweitert. Auf dem hypothetischen Versicherungsmarkt sollen die Mitglieder der Schiffbrüchigengesellschaft - nach dem Vorbild des Rawlsschen "Schleiers des Nichtwissens" - unter Informationsbeschränkungen über den Kauf von Versicherungsschutz entscheiden. (15) Sie wissen zwar, wie häufig Behinderungen in der Gesellschaft insgesamt vorkommen, spezifische Kenntnisse über die eigene Person bleiben ihnen aber vorenthalten. Jedes Gesellschaftsmitglied muß daher davon ausgehen, daß sein persönliches Risiko, unter einer Behinderung zu leiden, dem gesellschaftlichen Durchschnitt entspricht. Dworkin stellt nun die Frage, wieviel Versicherungsschutz die Individuen durchschnittlich erwerben würden, wenn sie unter den beschriebenen kontrafaktischen Bedingungen eine Entscheidung zu treffen hätten. (16) Auf Grundlage dieser Spekulation soll der Beitrag festgelegt werden, den jedes Gesellschaftsmitglied in eine kollektive Zwangsversicherung einzahlen muß. Die Einnahmen der Versicherung sollen dann den Individuen zugute kommen, die - wenn der "Schleier des Nichtwissens" gelüftet wird - tatsächlich eine Behinderung aufweisen.

Die von Dworkin befürwortete kollektive Zwangsversicherung etabliert einen redistributiven Mechanismus, der behinderte Gesellschaftsmitglieder in den Besitz zusätzlicher materieller Ressourcen bringt. Nachteile, die hinsichtlich der Verfügbarkeit von körperlichen und intellektuellen Ressourcen - bzw. in Rawls' Terminologie von "natürlichen Grundgütern" - bestehen, haben also in Dworkins Gerechtigkeitstheorie den Status eines eigenständigen Kompensationsgrunds. Hervorzuheben ist jedoch, daß eine defizitäre Ausstattung mit körperlichen und intellektuellen Ressourcen die Betroffenen nicht in jedem Fall zum Bezug von Ausgleichszahlungen berechtigt. In den Zuständigkeitsbereich der staatlichen Zwangsversicherung fallen nur Defizite, die von den Gesellschaftsmitgliedern als besonders gravierend erachtet werden. In der hypothetischen Versicherungssituation können die Gesellschaftsmitglieder nicht nur von einem relativ geringen Risiko ausgehen, selbst behindert zu sein, sie haben auch einen Anreiz, die Kosten, die ihnen durch die Versicherung entstehen, möglichst niedrig zu halten. Es ist daher anzunehmen, daß sie nur bereit sein werden, sich gegen Behinderungen zu versichern, die mit erheblichen Beeinträchtigungen ihrer Lebensperspektiven verbunden wären. Und selbst gravierende körperliche oder geistige Mängel konstituieren nur dann einen Anspruch auf Kompensation, wenn sie auf nicht-versicherbares "brute luck" zurückzuführen, also von den Individuen nicht selbst zu verantworten sind. Risiken, gegen die auch auf dem privaten Versicherungsmarkt - etwa in Form einer privaten Kranken- oder Unfallversicherung - Schutz gekauft werden kann, deckt die kollektive Zwangsversicherung nicht ab. Dworkins Versicherungsmodell unterscheidet sich somit in zwei wichtigen Punkten von den kollektiven Zwangsversicherungen, die die meisten modernen Sozialstaaten eingeführt haben. Erstens legt es größeres Gewicht auf die Eigenverantwortung des einzelnen und läßt den Staat nur eine Art "Ausfallbürgschaft" für Leistungen übernehmen, die der private Versicherungsmarkt nicht erbringen kann. Diese Selbstbeschränkung führt zweitens dazu, daß Dworkins Version der kollektiven Zwangsversicherung weitaus weniger Bürgern kompensatorische Ansprüche zugesteht und folglich auch weitaus geringere Beitragszahlungen einfordern muß. (17)

Im Zusammenhang mit seinem Modell der kollektiven Zwangsversicherung erörtert Dworkin die Frage, ob auch Präferenzen, die die Individuen gar nicht oder nur in geringem Maße befriedigen können, als "Behinderung" angesehen werden müssen. Die Individuen - so ließe sich argumentieren - haben auf die Faktoren, von denen die Realisierungschancen ihrer Präferenzen abhängen, in der Regel keinen nennenswerten Einfluß.

Beispielsweise richte sich der Preis, den sie für ein von ihnen begehrtes Gut bezahlen müssen, nach der Knappheit des Gutes und der gesellschaftlichen Nachfrage. Die Möglichkeit der Präferenzbefriedigung sei daher genau wie die Ausstattung mit körperlichen und geistigen Fähigkeiten vom "brute luck" der Individuen abhängig. Folglich dürfe das Modell der hypothetischen Versicherungswahl nicht nur auf Behinderungen angewandt werden, sondern müsse mutatis mutandis auch untersuchen, ob die Individuen bereit wären, Versicherungsschutz gegen nur sehr kostspielig oder unmöglich zu befriedigende Präferenzen zu erwerben. (Vgl. Alexander/Schwarzschild 1987, 99ff.)

Dworkin lehnt es mit einer noch zu besprechenden Ausnahme ab, nachteilige Präferenzen und Behinderungen auf eine Stufe zu stellen. Aus der Perspektive seiner Ressourcentheorie der Verteilungsgerechtigkeit kann nur eine mangelhafte Ausstattung mit körperlichen oder geistigen Vermögen kompensatorische Ansprüche begründen. Die unterschiedliche Ausstattung mit körperlichen und intellektuellen Gütern wird seiner Auffassung nach im wesentlichen durch den Zufall der Geburt bestimmt und ist von dem einzelnen nicht zu verantworten. Die Individuen seien aber nicht von Geburt an mit einem unabänderlichen Set von Präferenzen ausgestattet, sondern könnten auf die Entwicklung ihres Geschmacks und die Bestimmung ihrer Lebensziele in erheblichem Maße willentlich einwirken. Defizite im Hinblick auf die Präferenzbefriedigung müßten daher im Verantwortungsbereich des Individuums verortet werden. Dworkin formuliert den zentralen Gedanken wie folgt: "(...) This argument produces a certain view of the distinction between a person and his circumstances, and assigns his tastes and ambitions to his person and his physical and mental powers to his circumstances." (Dworkin 1981b, 302)

Dworkin hebt die grundsätzliche Trennung, die die Präferenzen der Person und die körperlichen bzw. geistigen Vermögen ihren äußeren Umständen zuordnet, jedoch in einem Fall auf. Er konzediert, daß eine Klasse von Präferenzen, die er als Begierden bezeichnet, nicht der Sphäre der Person zugerechnet werden kann. Die Begierden sind dadurch charakterisiert, daß sie sich der willentlichen Einflußnahme des Individuums entziehen. Es handelt sich mit anderen Worten um "first-order-desires", die sich durch "second-order-desires" nicht lenken lassen. Beispielsweise muß der Wunsch, Alkohol zu trinken, als Begierde eingestuft werden, wenn er sich gegenüber der Haltung, die das betreffende Individuum auf einer übergeordneten Bewertungsebene zum Alkoholgenuß einnimmt, verselbständigt hat. (Vgl. Kap. 5.3) Die Einstellung der Individuen zu ihren Begierden kann sowohl positiv als auch negativ sein. Sie können sich mit ihren Leidenschaften identifizieren und sie als Teil ihrer Persönlichkeit betrachten; sie können in ihnen aber auch ein Hemmnis sehen, das sie an der Realisierung ihrer eigentlichen Lebensziele hindert. Nach Dworkins Auffassung müssen Begierden, deren Besitz von den Individuen negativ bewertet wird, den Behinderungen gleichgestellt werden. In allen moralisch relevanten Hinsichten bestehe zwischen unerwünschten Begierden und körperlichen bzw. geistigen Gebrechen kein Unterschied. Die unerwünschten Begierden befänden sich per definitionem außerhalb der Einwirkungsmöglichkeiten des freien Willens und beeinträchtigten die Aussichten des Individuums, seine Lebenspläne zu verwirklichen. Sie seien daher nicht als Merkmale der Person, sondern als ungünstige äußere Umstände aufzufassen.

Die Zuordnung der unerwünschten Begierden zu den äußeren Umständen einer Person veranlaßt Dworkin folgerichtig, eine Erweiterung der kollektiven Zwangsversicherung in Erwägung zu ziehen. Ausgangspunkt seiner Überlegungen ist die Frage, ob die Individuen in der bekannten kontrafaktischen Entscheidungssituation auch bereit wären, Versicherungsschutz gegen unerwünschte Begierden zu erwerben. Dworkin prognostiziert, daß sich das durchschnittliche Gesellschaftsmitglied aufgrund der hohen Kosten, die für einen umfassenden Schutz aufzubringen wären, nur gegen extreme Formen, die psychischen Krankheiten gleichkämen, versichern würde. Die Berücksichtigung unerwünschter Begierden in der kollektiven Zwangsversicherung würde somit kaum zusätzliche Leistungen und folglich auch keine nennenswerten Beitragserhöhungen erfordern. (Vgl. Dworkin 1981b, 302f.) Das Problem, ob die unerwünschten Begierden überhaupt unter die Kategorie der nicht-versicherbaren Risiken fallen, wird von Dworkin nicht thematisiert. Wenn man, wie Dworkin, die Existenz eines funktionierenden privaten Versicherungsmarktes voraussetzt, sind aber Zweifel angebracht, ob eine Intervention der staatlichen Zwangsversicherung gerechtfertigt wäre. Prinzipiell erscheint die Anwendung der Versicherungstechnik auf peinigende Begierden durchaus möglich; die Individuen kommen nicht mit Begierden zur Welt, sondern entwickeln sie - im Normalfall unvorhersehbar - erst in späteren Lebensabschnitten. Sofern eine Nachfrage nach Schutz gegen das Risiko unerwünschter Begierden besteht, werden private Versicherungsgesellschaften bestrebt sein, ihre Produkte darauf einzustellen. Beispielsweise könnten sie Krankenversicherungen anbieten, die Therapiemöglichkeiten für den Fall einschließen, daß der Versicherungsnehmer unter seinen Obsessionen stark leidet. Die Gesellschaftsmitglieder müßten dann abwägen, ob sie den höheren Preis, den sie für die zusätzliche Versicherungsleistung zu entrichten hätten, bezahlen wollen. Wer sich gegen den Kauf der erweiterten Krankenversicherung entscheidet und später unerwünschte Begierden entwickelt, hätte schlechtes "option luck" und könnte keinen Anspruch gegen die Gemeinschaft geltend machen.

Dworkins Unterscheidung von Person und Umständen ist von verschiedenen Autoren kritisiert worden. Theoretiker, wie Richard Arneson, G. A. Cohen und John Roemer, teilen zwar Dworkins Überzeugung, daß sich die Gerechtigkeitstheorie von der Frage nach der individuellen Verantwortung leiten lassen muß. (18) Sie bezweifeln aber, daß die Trennlinie, die zu verantwortende und nicht zu verantwortende Faktoren separiert, zwischen den Präferenzen und den körperlichen bzw. geistigen Fähigkeiten des Individuums gezogen werden kann. (Vgl. Arneson 1989, 77ff.; Cohen 1989, 916ff.; Roemer 1996, 237ff.) Ihrer Auffassung nach sind sowohl die Präferenzen als auch die Fähigkeiten den Individuen teils vorgegeben, teils von ihnen selbst bestimmt. Auf der einen Seite sei zu berücksichtigen, daß die Entwicklung individueller Präferenzen immer unter spezifischen soziokulturellen Rahmenbedingungen stattfände. Die Präferenzen könnten nicht völlig frei gewählt werden, sondern hätten - wie Dworkin in seiner Kritik an den utilitaristischen Theorien selbst betone - die Tendenz, sich an die jeweiligen Lebensumstände der Individuen anzupassen. (Vgl. Roemer 1996, 249f.; Kap. 5.4) Auf der anderen Seite sei die Entwicklung der internen Vermögen partiell von den Zielsetzungen des Individuums abhängig. Beispielsweise habe die Bereitschaft, an sich zu arbeiten und seine Fertigkeiten zu vervollkommnen, einen nicht zu unterschätzenden Einfluß auf das Set von körperlichen und intellektuellen Ressourcen, über das man letztendlich verfüge. G. A. Cohen konstatiert: "(...) I believe that we should compensate for disadvantage beyond a person's control, as such, and that we should not, accordingly, draw a line between unfortunate resource endowment and unfortunate utility function. A person with *wantonly* expensive tastes has no claim on us, but neither does a person whose powers are feeble because he recklessly failed to develop them. There is no moral difference, from an egalitarian point of view, between a person who irresponsibly acquires (...) an expensive taste and a person who irresponsibly loses (...) a valuable resource. The right cut is between responsibility and bad luck, not between preferences and resources." (Cohen 1989, 922)

Betrachten wir zunächst den Einwand, daß die körperlichen und geistigen Fähigkeiten nicht uneingeschränkt den Umständen einer Person zugerechnet werden dürfen. Dworkin ist sich durchaus darüber im klaren, daß die Individuen einen begrenzten Einfluß auf ihre Vermögen ausüben können. In diesem Kontext ist daran zu erinnern, daß er zwischen Behinderungen und defizitären Talenten unterscheidet und beide Arten der Benachteiligung in verschiedenen Versicherungsmodellen behandelt. In der Beschreibung der hypothetischen Versicherung gegen Talentlosigkeit erkennt er - wie wir im folgenden noch sehen werden - ausdrücklich an, daß die Ambitionen der Individuen eine wichtige Rolle für die Entwicklung ihrer Talente spielen. Im Bereich der Behinderungen versucht Dworkin, dem Gesichtspunkt der individuellen Verantwortung mittels der Unterscheidung von "option luck" und "brute luck" Gewicht zu verleihen. Die Beschränkung der Transferleistungen auf Behinderungen, die als nicht-versicherbares "brute luck" zu klassifizieren sind, soll gewährleisten, daß nur Schicksalsschläge, gegen die das Individuum keine Vorsorge treffen konnte, zu Kompensationen berechtigen. Allerdings gibt es zweifellos angeborene oder sehr früh entwickelte Behinderungen, gegen die kein Versicherungsschutz erworben werden kann, die aber dennoch durch das Verhalten des betroffenen Individuums beeinflußbar sind. Zumindest in einigen Fällen kann der Behinderte durch eigene Anstrengungen, etwa indem er an speziellen Trainingsprogrammen teilnimmt, in beachtlichem Maße zur Verbesserung seiner Situation beitragen. Diese Möglichkeit wird von Dworkin nicht berücksichtigt; sie stellt meines Erachtens aber kein gravierende Schwierigkeit für seine Theorie dar. Dworkins Grundgedanken folgend wäre es nur konsequent, Leistungen aus der kollektiven Zwangsversicherung an die Bedingung zu knüpfen, daß der Begünstigte alles in seiner Macht stehende unternimmt, um seine Hilfsbedürftigkeit zu vermindern.

Um die Bedenken, die gegen die Zuordnung der Präferenzen zur Person geäußert wurden, angemessen beurteilen zu können, müssen wir Dworkins Konzeption der individuellen Verantwortung genauer in Augenschein nehmen. In Dworkins Argumentation sind zwei Aspekte der individuellen Verantwortung präsent: Zum einen der Einfluß des

Individuums auf die Entstehung seiner Präferenzen, zum anderen die Fähigkeit des Individuums, seine aktuellen Präferenzen zu modifizieren. Der erste Aspekt, dem die Annahme zugrunde liegt, daß die Individuen frei bestimmen können, welche Präferenzen sie ausprägen, vermag nicht zu überzeugen. Aus meiner Sicht läßt sich nicht in Abrede stellen, daß ökonomische, soziale und kulturelle Faktoren in einem gewissen Umfang auf die Genese individueller Präferenzen einwirken. Erfolgversprechender scheint es mir zu sein, den zweiten Gesichtspunkt zu betonen und den Verantwortungsbegriff auf die Fähigkeit der Individuen zu stützen, ihre bewußt oder unbewußt ausgeprägten Präferenzen zu revidieren. Die Individuen sollten nicht deshalb für ihre Präferenzen verantwortlich gemacht werden, weil sie sich in der Vergangenheit willentlich für ihren Besitz entschieden haben, sondern weil sie in der Gegenwart imstande sind, ihre aktuellen Präferenzen zu ändern. (19)

Diese Interpretation der Dworkinschen Verantwortungskonzeption mag den Einwand provozieren, daß man seine Vorlieben nicht durch einen willentlichen Entschluß verändern kann. Beispielsweise kann man sich, wenn man den Geschmack eines guten Weines dem Geschmack von Buttermilch vorzieht, nicht einfach entscheiden, fortan Buttermilch schmackhafter zu finden. Man hat aber - und das ist der für die individuelle Verantwortung ausschlaggebende Aspekt - sehr wohl die Möglichkeit, sich nicht ausschließlich von Geschmackserwägungen leiten zu lassen. Man kann sich z.B. mit Blick auf seine finanzielle Lage entscheiden, zukünftig preisbewußter zu leben, und von daher seine Einstellung zu den genannten Getränken neu bestimmen. Wenn man dann sagt, man habe seine Präferenz geändert und ziehe es nun vor, Buttermilch zu trinken, heißt das nicht, daß man den Geschmack des Weines nicht mehr schätzt. Man gibt lediglich zu erkennen, daß man sich entschlossen hat, einer Wertdimension größere Bedeutung beizumessen, in der die Buttermilch dem Wein überlegen ist. Natürlich ist es durchaus möglich, daß die Umstellung der Trinkgewohnheiten auf lange Sicht auch eine Veränderung des Geschmacks bewirkt. Entscheidend - besonders im Hinblick auf das Problem der "teuren Präferenzen" - ist aber, daß den Individuen zugemutet werden kann, bei ihrer Präferenzwahl neben dem Geschmack auch Kostengesichtspunkte zu berücksichtigen.

Wie wir gesehen haben, ist Dworkin der Auffassung, daß die Individuen für eine bestimmte Klasse von Präferenzen, die sogenannten Begierden, keine Verantwortung tragen. Unter der Bedingung, daß sie ihre Begierden als ein Hemmnis ansehen, das sie an der Verwirklichung ihrer eigentlichen Ziele hindert, erkennt Dworkin ihnen einen Kompensationsanspruch zu. Gegen diese Bestimmung ist eingewandt worden, daß die Haltung, die die Individuen zu ihren Begierden einnehmen, kein geeignetes Kriterium sei, um über Transferleistungen zu entscheiden. (Vgl. Cohen 1989, 925ff.) Nicht nur die Präferenzen selbst ("first-order-desires"), sondern auch ihre Bewertung durch die Individuen ("second-order-desires") könne in beachtlichem Maße von den jeweiligen Lebensumständen geprägt sein. Die Individuen würden unter Umständen nur deshalb keinen Nachteil in dem Besitz einer Begierde sehen, weil sie sich an die herrschenden Verhältnisse angepaßt und die Ansichten ihrer Mitbürger übernommen haben. Beispielsweise mag es einer Frau, die in einem sehr konservativen Umfeld aufgewachsen ist, nicht möglich sein, ihre Präferenz für ein der Sorge um Familie und Haushalt gewidmetes Leben zu hinterfragen. Aus Sicht der Kritiker ist es daher nicht ausreichend, nur unerwünschte Begierden als Grundlage von Kompensationsforderungen anzuerkennen. Dworkins Gerechtigkeitstheorie müsse auch Hilfsleistungen für Individuen zulassen, die nicht in der Lage seien, sich von ihren Begierden zu distanzieren.

Vom Standpunkt einer Ressourcentheorie der Verteilungsgerechtigkeit stehen zwei Strategien zur Verfügung, um dem geschilderten Einwand zu begegnen. Thomas Scanlon hat argumentiert, daß die Tatsache, daß sich ein Individuum mit seinen Begierden identifiziert, Kompensationen grundsätzlich ausschließt. (Vgl. Scanlon 1986, 115ff.) Scanlon hat seine These mit dem Beispiel eines strenggläubigen Mannes untermauert, dem durch seine Religion starke Schuldgefühle suggeriert werden. Das Denken und Fühlen des Mannes ist seit frühester Kindheit von der religiösen Lehre geprägt worden, und die Aufgabe seiner religiösen Überzeugungen steht außerhalb seines Vorstellungsvermögens. Man kann also in keiner der oben diskutierten Bedeutungen von individueller Verantwortung sagen, daß er für seine religiöse Präferenz verantwortlich ist. Dennoch, so Scanlon, wäre es verfehlt, dem von Schuldgefühlen geplagten Gläubigen eine Entschädigung für seine Qualen zuzusprechen. Abgesehen davon, daß zusätzliche materielle Ressourcen seine Situation nicht verbessern könnten, würde vor allen Dingen seine tiefgreifende Identifikation mit seinen religiösen Überzeugungen gegen eine Kompensation sprechen. Es sei höchst unplausibel eine Präferenz, die der Betroffene selbst als unveräußerlichen Bestandteil seiner Persönlichkeit betrachte, wie einen kompensationswürdigen Nachteil zu behandeln. (Vgl. Arneson 1989, 80ff. und Cohen 1989, 935ff.)

Sicherlich ist Scanlon zuzustimmen, daß in dem von ihm beschriebenen Fall eine materielle Entschädigung nicht in Betracht kommt. Es ist jedoch fraglich, ob dieses Ergebnis verallgemeinert werden kann. Wenn man sich die Beispiele ins Gedächtnis ruft, die im fünften Kapitel das Problem der adaptiven Präferenzbildung illustriert haben - der Langzeitarbeitslose, der sich in sein Schicksal ergeben hat, oder der geknechtete Sklave, der seine Situation mit den Augen seines Herrn sieht -, erscheint es wenig überzeugend, den betreffenden Personen Transferleistungen mit Hinweis auf ihre Identität zu verweigern. (Vgl. Roemer 1996, 249f.) Meines Erachtens muß sich der Verfechter einer Ressourcentheorie in der Auseinandersetzung mit diesen Fällen einer anderen Argumentationsstrategie bedienen. Er muß deutlich machen, daß es vom Standpunkt einer Ressourcentheorie durchaus geboten sein kann, dem Arbeitslosen oder dem Sklaven Transferleistungen zuzugestehen. Kompensationsgrund wären für die Ressourcentheorie aber nicht die Begierden, mit denen sich die Individuen identifizieren, sondern ihre defizitäre Ausstattung mit Ressourcen. Denn im Unterschied zur Situation des religiösen Mannes sind die Lebensumstände des Arbeitslosen resp. des Sklaven durch einen Mangel an materiellen Mittel gekennzeichnet.

Der Hinweis auf die Möglichkeit von Kompensationen und die Ausführungen Scanlons scheinen mir ausreichend zu sein, um den Einwand gegen die unterschiedliche Behandlung von erwünschten und unerwünschten Begierden zu entkräften. Ein Anwendungsfall, in dem Dworkins Beschränkung der Kompensationen auf unerwünschte Begierden zu ungerechtfertigten Nachteilen führen würde, müßte drei Bedingungen erfüllen: Erstens müßte die Situation des betreffenden Individuums so beschaffen sein, daß eine Kompensation aufgrund von Ressourcennachteilen ausgeschlossen wäre, zweitens müßten sich die Nachteile des Individuums auf den Besitz von Begierden zurückführen lassen, mit denen es sich identifiziert, und drittens müßten materielle Zuwendungen sinnvoll erscheinen, d.h. einen Beitrag zur Verminderung seines Nachteils leisten. Ein solcher Anwendungsfall ist aber nur schwer vorstellbar und konnte zumindest bis zum jetzigen Zeitpunkt von Dworkins Kritikern auch nicht konstruiert werden.

7.2.3 Der hypothetische Versicherungsmarkt II

Im vorigen Abschnitt haben wir gesehen, wie Dworkin dem zunächst ausgeklammerten Problem der körperlichen und intellektuellen Ressourcen gerecht zu werden versucht, indem er eine hypothetische Versicherung gegen das Risiko der Behinderung in sein Gedankenexperiment einbezieht. Der Idee einer fiktiven Versicherungsentscheidung bedient er sich in leicht abgewandelter Form auch, um der zweiten Unzulänglichkeit seines Gedankenexperiments zu begegnen. Wie eingangs erläutert, kann die faire Distribution der materiellen Ressourcen, die nach Dworkins Auffassung durch die Auktion bewirkt wird, nicht lange Bestand haben. Die Aktivitäten der Gesellschaftsmitglieder, die in höchst unterschiedlichem Maße Güter konsumieren und produzieren, müssen alsbald zu einer veränderten Verteilung der materiellen Ressourcen führen. Für Dworkins Gerechtigkeitstheorie stellt sich daher die Frage, welche Abweichungen von der anfänglichen Distribution als zulässig und welche als korrekturbedürftig zu bewerten sind. Orientierungspunkt ist wiederum die moralische Intuition, daß sich gerechte Verteilungen durch "ambition-sensitivity" und "endowment-insensitivity" auszeichnen müssen.

Dworkin erläutert die Folgerungen, die sich aus dieser Intuition ergeben, an Hand eines einfachen Beispiels. Die drei Gesellschaftsmitglieder Adrian, Bruce und Claude nutzen ihr Startkapital, um in der Auktion gleichwertige Ländereien auf der Insel zu ersteigern. Adrian und Bruce, die beide hoch talentiert sind, besitzen das Potential, erfolgreiche Farmer zu werden; Claude hat die Natur dagegen mit "zwei linken Händen" ausgestattet. Claude investiert genau wie Adrian viel Arbeit und Mühe, um einen florierenden Farmbetrieb aufzubauen, während Bruce Freizeitaktivitäten in den Vordergrund stellt und seinen Arbeitseinsatz auf die Erwirtschaftung des Lebensnotwendigen beschränkt. Der fleißige und talentierte Adrian, dessen Farm nach kurzer Zeit prosperiert, besitzt bald wesentlich mehr materielle Ressourcen als der müßige Bruce und der talentlose Claude. Die Ungleichheit, die das Verhältnis von Adrian und Bruce kennzeichnet, ist vom Standpunkt der oben angeführten Gerechtigkeitsintuition aus nicht zu beanstanden. Die zwischen den Ressourcen-Sets der beiden Individuen bestehenden Unterschiede sind ausschließlich darauf zurückzuführen, daß sie gegensätzliche Lebensziele ("ambitions") verfolgen. Die Ungleichheit, die im Verhältnis von Adrian und Claude herrscht, ist hingegen nicht mit der leitenden Gerechtigkeitsvorstellung vereinbar. Die zwischen ihren materiellen Ressourcen bestehende Differenz liegt allein in ihrer unterschiedlichen Ausstattung ("endowment") mit natürlichen Fähigkeiten begründet.

Der "envy-test", so wie er von Dworkin verstanden wird, bestätigt diese Bewertung des Beispiels. (Vgl. Kap. 7.2.2) Dworkin zufolge muß der "envy-test" auch die Entstehungsgeschichte der Ressourcen-Sets, also unter anderem die Arbeit, die sie ihren Besitzern gekostet haben, berücksichtigen. Wenn man diese Interpretation des Neidkriteriums zugrunde legt, kann Bruce nicht behaupten, Adrian zu beneiden. Bruce zieht zwar das Ressourcen-Set, über das Adrian verfügt, dem eigenen Ressourcen-Set vor, er präferiert aber nicht die Lebensweise, der Adrian seinen Reichtum zu verdanken hat, gegenüber der eigenen Lebensweise. Im Unterschied zu Bruce hat Claude jedoch durchaus Anlaß, auf Adrian neidisch zu sein. Claude führt ein genauso hartes und arbeitsreiches Leben wie Adrian und ist nur aufgrund seiner Talentlosigkeit nicht in der Lage, das gleiche Maß an Wohlstand zu erreichen. (Vgl. Dworkin 1981b, 304ff.)

Dworkin untersucht im weiteren, mit welchem Verteilungsmechanismus sich Ergebnisse erzielen lassen, die der erläuterten Gerechtigkeitsintuition entsprechen. Er erörtert zunächst die sogenannte "starting gate theory", die in Übereinstimmung mit seinem Auktionsmodell eine gleiche Ausgangsverteilung aller verfügbaren materiellen Ressourcen vorsieht. Im Anschluß an die Ausgangsverteilung soll dann nach dem "Laissez faire"-Prinzip verfahren werden, d.h. der rechtmäßige Transfer der Ressourcen durch Kauf, Tausch, usw. soll keinen Reglementierungen unterworfen werden. Der staatliche Zugriff auf rechtmäßig erworbenes Eigentum zu redistributiven Zwecken ist nicht zugelassen. Korrigierende Eingriffe des Staates sind nur erlaubt, wenn sich die Gesellschaftsmitglieder unrechtmäßig, etwa durch Betrug oder Diebstahl, Ressourcen angeeignet haben. Dworkin bringt zwei Einwände gegen die "starting gate theory" vor. Zum einen argumentiert er, daß sich aus der Verknüpfung eines Gleichheitsprinzips mit einem "Laissez faire"-Prinzip kein kohärenter theoretischer Standpunkt gewinnen lasse. Wenn das Gleichheitsprinzip in der Ausgangsverteilung Beachtung verdiene, müsse es auch für die Bewertung der folgenden Verteilungen relevant sein; Gleichheitserwägungen seien entweder zu keinem oder zu jedem Zeitpunkt von Belang. (20) Zum anderen beanstandet Dworkin, daß das unbeschränkte "Gewährenlassen" nach der ersten Verteilung der maßgeblichen moralischen Intuition zuwiderläuft. Die Anwendung des "Laissez faire"-Prinzips lasse die Beseitigung von Ungleichheiten, die durch die unterschiedliche Ausstattung der Gesellschaftsmitglieder mit Talenten verursacht werden, nicht zu. Der von der "starting gate theory" vorgeschlagene Verteilungsmechanismus benachteilige daher Gesellschaftsmitglieder, die - wie in dem angeführten Beispiel Claude - über keine einträglichen Talente verfügen. (Vgl. Dworkin 1981b, 307ff.)

Die zweite Verteilungsvariante, die Dworkin diskutiert, werde ich im Anschluß an John Roemer "equal division of talents mechanism" nennen. (Vgl. Roemer 1985, 154ff.) Der Grundgedanke des "equal division of talents mechanism" besteht darin, neben materiellen auch körperliche und intellektuelle Ressourcen in der Auktion zu versteigern. Die Bewohner des Urzustands sollen nicht nur Eigentumsrechte an den auf der Insel vorgefundenen materiellen Gütern, sondern auch an den Talenten der anderen Gesellschaftsmitglieder erwerben können. Eigentumsrechte an den Talenten eines Dritten beinhalten die Verfügungsgewalt über die Arbeitskraft der betreffenden Person; sie berechtigen dazu, über Art und Dauer der von ihr zu leistenden Arbeit und über die Verwendung der von ihr erarbeiteten Erträge zu bestimmen. (21) Prima facie gewährleistet die Ausdehnung der Auktion auf körperliche und intellektuelle Ressourcen, daß den Gesellschaftsmitgliedern weder Vor- noch Nachteile aus ihren divergierenden natürlichen Ausstattungen entstehen. Der "equal division of talents mechanism" erkennt keine vorgängigen Ansprüche der Individuen auf die Verwertung ihrer eigenen Talente an. Die individuellen Fähigkeiten werden ausnahmslos dem kollektiven Verteilungsverfahren der Auktion unterstellt, in der alle Gesellschaftsmitglieder über die gleiche Kaufkraft verfügen, somit also die gleiche Möglichkeit haben, eine profitable Arbeitskraft zu ersteigern.

Dworkin kann jedoch überzeugend darlegen, daß die Anwendung des "equal division of talents mechanism" die begabten Gesellschaftsmitglieder benachteiligen würde. Man darf davon ausgehen, daß alle Gesellschaftsmitglieder ein starkes Interesse daran haben, dem sklavenähnlichen Los zu entgehen, das sie erwarten würde, wenn Dritte über die Nutzung ihrer Talente bestimmen könnten. In der Auktion wird daher jeder vordringlich bestrebt sein, sich die Eigentumsrechte an seiner eigenen Arbeitskraft zu sichern. Die Arbeitskraft der talentierten Individuen, die ein knappes und begehrtes Gut darstellt, erzielt jedoch unter den Marktbedingungen der Auktion einen weitaus höheren Preis als die Arbeitskraft der untalentierten Individuen. Ob die talentierten Individuen überhaupt in der Lage sind, die Eigentumsrechte an ihren Talenten zu ersteigern, hängt davon ab, ob in der Auktion die Kumulation von Geboten zugelassen ist. Wenn es den Auktionsteilnehmern erlaubt ist, ihre Finanzkraft zu bündeln und gemeinsame Gebote abzugeben, werden die talentierten Individuen das Nachsehen haben, da die an der Nutzung ihrer Arbeitskraft interessierten Bietergruppen stets einen höheren Preis bezahlen können. Wenn die Kumulation von Geboten untersagt ist, können die begabten Individuen verhindern, daß Dritte Eigentum an ihrer Arbeitskraft erwerben. Unter der Voraussetzung, daß alle Gesellschaftsmitglieder vorrangig die Rechte an den eigenen Talente ersteigern wollen und dafür zumindest einen geringen Betrag aufwenden müssen, kann niemand die Gesamtmenge seiner Zahlungsmittel für den Kauf fremder Talente einsetzen. Die begabten Individuen können daher, wenn sie einen Großteil ihrer Zahlungsmittel einsetzen, die Mitbewerber um die Eigentumsrechte an ihrer Arbeitskraft überbieten. Ihnen verbleiben dann aber wesentlich weniger Mittel als den unbegabten Gesellschaftsmitgliedern, um materielle Ressourcen - wie die Ländereien in dem angeführten Beispiel - zu erstehen.

Die Nachteile, die den begabten Individuen hinsichtlich ihrer Ausstattung mit materiellen Ressourcen entstehen, veranlassen Dworkin, den "equal division of talents mechanism" zu verwerfen. Er argumentiert, daß die talentierten Gesellschaftsmitglieder ihren Lebensunterhalt in der anfänglichen Mangelsituation nur bestreiten können, wenn sie ihre Arbeitskraft so effizient wie möglich einsetzen. Sie wären daher in weitaus geringerem Maße als die untalentierten Gesellschaftsmitglieder in der Lage, sich für eine

Arbeit ihrer Wahl oder für den Konsum von Freizeit zu entscheiden. Dworkins Analyse ist für die erste Zeit nach der Auktion zweifellos zutreffend. Es ist aber nicht einsichtig, warum es den talentierten Gesellschaftsmitgliedern auch auf längere Sicht nicht möglich sein sollte, umfangreichere Ressourcen-Sets zu erwirtschaften und größere Entscheidungsfreiräume zu gewinnen. Da auch der "equal division of talents mechanism" nach der Auktion das "Laissez faire"-Prinzip anwendet, wird der Vergrößerung ihrer Ressourcen-Sets nicht entgegengewirkt. Trotz dieser Einschränkung ist Dworkin aber zuzustimmen, daß die Behandlung der begabten Individuen nicht mit der leitenden Gerechtigkeitsvorstellung in Einklang steht. Die Forderung nach "endowment-insensitivity" kann den Ausgleich der Nachteile untalentierter Gesellschaftsmitglieder begründen; sie rechtfertigt aber nicht die manifeste Schlechterstellung, die die talentierten Gesellschaftsmitglieder zunächst in Kauf nehmen müssen. "(...) The principle that people should not be penalized for talent is simply part of the same principle we relied on in rejecting the apparently opposite idea, that people should be allowed to retain the benefits of superior talent." (Dworkin 1981b, 312; vgl. Varian 1974, 70ff. und 1985, 115ff.)

Nach Dworkins Überzeugung erlaubt "die periodische Redistribution von Ressourcen durch eine Form der Einkommensteuer" die bestmögliche Annäherung an die von ihm zugrunde gelegte Gerechtigkeitsintuition. (Vgl. Dworkin 1981b, 312) Die Umverteilung, die sich durch eine Besteuerung des Einkommens bewirken läßt, kann nicht mehr als eine Approximation der Gerechtigkeitsintuition leisten, weil der Anteil, den die Talente an der Einkommenshöhe einer Person haben, nicht präzise quantifiziert werden kann. Zunächst stellt sich bei der Festlegung der Steuer ein Informationsproblem. Um zu bestimmen, welchen Einfluß "ambition" und "endowment" auf den Verdienst einer Person ausüben, ist es erforderlich, eine Vielzahl oft nur schwer zugänglicher Daten zu erheben. Aber selbst wenn alle notwendigen Informationen verfügbar wären, könnte der dem "Zufall der Natur" zuzurechnende Einkommensanteil nicht genau ermittelt werden, da zwischen Ambitionen und Talenten Interdependenzen bestehen. Talente sind angeborene Potentiale, die der Entwicklung bedürfen. Oftmals liegt der Grund, ein Talent zu fördern und dadurch unter Umständen die Verdienstmöglichkeiten zu steigern, in der Entscheidung für ein bestimmtes Lebensziel. Umgekehrt kann aber auch der Besitz eines Talents das Motiv für die Wahl eines Lebensziels sein. Beispielsweise mag der erfolgreiche Pianist sein musikalisches Talent so weit ausgeprägt haben, weil er von klein auf den Ehrgeiz hatte, Konzertpianist zu werden; ebensogut kann aber die Entstehung seiner Ambition darauf zurückzuführen sein, daß er sich schon früh seiner außerordentlichen Begabung bewußt geworden ist. Die wechselseitige Abhängigkeit läßt es unmöglich erscheinen, die Bedeutung, die die Faktoren "ambition" und "endowment" für das Einkommen des Pianisten haben, exakt zu bestimmen.

Um dieser Schwierigkeit zu begegnen, bringt Dworkin wieder die Idee einer hypothetischen Versicherung ins Spiel. Der Grundgedanke ist hier, daß die Entscheidungen, die die Individuen auf dem Versicherungsmarkt treffen würden, Anhaltspunkte für die konkrete Ausgestaltung des Steuermechanismus liefern können. Dworkins Beschreibung der fiktiven Entscheidungssituation weicht allerdings von der Version, die uns schon aus seiner Diskussion der Behindertenproblematik bekannt ist, ab. Die im folgenden zu betrachtende Versicherung gegen das Risiko der Talentlosigkeit bedient sich eines durchsichtigeren "Schleiers des Nichtwissens". Die Individuen wissen, welche Talente sie besitzen, und sie kennen die Allokation der Einkommen über die verschiedenen gesellschaftlichen Positionen. Verhüllt bleibt ihnen lediglich, in welcher Beziehung Talente und Einkommen zueinander stehen, d.h. sie wissen nicht, welche Verdienstaussichten ihnen ihr jeweiliges Talent-Set bietet. (22) Dworkin zufolge gewährleisten die kontrafaktischen Elemente der Entscheidungssituation, daß die unterschiedliche Talentausstattung der Individuen keinen Einfluß auf ihre Entscheidung haben kann. Unter den geltenden Wissensbeschränkungen müssen alle Gesellschaftsmitglieder bei ihrer Entscheidung davon ausgehen, daß sie die gleichen Chancen haben, die verschiedenen gesellschaftlichen Positionen zu besetzen.

John Roemer hat gegen die Lockerung der Informationsbeschränkungen eingewandt, daß sich die Kenntnis der Talente sehr wohl auf das Wahlverhalten auswirken kann. Wenn ein Gesellschaftsmitglied A ein Gesellschaftsmitglied B hinsichtlich aller Talente dominiere, dann könne A - auch ohne zu wissen, welche Verdienstmöglichkeiten die einzelnen Talente faktisch bieten - sicher sein, daß er ein höheres Einkommen als B erzielen werde. A sehe sich einem geringeren Risiko ausgesetzt, mit seinen Talenten nur eine untere Position in der Gesellschaft einnehmen zu können, und habe folglich einen Anreiz, für ein weniger redistributives Steuersystem zu votieren. (Vgl. Roemer 1996, 251f.) Roemer übersieht jedoch, daß in der von Dworkin skizzierten Situation eine Dominanz der Talente in bezug auf das erreichbare Einkommen nicht festgestellt werden kann. Zwar kann man unter Umständen sagen, daß die Talente von A im Hinblick auf andere, nicht die Rentabilität betreffende Aspekte den Talenten von B überlegen sind. So mag es z.B. möglich sein, unter künstlerischen Gesichtspunkten die stimmliche Begabung von A als der stimmlichen Begabung von B überlegen zu qualifizieren. Daraus folgt aber nicht zwingend, daß die Stimme von A auch bessere Verdienstaussichten verheißt. Die Stimme von B kann durchaus - man denke an einen beliebigen Schlagersänger - ein breiteres und zahlungskräftigeres Publikum finden und dadurch einen höheren Marktwert erzielen.

Dworkin nimmt nun an, daß sich die Gesellschaftsmitglieder in der hypothetischen Entscheidungssituation nur gegen das Risiko versichern würden, ein ihre elementare Versorgung garantierendes Mindesteinkommen nicht erreichen zu können. Seiner Auffassung nach besteht für sie kein Anreiz, Versicherungsschutz für den Fall zu erwerben, daß sie ihre Talentausstattung nicht zu höheren Verdiensten befähigt. Die hypothetische Versicherungsentscheidung, die im folgenden noch eingehend zu erörtern sein wird, gibt Dworkin Aufschluß über die in Frage stehende Einkommensteuer. Die wichtigste Erkenntnis ist aus seiner Sicht, daß die aus der Einkommensteuer zu finanzierenden Transferzahlungen nur eine Art Grundsicherung für diejenigen Gesellschaftsmitglieder ermöglichen sollen, die nicht imstande sind, aus eigener Kraft die erforderlichen Einkünfte zu erzielen. Die Begrenzung der Zahlungshöhe und die Einschränkung hinsichtlich der Anspruchsberechtigung gewährleisten, daß die Steuer nicht allzu hoch veranschlagt werden muß. Zu den Steuersätzen äußert sich Dworkin nicht näher; er führt lediglich - wiederum unter Berufung auf die hypothetische Entscheidungssituation - aus, daß sie in Relation zum Einkommen progressiv ansteigen sollen. Insofern man von einem abnehmenden Grenznutzen des Geldes ausgehen könne, sei es für die Gesellschaftsmitglieder unter den geltenden Wissensbeschränkungen rational, eine progressive Steuerstruktur zu wählen.

Besonders hervorzuheben ist, daß sich die Redistribution nicht an dem tatsächlichen Einkommen der Gesellschaftsmitglieder orientieren soll. Sowohl die Steuerlasten als auch die Kompensationsleistungen sollen von dem potentiellen Einkommen der Gesellschaftsmitglieder abhängen, also von dem Einkommen, das sie mit ihrer jeweiligen Talentausstattung erzielen könnten. Dworkin verkennt nicht, daß die Gesellschaftsmitglieder einen hohen Anreiz haben, ihre Fähigkeiten zu verbergen, wenn die Höhe der Steuern bzw. der Kompensationen nach dem Verdienstpotential ihrer Talente bemessen wird. Er führt aber verschiedene Maßnahmen an, mit denen man der Gefahr des "moral hazard" begegnen könnte. So schlägt er unter anderem vor, Transferleistungen vom Nachweis des Empfängers abhängig zu machen, daß er kein höheres Einkommen erreichen kann, ihn also beispielsweise zum Beleg seiner Bewerbungsaktivitäten oder zur Vorlage eines ärztlichen Attestes zu verpflichten. (Vgl. Dworkin 1981b, 323ff.)

Dworkin ist überzeugt, daß die von ihm vorgeschlagene Einkommensteuer am ehesten den Forderungen nachkommt, die sich aus der leitenden Gerechtigkeitsvorstellung ergeben. Zum einen werden aus den Steuereinnahmen Transferzahlungen an die untalentierten, über schlechte Verdienstaussichten verfügenden Gesellschaftsmitglieder finanziert. Die Kompensation ihres unverschuldeten Nachteils lasse für die Kritik, die an der "starting gate theory" geübt wurde, keinen Raum. Zum anderen seien die Zahlungen, die den talentierten, über lukrative Verdienstaussichten verfügenden Gesellschaftsmitgliedern abverlangt werden, nicht so hoch, daß sich ihre Lebensperspektive auf die maximale Ausbeutung ihrer Arbeitskraft verengen würde. Daher könne der Einwand, der gegen den "equal division of talents mechanism" erhoben wurde, nicht gegen die progressive Einkommensteuer geltend gemacht werden.

Zentrale Aussagen des Dworkinschen Steuermodells sind jedoch auf Kritik gestoßen. Bedenken sind
a) gegen die Darstellung der hypothetischen Versicherungsentscheidung und
b) gegen die Besteuerung des potentiellen Einkommens laut geworden.

a) Bevor ich auf den ersten Kritikpunkt eingehe, erscheint es sinnvoll, kurz die Gründe zu nennen, die Dworkin für die oben beschriebene Versicherungsentscheidung anführt. Dworkin verweist zunächst darauf, daß aus der Perspektive risikoneutraler Individuen jedweder Versicherungskauf unattraktiv erscheinen muß. Aufgrund der Kosten, die durch Verwaltungsaufwand und Gewinninteressen der Versicherungsgesellschaft entstehen, sei der Erwartungsnutzen für risikoneutrale Individuen immer größer, wenn sie keine Versicherung abschlössen. Die allgemein bestehende Neigung, Versicherungsschutz zu erwerben, könne nur mit der Risikoaversion der Versicherungsnehmer und dem abnehmenden Grenznutzen des Geldes erklärt werden. Beide Faktoren motivierten die Individuen, einen sicheren, aber geringen Verlust in Form des Beitrags in Kauf zu nehmen, um in dem unwahrscheinlichen Fall eines bedeutenden Verlustes Kompensation zu erhalten.

Dworkin macht geltend, daß der von ihm unterstellte Kauf eines auf die Grundversorgung beschränkten Versicherungsschutzes mit den geschilderten Verhaltensannahmen in Einklang steht. Versichert werde nur der selten eintretende, aber mit besonders gravierenden Nachteilen verbundene Fall, daß die eigenen Talente nicht zur Befriedigung der elementarsten Bedürfnisse ausreichen. Der aufzuwendende Versicherungsbeitrag bleibe wie bei anderen Versicherungsverträgen auch relativ niedrig. Hingegen würde eine Versicherung gegen das Risiko, keine Spitzenverdienste erzielen zu können, bedeuten, daß der Schadensfall geradezu die Regel wäre und daß extrem hohe Beiträge erhoben werden müßten, um die zahlreichen Kompensationsansprüche zu erfüllen. Dworkin zufolge wäre der Abschluß einer solchen Versicherung nicht vorteilhaft. Die meisten Versicherungsnehmer würden zwar Transferzahlungen aus der Versicherung erhalten, sie müßten aber gleichzeitig derart hohe Beiträge bezahlen, daß sie per saldo kaum profitieren würden. Und die wenigen Gesellschaftsmitglieder, die ihre Talente dazu befähigen, Spitzenverdienste zu realisieren, müßten beträchtliche Nachteile hinnehmen. Die hohen Beitragslasten würden sie dazu zwingen, ihre Arbeitskraft so effizient wie möglich zu vermarkten; sie wären nicht in der Lage, eine Arbeit ihrer Wahl zu ergreifen oder in nennenswertem Umfang Freizeit zu konsumieren.

Die hypothetische Entscheidungssituation, auf die Dworkin seine Argumentation stützt, ist von John Roemer einer kritischen Analyse unterzogen worden. Roemer glaubt zeigen zu können, daß ein Versicherungs- bzw. Steuermodell gewählt würde, das weitaus umfangreichere Redistributionen als das von Dworkin vorgesehene Modell erforderlich machen würde. In Roemers Rekonstruktion der hypothetischen Entscheidungssituation verhalten sich die Individuen wie rationale Nutzenmaximierer, d.h. sie optieren unter einer Vielzahl von Möglichkeiten für die Alternative, die durch den höchsten Erwartungsnutzen ausgezeichnet ist. Roemer setzt voraus, daß für den individuellen Nutzen zwei Faktoren, das Einkommen und die Freizeit, relevant sind. (23) Alle Individuen haben identische Nutzenfunktionen, sie ziehen also aus derselben Kombination von Einkommen und Freizeit auch denselben Nutzen. Die von Dworkin stipulierten Wissensbeschränkungen gewährleisten, daß die Individuen davon ausgehen müssen, mit der gleichen Wahrscheinlichkeit jede gesellschaftliche Position einnehmen zu können. In ihrem Nutzenkalkül haben folglich alle gesellschaftlichen Positionen das gleiche Gewicht. Den höchsten Erwartungsnutzen besitzt die Alternative, bei der die Addition der mit den einzelnen Positionen verbundenen Nutzenwerte den höchsten Gesamtnutzen ergibt.

Roemer kann nun überzeugend darlegen, daß der höchste Erwartungsnutzen von einem Steuermodell erbracht wird, das vor allem durch zwei Eigenschaften gekennzeichnet ist. Es nimmt Redistributionen vor, die zu einer vollständigen Nivellierung aller gesellschaftlichen Einkommensunterschiede führen, und es bürdet den talentierten Gesellschaftsmitgliedern erhebliche Transferkosten auf, die sie nur durch einen extrem hohen Arbeitseinsatz aufbringen können. Dieses Steuermodell weist den höchsten Erwartungsnutzen auf, weil es eine effiziente Nutzenproduktion leistet. Die Abgabenlast nötigt die talentierten Gesellschaftsmitglieder, die über die einträglichste Arbeitskraft verfügen, ihre Fähigkeiten für die Erwirtschaftung hoher Einkommen einzusetzen. In der Konsequenz bewirkt es zwar, daß die talentierten Individuen, die beträchtliche Freizeitverluste hinnehmen müssen, niedrige Nutzenwerte haben. Da das durch ihren Arbeitseinsatz erzielte Einkommen aber auf dem Wege der Umverteilung einer Vielzahl von Gesellschaftsmitgliedern zugute kommt und deren Nutzen steigert, überwiegen letztlich die positiven Effekte des Steuermodells. Roemer beschreibt das Dilemma der talentierten Gesellschaftsmitglieder wie folgt: "A highly talented person is exactly like a person with an involuntary expensive taste: the only kind of leisure he likes to consume is expensive leisure, his own. His leisure is expensive because it has an alternative use which is highly valued by society. The utilitarian objective function of the insurance problem will require, for reasons of productive efficiency, that the talented work longer hours than the untalented, which thereby relegates the talented to lower welfare (...)." (Roemer 1985, 165) (24)

Dworkins Einkommensteuer haften also nach Roemers Darstellung ähnliche Defizite wie dem "equal division of talents mechanism" an. Auch der von Dworkin befürwortete Umverteilungsmechanismus zieht Nachteile für die begabten Individuen nach sich, die mit der leitenden Gerechtigkeitsvorstellung nicht zu vereinbaren sind. Roemers Kritik basiert allerdings auf einer strittigen Rekonstruktion der hypothetischen Entscheidungssituation. Dworkin gibt in seiner Beschreibung der Situation keinen Hinweis auf die von den Individuen anzuwendende Entscheidungsregel. Man muß aber nicht, wie Roemer, voraussetzen, daß rationale Individuen in ausnahmslos jeder Situation bestrebt sind, ihren Erwartungsnutzen zu maximieren. Unter den besonderen Bedingungen der fiktiven Entscheidungssituation ist es unter Umständen auch möglich, von der Anwendung der Maximin-Regel auszugehen. (Vgl. Van Parijs 1995, 84ff.) Die Maximin-Regel besagt, daß diejenige Option gewählt werden soll, die ungeachtet der übrigen gesellschaftlichen Positionen den höchsten Nutzenwert für die schlechteste gesellschaftliche Position aufweist. Die Befolgung der Maximin-Regel würde zu Resultaten führen, die der von Dworkin angenommenen Entscheidung für einen nur die Grundversorgung aller Gesellschaftsmitglieder sicherstellenden Umverteilungsmechanismus zumindest sehr nahe kämen. Roemers Schlußfolgerung, daß Dworkins Steuermodell zurückgewiesen werden muß, weil es ungerechtfertigte Nachteile für die talentierten Gesellschaftsmitglieder mit sich bringt, ist daher nicht zwingend.

Roemers Kritik wirft jedoch die Frage auf, ob die Maximin-Regel das in der kontrafaktischen Situation zu erwartende Wahlverhalten angemessen wiedergeben kann. Die Gegner der Maximin-Regel haben immer wieder darauf hingewiesen, daß die Anwendung einer Entscheidungsregel, die einen Großteil der verfügbaren Informationen vernachlässigt, eigentlich nie rational sein kann. Auch die Befürworter der Maximin-Regel konzedieren ihre begrenzte Einsetzbarkeit; sie glauben aber, daß die Maximin-Regel in bestimmten Ausnahmesituationen Plausibilität besitzt. Bezogen auf Dworkins Theorie spreche vor allem die Tragweite der Entscheidung, die die Individuen in der hypothetischen Situation zu treffen haben, für die Anwendung der Maximin-Regel. Die Individuen beschließen nicht über kurzfristige Maßnahmen, sondern legen mit der Wahl des Versicherungs- bzw. Steuermodells die gesellschaftlichen Rahmenbedingungen fest, in denen sich ihr ganzes Leben abspielen wird. Sie haben daher einen starken Anreiz, sich von einer Entscheidungsregel leiten zu lassen, die katastrophale Ergebnisse - wie z.B. das Schicksal, dem die talentierten Gesellschaftsmitglieder in Roemers Rekonstruktion entgegensehen - effektiv ausschließt und selbst bei Eintritt der schlechtesten Möglichkeit eine akzeptable Lebensperspektive garantiert.

Aus meiner Sicht kann die Kontroverse um die anzuwendende Entscheidungsregel bei der Beurteilung der Dworkinschen Verteilungstheorie allenfalls eine untergeordnete Rolle spielen. Für Dworkin - wie auch für Rawls - hat die hypothetische Entscheidungssituation keine eigenständige Bedeutung; sie dient lediglich dazu, die Implikationen der zentralen Gerechtigkeitsintuition herauszuarbeiten. (25) Ausschlaggebend muß daher vielmehr die Frage sein, ob die von Dworkin vorgeschlagene Einkommensteuer geeignet ist, der Gerechtigkeitsintuition praktische Geltung zu verleihen. Gerade die praktische Umsetzung des Steuermodells ist aber, wie ich im vierten Abschnitt noch zeigen werde, mit gravierenden Problemen verbunden.

b) In seiner Auseinandersetzung mit Dworkins Theorie hat Philippe van Parijs ein einprägsames Beispiel konstruiert, das auf mögliche kontraintuitive Konsequenzen einer am potentiellen Einkommen orientierten Steuer hindeutet. Im Mittelpunkt von Van Parijs' Beispiel stehen die Schwestern Lovely und Lonely. Die beiden Schwestern verfolgen identische Lebenspläne und sind im wesentlichen mit denselben Talenten ausgestattet. Der einzige signifikante Talentunterschied, der zwischen ihnen besteht, betrifft ihr Äußeres: Lovely ist eine ausgesprochen attraktive, Lonely eine wenig anziehende Erscheinung. Die begehrenswerte Lovely hat die Möglichkeit, ein hohes Einkommen durch das Zurschaustellen ihres Körpers in einer "Peep-Show" zu erzielen. Sie verabscheut jedoch, sich in einer "Peep-Show" zu präsentieren, und zieht genau wie ihre Schwester Lonely eine weniger einträgliche Betätigung vor. Wenn beide Schwestern ihren Neigungen nachgehen und den von ihnen favorisierten Berufsweg einschlagen, führt die Besteuerung des potentiellen Einkommens dazu, daß Lovely mit höheren Steuerabgaben als Lonely belastet wird. (Vgl. Van Parijs 1995, 63ff.)

Van Parijs zufolge läßt dieses Ergebnis Zweifel aufkommen, ob Dworkins Steuermodell mit der zugrunde gelegten Gerechtigkeitsintuition harmoniert. Der materielle Nachteil, den Lovely im Vergleich zu ihrer Schwester hat, legt eine Parallele zum "equal division of talents mechanism" nahe. Der "equal division of talents mechanism" war zurückgewiesen worden, weil er die begabten Gesellschaftsmitglieder hinsichtlich der materiellen Ressourcen schlechter stellt und somit dem Grundgedanken der "endowment-insensitivity" widerspricht. Dieser Einwand trifft meiner Auffassung nach aber auf die Behandlung, die Lovely in dem geschilderten Beispiel erfährt, nicht zu.

Wenn man Dworkins Darstellung der hypothetischen Versicherungsentscheidung folgt, kann man davon ausgehen, daß sein Steuermodell verhältnismäßig geringe Abgaben erforderlich macht. Die von Lovely zu zahlende Steuer wäre also nicht so horrend, daß sie gegen ihren Willen in der "Peep-Show" arbeiten müßte, um den geforderten Betrag aufzubringen. Im Gegensatz zum "equal division of talents mechanism" würde ihr die Einkommensteuer die Wahl zwischen einer Vielzahl von Alternativen belassen. Zudem ist zu beachten, daß Lovely das Verteilungsergebnis durch ihr eigenes Verhalten entscheidend beeinflussen kann. Unter dem "equal division of talents mechanism" müßte sie aufgrund ihrer Ausstattung mit einem begehrten Talent unweigerlich einen gravierenden materiellen Nachteil hinnehmen. Unter Dworkins Steuermodell könnte sie hingegen ein weitaus höheres Einkommen erreichen als ihre Schwester, wenn sie bereit wäre, in der "Peep-Show" aufzutreten. Lovely befindet sich nur deshalb in einer ungünstigeren Situation als Lonely, weil die Arbeit in der "Peep-Show" ihren Lebensvorstellungen widerspricht und sie andere Ziele zu verwirklichen trachtet. Der Nachteil, der Lovely in Van Parijs' Beispiel entsteht, ist also nicht primär auf ihre Talentausstattung, sondern auf ihre Ambitionen zurückzuführen.

In diesem Zusammenhang ist daran zu erinnern, daß Dworkin von den Gesellschaftsmitgliedern verlangt, in vollem Umfang für die sozialen Kosten aufzukommen, die die Realisierung ihrer jeweiligen Ambitionen verursacht. So wie sie in der anfänglichen Auktion den Marktpreis für die von ihnen präferierten Ressourcen bezahlen müssen, so wird auch ihre Steuerlast nach dem Marktpreis ihrer Arbeitskraft veranschlagt. Dworkin ist sich darüber im klaren, daß die für den Marktpreis ausschlaggebenden Faktoren der Knappheit und der Nachfrage nach Ressourcen bzw. Arbeitsleistungen von den Gesellschaftsmitgliedern nicht beeinflußt werden können. Er ist aber überzeugt, daß die Individuen die Fähigkeit besitzen, ihre Wünsche und Pläne auf die gesellschaftlichen Rahmenbedingungen abzustimmen. Sie sind daher, wenn sie kostspielige Güter präferieren oder eine aufwendige Lebensweise wählen, für eventuell damit verbundene Nachteile selbst verantwortlich. Folglich stehen auch die negativen Konsequenzen, die sich für Lovely aus der Entscheidung ergeben, den anderen Gesellschaftsmitgliedern eine stark nachgefragte Leistung vorzuenthalten, in keinem grundsätzlichen Widerspruch zu Dworkins Forderung nach "ambition-sensitivity". (Vgl. Dworkin 1981b, 323)

7.2.4 Die sozialstaatlichen Institutionen

Abschließend soll noch ein genauerer Blick auf die sozialstaatlichen Institutionen geworfen werden, die aus der theoretischen Diskussion der vorigen Abschnitte hervorgegangen sind. Ich werde im folgenden
a) die Beziehung, in der die kollektive Zwangsversicherung und die Einkommensteuer zueinander stehen, thematisieren und
b) nach der Praktikabilität der von Dworkin vorgeschlagenen Institutionen, insbesondere des Steuermodells, fragen.

a) Sowohl die von der kollektiven Zwangsversicherung als auch die von der Einkommensteuer vorgenommenen Redistributionen zielen darauf ab, einen Ausgleich für defizitäre natürliche Fähigkeiten zu schaffen: Die kollektive Zwangsversicherung kompensiert Behinderungen, die Einkommensteuer kompensiert Talentlosigkeit. Die beiden Institutionen etablieren so eine Distinktion zwischen zwei Arten von natürlichen Defiziten, die unterschiedliche Ansprüche begründen. Auf der einen Seite erhalten Gesellschaftsmitglieder, die nur über geringe Talente verfügen, aus der Einkommensteuer zu finanzierende Transferzahlungen. Auf der anderen Seite beziehen behinderte Gesellschaftsmitglieder noch zusätzlich zu den Transferzahlungen, die ihnen Dworkins Steuermodell in der Regel ebenfalls zugesteht, Leistungen aus der kollektiven Zwangsversicherung. (26) Es fragt sich nun, weshalb Dworkin es für notwendig erachtet, zwischen Talentlosigkeit und Behinderung zu differenzieren und ihre Kompensation verschiedenen Institutionen zu überantworten.

Dworkin selbst hat auf die Ähnlichkeit der Probleme hingewiesen, mit denen sich die kollektive Zwangsversicherung und die Einkommensteuer befassen. Zwischen einem Mangel an Talent und einer Behinderung besteht, so Dworkin, nur ein gradueller Unterschied; die Übergänge zwischen beiden Defizitarten sind fließend. (Vgl. Dworkin 1981b, 341f.) Der Grund, warum Dworkin dennoch eine gesonderte Kompensation für Behinderungen vorsieht, liegt in der herausgehobenen Bedeutung, die er ihnen beimißt. Wie wir gesehen haben, schätzt er die mit Behinderungen verbundenen Nachteile als derart gravierend ein, daß die Gesellschaftsmitglieder in der beschriebenen kontrafaktischen Entscheidungssituation auf jeden Fall Versicherungsschutz erwerben würden, wohingegen ein Mangel an Talenten nur mit Blick auf verminderte Erwerbschancen den Versicherungskauf motivieren könnte.

Die Unterscheidung hinsichtlich der Signifikanz der beiden Defizitarten kann Dworkin meines Erachtens nur plausibel machen, wenn er sich auf "Welfare"-Überlegungen beruft. Zum einen muß er behaupten, daß die körperlichen und intellektuellen Güter, deren Fehlen als Behinderung zu gelten hätte, für das menschliche Wohlergehen unverzichtbar sind. Zum anderen muß er argumentieren, daß die körperlichen und intellektuellen Güter, deren Fehlen als Talentlosigkeit anzusehen wäre, nur insofern für das menschliche Wohlergehen von Bedeutung sind, als sie der Erwirtschaftung materieller Güter dienen. Ohne eine solche Bezugnahme auf "Welfare"-Gesichtspunkte kann die unterschiedliche Gewichtung der Ressourcen nicht erklärt werden. Es zeigt sich also, daß Dworkin, ähnlich wie Rawls, nicht gänzlich darauf verzichten kann, "Welfare"-Elemente in seine "Resource"-Theorie einzubeziehen; auch Dworkin muß zumindest implizit eine "schwache Theorie vom Guten" voraussetzen. (Vgl. Kap. 6.5 und 7.1.2)

b) Die Realisierungschancen der beiden von Dworkin propagierten sozialstaatlichen Institutionen müssen unterschiedlich beurteilt werden. Kollektive Zwangsversicherungen sind in vielen modernen Rechtsstaaten ein fester Bestandteil des Sozialsystems. Zwar würde die Einführung von Dworkins Modell einige Veränderungen notwendig machen, die möglicherweise Probleme mit sich bringen würden. Beispielsweise dürfte die Forderung, zwischen versicherbarem und nicht-versicherbarem "brute luck" zu differenzieren, in der Praxis nicht immer leicht zu erfüllen sein. Meiner Ansicht nach beschränken sich die Probleme aber im wesentlichen auf die Beurteilung von Grenzfällen; der Verwirklichung von Dworkins Vorstellungen stellen sich zumindest keine grundsätzlichen Hindernisse entgegen.

Die Besteuerung des potentiellen Einkommens wird hingegen in keinem Staat praktiziert. Dworkin sieht die größte Schwierigkeit darin, daß die Gesellschaftsmitglieder ihre wahren Talente verheimlichen könnten, um in eine günstigere Steuerklasse eingestuft zu werden, und empfiehlt verschiedene Maßnahmen, die seiner Meinung nach den Steuerbetrug verhindern oder zumindest eindämmen würden. Auf die Fragen, wie die zur Bemessung des potentiellen Einkommens notwendigen Informationen eingeholt werden könnten und welche Kosten die Datenerhebung verursachen würde, geht Dworkin nur am Rande ein. Nebenhin konzediert er, daß man wegen dieser Probleme unter Umständen auf die herkömmliche Besteuerung des faktischen Einkommens als zweitbeste Annäherung an die Gerechtigkeitsintuition zurückgreifen muß. (Vgl. Dworkin 1981b, 326) Wenn man sich vor Augen führt, welche weitreichenden Kenntnisse eine zuverlässige Bestimmung des potentiellen Einkommens erfordern würde, kann man Dworkins Befürchtung nur beipflichten. Selbst mit einem immensen Verwaltungsaufwand erscheint es ausgeschlossen, daß die Talent-Sets aller Gesellschaftsmitglieder detailliert bewertet, ihr permanenter Zugewinn oder Verlust an Fertigkeiten angemesen berücksichtigt und diese Informationen auch noch auf die Angebote am Arbeitsmarkt, die ihrerseits einem permanenten Wandel ausgesetzt sind, bezogen werden könnten. In der praktischen Anwendung führt offenbar kein Weg an einer progressiven Einkommensteuer, die sich nach den tatsächlichen Verdiensten richtet, vorbei.

Dieser Besteuerungsmodus widerspricht jedoch eindeutig der Gerechtigkeitsintuition, auf die Dworkin sein Theoriegebäude aufgebaut hat. Die Bezieher hoher Einkommen müssen auch dann hohe Steuern bezahlen, wenn ihr ökonomischer Erfolg nicht primär mit ihren Talenten, sondern mit ihrem Fleiß, ihrem Verzicht auf Freizeit oder ähnlichen Faktoren zusammenhängt. Auf der anderen Seite erhalten alle Gesellschaftsmitglieder, die ein geringes oder gar kein Einkommen haben, Transferleistungen, gleichgültig ob ihre Situation auf eine defizitäre Talentausstattung oder auf von ihnen zu verantwortende Lebensentscheidungen zurückzuführen ist. "Hence some people will get less coverage than they hypothetically bought, just because they are now, by dint of effort, in the upper income categories. And some people will get more coverage than they deserve, just because they have expensive lifestyles." (Kymlicka 1990, 82 und vgl. Narveson 1983, 18) (27)

Trotz der offenkundigen Mängel des Steuermodells besitzen die von Dworkin formulierten Leitgedanken meiner Überzeugung nach aber durchaus einen Orientierungswert für sozialstaatliche Institutionen und Programme. Zwar kann die Steuerhöhe nicht auf Basis der individuellen Talent-Sets bestimmt werden; es lassen sich aber immerhin Kriterien für die Leistungsvergabe benennen. So erscheint es etwa geboten, Gesellschaftsmitgliedern, die nicht bereit sind, zumutbare Erwerbstätigkeiten auszuüben, Sozialhilfe oder vergleichbare Leistungen zu verweigern. Denn die Entscheidung, möglichst viel Freizeit zu genießen oder nur ausgewählte Arbeiten zu verrichten, kann innerhalb des von Dworkin bereitgestellten Rechtfertigungsrahmens keine Transferzahlungen begründen. Auch für die Festlegung, was als zumutbare Arbeit gelten kann, bietet Dworkins Gerechtigkeitsvorstellung wichtige Anhaltspunkte. Beispielsweise kann ein arbeitsloser Akademiker die Tätigkeit eines Lagerarbeiters nicht ablehnen, weil er nur Arbeiten für akzeptabel hält, die seiner akademischen Ausbildung entsprechen. Bei der Einstufung einer Arbeit als unzumutbar dürfen die Ambitionen des betreffenden Individuums keine Rolle spielen.

7.3 Schlußbetrachtung

Abschließend sollen die Ergebnisse, die die Untersuchung der zweiten Frage der Verteilungsgerechtigkeit erbracht hat, zusammengefaßt werden. Nach einer kurzen Einleitung im vierten Kapitel sind zunächst verschiedene "Welfare"-Kriterien einer Analyse unterzogen worden. Dabei hat sich gezeigt, daß die Kriterien "pleasure" und "preference", die im Zentrum der utilitaristischen Theorien stehen, kein geeignetes Maß für das menschliche Wohlergehen darstellen. An Hand verschiedener Beispiele konnte demonstriert werden, daß auf Grundlage beider Kriterien Bewertungen vorgenommen werden müssen, die einer intuitiven Beurteilung des Wohlergehens in starkem Maße widersprechen. Als Alternative ist die Maßeinheit "function", die in der Fähigkeitenethik zur Anwendung gelangt, in Erwägung gezogen worden. Im Gegensatz zu den utilitaristischen Kriterien, die das menschliche Wohlergehen auf eine einzige Wertdimension reduzieren, umfaßt sie eine Vielzahl unterschiedlicher Dimensionen. Dadurch kann sie in den Fällen, in denen "pleasure" und "preference" zu keinen plausiblen Bewertungen führen, beanspruchen, die von ihnen vernachlässigten Wertaspekte zur Geltung zu bringen. Problematisch ist jedoch, daß die Fähigkeitenethik keine Aussagen über die relative Bedeutung der verschiedenen Aktivitäten und Zustände trifft, die sie unter dem Begriff der Funktion subsumiert. Die Berücksichtigung mehrerer Wertdimensionen geht so mit einem hohen Maß an Unbestimmtheit bei der Evaluation des Wohlergehens einher.

Für die Zurückweisung der "Welfare"-Kriterien war aber letztlich nicht entscheidend, daß bei der Konzeptualisierung des menschlichen Wohlergehens wichtige Fragen offen geblieben sind. Ausschlaggebend war vielmehr der Einwand, daß ihre praktische Anwendung gegen grundlegende Prinzipien des liberalen Rechtsstaates verstoßen würde. Dieser Einwand hat sich sowohl im Hinblick auf die utilitaristischen Theorien wie auch im Hinblick auf die Fähigkeitenethik als berechtigt erwiesen. Eine besondere Bedeutung kam der Auseinandersetzung mit der Fähigkeitenethik zu, die mit den Begriffen Fähigkeit und Funktion ein "Resource"- und ein "Welfare"-Kriterium enthält. Obwohl die Fähigkeitenethik das Schwergewicht eindeutig auf die Fähigkeiten, also auf das

"Resource"-Kriterium, legt, bringt sie die parallele Einbeziehung der Funktionen, also des "Welfare"-Kriteriums, in Konflikt mit rechtsstaatlichen Prinzipien. Die Funktionen qualifizieren - trotz der Vagheit ihrer Aussagen - eine Form des guten Lebens als allen anderen möglichen Formen überlegen. Dadurch wird in der Konsequenz die Freiheit der Individuen, selbst zu entscheiden, welchen Lebensplan sie mit ihren Ressourcen realisieren wollen, in bedenklichem Maße restringiert. Dieses Ergebnis zeigt, daß nur "Resource"-Theorien, die keine inhaltlichen Vorgaben über die Nutzung von Ressourcen machen, in der Lage sind, die individuelle Freiheit angemessen zu respektieren.

Die Diskussion des sechsten und siebten Kapitels hat allerdings auch deutlich gemacht, daß "Welfare"-Gesichtspunkte nicht gänzlich außer acht gelassen werden dürfen. "Resource"-Theorien können nur eine begrenzte Anzahl von Gütern berücksichtigen; sie sind gezwungen, aus der Vielzahl möglicher Güter eine Auswahl zu treffen. Die Selektion und gegebenenfalls Gewichtung der Güter, deren Verteilung betrachtet werden soll, muß aber immer im Hinblick auf ihr "Welfare"-Potential erfolgen. Sie kann nur schlüssig begründet werden, wenn auf die unterschiedliche Bedeutung der Güter für das menschliche Wohlergehen abgestellt wird. Dieser Sachverhalt wird von einer der tonangebenden "Resource"-Theorien, der Gerechtigkeitstheorie von John Rawls, ausdrücklich anerkannt. Rawls' Auswahl der maßgeblichen Ressourcen stützt sich auf eine "schwache Theorie vom Guten", die die für jede vernünftige Form des guten Lebens unverzichtbaren Grundgüter benennt. In diesem Zusammenhang ist es aufschlußreich, sich einen der Standardeinwände, die gegen die "Resource"-Theorien erhoben wurden, ins Gedächtnis zu rufen. Vertreter eines "Welfare"-Ansatzes haben beanstandet, daß "Resource"-Theorien den rein instrumentellen Charakter von Ressourcen verkennen. In der Rawlsschen Gerechtigkeitstheorie wird der Mittel-Zweck-Relation, in der "resource" und "welfare" zueinander stehen, aber durchaus Rechnung getragen. Dies erfordert jedoch nicht - wie von den Kritikern unterstellt - die Anwendung eines "Welfare"-Kriteriums als Maßeinheit, sondern geschieht dadurch, daß die verteilungsrelevanten Ressourcen nach "Welfare"-Gesichtspunkten ausgesucht werden.

Die Beschäftigung mit den "Resource"-Theorien hat sich auf die beiden bedeutendsten Varianten, die Ansätze von John Rawls und Ronald Dworkin, beschränkt. Sowohl Rawls als auch Dworkin gehen von dem Grundgedanken aus, daß moralisch willkürliche, also von den Individuen nicht zu verantwortende Faktoren keinen Einfluß auf die Ressourcenverteilung ausüben dürfen. Diese Gerechtigkeitsvorstellung findet in Dworkins Forderung nach "ambition-sensitivity" und "endowment-insensitivity" der Ressourcenverteilung eine adäquate Formulierung. Rawls hingegen gelingt es nicht, den Aspekt des moralisch Willkürlichen überzeugend auszuarbeiten; seine Theorie läßt im Lichte der leitenden Gerechtigkeitsvorstellung betrachtet schwerwiegende Defizite erkennen. Ein wesentlicher Teil der Unstimmigkeiten, die Rawls' Theorie aufweist, ist auf die Unvollständigkeit der Grundgüterliste zurückzuführen. Die Grundgüterliste enthält zwar institutionelle Güter, wie z.B. Freiheitsrechte, und materielle Güter, wie z.B. Einkommen, sie berücksichtigt aber keine körperlichen und intellektuellen Güter. Eine Theorie der Verteilungsgerechtigkeit, die sich die Aufgabe stellt, den Einfluß moralisch willkürlicher Faktoren auszugleichen, darf aber die Ausstattung der Individuen mit körperlichen und intellektuellen Gütern nicht vernachlässigen. Folgerichtig hat Dworkin das Problem, wie die Distribution körperlicher und intellektueller Güter mit dem Grundsatz der "ambition-sensitivity" und "endowment-insensitivity" in Einklang gebracht werden kann, in den Mittelpunkt seiner Theorie gestellt.

Die Forderung, daß sich Verteilungen durch "ambition-sensitivity" auszeichnen sollen, bringt die Verantwortung des einzelnen für die Verwertung seiner Ressourcen zur Geltung. Die Betonung der Verantwortung in Dworkins Konzeption steht in engem Zusammenhang mit der besonderen Bedeutung, die der individuellen Freiheit beigemessen wird. Da die Individuen frei bestimmen können, wie sie ihre Ressourcen nutzen, müssen sie auch in vollem Umfang die Konsequenzen ihrer Entscheidungen tragen. Aus meiner Sicht liegt eine besondere Leistung der Theorie Dworkins darin, daß sie einen Weg aufzeigt, wie der Gedanke der "ambition-sensitivity" für körperliche und intellektuelle Güter fruchtbar gemacht werden kann. Prima facie entzieht sich diese Ressourcenart weitestgehend der individuellen Verantwortung; der Besitz von körperlichen und intellektuellen Gütern scheint im wesentlichen vom "brute luck" der Individuen abzuhängen. Dworkin weist aber zu recht darauf hin, daß "brute luck" immer dann wie "option luck" behandelt werden kann, wenn die Möglichkeit besteht, sich gegen das betreffende Risiko zu versichern. Die Individuen können daher in vielen Fällen für die Folgen verantwortlich gemacht werden, die ihre mangelhafte Ausstattung mit körperlichen bzw. intellektuellen Gütern nach sich zieht. Allerdings gibt es auch Defizite, z.B. angeborene Behinderungen, die aus dem individuellen Verantwortungsbereich herausfallen, weil gegen sie kein Versicherungsschutz erworben werden kann. Hier gebietet der Grundsatz der "endowment-insensitivity", den betroffenen Individuen einen materiellen Ausgleich zuzugestehen.

An dieser Stelle erscheint es sinnvoll, noch einmal auf zwei der im vierten Kapitel angeführten Standardargumente gegen "Resource"-Theorien zurückzukommen. Zum einen haben die Kritiker darauf hingewiesen, daß sich jede Ressourcenverteilung durch die Aktivitäten der Individuen sehr schnell verändert, so daß ein als gerecht angesehenes Verteilungsergebnis nur kurze Zeit Bestand haben kann. Dem ist entgegenzuhalten, daß die in Dworkins Theorie vorgesehenen Redistributionen eine dauerhafte Verwirklichung der zugrunde gelegten Gerechtigkeitsvorstellung ermöglichen. Die Kompensation individuell nicht zu verantwortender Nachteile gewährleistet, daß auch alle Verteilungen, die sich aus einer gerechten Anfangsverteilung ergeben, dem Grundsatz der "ambition-sensitivity" und "endowment-insensitivity" entsprechen. Zum anderen haben die Kritiker hervorgehoben, daß die Individuen in unterschiedlichem Maße befähigt sind, Ressourcen in "welfare" zu transformieren, und gerügt, daß sich die "Resource"-Theorien gegenüber dieser Differenz blind stellen. Wenn man der Verantwortungskonzeption Dworkins folgt, läßt sich darauf erwidern, daß unterschiedliche "Welfare"-Chancen der Individuen nur dann moralisch beachtlich sind, wenn sie nicht in ihren eigenen Verantwortungsbereich fallen. Liegt z.B. der geringe Grad an Wohlergehen, den ein Individuum mit seinen Ressourcen erreichen kann, in seinen "kostspieligen Präferenzen" begründet, so besteht kein Kompensationsanspruch; ist seine Benachteiligung hingegen auf eine (nicht-versicherbare) Behinderung zurückzuführen, so kann ein Ausgleich eingefordert werden. Einschränkend muß allerdings angemerkt werden, daß Dworkins Theorie nur auf einer sehr allgemeinen Ebene in der Lage ist, die interindividuell differierenden Möglichkeiten der Ressourcennutzung zu berücksichtigen. Dworkin kann zwar konstatieren, daß Behinderte in der Regel schlechtere Aussichten haben als Nicht-Behinderte, ein gutes Leben zu verwirklichen, wenn sie nicht zusätzliche Ressourcen erhalten. Er kann aber nicht präzise angeben, wieviele Ressourcen nötig sind, damit ein bestimmter Behinderter im Hinblick auf seine "Welfare"-Chancen gleichgestellt wird. Um derartige Aussagen treffen zu können, müßte sich Dworkin auf ein "Welfare"-Kriterium stützen und würde so die Kritik auf sich ziehen, die zuvor gegen die "Welfare"-Theorien geltend gemacht wurde.

Die Auseinandersetzung mit Dworkins Sozialstaatskonzeption hat gezeigt, daß sich eines seiner zentralen Elemente, die Besteuerung des potentiellen Einkommens der Gesellschaftsmitglieder, nicht praktisch umsetzen läßt. Obwohl ich im vorstehenden Abschnitt Wege skizziert habe, wie Dworkins Leitgedanke auf andere Bereiche der Sozialpolitik angewandt werden könnte, dürfte letztlich keine vollständige Übereinstimmung zwischen Gerechtigkeitstheorie und Praxis zu erzielen sein. Dennoch ist es aus meiner Sicht geboten, die Gestaltung der sozialstaatlichen Institutionen so weit wie möglich in Einklang mit dem Grundsatz der "ambition-sensitivity" und "endowment-insensitivity" zu bringen. Dworkins Grundsatz stellt meines Erachtens eine sinnvolle Rationalisierung der solidarischen Werthaltungen dar, die im Kontext der staatlichen Gemeinschaft wirksam sind. Indem er kompensatorische Leistungen an eine Konzeption der individuellen Verantwortung koppelt, bringt er den Aspekt zur Geltung, der vermutlich die wichtigste Rolle für die bestehende Hilfsbereitschaft spielt. Denn die Akzeptanz von redistributiven Maßnahmen dürfte in starkem Maße davon abhängen, ob sie ihre Leistungen auf Staatsbürger beschränken, die an ihrer benachteiligten Situation keine Schuld tragen.

Anmerkungen

(1): Die folgenden Textstellen mögen die Deutungsprobleme illustrieren: "Man hat seinen Platz in der Verteilung der natürlichen Gaben ebensowenig verdient wie seine Ausgangsposition in der Gesellschaft. Ob man den überlegenen Charakter, der die Initiative zur Ausbildung der Fähigkeiten mit sich bringt, als Verdient betrachten kann, ist ebenfalls fraglich; denn ein solcher Charakter hängt in erheblichem Maße von glücklichen familiären und gesellschaftlichen Bedingungen in der Kindheit ab, die man nicht als Verdienst anrechnen kann." (Rawls 1975a, 125) "(...) Es dürfte auf der Hand liegen, daß der Einsatz, zu dem jemand bereit ist, von seinen natürlichen Fähigkeiten und den ihm offenstehenden Möglichkeiten abhängt. Die Begabteren werden unter sonst gleichen Umständen mehr gewissenhaftes Bemühen an den Tag legen, und es scheint keine

Möglichkeit zu geben, das Moment des glücklichen Zufalls herauszuanalysieren. Der Gedanke der Belohnung des Verdienstes ist undurchführbar." (Rawls 1975a, 346)

(2): Bei den Rawls-Interpreten herrscht weitgehende Einigkeit darüber, daß Rawls die Konstruktionsmerkmale des Urzustands aus einem Überlegungsgleichgewicht, also aus einer vorgängigen Rationalisierung intuitiver Moralurteile, ableitet. (Vgl. Kap. 2) Umstritten ist jedoch, an welcher Stelle der Theorie das Überlegungsgleichgewicht zum Ausdruck gebracht wird. Viele, wahrscheinlich die Mehrzahl der Autoren, die sich um eine Rekonstruktion des Zusammenspiels von moralischen Intuitionen und kontraktualistischem Argument bemüht haben, verweisen auf die fünf formalen Bedingungen, denen die Gestaltung des Urzustands genügen soll. (Vgl. Höffe 1977, 28ff; Kersting 1993, 111ff. und 1994, 282ff.; Koller 1987, 34ff. und 125ff.) Diese Lesart hat zweifellos eine gewisse Plausibilität, denn Rawls bezieht sich explizit auf die Bedingungen der Allgemeinheit, der unbeschränkten Anwendbarkeit, der Öffentlichkeit, der Rangordnung und der Endgültigkeit, wenn er die besondere Beschaffenheit des Urzustands begründet. (Vgl. Rawls 1975a, 152ff.) Sie ist aus meiner Sicht aber unbefriedigend, weil sie die intuitive Gerechtigkeitsvorstellung, daß moralisch arbiträre Faktoren gesellschaftliche Verteilungen nicht beeinflussen sollen, nicht in den Argumentationsaufbau einzuordnen vermag. Meines Erachtens kann man der Bedeutung, die Rawls dieser Intuition beimißt, nur gerecht werden, wenn man in ihr das primäre Gestaltungsprinzip des Urzustands erkennt. (Vgl. Barry 1989, 213ff.; Gorr 1991; Kymlicka 1990, 55ff.)

(3): Rawls' Aufzählung der verhüllten und unverhüllten Sachverhalte ist nicht vollständig wiedergegeben; für die hier interessierende Frage reicht es aus, sich mit den wichtigsten Aspekten vertraut zu machen. (Vgl. Rawls 1975a, 160f.)

(4): Rawls formuliert hier überraschend ungenau. Die Grundgüterkonzeption setzt - so wie er sie bis dato dargestellt hat - keine empirische oder historische Analyse *gemeinsamer* letzter Ziele voraus, sondern erfordert eine Analyse der Mittel, die alle Menschen benötigen, um ihre *divergierenden* letzten Ziele zu verwirklichen.

(5): Die Bedeutung gemeinschaftlicher Lebensformen wird von Rawls im dritten Teil von "A Theory of Justice", in dem er sein Ideal einer "wohlgeordneten Gesellschaft" erläutert, ausdrücklich anerkannt. (Vgl. Rawls 1975a, 565ff.)

(6): So schreibt etwa Thomas Nagel: "(...) The primary goods are not equally valuable in pursuit of all conceptions of the good. They will serve to advance many different individual life plans (some more efficiently than others), but they are less useful in implementing views that hold a good life to be readily achievable only in certain well-defined types of social structure, or only in a society that works concertedly for the realization of certain higher human capacities and the suppression of baser ones, or only given certain types of economic relations among men. (...) The original position seems to presuppose not just a neutral theory of the good, but a liberal , individualistic conception according to which the best that can be wished for someone is the unimpeded pursuit of his own path, provided it does not interfere with the rights of others. (Nagel 1973, 228; vgl. auch Sandel 1982, 59ff. und 1989, 531ff.)

(7): Verschiedene Textstellen deuten darauf hin, daß Rawls auch dann an der ausschließlichen Berücksichtigung der am wenigsten Begünstigten festhalten will, wenn sich die Verkettungsthese als empirisch unhaltbar erweisen sollte. In diesem Fall wäre die Erfüllung der Pareto-Bedingung aber nicht garantiert, z.B. könnte ein Vorteil für die unterste soziale Position mit einem Nachteil für eine mittlere Position einhergehen. Einen interessanten Vorschlag, wie die Aufgabe des Grundsatzes, daß jedes Gesellschaftsmitglied von einer ungleichen Verteilung profitieren muß, begründet werden könnte, hat Brian Barry unterbreitet. Barry argumentiert aus der Perspektive eines Repräsentanten der untersten sozialen Position wie folgt: "Since all inequalities are morally arbitrary, it should be the worst off who determine how great they should be. For at the level of inequality where the worst off are doing as well as they can, the rest of you will still be doing better, so you can have nothing to complain of." (Barry 1989, 232) Eine ausführlichere Diskussion der Verkettungsthese und der problematischen Beziehung von Differenzprinzip und Pareto-Bedingung erfolgt im achten Kapitel.
(8): Es sollte nicht unerwähnt bleiben, daß Rawls von der Annahme ausgeht, es handele sich bei den Gesellschaftsmitgliedern um gesunde, ihr ganzes Leben lang voll kooperationsfähige Individuen. (Vgl. Rawls 1975a, 118) Der geschilderte Einwand wird dadurch aber nicht gegenstandslos, denn Rawls muß sich fragen lassen, wie seine Theorie mit dem Phänomen der Behinderung, mit dem sie in der gesellschaftlichen Realität unweigerlich konfrontiert wird, umzugehen gedenkt. Die in den neueren Publikationen in Betracht gezogene Erweiterung der Grundgüterliste, auf die ich schon im vorigen Kapitel hingewiesen habe, bleibt zu vage, um hierauf eine Antwort geben zu können.
(9): Jan Narveson hat kritisch hervorgehoben, daß Dworkin das im dritten Prinzip formulierte Ziel, die vorhandenen Ressourcen gleich zu verteilen, nicht rechtfertigt. Dworkin beschränke sich ganz auf die theoretische Explikation des Gleichheitsideals und gebe keinen Grund an, warum die politische Gemeinschaft nach dessen Verwirklichung trachten solle. (Vgl. Narveson 1983, 20ff.)
(10): In Rawls' Gerechtigkeitstheorie kommt dem Neid eine ganz andere Bedeutung zu. Rawls blendet in seiner Beschreibung des hypothetischen Urzustands das psychologische Phänomen des Neides aus, indem er die Vertragspartner als vernunftgeleitete Menschen darstellt, denen die Empfindung des Neides fremd ist. (Vgl. Kap. 7.1.1 und Rawls 1975a, 166ff.) In einem zweiten Argumentationsschritt erörtert er dann, ob die Implementierung der im Urzustand gewählten Gerechtigkeitsgrundsätze den Neid der Gesellschaftsmitglieder entfachen und dadurch die Stabilität der Gesellschaft gefährden könnte. "Zunächst gehen wir so vor, als gäbe es keinen Neid (...); wenn dann festgestellt ist, welche Grundsätze beschlossen würden, prüfen wir, ob die so bestimmten gerechten Institutionen wohl diese Neigungen in solchem Maße erzeugen und fördern würden, daß das Gesellschaftssystem nicht mehr funktionieren könnte und mit dem menschlichen Wohl unvereinbar würde. Wenn das der Fall wäre, müßte die beschlossene Gerechtigkeitsvorstellung neu überdacht werden." (Rawls 1975a, 576; vgl. Varian 1974, 65ff.)
(11): Im Hintergrund steht hier Hal Varians Vorstellung von Faireß: "I will define an allocation as equitable if no agent prefers some other agent's bundle to his own. If an

allocation is both equitable and pareto efficient, I will say it is fair." (Varian 1974, 64) Dworkin erwähnt das Pareto-Kriterium nicht ausdrücklich, wenn er die Notwendigkeit, den Neidtest zu verbessern, diskutiert. Da seine Ausführungen aber keine inhaltlichen Differenzen zu Varians Konzeption verraten, erscheint es sinnvoll, seinen Gedankengang unter Bezugnahme auf das Pareto-Kriterium zu präzisieren. (Vgl. Varian 1985, 111ff.)

(12): Alexander und Schwarzschild beanstanden, daß Dworkins Beschreibung der Auktion zwei Möglichkeiten des Mißbrauchs nicht explizit ausschließt. Zum einen würde den teilnehmenden Personen nicht untersagt, ihre externen Präferenzen - das sind Präferenzen, die das Wohlergehen Dritter betreffen - geltend zu machen, zum anderen würde nicht verhindert, daß mehrere Personen ihre Gebote kumulieren. Nach Ansicht von Alexander und Schwarzschild entsteht dadurch das Problem, daß eine Gruppe von Bietern ihre überlegene Kaufkraft nutzen könnte, um Dritten zu schaden. Sie könnte z.B. ein Gut ersteigern, das für die Gruppenmitglieder keine Bedeutung hat, aber aus medizinischen Gründen von einer Person, der sie schaden wollen, dringend benötigt wird. Abgesehen von der etwas gekünstelten Konstruktion des Beispiels ist der Einwand schon deshalb nicht relevant, weil Dworkin den Auktionsmechanismus im Verlauf seiner Argumentation modifiziert, um unter anderem auf das Problem besonderer medizinischer Bedürfnisse zu reagieren. (Vgl. Alexander/Schwarzschild 1987, 91ff.)

(13): In vielen Publikationen, die sich mit Dworkins Theorie befaßt haben, werden die Begriffe transferierbare und nicht-transferierbare Ressourcen verwandt. Zu bedenken ist aber, daß Dworkin die Unterscheidung der beiden Ressourcenarten nicht von dem Kriterium der Übertragbarkeit abhängig macht. Auch in den Fällen, in denen der Transfer einer körperlichen Ressource, z.B. die Transplantation einer Niere, technisch möglich ist, darf er Dworkin zufolge nicht wie der Transfer einer materiellen Ressource behandelt werden. Das Ziel, der ungleichen Verteilung von körperlichen und intellektuellen Gütern entgegenzuwirken, müsse konkurrierenden moralischen Werten, wie dem Schutz der körperlichen Unversehrtheit, untergeordnet werden. Diese Einschränkung spricht nach Dworkins Überzeugung jedoch nicht dagegen, Individuen, die hinsichtlich der Ausstattung mit körperlichen und geistigen Ressourcen benachteiligt sind, durch Umverteilung materieller Ressourcen zu entschädigen. (Vgl. Dworkin 1981b, 300f. und 1983, 38f. sowie Narveson 1983, 15f.)

(14): Die Einordnung konkreter Fälle wird allerdings dadurch erschwert, daß zwischen dem Einfluß, den "brute luck" und "option luck" ausüben, in der Regel nur ein gradueller Unterschied besteht. Die Begriffe "brute luck" und "option luck" bezeichnen keine eindeutig abgegrenzten Kategorien, sondern sind eher als Endpunkte eines Kontinuums zu verstehen. (Vgl. Dworkin 1981b, 283) So ist es z.B. fraglich, wie eine Querschnittslähmung, die als Folge eines Skiunfalls oder eines Autounfalls eintritt, bewertet werden muß. Soll die Entscheidung, einen bestimmten Sport zu betreiben bzw. ein bestimmtes Verkehrsmittel zu benutzen, als rationales Risikokalkül und der Unfall folglich als "bad option luck" angesehen werden, oder hat der Unfall als unvorhersehbares Schicksal, also als "bad brute luck", zu gelten?

(15): Dworkin hat seine Bezugnahme auf eine hypothetische Entscheidungssituation verschiedentlich gegen Rawls' "Schleier des Nichtwissens" abgegrenzt, an dem er unter anderem kritisiert, daß den Entscheidungsträgern zu weitreichende Informationsbeschränkungen auferlegt werden. (Vgl. Dworkin 1981b, 344f. und 1984, 252ff.)

(16): Dworkin gesteht zu, daß mit der Orientierung an der Entscheidung des durchschnittlichen Gesellschaftsmitglieds eine starke Vereinfachung einhergeht. Die Betonung der individuellen Verantwortung, die sonst seine Argumentation kennzeichnet, scheint zu erfordern, daß die Ansprüche der Behinderten danach bemessen werden, wieviel Versicherungsschutz sie jeweils selbst in der hypothetischen Situation gekauft hätten. Dworkin glaubt aber, daß sich die aufwendige und problematische Informationsbeschaffung, mit der eine Individualisierung der hypothetischen Entscheidungssituation verbunden wäre, vermeiden läßt. Zur Rechtfertigung seiner vereinfachenden Vorgehensweise weist er darauf hin, daß zumindest schwere Formen der Behinderung für praktisch jeden Menschen ein Übel bedeuten. Daher sei die Annahme zulässig, "(...) that most people would make roughly the same assessment of the value of insurance against general handicaps, such as blindness or the loss of a limb, that affect a wide spectrum of different sorts of lives." (Dworkin 1981b, 299)

(17): Dworkin geht im Gegensatz zu Rawls von einer anfänglichen Gleichverteilung der finanziellen Mittel aus. Die Möglichkeiten der Gesellschaftsmitglieder, in der Auktion Versicherungsschutz gegen das Risiko einer Behinderung zu kaufen, differieren daher nicht. Diese Unterstellung geht natürlich in bezug auf reale Gesellschaften fehl; de facto sind arme Gesellschaftsmitglieder oft nicht in der Lage, eine Versicherung zu finanzieren. Unter der Bedingung, daß sich die Mittellosigkeit der betreffenden Gesellschaftsmitglieder auf "brute luck" zurückführen läßt, müßten daher auch die bei ihnen auftretenden selbstverschuldeten Behinderungen in die Kategorie der nicht-versicherbaren Risiken eingestuft und von der kollektiven Zwangsversicherung abgedeckt werden.

(18): Kritik grundsätzlicher Art an egalitären Theorien, die primär auf die Beseitigung moralisch arbiträrer Einflüsse zielen, vereint der jüngst erschienene Sammelband "Gleichheit oder Gerechtigkeit". (Vgl. Krebs 2000; Arneson 2000)

(19): Dworkins Ausführungen zur Verantwortung des Individuums lassen grundsätzlich zwei Lesarten zu: Zum einen können sie als "metaphysische" Aussagen über die Willensfreiheit bzw. Determiniertheit des Menschen verstanden werden; zum anderen können sie als Artikulation eines intuitiven Verständnisses von individueller Verantwortung aufgefaßt werden. Nach der zweiten Lesart geht es nicht um die Frage, wofür der einzelne im "metaphysischen" Sinne verantwortlich ist, sondern wofür er in Übereinstimmung mit zentralen moralischen Intuitionen verantwortlich gemacht werden kann. Meiner Auffassung nach ist es am sinnvollsten, von der letztgenannten Interpretation auszugehen und Dworkins Argumentation als Versuch zu deuten, die intuitive Plausibilität seiner Verantwortungskonzeption zu belegen.

(20): Folgerichtig qualifiziert Dworkin das von Robert Nozick vertretene Gerechtigkeitsmodell als kohärente theoretische Position. Nozick kombiniert das "Laissez faire"-

Prinzip mit der Aneignungstheorie John Lockes, die keine Forderung nach gleichen gesellschaftlichen "Startbedingungen" erhebt.

(21): Die Realisierung des "equal division of talents mechanism" ist natürlich mit einer Reihe diffiziler Probleme verbunden. Van Parijs bemerkt: "(...) A fair amount of intellectual gymnastics is needed to figure out exactly what skills are for sale (...) as well as to imagine how one person's talents could be jointly owned by several people. But the exercise is not fundamentally different from the one that has to be performed in the case of external endowments." (Van Parijs 1995, 62)

(22): Dworkin begründet die veränderte Gestaltung der Entscheidungssituation damit, daß einem grundlegenden Unterschied zwischen dem Phänomen der Behinderung und dem Phänomen der Talentlosigkeit Rechnung getragen werden müsse. Eine verallgemeinernde Prognose, wieviel Versicherungsschutz die Gesellschaftsmitglieder gegen das Risiko einer Behinderung erwerben würden, sei möglich, weil eine Behinderung für alle Gesellschaftsmitglieder ein Übel darstelle. Dem Besitz von Talenten würden die Gesellschaftsmitglieder jedoch, je nachdem welche Lebensziele sie verfolgten, einen ganz unterschiedlichen Wert beimessen. Beispielsweise sei eine musikalische Begabung besonders für denjenigen wichtig, der eine Karriere als Musiker anstrebe. Man könne daher nicht verallgemeinernd angeben, wie hoch sich die Gesellschaftsmitglieder gegen das Risiko, ein bestimmtes Talent nicht zu besitzen, versichern würden. Diesbezügliche Spekulationen müßten immer auf Informationen über die tatsächliche Talentausstattung und die durch sie beeinflußten Lebensziele der Individuen beruhen. (Vgl. Dworkin 1981b, 316)

(23): Eigentlich spricht Roemer nicht von Einkommen, sondern von einem Gut, das die Individuen aufgrund ihrer divergierenden Talentausstattung in unterschiedlichem Maße produzieren können. Meines Erachtens nimmt seine Argumentation aber keinen Schaden, wenn man die Nähe zu Dworkins Darstellung wahrt und weiterhin die Verdienstmöglichkeiten der Individuen betrachtet.

(24): Roemer versucht sogar nachzuweisen, daß Dworkins Versicherungsmodell unter bestimmten Bedingungen zu noch unvorteilhafteren Resultaten für die talentierten Individuen als der "equal division of talents mechanism" führen kann. (Vgl. Roemer 1985, 170ff.) Seine Argumentation muß hier aber nicht gesondert behandelt werden, da die Bedenken, die ich im folgenden allgemein gegen Roemers Rekonstruktion des Dworkinschen Versicherungsmodells erheben werde, auch auf sie zutreffen.

(25): Nahezu identische Argumente sind im Hinblick auf Rawls' Urzustand vorgebracht worden, in dem sich die Parteien bei der Wahl der Gerechtigkeitsprinzipien ebenfalls der Maximin-Regel bedienen. (Vgl. Rawls 1975a, 174ff.; Harsanyi 1976, 39ff. und Koller 1987, 93ff.)

(26): In den seltenen Fällen, in denen Behinderte derart herausragende Fähigkeiten besitzen, daß sie allen mit ihrer Behinderung verbundenen Beeinträchtigungen zum Trotz über gute Verdienstaussichten verfügen, erhalten sie keine steuerfinanzierten Zuwendungen. Beispielsweise würde der unter amyotropher Sklerose leidende Physiker Stephen Hawking zwar Kompensationen aus der kollektiven Zwangsversicherung erhalten; er müßte aber aufgrund seiner überdurchschnittlichen intellektuellen Talente Einkommensteuer bezahlen.

(27): Joseph Carens vertritt die Ansicht, daß die progressive Besteuerung des tatsächlichen Einkommens gerechtfertigt ist, weil sie die bestmögliche Approximation an die von Dworkin formulierte Gerechtigkeitsintuition leistet. "Of course this sort of taxation and redistribution is indiscriminate. It may take income from a person at the top who really deserves it as compensation. It may give income to someone at the bottom who does not deserve it. But the ideal of compensatory justice is not an ideal of distribution that starts with inviolable individual rights à la Nozick. It is a patterned principle. A change in distribution that moves most people closer to what the ideal of compensatory justice requires is desirable, even if the change moves some people further away from what the ideal requires." (Carens 1985, 66)

Teil III:
Die Wie-Frage der Verteilungsgerechtigkeit

8. Verteilungsregeln

Die Frage, wie eine Verteilung vorgenommen werden soll, läßt zwei unterschiedliche Lesarten zu. Zum einen kann sie als Frage nach den Regeln, die den Vorgang der Verteilung anleiten sollen, aufgefaßt werden. In Betracht kommen dann z.B. Regeln, die auf die Rechtmäßigkeit des Erwerbs und Transfers von Eigentum abstellen, oder Regeln, die die Berücksichtigung bestimmter moralischer Gesichtspunkte, wie den des individuellen Bedürfnisses oder den des individuellen Verdienstes, bei der Verteilung einfordern. Solche "prozeduralistischen" Regeln sind dadurch charakterisiert, daß sie ausschließlich Vorschriften über das Zustandekommen von Verteilungen beinhalten. Sie treffen keine Aussagen über das anzustrebende Verteilungsergebnis; aus ihrer Perspektive ist prinzipiell jedes Ergebnis, das auf eine gerechte Weise entstanden ist, ebenfalls als gerecht anzusehen. Zum anderen kann die Wie-Frage der Verteilungsgerechtigkeit aber auch als Frage nach den Regeln verstanden werden, die bei der Bewertung von Verteilungsergebnissen anzuwenden sind. In diesem Fall geben die zu erwägenden Regeln darüber Auskunft, welches Verteilungsergebnis unter den verfügbaren Optionen realisiert werden soll. Beispielsweise können sie festlegen, daß die Option, die der Verteilungsgemeinschaft als Ganze betrachtet den größten Nutzen bringt, oder die Option, die das höchste Maß an Gleichheit aufweist, allen anderen Optionen vorgezogen werden soll. Solche "konsequentialistischen" Regeln sind dadurch gekennzeichnet, daß sie nur den Resultaten der verschiedenen Verteilungsoptionen Beachtung schenken. Gegenüber der Entstehung von Verteilungen verhalten sie sich indifferent; aus ihrer Sicht ist es unbeachtlich, wie ein als gerecht zu qualifizierendes Verteilungsergebnis zustande gekommen ist. (1)

Im "prozeduralistischen" Sinne habe ich die Wie-Frage der Verteilungsgerechtigkeit bereits im vorstehenden Kapitel behandelt. Darstellungstechnisch war es unvermeidlich, schon dort die sowohl von Rawls als auch von Dworkin vertretene Auffassung zu diskutieren, daß der Aspekt des moralisch Willkürlichen bei der Ressourcenallokation Berücksichtigung finden muß. Im Ergebnis habe ich mich der Sichtweise Dworkins angeschlossen, daß gesellschaftliche Güterverteilungen dem Grundsatz der "ambition-sensitivity" und "endowment-insensitivity" entsprechen sollen. Im vorliegenden Kapitel werde ich mich darauf beschränken, die Wie-Frage der Verteilungsgerechtigkeit im "konsequentialistischen" Sinne zu erörtern. Bevor ich den Aufbau des Kapitels erläutere, sind aber noch einige Vorbemerkungen über den Stellenwert der folgenden Untersuchung erforderlich. Wie ich bereits dargelegt habe, erheben "prozeduralistische" Regeln den Anspruch, die Bewertung von Verteilungsergebnissen und somit die Suche nach einer geeigneten "konsequentialistischen" Regel überflüssig zu machen. Auch die von Dworkin propagierte Regel impliziert, daß jedes Verteilungsergebnis anerkannt werden muß, das durch ein den Grundsatz der "ambition-sensitivity" und "endowment-insensitivity" beachtendes Verfahren erzielt wurde. Wenn man Dworkins Auffassung folgt, fragt es sich daher, welchem Zweck die Beschäftigung mit den "konsequentialistischen" Regeln überhaupt dienen soll.

Meines Erachtens kann eine Argumentation, die sich auf den rechtfertigungstheoretischen Ansatz des Überlegungsgleichgewichts beruft, die Wie-Frage der Verteilungsgerechtigkeit nicht gänzlich auf die "prozeduralistische" Lesart reduzieren. Sie muß in Rechnung stellen, daß es nicht nur intuitive Moralurteile gibt, die das Verteilungsverfahren betreffen, sondern auch solche, die sich auf das Verteilungsergebnis beziehen. So stoßen z.B. extrem ungleiche Verteilungsergebnisse bei vielen Menschen - ungeachtet ihrer Entstehung - auf spontane Ablehnung. Meiner Ansicht nach ist es durchaus vorstellbar, daß derartige "konsequentialistische" Moralintuitionen bei der Beurteilung "prozeduralistischer" Regeln ins Gewicht fallen können. Beispielsweise wird eine an sich gutgeheißene "prozeduralistische" Regel unter Umständen zurückgewiesen, wenn sie regelmäßig zu Resultaten führt, die als ungerecht empfunden werden. Die Beantwortung der "prozeduralistischen" Seite der Wie-Frage entbindet folglich nicht von der Notwendigkeit, sich mit ihrer "konsequentialistischen" Seite zu befassen; es bleibt auf jeden Fall zu prüfen, ob sich auf Basis von Dworkins Grundsatz im allgemeinen Verteilungsergebnisse erzielen lassen, die mit Akzeptanz rechnen können.

Im weiteren werde ich versuchen, die moralischen Intuitionen zu identifizieren, die bei der Beurteilung von Verteilungsergebnissen eine maßgebliche Rolle spielen. Ich beginne mit der Untersuchung von zwei "konsequentialistischen" Regeln, die in der moralphilosophischen Debatte eine hervorgehobene Stellung einnehmen: Im ersten Abschnitt diskutiere ich das utilitaristische Prinzip der Nutzenmaximierung; im Blickpunkt des zweiten Abschnitts steht die Maximin-Interpretation des Rawlsschen Differenzprinzips. Da beide Prinzipien meiner Auffassung nach schwerwiegende Defizite aufweisen, werde ich im dritten Abschnitt verschiedene Verbesserungsvorschläge in Erwägung ziehen. Im vierten Abschnitt werde ich die Erträge der Untersuchung kurz resümieren und erörtern, ob Verteilungen, die dem Grundsatz der "ambition-sensitivity" und "endowment-insensitivity" gemäß durchgeführt werden, voraussichtlich zu Ergebnissen gelangen, die mit zentralen "konsequentialistischen" Moralintuitionen verträglich sind.

8.1 Das Prinzip der Nutzenmaximierung

Die Wirkungsweise des utilitaristischen Prinzips der Nutzenmaximierung kann durch folgendes Beispiel veranschaulicht werden:

	V1	V2	V3	V4
P1	05	07	14	20
P2	04	05	02	01
P3	04	05	02	01
P4	03	03	02	01
Summe	16	20	20	23

V1, V2, V3 und V4 bezeichnen verschiedene Verteilungsoptionen für eine aus vier Personen bestehende Gruppe oder eine aus vier Schichten bestehende Gesellschaft. Jede Verteilung umfaßt die vier Positionen P1, P2, P3 und P4, denen jeweils unterschiedliche Nutzenwerte zugeordnet werden können. Die Summe des zu verteilenden Nutzens ist keine feste Größe, sondern hängt von dem Modus der Verteilung ab. Man kann sich z.B. vorstellen, daß die Verteilungen V1 bis V4 alternative Möglichkeiten der Arbeitsteilung repräsentieren, die sich nicht nur hinsichtlich der in den einzelnen Positionen erreichten Nutzenwerte, sondern auch hinsichtlich der Effizienz ihrer kollektiven Nutzenproduktion unterscheiden.

Das Prinzip der Nutzenmaximierung fordert, diejenige Option zu wählen, die den höchsten Gesamtnutzen für alle beteiligten Personen erbringt. Das utilitaristische Entscheidungsverfahren berücksichtigt also ausschließlich die Informationen, die in der untersten Zeile der oben abgebildeten Tabelle angegeben sind. Demnach ist die Verteilung V4 allen anderen verfügbaren Verteilungsvarianten strikt vorzuziehen. Die Verteilungen V2 und V3 müssen als gleichwertig betrachtet werden, und sind beide der Verteilung V1 vorzuziehen. Die Wahl der Verteilung V4 macht deutlich, daß die Relation, in der die verschiedenen Positionen zueinander stehen, für die utilitaristische Bewertung keine Rolle spielt. Die Aufteilung des aggregierten Nutzenwertes auf die betroffenen Individuen, also die Informationen, die die Zeilen P1 bis P4 enthalten, werden vollständig außer acht gelassen. Die klassischen Vertreter der utilitaristischen Lehre haben dem Gesichtspunkt der Verteilungsgleichheit, wenn sie ihn überhaupt als Problem für das utilitaristische Nutzenkalkül wahrgenommen haben, allenfalls eine untergeordnete Bedeutung beigemessen. Beispielsweise läßt sich aus Henry Sidgwicks Ausführungen der Eindruck gewinnen, daß er die Gleichheit der Verteilung nur als sekundäres, dem Vergleich der Nutzensummen strikt nachgeordnetes Entscheidungskriterium berücksichtigt wissen möchte. (Vgl. Sen 1979, 469f.) Die lexikographisch nachgeordnete Einbeziehung der Gleichheit, vermag diesem Wertaspekt jedoch nicht genügend Gewicht zu verleihen. In dem oben angeführten Beispiel würde sie dem utilitaristischen Moralbeurteiler zwar erlauben, sich zwischen den hinsichtlich ihrer Nutzensummen identischen Optionen V2 und V3 zugunsten von V2, deren Verteilung eine größere Ausgewogenheit zeigt, zu entscheiden. Sie würde aber weiterhin V4, die Alternative mit dem höchsten Maß an Ungleichheit, als die moralisch gebotene Verteilung ausweisen.

Wie kontraintuitiv die Konsequenzen sind, zu denen eine ausschließlich am Prinzip der Nutzenmaximierung orientierte Entscheidung führt, wird ersichtlich, wenn man das

8. Verteilungsregeln

genannte Beispiel in einen sozialen oder historischen Kontext setzt. Die Struktur der präferierten Verteilung V4 weist z.b. deutliche Parallelen zu der Schichtung einer Sklavenhalter- oder Feudalgesellschaft auf, in der eine schmale Oberschicht in Luxus lebt, während die Bevölkerungsmehrheit in Armut gehalten wird. Der utilitaristische Moralbeurteiler ist nicht in der Lage, die soziale Ungleichheit und die Entrechtung großer Bevölkerungsteile anzuprangern. Er kann, wie John Rawls zu recht bemerkt hat, der Sklavenhalter- oder der Feudalgesellschaft nur dann etwas entgegenhalten, wenn hinsichtlich der kollektiven Nutzenproduktion effizientere Modi der gesellschaftlichen Organisation zur Verfügung stehen. (Vgl. Rawls 1975a, 192f.) Selbst wenn diese Kritik - abweichend von dem obigen Beispiel - zutreffend ist, deckt sie sich doch nicht mit den Gründen, aus denen wir gemeinhin Institutionen, wie die Sklavenhaltung oder die Leibeigenschaft, ablehnen. Denn was uns empört, ist nicht der geringe Gesamtnutzen, den diese Institutionen hervorbringen, sondern die Ungerechtigkeit ihrer Verteilung von Lasten und Nutzen.

Auch bei der Beurteilung des umgekehrten Falles, in dem der Nutzen der Mehrheit dadurch entsteht, daß einigen Individuen ein Schaden zugefügt wird, bringt uns das utilitaristische Prinzip der Nutzenmaximierung in Konflikt mit bedeutenden moralischen Intuitionen. Die antike Praxis, in Arenen einige Menschen zum Vergnügen der schaulustigen Masse in den aussichtslosen Kampf mit wilden Tieren zu schicken, könnte z.B. durchaus in Übereinstimmung mit der utilitaristischen Moral stehen. Wenn der Lustgewinn tausender begeisterter Zuschauer insgesamt mehr Nutzen produziert, als die Leiden der geopferten Individuen Schaden verursachen, zwingt uns das Prinzip der Nutzenmaximierung dazu, die Gladiatorenkämpfe positiv zu bewerten.

Der Vertreter der utilitaristischen Moral kann zwar einwenden, daß auch die Intensität der Lust bzw. des Schmerzes in das Nutzenkalkül eingeht und die geopferten Individuen daher eine weitaus größere Berücksichtigung finden als die schaulustigen Individuen. (Vgl. Kap. 5.1) Er kann aber nicht plausibel machen, daß die differenzierte Berechnung des Nutzens die Billigung der Gladiatorenkämpfe in jedem Fall ausschließen würde. Der Bau größerer Stadien oder - übertragen auf modernere Zeiten - die Vergabe der Fernsehübertragungsrechte müßte die Nutzen-Schaden-Relation unweigerlich zuungunsten der geopferten Individuen verschieben. Auch das Argument, daß negative indirekte Effekte, insbesondere die Angst der Bevölkerung, selbst als Opfer ausgewählt zu werden, die Billigung der Gladiatorenkämpfe verhindern würden, ist nicht stichhaltig. Die Opfer können aus einer präzise definierten Bevölkerungsgruppe rekrutiert werden, z.B. in der römischen Antike nur aus der Gruppe der Christen. Der indirekte Schaden bleibt so auf eine Minderheit begrenzt und übt nur einen verhältnismäßig geringen Einfluß auf die kollektive Nutzensumme aus.

Die angeführten Beispiele offenbaren zwei gravierende Mängel des Prinzips der Nutzenmaximierung. Erstens trägt es "(...) der Verschiedenheit und Abgegrenztheit der Einzelmenschen nicht ernsthaft Rechnung (...)". (Rawls 1975a, 48 und vgl. Nozick 1974, 30ff.) Zwar wird jedem Individuum, sofern es von den Handlungsfolgen betroffen ist, im utilitaristischen Nutzenkalkül die gleiche Berücksichtigung zuteil. Der einzelne läuft aber Gefahr, daß seine persönlichen Nachteile durch die Vorteile anderer Individuen kompensiert werden. Die individuellen Nutzenwerte werden durch das Prinzip der Nutzenmaximierung zu einer kollektiven Nutzensumme aufaddiert, in der Leben, Freiheit und Eigentum des einzelnen nicht mehr als schützenswerte Objekte identifiziert werden können. (2) John Rawls führt diesen anti-individualistischen Zug des Utilitarismus darauf zurück, daß er vernünftige Entscheidungsregeln für den Einzelmenschen so auf die Gesellschaft als Ganze überträgt, als ob es sich bei ihr um eine einzige Person handeln würde. (Vgl. Rawls 1975a, 40ff.) Wenn man die Optionen V1 bis V4 in der oben abgebildeten Tabelle als alternative Nutzenverteilungen im Leben eines einzelnen Menschen auffaßt und die Positionen P1 bis P4 durch verschiedene Lebensphasen repräsentierende Zeitpunkte T1 bis T4 ersetzt, ist es (mit Einschränkung) rational, die Option V4 zu wählen. (3) Man ist in vielen Situationen bereit, auf einen aktuellen Nutzen zu verzichten, wenn sich voraussehen läßt, daß man langfristig davon profitieren kann. Beispielsweise kann es sinnvoll sein, für einen langen Ausbildungsweg Opfer in Kauf zu nehmen, wenn die erworbenen Qualifikationen die Verdienstaussichten in späteren Lebensphasen wesentlich verbessern. Die Übertragung dieses Entscheidungsverfahrens auf ein Kollektiv verkennt aber, daß dadurch inakzeptable, d.h. durch unsere moralischen Intuitionen nicht abgedeckte, Anforderungen an den Altruismus des einzelnen gestellt werden.

Das zweite Defizit des Prinzips der Nutzenmaximierung hängt mit der im utilitaristischen Verfahren präsenten Kommensurabilitätsannahme zusammen. Die Nutzenmaximierung setzt voraus, daß alle Nutzenwerte "konvertibel" sind, also über einen den Wertrelationen entsprechenden "Wechselkurs" miteinander verrechnet werden können. Der Wert, den der Besitz individueller Freiheitsrechte, die Unversehrtheit von Leib und Leben oder eine materielle Grundabsicherung hat, genießt daher im utilitaristischen Nutzenkalkül keinen privilegierten Status, sondern kann grundsätzlich gegen jede beliebige andere Quelle des Nutzens aufgerechnet werden. Wie das Beispiel der Arena gezeigt hat, in dem die voyeuristischen Begierden der größeren Zahl das Lebensrecht einiger weniger Individuen übertrumpft haben, können essentielle Interessen der Individuen zwar mit einem höheren Nutzenwert versehen werden. Sie bleiben aber dem Nutzenkalkül zugänglich und laufen daher immer Gefahr, von der kumulativen Wirkung unbedeutenderer Interessen ausgestochen zu werden. Die im Prinzip der Nutzenmaximierung implizit enthaltene Annahme, daß auch Güter wie die individuellen Freiheitsrechte "ihren Preis haben", widerspricht meiner Auffassung nach weithin geteilten Wertvorstellungen. In modernen Rechtsstaaten besteht meines Erachtens ein breiter Konsens, daß einem Kernbestand an individuellen Freiheitsrechten ein absoluter Schutz gewährt werden muß. Zumindest im Hinblick auf den Wert, der diesen Rechten zugeschrieben wird, muß daher die utilitaristische Kommensurabilitätsunterstellung zurückgewiesen werden. (4)

8.2 Das Differenzprinzip

John Rawls versteht die Gerechtigkeitsprinzipien, die er in "A Theory of Justice" formuliert hat, ausdrücklich als Gegenentwurf zur utilitaristischen Ethik. Dem utilitaristischen Prinzip der Nutzenmaximierung setzt er die folgenden Grundsätze entgegen:
"Erster Grundsatz
Jedermann hat gleiches Recht auf das umfangreichste Gesamtsystem gleicher Grundfreiheiten, das für alle möglich ist.
Zweiter Grundsatz
Soziale und wirtschaftliche Ungleichheiten müssen folgendermaßen beschaffen sein:
a) sie müssen (...) den am wenigsten Begünstigten den größtmöglichen Vorteil bringen, und
b) sie müssen mit Ämtern und Positionen verbunden sein, die allen gemäß fairer Chancengleichheit offenstehen.
Erste Vorrangregel (Vorrang der Freiheit)
Die Gerechtigkeitsgrundsätze stehen in lexikalischer Ordnung; demgemäß können die Grundfreiheiten nur um der Freiheit willen eingeschränkt werden (...).
Zweite Vorrangregel (Vorrang der Gerechtigkeit vor Leistungsfähigkeit und Lebensstandard)
Der zweite Gerechtigkeitsgrundsatz ist dem Grundsatz der Leistungsfähigkeit und der Nutzenmaximierung lexikalisch vorgeordnet; die faire Chancengleichheit ist dem Unterschiedsprinzip vorgeordnet (...). (Rawls 1975a, 336f.)

Zunächst ist zu konstatieren, daß die von Rawls vorgeschlagenen Grundsätze die Mängel, die bei der Analyse des utilitaristischen Prinzips der Nutzenmaximierung zutage getreten waren, beheben können. Der in der ersten Vorrangregel festgelegte Vorrang der Freiheit schließt die Möglichkeit von "trade offs" zwischen Freiheitsrechten und anderen Wertgesichtspunkten, z.B. ökonomischen Aspekten, aus. Eine Einschränkung individueller Freiheiten ist nur um der Freiheit willen, nämlich insoweit es die gleichlautenden Freiheitsrechte aller anderen Gesellschaftsmitglieder erforderlich machen, erlaubt. Ferner wird dem im Grundsatz 2a enthaltenen Differenzprinzip (bzw. Unterschiedsprinzip) in der zweiten Vorrangregel explizit der Vorrang vor dem Prinzip der Nutzenmaximierung zugesichert. Dadurch wird - wie die nachstehenden Erläuterungen zum Differenzprinzip noch verdeutlichen werden - verhindert, daß elementare Interessen einzelner Gesellschaftsmitglieder dem Vorteil der größeren Zahl zum Opfer fallen können.

Das Differenzprinzip wird gewöhnlich mit der Maximin-Regel gleichgesetzt, und ich werde mich, obwohl Bedenken angebracht sind, ob dieses Verständnis Rawls' Intention gerecht wird, zunächst nur mit der Maximin-Interpretation beschäftigen. (5) Die Maximin-Regel besagt, daß man aus einer gegebenen Vielzahl von Verteilungsoptionen diejenige Verteilung wählen soll, die den höchsten Wert für die schlechteste Position ("maximum minimorum") aufweist. Die Anwendung der Maximin-Regel auf das im ersten Abschnitt angeführte Beispiel verlangt ausschließlich die Berücksichtigung der in der Zeile P4 enthaltenen Informationen. (6) Sie ergibt, daß die Optionen V1 und V2 gleichwertig sind und gegenüber den Optionen V3 und V4 präferiert werden müssen. Die Option V3 ist der Option V4 vorzuziehen. Die Vernachlässigung großer Teile der verfügbaren Informationen ist auch im Fall der Maximin-Regel mit beträchtlichen Schwierigkeiten verbunden. Die Indifferenz zwischen den Optionen V1 und V2 zeigt, daß die Maximin-Regel nicht der starken Pareto-Bedingung genügt. Die starke Pareto-Bedingung fordert, eine Verteilung X einer Verteilung Y vorzuziehen, wenn mindestens ein Individuum X strikt vorzieht und alle anderen Individuen X für wenigstens so gut halten wie Y. Nach dem starken Pareto-Kriterium ist folglich die Verteilung V2 der Verteilung V1 vorzuziehen. (Vgl. Koller 1983, 7f.)

John Rawls muß zwar zugestimmt werden, daß die Pareto-Bedingung für sich genommen kein zufriedenstellendes Gerechtigkeitskriterium abgibt. Rawls macht zum einen geltend, daß die Pareto-Bedingung in der Regel von mehreren Verteilungsoptionen erfüllt wird und daher keine eindeutige Entscheidung zwischen den verfügbaren Alternativen zuläßt. Zum anderen hebt er hervor, daß auch Verteilungen, die als ungerecht qualifiziert werden müssen, der Pareto-Bedingung genügen können. Beispielsweise sei eine Verteilung, in der ein einzelnes Individuum alle Ressourcen besitzt, Pareto-optimal, weil dieses Individuum keine andere Verteilung für wenigsten so gut wie die gegebene Verteilung halten werde. (Vgl. Rawls 1975a, 88ff.) In dem diskutierten Beispiel verweist der Verstoß gegen die Pareto-Bedingung aber auf ein generelles Desinteresse der Maximin-Regel gegenüber den Belangen aller gesellschaftlichen Positionen, die oberhalb der "Worst-off"-Gruppe angesiedelt sind. Die Konzentration auf die Interessen einer einzigen sozialen Schicht verengt den Blick des Moralbeurteilers auf eine kaum zu rechtfertigende Weise. (Vgl. Nagel 1973, 231f.) (7) Darüber hinaus ist es auch nicht plausibel, daß die Nutzensumme, die Auskunft über die Effizienz der verschiedenen Verteilungsmodi gibt, für die Maximin-Regel überhaupt keine Rolle spielt. Die bisherige Untersuchung hatte lediglich zu dem Ergebnis geführt, daß die ausschließliche Orientierung am Vergleich der Nutzensummen unbefriedigend ist, nicht aber, daß der Gesichtspunkt der Effizienz moralisch grundsätzlich unbeachtlich ist.

Ein von John Harsanyi entwickeltes Beispiel, das ich hier in leicht modifizierter Form wiedergeben werde, vermag die Mängel der Maximin-Regel zu veranschaulichen. Nehmen wir an, daß in einer Gesellschaft, in der für die Grundbedürfnisse aller Bürger ausreichend gesorgt ist, noch zusätzliche finanzielle Mittel zur Verfügung stehen, die für Bildungsaufgaben verwendet werden sollen. Den gesellschaftlichen Entscheidungsträgern stehen zwei Programme zur Auswahl, in die sie die vorhandenen Gelder investieren können. Zum einen können sie ein Förderprogramm für geistig Schwerbehinderte auflegen. Die Schwerbehinderten selbst verhalten sich gegenüber der Aussicht, in den Genuß eines solchen Programms zu kommen, völlig indifferent und lassen auch bei intensiver Betreuung bestenfalls geringfügige Lernerfolge erwarten, die ihre Lebensqualität kaum verbessern werden. Die durch die Förderung erreichbaren Ergebnisse ändern nichts an der Pflegebedürftigkeit der Schwerbehinderten und kommen daher der Gesellschaft insgesamt, die die Pflegekosten aus Steuergeldern bestreitet, nicht zugute. Die zweite Alternative besteht in einem Förderprogramm für Hochbegabte, die ein großes Interesse an verbesserten Ausbildungsmöglichkeiten haben und beträchtliche Fortschritte erwarten lassen. Von den durch die öffentlichen Gelder ermöglichten Forschungen werden indirekt, weil sie der Wirtschaft wichtige Impulse geben und den Arbeitsmarkt beleben, viele Bevölkerungsgruppen profitieren. Es läßt sich aber sicher vorhersagen, daß die Gruppe der geistig Schwerbehinderten, die in diesem Beispiel die Gruppe der am wenigsten Begünstigten repräsentiert, keine Vorteile durch die Arbeit der Hochbegabten haben wird.

Die Maximin-Regel verlangt nun, die Vor- und Nachteile der verschiedenen Optionen für die "Worst-off"-Gruppe gegeneinander abzuwägen. Sie führt zu der Schlußfolgerung, daß das Förderprogramm für die geistig Schwerbehinderten die moralisch gebotene Option darstellt, weil es im Gegensatz zu dem alternativen Förderprogramm für Hochbegabte eine, wenn auch sehr geringe, Nutzensteigerung für die am wenigsten Begünstigten erbringt. Das Ergebnis der durch die Maximin-Regel geleiteten Entscheidungsfindung ist unbefriedigend, weil in ihr Wertaspekte, die gewöhnlich in unsere moralischen Urteile einfließen, unberücksichtigt bleiben. Der Aspekt des Gesamtnutzens, der eindeutig zugunsten der Hochbegabtenförderung sprechen würde, findet überhaupt keine Beachtung. Und, wie Harsanyi zu recht kritisiert, "(e)ven more disturbing is the fact that the difference principle would require us to give absolute priority to the interests of the worst-off individual, no matter what, even under the most extreme conditions. Even if his interest were affected only in a very minor way, and all other individuals in the society had opposite interests of the greatest importance, his interests would always override anybody else's." (Harsanyi 1976, 42)

John Rawls hat versucht, die ausschließliche Konzentration des Differenzprinzips auf die Interessen der am wenigsten Begünstigten mit der Erwartung eines "Verkettungseffekts" zu rechtfertigen. (Vgl. Rawls 1975, 101ff. und Kap. 7.1.3) Der "Verkettungseffekt" besagt, daß sich Verbesserungen für die am schlechtesten gestellte Bevölkerungsgruppe in der Regel auf die am zweitschlechtesten, am drittschlechtesten, usw. gestellte Bevölkerungsgruppe übertragen würden, wie z.B. Lohnerhöhungen für ungelernte Arbeiter normalerweise mit Zuschlägen für die höheren Verdienstgruppen einhergehen. Rawls vermittelt so den Eindruck, daß am Maximin-Prinzip orientierte Entscheidungen automatisch auch die Interessen der bessergestellten Schichten berücksichtigen würden. Die im "Verkettungseffekt" vorausgesetzten Wechselwirkungen zwischen verschiedenen gesellschaftlichen Positionen können aber kaum den Stellenwert einer sozialen Gesetzmäßigkeit beanspruchen. Abgesehen von dem oben vorgebrachten Beispiel ließe sich noch eine Vielzahl sozialer Konstellationen anführen, in denen Vorteile für die am wenigsten Begünstigten gar keine oder sogar negative Effekte auf andere Bevölkerungsgruppen ausüben. (Vgl. Rae 1975, 640f. und Koller 1983, 8ff.)

8.3 Modifikationen

Die bisherige Diskussion hat ergeben, daß sowohl das utilitaristische Prinzip der Nutzenmaximierung als auch die Maximin-Interpretation des Differenzprinzips zu Resultaten führen, die mit zentralen moralischen Intuitionen nicht übereinstimmen. Beiden Prinzipien ist gemein, daß sie einen Wertaspekt verabsolutieren und dabei die jeweils andere "Hälfte des Gesamtbildes" übersehen. (Vgl. Sen 1977, 295 und Griffin 1982, 354ff.) (8) Verschiedene Theoretiker haben in den letzten Jahren Korrekturen an der utilitaristischen Moral bzw. an der Rawlsschen Gerechtigkeitstheorie vorgeschlagen, die darauf zielen, sowohl dem Gesichtspunkt der Gleichheit als auch dem Gesichtspunkt der Nutzenmaximierung Raum zu geben. Obwohl keine der Modifikationen vollauf überzeugen kann, weist meiner Auffassung nach der Versuch, beide Wertaspekte in irgendeiner Form miteinander zu kombinieren, in die richtige Richtung. Ich werde daher im weiteren drei Prinzipien betrachten, die sich auf sehr unterschiedliche Weise um eine ausgewogenere Berücksichtigung der rivalisierenden Wertintuitionen bemühen. Ich diskutiere

a) Amartya Sens "Leximin-Prinzip",
b) Douglas Raes "Principle of General Advantage" und
c) Nicholas Reschers "Concept of Effective Average". (9)

a) Sens "Leximin-Prinzip" bietet eine plausiblere Deutung des Differenzprinzips an, die einen Teil der oben angeführten Schwierigkeiten ausräumt. Es stellt eine Erweiterung des "Maximin-Prinzips" dar, derzufolge immer dann, wenn zwei Verteilungen hinsichtlich ihrer am schlechtesten gestellten Position gleich sind, die Verteilung gewählt werden soll, die in ihrer zweitschlechtesten Position einen höheren Nutzenwert aufweist. Sind die Verteilungen auch hinsichtlich ihrer zweitschlechtesten Position gleich, soll die drittschlechteste Position verglichen werden, dann die viertschlechteste, usw. (Vgl. Sen 1977, 285) (10)

Durch diese Modifikation erreicht Sen, daß das Differenzprinzip in Einklang mit der starken Pareto-Bedingung gebracht wird. Angewandt auf das anfängliche Beispiel erlaubt die Leximin-Interpretation des Differenzprinzips dem Moralbeurteiler, die Verteilung V2 der Verteilung V1 eindeutig vorzuziehen. Die Wahl von Option V2, die unserem moralischen Empfinden besser entsprechen dürfte, als die vom "Maximin-Prinzip" behauptete Gleichwertigkeit der beiden Optionen, wird dadurch ermöglicht, daß das "Leximin-Prinzip" die Werte der höherrangigen Positionen in sein Entscheidungsverfahren einbezieht. Allerdings berücksichtigt auch das "Leximin-Prinzip" die Interessen der verschiedenen Bevölkerungsgruppen noch nicht ausgewogen genug. Die Belange der oberhalb der "Worst-off"-Gruppe situierten Individuen fallen überhaupt nur ins Gewicht, wenn der Vergleich der untersten Position ein "Patt" ergeben hat. Nach wie vor werden die Optionen V1 und V2 den Optionen V3 und V4 vorgezogen, und die Option V3 wird weiterhin gegenüber der Option V4 präferiert. Zudem ändert sich auch nichts daran, daß der Nutzensumme, die über die Effizienz der verschiedenen Verteilungsalternativen informiert, keine Beachtung gezollt wird. Die gravierendste Schwäche des "Maximin-Prinzips", daß der geringste Vorteil für die "Worst-off"-Gruppe alle konkurrierenden Wertaspekte aussticht, wird folglich durch das "Leximin-Prinzip" nicht beseitigt. Letztlich bleibt auch die verbesserte Deutung des Differenzprinzips zu sehr auf die Interessen der am wenigsten Begünstigten fixiert, um als tragbarer Kompromiß zwischen Rawls' Theorie der Gerechtigkeit als Fairneß und dem utilitaristischen Nutzenkalkül gelten zu können.

b) Ein eigenständiger Versuch, die Wertaspekte der Verteilungsgleichheit und der Nutzenaggregation miteinander zu kombinieren, tritt uns in Douglas Raes "Principle of General Advantage" entgegen. Es ist wie folgt definiert: "A less equalitarian allocation is to be preferred over a more equalitarian one if, but only if, this choice serves general advantage. An allocation X serves general advantage when imposed over an allocation Y if and only if: (1) for every position in the rejected outcome Y there exists some distinct and at least equal position in the preferred outcome X, and (2) for at least one position in Y there exists a distinct and superior position in X." (Rae 1975, 645) Aus den vorangegangenen Ausführungen dürfte unmittelbar ersichtlich sein, daß der "allgemeine Vorteil" durch die starke Pareto-Bedingung bestimmt wird. Die von Rae befürwortete Entscheidungsregel fordert somit, daß eine Verteilung, die einen höheren Grad an Gleichheit aufweist, einer Verteilung vorgezogen werden soll, die durch einen geringeren Grad an Gleichheit gekennzeichnet ist. Von diesem Grundsatz soll nur abgewichen werden, wenn die ungleichere Verteilung durch die Erfüllung der starken Pareto-Bedingung gewährleistet, daß sie dem "allgemeinen Vorteil" dient.

Bezogen auf das zu Beginn des Kapitels angeführte Beispiel präferiert Raes "Principle of General Advantage" die Option V2. Wenn man zunächst die Verteilungsvarianten V1 und V2 betrachtet, zeigt sich, daß die Option V1 nicht in Betracht kommt, weil die Option V2 nach dem starken Pareto-Kriterium vorzuziehen ist. Die Alternativen V2 und V3, die nach dem Pareto-Kriterium nicht vergleichbar sind, müssen nach dem Gleichheitskriterium beurteilt werden, das eindeutig für die Wahl von V2 spricht. (11) Die verbleibenden Optionen V2 und V4 lassen ebenfalls keinen Pareto-Vergleich zu; der Gesichtspunkt der größeren Verteilungsgleichheit gibt auch hier den Ausschlag für V2.

Die Stärke des "Principle of General Advantage" liegt darin, daß es beide Wertaspekte, den der Gleichheit und den der Nutzenmaximierung, auf eine Weise berücksichtigt, die die oben diskutierten Einwände der jeweiligen Gegenseite von Anfang an entkräftet. Das Kriterium des "allgemeinen Vorteils", das dem Aspekt des Gesamtnutzens Ausdruck gibt, ist so konditioniert, daß Rawls' Bedenken, die Interessen einiger Individuen könnten dem Glück der größeren Zahl zum Opfer fallen, gegenstandslos werden. Rae erklärt zu diesem Punkt: "We violate the distributive demands for equality only if this is to the advantage of some strata yet to the disadvantage of no strata. We pursue aggregative concerns only when an increase in the total may be achieved without sacrificing the interests of some strata to those of other strata." (Rae 1975, 646) Andererseits ist aber der Gesichtspunkt der Gleichheit, der in der egalitären Grundausrichtung des "Principle of General Advantage" Niederschlag gefunden hat, nicht an den Vorteil einer bestimmten gesellschaftlichen Schicht geknüpft. Im Gegensatz zu den verschiedenen Deutungen des Differenzprinzips, die sich ausschließlich oder primär auf das Wohl der "Worst-off"-Individuen konzentrieren, kommen in Raes Entscheidungsverfahren auch die Interessen anderer Bevölkerungsgruppen zur Geltung. Verbesserungen für die am wenigsten Begünstigten sind für eine vom "Principle of General Advantage" geleitete Entscheidung nicht in jedem Fall ausschlaggebend. Wenn die Verbesserungen nur durch Verschlechterungen für andere soziale Positionen erreicht werden können, verhindert das Kriterium des "allgemeinen Vorteils", also das Pareto-Kriterium, die automatische Wahl der entsprechenden Verteilung. (12)

Die Anwendung des "Principle of General Advantage" birgt allerdings ernst zu nehmende Schwierigkeiten. Das Kriterium der Verteilungsgleichheit, das immer dann in die Waagschale fällt, wenn die zu betrachtenden Verteilungsvarianten keinen Pareto-Vergleich zulassen, ist nicht präzise bestimmt. Die Beurteilung der Verteilungsgleichheit ist aber nicht immer so evident wie bei den oben untersuchten Verteilungen V2 und V3 bzw. V2 und V4. Beispielsweise ist es höchst fraglich, wie die beiden nachstehend aufgeschlüsselten (nicht Pareto-vergleichbaren) Verteilungen, X und Y, im Hinblick auf die in ihnen zum Ausdruck kommende Gleichheit bewertet werden müssen:

	X	Y
P1	10	11
P2	08	07
P3	07	05
P4	02	03

Um auch in derartigen Zweifelsfällen eine eindeutige Wahl zu ermöglichen, bedarf das "Principle of General Advantage" eines klar definierten Kriteriums für die Egalität von Verteilungen. Raes Entscheidungsregel bleibt, solange sie sich nicht der diffizilen Aufgabe stellt, ein plausibles Gleichheitsmaß zu begründen, in einem wichtigen Punkt zu vage. (Vgl. Koller 1983, 11ff.)

Ein noch gravierenderes Manko des "Principle of General Advantage" ist in seinem Verstoß gegen allgemein anerkannte Rationalitätsstandards zu sehen. Die parallele Einbeziehung von zwei konträren Wertaspekten, dem der "Gleichheit" und dem des "allgemeinen Vorteils", führt dazu, daß Raes Entscheidungsregel nicht der Transitivitäts-Bedingung genügt:

	X	Y	Z
P1	20	06	10
P2	06	05	07
P3	03	03	02

Die Anwendung des "Principle of General Advantage" ergibt hier folgende, gegen die Transitivitäts-Bedingung verstoßende, Präferenzordnung:

X > Y (X ist Pareto-besser, daher entscheidet das Kriterium des "allgemeinen Vorteils");
Y > Z (Y und Z sind nicht Pareto-vergleichbar; das Kriterium der "Gleichheit" entscheidet);
Z > X (Z und X sind nicht Pareto-vergleichbar; das Kriterium der "Gleichheit" entscheidet).

Die Möglichkeit, intransitive Präferenzordnungen zu erhalten, schränkt den praktischen Nutzen des "Principle of General Advantage" aus naheliegenden Gründen stark ein. Der Moralbeurteiler muß immer mit Ergebnissen rechnen, die ihm nicht erlauben, eine begründete Wahl unter den verfügbaren Verteilungsvarianten zu treffen. (Vgl. Rae 1975, 646f.)

c) Das von Nicholas Rescher vorgeschlagene Distributionsprinzip ist aus der kritischen Auseinandersetzung mit den Unzulänglichkeiten der utilitaristischen Moral hervorgegangen. Sein "Concept of Effective Average" intendiert, das klassische utilitaristische Nutzenkalkül für den Wertaspekt der Verteilungsgleichheit zu sensibilisieren. (13) Es postuliert, konkurrierende Verteilungsoptionen nach der Formel "Effective Average (EA) = average - 1/2 ### (standard deviation from the average)" zu bewerten und die Verteilung mit dem höchsten EA-Wert zu wählen. (Vgl. Rescher 1965, 35) (14) Im "Concept of Effective Average" ist mit dem Durchschnittsnutzen der Verteilung (average) und der Standardabweichung vom Durchschnitt (standard deviation) sowohl ein Maß für die Nutzensumme als auch ein Wert, der über die Gleichheit der Verteilung Auskunft gibt, enthalten. Durch die zusätzliche Berücksichtigung der Standardabweichung gelangt Reschers Bewertungsverfahren zu befriedigenderen Ergebnissen als die ursprüngliche Version des Prinzips der Nutzenmaximierung:

	X	Y
P1	02	01
P2	02	01
P3	02	03
P4	02	03
P5	02	03
Summe	10	11
EA	2,0	1,71

(Vgl. Rescher 1965, 35)

Nach dem Prinzip der Nutzenmaximierung muß die Option Y, die eine weitaus unausgewogenere Verteilung der individuellen Nutzenwerte aufweist, der Option X vorgezogen werden, weil sie einen geringfügig höheren kollektiven Nutzenwert besitzt. Reschers "Concept of Effective Average" führt hingegen zur Wahl von Option X, deren

Nutzendistribution intuitiv gerechter erscheint. Es erzielt dieses Resultat, indem es den die Streuung der Verteilung anzeigenden Wert für die Standardabweichung, der hier 0 für Option X und 0,49 für Option Y beträgt, als Malus im Evaluationsverfahren wirken läßt.

Der Vorzug von Reschers Konzeption liegt darin, daß sie die Wertaspekte der Gleichheit und der Nutzenaggregation in relativ ausgewogener Form zur Geltung bringt. (15) Der Gesichtspunkt der Verteilungsgleichheit, der in dem oben angeführten Beispiel den Ausschlag gegeben hat, verliert in dem Maße an Bedeutung, in dem die Diskrepanz der Nutzensummen zunimmt. Wenn z.B. in der Option X alle beteiligten Individuen statt zwei Nutzeneinheiten nur anderthalb Nutzeneinheiten hätten, würde ihr EA-Wert nur noch 1.5 betragen. Die Option Y müßte dann, obwohl sich in bezug auf die Verteilungsgleichheit der beiden Optionen nichts verändert hätte, wegen der größeren Effizienz ihrer Nutzenproduktion präferiert werden. Im Gegensatz zu Raes "Principle of General Advantage" vermeidet die von Rescher vorgenommene Verknüpfung der antagonistischen Wertaspekte zudem den Konflikt mit allgemein anerkannten Rationalitätsstandards. Sein "Concept of Effective Average" gibt dem Moralbeurteiler eine Entscheidungsregel an die Hand, die in jedem Anwendungsfall eine eindeutige Wahl ermöglicht.

Allerdings kann auch Reschers verbesserte Variante der utilitaristischen Verteilungsregel nicht alle Vorbehalte ausräumen, die gegen das Prinzip der Nutzenmaximierung vorgebracht worden sind. Die von Rawls artikulierten Bedenken, daß die Interessen einiger Individuen dem Vorteil der Mehrheit "geopfert" werden könnten, bleiben auch für das "Concept of Effective Average" relevant. Besonders wenn die Verteilung eine sehr große Anzahl von Personen umfaßt, ist es möglich, daß auch extreme negative Abweichungen einiger Individuen vom Durchschnittsnutzen den für die Standardabweichung ermittelten Wert nicht ausreichend beeinflussen können, um die Wahl der entsprechenden Verteilung zu verhindern. Rescher selbst hat gesehen, daß das "Concept of Effective Average" in der geschilderten Form nicht vollständig ist: "These considerations suggest adding to the principle of utility another qualifying clause, a 'principle of catastrophe-prevention' stipulating a minimal utility floor for all individuals below which no one should be pressed." (Rescher 1965, 29) Der "utility floor" bezeichnet einen Mindestanteil für jedes Individuum, dessen konkrete Festlegung sich nach den gesellschaftlichen Rahmenbedingungen richten soll, in denen die jeweilige Verteilung stattfindet. Aus Reschers Ausführungen wird jedoch nicht deutlich, in welcher Beziehung der Gesichtspunkt des "utility floor" zur Maßeinheit des "effective average" stehen soll. Am plausibelsten erscheint die Deutung, daß zunächst alle Verteilungsvarianten ausgesondert werden sollen, die Positionen unterhalb des "utility floor" aufweisen, bevor eine Bewertung der verbleibenden Optionen nach dem EA-Wert vorgenommen wird. (16)

8.4 Schlußbetrachtung

Die Untersuchung hat deutlich gemacht, daß weder das utilitaristische Prinzip der Nutzenmaximierung noch das Rawlssche Differenzprinzip eine überzeugende Antwort auf die Wie-Frage der Verteilungsgerechtigkeit (in der "konsequentialistischen" Interpretation) zu geben vermag. Die Prinzipien bringen zwar, indem sie auf die Effizienz bzw. auf die Gleichheit von Verteilungsergebnissen abstellen, die beiden Wertgesichtspunkte zur Geltung, die den größten Einfluß auf unsere intuitiven Moralurteile ausüben dürften. Ihr Manko besteht aber darin, jeweils nur einen Wertgesichtspunkt zu fokussieren und den konkurrierenden Topos gänzlich außer acht zu lassen. Alternativen zeigen das "Principle of General Advantage" von Douglas Rae und das "Concept of Effective Average" von Nicholas Rescher auf, die sich beide um eine ausgewogenere Berücksichtigung der maßgeblichen Wertaspekte bemühen. Obwohl die Vorschläge von Rae und Rescher mit Schwierigkeiten eigener Art verbunden sind, können sie den Ansprüchen, die an eine adäquate Entscheidungsregel gestellt werden müssen, weitaus besser genügen als das Prinzip der Nutzenmaximierung oder das Differenzprinzip. Meines Erachtens sind die moralischen Intuitionen, die bei der Beurteilung von Verteilungsergebnissen ins Gewicht fallen, jedoch zu "unpräzise", um eine bestimmte Regel als das einzig angemessene Entscheidungsverfahren qualifizieren zu können. Sie lassen zwar keinen Zweifel, daß die beiden genannten Wertaspekte miteinander verknüpft werden müssen, geben aber keinen Aufschluß darüber, ob die von Rae oder die von Rescher vertretene Konzeption dies in geeigneterer Form leistet. Zudem sind mit den beiden Konzeptionen die Möglichkeiten, einen Kompromiß zwischen den rivalisierenden Topoi der Effizienz und der Gleichheit zu erzielen, nicht erschöpft; grundsätzlich sind auch noch andere Wege vorstellbar, wie die kritisierte Einseitigkeit des Nutzenmaximierungs- und des Differenzprinzips vermieden werden könnte.

Abschließend gilt es zu erörtern, ob die Ergebnisse, die die Auseinandersetzung mit der "konsequentialistischen" Seite der Wie-Frage erbracht hat, gegen die Antwort sprechen, die zuvor auf die "prozeduralistische" Seite erteilt wurde. Meiner Ansicht nach steht nicht zu erwarten, daß Verteilungen, die den "prozeduralistischen" Grundsatz der "ambition-sensitivity" und "endowment-insensitivity" befolgen, mit den maßgeblichen "konsequentialistischen" Wertintuitionen in Konflikt geraten werden. Zum einen trägt die Forderung nach "endowment-insensitivity" dazu bei, die Wahrscheinlichkeit extrem ungleicher Verteilungsresultate zu verringern. Wie wir gesehen haben, gibt sie Anlaß zu redistributiven Maßnahmen, die viele Gesellschaftsmitglieder davor bewahren, unter ein elementares Wohlstandsniveau zu sinken, und die insgesamt die verschiedenen gesellschaftlichen Positionen einander annähern. Für die möglicherweise beträchtliche Ungleichheit, die die resultierenden Verteilungen dennoch aufweisen werden, wird zudem ein überzeugender Rechtfertigungsgrund angeboten: Die auftretenden Unterschiede sind nicht zu beanstanden, weil sie ausnahmslos in den Verantwortungsbereich der Individuen fallen. Zum anderen gewährleistet das Gebot der "ambition-sensitivity", daß die Gesellschaftsmitglieder von den Anstrengungen, die sie unternehmen, in hohem Maße profitieren. Jeder hat einen starken Anreiz, sich produktiv zu verhalten und so die Gesamtmenge der gesellschaftlich verfügbaren Güter zu erhöhen. Man darf folglich davon ausgehen, daß die Verteilungsergebnisse, zu denen der von Dworkin befürwortete Verfahrensgrundsatz führt, auch im Hinblick auf ihre Effizienz in der Regel wichtigen moralischen Intuitionen nicht zuwiderlaufen werden.

Anmerkungen

(1): Die hier getroffene Unterscheidung zwischen "prozeduralistischen" und "konsequentialistischen" Regeln hat eine Entsprechung in der Theorie Robert Nozicks, in der "historical principles" und "end-result principles" gegeneinander abgegrenzt werden. (Vgl. Nozick 1974, 153ff.)

(2): Die Kritik, daß der Verschiedenheit und Abgegrenztheit der Einzelmenschen nicht ernsthaft Rechnung getragen werde, hat Rawls nicht nur auf die resultierenden moralischen Urteile, sondern auch auf den Vorgang der Urteilsbildung bezogen. Der utilitaristische Moralbeurteiler müsse, um zu unparteiischen Urteilen zu gelangen, seine eigenen Präferenzen und die Präferenzen aller anderen Betroffenen "zu einem einzigen Bedürfnissystem" zusammenfassen. Dadurch werde aber der Urteilende als eine eigenständige Person, die durch besondere Interessen und Zielsetzungen gekennzeichnet ist, zum Verschwinden gebracht. (Vgl. Rawls 1975a, 211ff. und Kliemt 1998b, 111ff.)

(3): Die Einschränkung ist erforderlich, weil hier hohe Anforderungen an die "Kontinuität der Person" impliziert sind. Die Wahl der Option V4 ist nur dann vernünftig, wenn sich voraussetzen läßt, daß die persönlichen Lebensziele und die Bereitschaft, für diese Ziele Opfer in Kauf zu nehmen, über die gesamte Lebenszeit mit hinreichender Sicherheit vorhersehbar sind. Hält man aber "Brüche" in der individuellen Lebensplanung für möglich, dann sind mit der Entscheidung für V4 große Risiken verbunden. Über die Möglichkeit der Fehleinschätzung hinaus ist es überhaupt fraglich, ob es sinnvoll ist, eine Nutzenbilanz über die gesamte Lebenszeit zu erstellen. Wir erfahren unser Leben womöglich als zu fragmentarisch, glauben z.B. nicht mehr derselbe zu sein wie vor zwanzig Jahren, um eine derartige "Verrechnung" verschiedener Lebensphasen als rationales Entscheidungsverfahren akzeptieren zu können.

(4): Eine vergleichbare Kritik am Utilitarismus formuliert Philippa Foot aus aristotelischer Perspektive. Sie moniert, daß der Utilitarismus nur eine Tugend, nämlich "the virtue of benevolence", berücksichtigt und andere wichtige Topoi des moralischen Räsonierens, insbesondere "the virtue of justice", außer acht läßt. (Vgl. Foot 1985, 204ff.)

(5): Rawls hat ausdrücklich davon abgeraten, Maximin-Regel und Differenzprinzip als synonyme Begriffe zu verwenden, weil er sie für verschiedene Kontexte - erstere für die Wahl im Urzustand unter Risikobedingungen, letztere für die konkrete Gestaltung der Gesellschaft - reserviert sehen möchte. (Vgl. Rawls 1975a, 104) Der wichtigste Unterschied scheint mir zu sein, daß das Differenzprinzip anspruchsvoller ist als die Maximin-Regel, da es gesellschaftliche Ungleichheiten nur dann als gerechtfertigt betrachtet, wenn sie für das Wohlergehen der am wenigsten Begünstigten unvermeidlich sind. Die Maximin-Regel erhebt genau wie das Differenzprinzip die Situation der am wenigsten Begünstigten zum Vergleichsmaßstab, verlangt aber keinen ursächlichen Zusammenhang zwischen bestehenden Ungleichheiten und dem Vorteil der "Worst off"-Gruppe.

(6): Um einen besseren Bezug zur Rawlsschen Theorie herzustellen, können die in der Tabelle angegebenen Werte auch als Maß für Ressourcen, z.B. für das Einkommen der Positionsinhaber, interpretiert werden. Für die Diskussion der Maximin-Regel ist es letztlich aber unerheblich, in welcher Maßeinheit die Verteilungsergebnisse ausgedrückt werden.

(7): Diese Bedenken werden auch von Douglas Rae geteilt: "The social contract disfranchises all but one social stratum in society, and the principle of justice is correspondingly insensitive to the interests of other strata." (Rae 1975, 638)

(8): Interessant sind in diesem Zusammenhang auch die Untersuchungen David Lyons, in denen nachgewiesen wird, daß der Wertaspekt der Fairneß nicht auf den Wertaspekt der Nutzenmaximierung reduziert werden kann. Utilitaristische Theoretiker haben auf zweierlei Weise zu demonstrieren versucht, daß der Topoi der Fairneß im Prinzip der Nutzenmaximierung aufgeht. Sie haben zum einen behauptet, daß unfaire Handlungen langfristig immer schädlich sein müßten, weil sie die Bereitschaft zur Kooperation in der Gesellschaft schwächen würden. Dies trifft aber bestenfalls auf Handlungen zu, die als unfair wahrgenommen werden, nicht aber auf die typischen Trittbrettfahrer-Situationen, in denen die Unfairneß der Handlung der Öffentlichkeit verborgen bleibt. Zum anderen haben die Anhänger der utilitaristischen Lehre erklärt, daß sich der zu maximierende Nutzen anstatt als Lustgewinn oder als Präferenzbefriedigung auch als Fairneß der Handlungsfolgen definieren lasse. Diese Umwidmung des Nutzenbegriffs führt aber lediglich zu terminologischer Verwirrung, ohne die konkurrierenden Wertaspekte einander näher zu bringen. (Vgl. Lyons 1965, 161ff.) Da auch der umgekehrte Weg, nämlich der Nachweis, daß faire Verteilungen immer den Nutzen der beteiligten Individuen maximieren, offenkundig nicht gangbar ist, ergibt sich zwingend, daß es sich bei den Topoi der Fairneß und der Nutzenmaximierung um eigenständige Wertaspekte handelt.

(9): Auf Peter Kollers "Umverteilungsprinzip" werde ich nicht eigens eingehen, da es sich, wie Koller selbst konzediert, nicht ausreichend vom "Leximin-Prinzip" abhebt. Beachtung verdient aber wie Koller sein Verteilungsprinzip aus der Analyse von "Leximin-Prinzip" und "General Advantage Principle" herleitet. (Vgl. Koller 1983, 10ff.)

(10): Rawls äußert sich in "A Theory of Justice" nur kurz zu Sens Vorschlag. Das Leximin-Prinzip stelle zwar eine mögliche Interpretation des Differenzprinzips dar, man könne aber das einfachere Maximin-Prinzip beibehalten, da es kaum praktische Relevanz habe, für welche der beiden Lesarten man sich entscheide. (Vgl. Rawls 1975a, 103f.)

(11): Zwei Verteilungen, X und Y, sind nach dem Pareto-Kriterium nicht vergleichbar, wenn die Verteilung X mindestens hinsichtlich einer Position der Verteilung Y vorzuziehen ist, gleichzeitig aber auch die Verteilung Y mindestens hinsichtlich einer Position der Verteilung X vorzuziehen ist.

(12): V2   V2'
P1   07   07
P2   05   05
P3   05   04
P4   03   04

Im Unterschied sowohl zum Maximin- als auch zum Leximin-Prinzip ist die Verbesserung, die durch den Übergang von V2 zu V2' für die unterste Position P4 erzielt wird, für die Beurteilung der beiden Verteilungsalternativen nicht ausschlaggebend. Da eine andere Position, nämlich die Position P3, in V2' einen schlechteren Wert als in V2 aufweist, kann V2' nicht beanspruchen, dem "allgemeinen Vorteil" zu dienen.

(13): Eine ähnliche Zielsetzung verfolgt auch der von Rainer Trapp entwickelte "Gerechtigkeitsutilitarismus". (Vgl. Trapp 1988, 355ff.)

(14): Die Formel für die Berechnung der Standardabweichung lautet:

$$\sqrt{\frac{\Sigma (X_i - \overline{X})^2}{N}}$$

(15): Gegen das "Concept of Effective Average" ist allerdings eingewandt worden, daß es eine Begründung für die Art, wie die beiden Wertaspekte gewichtet werden, schuldig bleibe. Rescher bringe kein Argument vor, weshalb die als Gleichheitsmaß fungierende Standardabweichung gerade mit dem Multiplikator 0.5 und nicht mit einem beliebigen anderen Multiplikator in die Gleichung eingehe. (Vgl. Ericsson 1976, 56f.)

(16): Später fügt Rescher hinzu, daß das "Concept of Effective Average" generell nur auf Distributionen angewandt werden soll, die ein bestimmtes Maß an Ungleichheit nicht überschreiten. Demnach kommen nur Verteilungen in Betracht für die gilt: 1/2 A (average) ≤ EA. (Vgl. Rescher 1965, 36)

Literaturverzeichnis

Adams, Robert M. 1976: Motive Utilitarianism. In: *The Journal of Philosophy 73*, 467-481.
Alexander, Larry/Schwarzschild, Maimon 1987: Liberalism, Neutrality, and Equality of Welfare vs. Equaliy of Resources. In: *Philosophy & Public Affairs 16*, 85-110.
Apel, Karl-Otto 1976: *Transformation der Philosophie*, Band 2. Das Apriori der Kommunikationsgemeinschaft. Frankfurt am Main.
Aristoteles 1970: *Metaphysik*. Stuttgart.
Aristoteles 1989: *Politik*. Stuttgart.
Aristoteles 1991: *Die Nikomachische Ethik*. München.
Arneson, Richard J. 1989: Equality and Equal Opportunity for Welfare. In: *Philosophical Studies 56*, 77-93.
Arneson, Richard J. 1990: Primary Goods Reconsidered. In: *Nous 24*, 429-454.
Arneson, Richard J. 2000: Luck Egalitarianism and Prioritarianism. In: *Ethics 110*, 339-349
Arrow, Kenneth J. 1977: *Einige ordinal-utilitaristische Bemerkungen über Rawls' Theorie der Gerechtigkeit*. In: Höffe, 199-223.
Baccarini, Elvio 1991: Rational Consensus and Coherence Methods in Ethics. In: *Grazer Philosophische Studien 40*, 151-159.
Bader, Veit 1995 Citizenship and Exclusion. Radical Democracy, Community, and Justice. Or, What is Wrong with Communitarianism? In: *Political Theory 23*, 211-246.
Barry, Brian 1989: *Theories of Justices*. A Treatise on Social Justice, Volume I. Berkeley.
Barry, Brian/Goodin, Robert E. (eds.) 1992: *Free Movement*. Ethical Issues in the Transnational Migration of People and Money. Pennsylvania.
Bentham, Jeremy 1970: *An Introduction to the Principles of Morals and Legislation*. London.
Brandt, Richard B. 1979: *A Theory of the Right and the Good*. Oxford.
Brandt, Richard B. 1990: The Science of Man and Wide Reflective Equilibrium. In: *Ethics 100*, 259-278.
Brock, Dan W. 1973: Recent Work in Utilitarianism. In: *American Philosophical Quarterly 10*, 241-276.
Brubaker, Rogers (ed.) 1989: *Immigration and the Politics of Citizenship in Europe and North America*. Lanham, New York, London.
Brubaker, Rogers 1994: *Staats-Bürger*. Deutschland und Frankreich im historischen Vergleich. Hamburg.
Brumlik, Micha/Brunkhorst, Hauke (Hg.) 1993: *Gemeinschaft und Gerechtigkeit*. Frankfurt am Main.
Buchanan, Allen 1975: Revisability and Rational Choice. In: *Canadian Journal of Philosophy 5*, 395-408.
Carens, Joseph H. 1985: Compensatory Justice and Social Institutions. In: *Economics and Philosophy 1*, 39-67.
Carens, Joseph H. 1987: Aliens and Citizens: The Case for Open Borders. In: *The Review of Politics 49*, 251-273.

Carens, Joseph H. 1989: *Membership and Morality: Admission to Citizenship in Liberal Democratic States*. In: Brubaker, 31-50.
Carens, Joseph H. 1992: *Migration and Morality: A Liberal Egalitarian Perspective*. In: Barry/Goodin, 25-47.
Charles, David 1990: *Comments on Martha Nussbaum's "Nature, Function and Capability"*. In: G. Patzig (Hg.): Aristoteles' "Politik", Akten des 11. Symposium Aristotelicum. Göttingen, 187-201.
Christiano, Thomas 1992: *Sidgwick on Desire, Pleasure, and the Good*. In: B. Schultz (Hg.): Essays on Henry Sidgwick. Cambridge, 261-278.
Chwaszcza, Christine/Kersting, Wolfgang (Hg.) 1998: *Politische Philosophie der internationalen Beziehungen*. Frankfurt am Main.
Cohen, G. A. 1989: On the Currency of Egalitarian Justice. In: *Ethics 99*, 906-944.
Cohen, G. A. 1993: *Equality of What? On Welfare, Goods, and Capabilities*. In: Nussbaum/Sen, 9-29.
Cohen, Joshua 1995: Book Review. Amartya Sen: Inequality Reexamined. In: *The Journal of Philosophy 92*, 275-288.
Crocker, David A. 1992: Functioning and Capability. The Foundations of Sen's and Nussbaum's Development Ethics I. In: *Political Theory 20*, 584-612.
Crocker, David A. 1995: *Functioning and Capability*. The Foundations of Sen's and Nussbaum's Development Ethics II. In: Nussbaum/Glover, 153-198.
Daniels, Norman (ed.) 1975: *Reading Rawls*. Critical Studies of 'A Theory of Justice'. Oxford.
Daniels, Norman 1979: Wide Reflective Equilibrium and Theory Acceptance in Ethics. In: *The Journal of Philosophy 76*, 256-282.
Daniels, Norman 1980: Reflective Equilibrium and Archimedian Points. In: *Canadian Journal of Philosophy 10*, 83-103.
Daniels, Norman 1981: Health-Care Needs and Distributive Justice. In: *Philosophy & Public Affairs 10*, 146-179.
Daniels, Norman 1990: Equality of What: Welfare, Resources or Capabilities? In: *Philosophy and Phenomenological Research 50*, Suppl.Vol., 273-296.
Dubiel, Helmut 1994: Das ethische Minimum der Demokratie. In: *Blätter für deutsche und internationale Politik 39*, 489-496.
Dubiel, Helmut 1998: Cultivated Conflicts. In: *Political Theory 26*, 209-220.
Dworkin Ronald 1981a: What is Equality? Part 1: Equality of Welfare. In: *Philosophy & Public Affairs 10*, 185-245.
Dworkin Ronald 1981b: What is Equality? Part 2: Equality of Resources. In: *Philosophy & Public Affairs 10*, 283-345.
Dworkin Ronald 1982: Comment on Narveson: In Defense of Equality. In: *Social Philosophy and Policy 1*, 24-40.
Dworkin Ronald 1984: *Bürgerrechte ernstgenommen*. Frankfurt am Main.
Dworkin, Ronald 1985: *A Matter of Principle*. Cambridge.
Elster, Jon 1982: *Sour Grapes - Utilitarianism and the Genesis of Wants*. In: Sen/Williams, 219-238.

Elster, Jon/Hylland, Aanund (eds.) 1986: *Foundations of Social Choice Theory.* Cambridge.

Ericsson, Lars O. 1976: *Justice in the Distribution of Economic Resources.* A Critical and Normative Study. Stockholm.

Etzioni, Amitai 1995: *Die Entdeckung des Gemeinwesens.* Ansprüche, Verantwortlichkeiten und das Programm des Kommunitarismus. Stuttgart.

Fehige, Christoph 1997: *Rawls und Präferenzen.* In: Hinsch, 304-379.

Foot, Philippa 1985: Utilitarianism and the Virtues. In: *Mind 94,* 196-209.

Forst, Rainer 1994: *Kontexte der Gerechtigkeit: Politische Philosophie jenseits von Liberalismus und Kommunitarismus.* Frankfurt am Main.

Gähde, Ulrich 1992: *Zum Wandel des Nutzenbegriffs im klassischen Utilitarismus.* In: U. Gähde/W. H. Schrader (Hg.): Der klassische Utilitarismus. Einflüsse - Entwicklungen – Folgen, 83-109. Berlin.

Galston, William A. 1991: *Liberal Purposes.* Goods, Virtues, and Diversity in the Liberal State. Cambridge.

Gibbard, Allan 1986: *Interpersonal Comparisons: Preference, Good, and the Intrinsic Reward of a Life.* In: Elster/Hylland, 165-193.

Goodin, Robert E. 1986: *Laundering Preferences.* In: Elster/Hylland, 75-102.

Goodin, Robert E. 1988: What is so Special about our Fellow Countrymen? In: *Ethics 98,* 663-686.

Goodin, Robert E. 1992: *If People were Money (...).* In: Barry/Goodin, 6-22.

Gorr, Michael 1991: *Rawls on Natural Inequality.* In: Angelo Corlett (ed.): Equality and Liberty. Analysing Rawls and Nozick. London, 19-36.

Griffin, James 1981: On Life's Being Valuable. In: *Dialectics and Humanism 8,* 51-62.

Griffin, James 1982: Modern Utilitarianism. In: *Revue Internationale de Philosophie 36,* 331-375.

Griffin, James 1986: *Well-Being.* It's Meaning, Measurement and Moral Importance. Oxford.

Habermas, Jürgen 1983: *Moralbewußtsein und kommunikatives Handeln.* Frankfurt am Main.

Habermas, Jürgen 1991: *Erläuterungen zur Diskursethik.* Frankfurt am Main.

Habermas, Jürgen 1992a: *Faktizität und Geltung.* Beiträge zur Diskurstheorie des Rechts und des demokratischen Rechtsstaats. Frankfurt am Main.

Habermas, Jürgen 1992b: *Drei normative Modelle der Demokratie: Zum Begriff deliberativer Politik.* In: H. Münkler (Hg.): Die Chancen der Freiheit. Grundprobleme der Demokratie. München, 11-24.

Habermas, Jürgen 1993: *Anerkennungskämpfe im demokratischen Rechtsstaat.* In: Taylor 1993, 147-196.

Habermas, Jürgen 1997: *Versöhnung durch öffentlichen Vernunftgebrauch.* In: Hinsch, 169-195.

Hahn, Susanne 1996: *Überlegungsgleichgewicht und rationale Kohärenz.* In: K.-O. Apel/M. Kettner (Hg.): Die eine Vernunft und die vielen Rationalitäten. Frankfurt am Main, 404-423.

Hahn, Susanne 2000: *Überlegungsgleichgewicht(e).* Prüfung einer Rechtfertigungsmetapher. Freiburg, München.

Hailbronner, Kay 1989: *Citizenship and Nationhood in Germany*. In: Brubaker, 67-79.
Hardie, W.F.R. 1980: *Aristotle's Ethical Theory*. Oxford.
Hare, R.M. 1983: *Freiheit und Vernunft*. Frankfurt am Main.
Harsanyi, John C. 1976: *Essays on Ethics, Social Behavior and Scientific Explanation*. Dordrecht.
Harsanyi, John C. 1977a: *Rational Behavior and Bargaining Equilibrium in Games and Social Situations*. Cambridge.
Harsanyi, John C. 1977b: Rule Utilitarianism and Decision Theory. In: *Erkenntnis 11*, 25-53.
Harsanyi, John C. 1977c: Morality and the Theory of Rational Behavior. In: *Social Research 44*, 623-656.
Harsanyi, John C. 1988a: *Assessing Other People's Utilities*. In: B. R. Munier (ed.): Risk, Decision and Rationality. Dordrecht, 127-138.
Harsanyi, John C. 1988b: *Problems with Act-Utilitarianism and with Malevolent Preferences*. In: D. Seanor/N. Fotion (eds.): Hare and Critics. Essays on Moral Thinking. Oxford, 89-99.
Hart, Herbert L. A. 1994: *The Concept of Law*. 2.A. Oxford.
Hinsch, Wilfried 1992: *Einleitung*. In: Rawls 1992, 9-44.
Hinsch, Wilfried 1995: *Präferenzen im moralischen Denken*. In: C. Fehige/G. Meggle (Hg.): Zum moralischen Denken, Band 2. Frankfurt am Main, 87-112.
Hinsch, Wilfried (Hg.) 1997: *Zur Idee des politischen Liberalismus*. John Rawls in der Diskussion. Frankfurt am Main.
Hirschman, Albert O. 1994: Wieviel Gemeinsinn braucht die liberale Gesellschaft? In: *Leviathan 22*, 294-304.
Hoerster, Norbert 1977: *John Rawls' Kohärenztheorie der Normbegründung*. In: Höffe, 57-76.
Höffe, Otfried (Hg.) 1977: *Über John Rawls' Theorie der Gerechtigkeit*. Frankfurt am Main.
Höffe, Otfried (Hg.) 1992: *Einführung in die utilitaristische Ethik*. 2. überarbeitete Auflage. Tübingen.
Höffe, Otfried (Hg.) 1995: *Klassiker Auslegen. Aristoteles: Die Nikomachische Ethik*. Berlin.
Höffe, Otfried (Hg.) 1998: *Klassiker Auslegen. John Rawls: Eine Theorie der Gerechtigkeit*. Berlin.
Honneth, Axel 1991: Universalismus und kulturelle Differenz. Zu Michael Walzers Modell der Gesellschaftskritik. In: *Merkur 45*, 1049-1055.
Honneth, Axel (Hg.) 1993: *Kommunitarismus*. Eine Debatte über die moralischen Grundlagen moderner Gesellschaften. Frankfurt am Main.
Humboldt, Wilhelm von 1967: *Ideen zu einem Versuch, die Grenzen der Wirksamkeit des Staats zu bestimmen*. Stuttgart.
Hume, David 1976: *Die wertlose Fiktion vom Gesellschaftsvertrag*. In: N. Hoerster (Hg.): Klassische Texte der Staatsphilosophie. München, 163-176.
Hume, David 1978: *Ein Traktat über die menschliche Natur*. 2. Buch Über die Affekte, 3. Buch Über Moral. Hamburg.
Irwin, Terence H. 1981: *Aristotle's Methods of Ethics*. In: D. O'Meara (ed.): Studies in Aristotle. Washington D.C., 193-223.

Jakob, Thomas 1996: *Die Ethik John C. Harsanyis*. Diss., Duisburg.
Kant, Immanuel 1974: *Grundlegung zur Metaphysik der Sitten*. Werkausgabe, Bd. 7. Frankfurt am Main.
Kersting, Wolfgang 1993: *John Rawls zur Einführung*. Hamburg.
Kersting, Wolfgang 1994: *Die politische Philosophie des Gesellschaftsvertrags*. Darmstadt.
Kersting, Wolfgang 1998a: *Einleitung: Probleme der politischen Philosophie der internationalen Beziehungen: die Beiträge im Kontext*. In: Chwaszcza/Kersting, 9-69.
Kersting, Wolfgang 1998b: *Die Gerechtigkeit zieht die Grenze, und das Gute setzt das Ziel*. In: Höffe, 209-230.
Kliemt, Hartmut 1980: *Zustimmungstheorien der Staatsrechtfertigung*. Freiburg, München.
Kliemt, Hartmut 1993: On Justifying a Minimum Welfare State. In: *Constitutional Political Economy 4*, 159-172.
Kliemt, Hartmut 1995: *Solidarität in Freiheit*. Von einem liberalen Standpunkt. Freiburg, München.
Kliemt, Hartmut 1998a: Distributive Justice. In: *The New Palgrave Dictionary of Economics and Law*, Vol 1. London, 630-635.
Kliemt, Hartmut 1998b: *Rawls' Kritik am Utilitarismus*. In: Höffe, 97-116.
Koller, Peter 1981: Die Konzeption des Überlegungsgleichgewichts als Methode der moralischen Rechtfertigung. In: *Conceptus 15*, 129-142.
Koller, Peter 1983: Rawls' Differenzprinzip und seine Deutungen. In: *Erkenntnis 20*, 1-25.
Koller, Peter 1987: *Neue Theorien des Sozialkontrakts*. Berlin.
Koller, Peter 1998: *Einwanderungspolitik im Kontext internationaler Gerechtigkeit*. In: Chwaszcza/Kersting, 449-466.
Krebs, Angelika (Hg.) 2000: *Gleichheit oder Gerechtigkeit*. Texte der neuen Egalitarismuskritik. Frankfurt am Main.
Kulenkampff, Arend 1979: Methodenfragen der Gerechtigkeitstheorie. In: *Analyse & Kritik 1*, 90-104.
Kymlicka, Will 1989: *Liberalism, Community and Culture*. Oxford.
Kymlicka, Will 1990: *Contemporary Political Philosophy*. An Introduction. Oxford.
Kymlicka, Will 1995: *Multicultural Citizenship*. Oxford
Kymlicka, Will/Norman, Wayne 1994: Return of the Citizen: A Survey of Recent Work on Citizenship Theory. In: *Ethics 104*, 352-381.
Kymlicka, Will/Norman, Wayne 2000: *Citizenship in Culturally Diverse Societies: Issues, Contexts, Concepts*. In: W. Kymlicka/N. Wayne (eds.): Citizenship in Diverse Societies. Oxford
Larmore, Charles 1995: *Strukturen moralischer Komplexität*. Stuttgart, Weimar.
Lehrer, Keith 1981: Übereinstimmung und Wissenschaftswandel. In: *Conceptus 15*, 69-76.
Lehrer, Keith/Wagner, Carl 1981: *Rational Consensus in Science and Society*. Dordrecht.
Lessnoff, Michael 1971: John Rawls' Theory of Justice. In: *Political Studies 19*, 63-80.
Locke, John 1977: *Zwei Abhandlungen über die Regierung*. Frankfurt am Main.
Lyons, David 1965: *Forms and Limits of Utilitarianism*. Oxford.

Lyons, David 1975: *Nature and Soundness of the Contract and Coherence Argument.* In: Daniels, 141-167.
Macedo, Stephen 1991: *Liberal Virtues.* Citizenship, Virtue and Community in Liberal Constitutionalism. Oxford.
MacIntyre, Alasdair 1984: *Geschichte der Ethik im Überblick: Vom Zeitalter Homers bis zum 20.Jahrhundert.* Königstein/Ts.
MacIntyre, Alasdair 1987: *Der Verlust der Tugend.* Frankfurt am Main.
MacIntyre, Alasdair 1988: *Whose Justice? Which Rationality?* London.
MacIntyre, Alasdair 1993: *Ist Patriotismus eine Tugend?* In: Honneth, 84-102.
Maslow, Abraham H. 1954: *Motivation and Personality.* New York, Evanston, London.
Mill, John Stuart 1976: *Der Utilitarismus.* Stuttgart.
Nagel, Thomas 1973: Rawls on Justice. In: *Philosophical Review 82*, 220-234.
Narveson, Jan 1983: On Dworkinian Equality. In: *Social Philosophy and Policy 1*, 1-23.
Nozick, Robert 1974: *Anarchy, State, and Utopia.* Oxford.
Nussbaum, Martha C. 1986a: *The Fragility of Goodness.* Luck and Ethics in Greek Tragedy and Philosophy. Cambridge.
Nussbaum, Martha C. 1986b: *Therapeutic Arguments: Epicurus and Aristotle.* In: M. Schofield/G. Striker (eds.): The Norms of Nature. Studies in Hellenistic Ethics. Cambridge, 31-74.
Nussbaum, Martha C. 1988: Nature, Function and Capability: Aristotle on Political Distribution. In: *Oxford Studies in Ancient Philosophy*, suppl. vol.; S.145-184.
Nussbaum, Martha C. 1989: Recoiling from Reason (Review: Whose Justice? Which Rationality? by Alasdair MacIntyre). In: *The New York Review* vom 7.12.1989.
Nussbaum, Martha C. 1990a: *Aristotelian Social Democracy.* In: B. Douglas/G. Mara/ H. Richardson (eds.): Liberalism and the Good. New York, 203-252.
Nussbaum, Martha C. 1990b: *Love's Knowledge.* Essays on Philosophy and Literature. New York.
Nussbaum, Martha C. 1993a: *Menschliches Tun und soziale Gerechtigkeit.* Zur Verteidigung des aristotelischen Essentialismus. In: Brumlik/Brunkhorst, 323-361.
Nussbaum, Martha C. 1993b: *Non-Relative Virtues: An Aristotelian Approach.* In: Nussbaum/Sen, 242-269.
Nussbaum, Martha C. 1995: Feministinnen und Philosophie. In: *Deutsche Zeitschrift für Philosophie 43*, 375-387.
Nussbaum, Martha C./Sen, Amartya 1989: *Internal Criticism and Indian Rationalist Traditions.* In: M. Krausz (ed.): Relativism, Interpretation and Confrontation. Notre Dame, Indiana, 299-325.
Nussbaum, Martha C./Sen, Amartya (eds.) 1993: *The Quality of Life.* Oxford.
Nussbaum, Martha C./Glover, Jonathan (eds.) 1995: *Women, Culture, and Development.* A Study of Human Capabilities. Oxford.
Qizilbash, Mozaffar 1998: The Concept of Well-Being. In: *Economics and Philosophy 14*, 51-73.

Rae, Douglas 1975: Maximin Justice and an Alternative Principle of General Advantage. In: *The American Political Science Review 69*, 630-647.
Rawls, John 1974: The Independence of Moral Theory. In: *Proceedings and Addresses of the American Philosophical Association 47*, 5-22.
Rawls, John 1975a: *Eine Theorie der Gerechtigkeit*. Frankfurt am Main.
Rawls, John 1975b: Fairness to Goodness. In: *Philosophical Review 84*, 536-554.
Rawls, John 1976: *Ein Entscheidungsverfahren für die normative Ethik*. In: D. Birnbacher/N. Hoerster (Hg.): Texte zur Ethik. München, 124-138.
Rawls, John 1982: *Social Unity and Primary Goods*. In: Sen/Williams, 159-185.
Rawls, John 1992: *Die Idee des politischen Liberalismus*. Aufsätze 1978-1989. Frankfurt am Main.
Rawls, John 1993: *Political Liberalism*. New York.
Rawls, John 1997: *Erwiderung auf Habermas*. In: Hinsch, 196-262.
Rescher, Nicholas 1965: *Distributive Justice*. Indianapolis.
Ricken, Friedo 1967: *Der Lustbegriff in der Nikomachischen Ethik des Aristoteles*. Göttingen.
Ricken, Friedo 1995: *Wert und Wesen der Lust*. In: Höffe, 207-228.
Ripstein, Arthur 1992: Liberal Justification and the Limits of Neutrality. In: *Analyse & Kritik 14*, 3-17.
Roellecke, Ines Sabine 1999: *Gerechte Einwanderungs- und Staatsangehörigkeitskriterien. Ein dunkler Punkt der Gerechtigkeitstheorien*. Baden-Baden
Roemer, John E. 1985: Equality of Talent. In: *Economics and Philosophy 1*, 151-187.
Roemer, John E. 1993: A Pragmatic Theory of Responsibility for the Egalitarian Planner. In: *Philosophy & Public Affairs 22*, 146-166.
Roemer, John E. 1996: *Theories of Distributive Justice*. Harvard.
Rorty, Amelie Oksenberg 1994: The Hidden Politics of Cultural Identification. In: *Political Theory 22*, 152-166.
Rössler, Beate 1992: Der ungleiche Wert der Freiheit. Aspekte feministischer Kritik am Liberalismus und Kommunitarismus. In: *Analyse & Kritik 14*, 86-113.
Sandel, Michael J. 1982: *Liberalism and the Limits of Justice*. Cambridge.
Sandel, Michael J. 1989: Moral Argument and Liberal Toleration: Abortion and Homosexuality. In: *California Law Review 77*, 521-538.
Scanlon, Thomas 1975: Preference and Urgency. In: *The Journal of Philosophy 72*, 655-669.
Scanlon, Thomas 1986: Equality of Resources and Equality of Welfare: A Forced Marriage? In: *Ethics 97*, 111-118.
Schneewind, Jerome B. 1977: *Sidgwick's Ethics and Victorian Moral Philosophy*. Oxford.
Schwartz, Adina 1973: Moral Neutrality and Primary Goods. In: *Ethics 83*, 294-307.
Sen, Amartya 1977: *Rawls versus Bentham: Eine axiomatische Untersuchung des reinen Verteilungsproblems*. In: Höffe, 283-295.
Sen, Amartya 1979: Utilitarianism and Welfarism. In: *The Journal of Philosophy 76*, 463-489.
Sen, Amartya 1980: Plural Utility. In: *Proceedings of the Aristotelian Society 81*, 193-215.
Sen, Amartya 1982a: *Choice, Welfare and Measurement*. Oxford.
Sen, Amartya 1982b: Rights and Agency. In: *Philosophy & Public Affairs 11*, 3-39.

Sen, Amartya 1984: *Resources, Values and Development.* Cambridge.
Sen, Amartya 1985a: Well-Being, Agency and Freedom. In: *The Journal of Philosophy 82*, 169-221.
Sen, Amartya 1985b: *Commodities and Capabilities.* Amsterdam, New York, Oxford.
Sen, Amartya 1987a: *On Ethics and Economics.* New York.
Sen, Amartya (ed.) 1987b: *The Standard of Living.* Cambridge.
Sen, Amartya 1988: Freedom of Choice. Concept and Content. In: *European Economic Review 32*, 269-294.
Sen, Amartya 1990: Individual Freedom as a Social Commitment. In: *New York Review of Books* vom 14.6.1990, 49-54.
Sen, Amartya 1993: *Capability and Well-Being.* In: Nussbaum/Sen, 30-53.
Sen, Amartya/Williams, Bernard (eds.) 1982: *Utilitarianism and Beyond.* Cambridge.
Sherman, Nancy 1989: *The Fabric of Character.* Aristotle's Theory of Virtue. Oxford.
Shue, Henry 1988: Mediating Duties. In: *Ethics 98*, 687-704.
Sidgwick, Henry 1909a: *Die Methoden der Ethik,* 7.A., Teil1. Leipzig.
Sidgwick, Henry 1909b: *Die Methoden der Ethik,* 7.A., Teil2. Leipzig.
Singer, Peter 1974: Sidgwick and Reflective Equilibrium. In: *The Monist 58*, 490-517.
Smart, John J.C. 1961: *An Outline of a System of Utilitarian Ethics.* Melbourne.
Steiner, Hillel 1992: *Libertarianism and the Transnational Migration of People.* In: Barry/Goodin, 87-94.
Steiner, Hillel 1995: Liberalism and Nationalism. In: *Analyse & Kritik 17*, 12-20.
Steiner, Hillel 1999: *Hard Borders, Compensation and Classical Liberalism.* Erscheint in: D. Miller/S. Hashmi (eds.): Boundaries, Ownership and Autonomy. Princeton.
Taylor, Charles 1992: *Negative Freiheit?* Zur Kritik des neuzeitlichen Individualismus. Frankfurt am Main.
Taylor, Charles 1993: *Multikulturalismus und die Politik der Anerkennung.* Frankfurt am Main.
Teitelman, Michael 1972: The Limits of Individualism. In: *The Journal of Philosophy 69*, 545-556.
Thalberg, Irving 1962: False Pleasures. In: *The Journal of Philosophy 59*, 65-74.
Thieme, Karl-Heinz 1993: Der gegenwärtige Diskurs über multikulturelle Gesellschaft. In: *Zeitschrift für europäische Politik und Dialog 1*, 25-35.
Tocqueville, Alexis de 1985: *Über die Demokratie in Amerika.* Stuttgart.
Trapp, Rainer W. 1988: *Nicht-klassischer Utilitarismus.* Frankfurt am Main.
Tugendhat, Ernst 1992: *Philosophische Aufsätze.* Frankfurt am Main.
Unger, Peter 1996: *Living High and Letting Die.* Our Illusion of Innocence. Oxford.
Van Gunsteren, Herman R. 1988: Admission to Citizenship. In: *Ethics 98*, 731-741.
Van Parijs, Philippe 1995: *Real Freedom for All.* What (if Anything) Can Justify Capitalism? Oxford.
Varian, Hal R. 1974: Equity, Envy, and Efficiency. In: *Journal of Economic Theory 9*, 63-91.
Varian, Hal R. 1983: Dworkin on Equality of Resources. In: *Economics and Philosophy 1*, 110-125.

Waldron, Jeremy 1986: Theoretical Foundations of Liberalism. In: *The Philosophical Quarterly 37*, 127-150.
Wallach, John R. 1992: Contemporary Aristotelianism. In: *Political Theory 20*, 613-641.
Walzer, Michael 1984: Liberalism and the Art of Separation. In: *Political Theory 12*, 315-330.
Walzer, Michael 1990a: Zwei Arten des Universalismus. In: *Babylon. Beiträge zur jüdischen Gegenwart*, o. Jg., 7-24.
Walzer, Michael 1990b: *Kritik und Gemeinsinn*. Berlin.
Walzer, Michael 1992: *Sphären der Gerechtigkeit*. Ein Plädoyer für Pluralität und Gleichheit. Frankfurt am Main.
Weber, Max 1980: *Wirtschaft und Gesellschaft*. Grundriss der verstehenden Soziologie. 5. rev. Aufl., Tübingen.
Williams, Bernard 1987: *The Standard of Living: Interests and Capabilities*. In: Sen 1987b, 94-102.
Wolf, Susan 1995: *Commentary*. In: Nussbaum/Glover, 105-115.
Wolff, Robert Paul 1966: A Refutation of Rawls' Theorem on Justice. In: *The Journal of Philosophy 63*, 179-190.
Young, Iris Marion 1989: Polity and Group Difference: A Critique of the Ideal of Universal Citizenship. In: *Ethics 99*, 250-274.

Personenregister

Alexander, L. 165
Apel, K. O. 22, 24, 60
Aristoteles 21, 69, 100, 105-116, 127, 141
Arneson, R. J. 119, 142, 151, 157, 166, 169, 189
Arrow, K. J. 67

Baccarini, E. 24
Bader, V. 35f.
Barry, B. 156, 186f.
Bentham, J. 4, 34, 70-77, 99
Brandt, R. B. 9, 22, 100f.
Brock, D. W. 99
Brubaker, R. 28-30
Buchanan, A. 153

Carens, J. 27, 35f., 44f., 62, 191
Charles, D. 143
Christiano, T. 76
Cohen, G. A. 5, 64, 68, 89, 101, 120, 142, 146, 166-169
Crocker, D. A. 104, 111, 117, 119, 140

Daniels, N. 9, 11-14, 22f., 64, 144
Dubiel, H. 56
Dworkin R. 4, 38, 64f., 81, 89, 92, 95, 97f., 103, 145, 158-185, 188-190, 192f.

Elster, J. 91f.
Ericsson, L. O. 34, 99, 208
Etzioni, A. 61

Fehige, C. 101
Foot, P. 206
Forst, R. 32

Gähde, U. 73
Galston, W. A. 143
Gauchet, M. 56
Gibbard, A. 100f.

Goodin, R. 44, 48, 61, 101
Gorr, M. 186
Griffin, J. 79, 82, 85, 101, 200

Habermas, J. 16, 22-24, 41, 60f., 63, 133
Hahn, S. 14, 22
Hailbronner, K. 29
Hardie, W. F. R. 21, 113f.
Harsanyi, J. C. 4, 82-87, 98, 101, 190, 198f.
Hart, H. L. A. 142
Hawking, S. 190
Hinsch, W. 133
Hirschman, A. 56
Hoerster, N. 11, 22
Höffe, O. 34, 72, 74, 99, 186
Humboldt, W. v. 143
Hume, D. 60, 62f.
Hutcheson, F. 70

Irwin, T. H. 21

Jakob, T. 82

Kant, I. 34
Kersting, W. 22, 59, 125, 144, 148, 186
Kliemt, H. 98, 125, 143, 206
Koller, P. 22, 62, 144, 186, 190, 198f., 207
Krebs, A. 189
Kulenkampff, A. 21
Kymlicka, W. 28, 157f., 181, 186

Larmore, C. 40, 134
Lehrer, K. 16-20, 23
Locke, J. 34-37, 60, 125, 159, 189
Lyons, D. 9, 207

Macedo, S. 41
MacIntyre, A. 51, 54, 106, 141
Marx, K. 69
Maslow, A. H. 141

Mill, J. S. 4, 71-77, 99-101

Nagel, T. 186, 198
Narveson, J. 181, 187f.
Norman, W. 28
Nozick, R. 37, 77-79, 81, 100, 124-127, 142, 189, 191, 195, 206
Nussbaum, M. C. 4, 21, 67, 104-124, 127-144

Platon 100, 106, 109

Qizilbash, M. 140

Rae, D. 199-204, 207
Rawls, J. 3-5, 6-11, 21-23, 40, 65, 93f., 101f., 132-136, 143f., 145-158, 164, 183, 185-187, 189, 192, 195-199, 201, 204, 206f.
Rescher, N. 200, 203f., 208
Roellecke, I. S. 29
Roemer, J. 101, 142, 156, 158, 166-169, 171, 174-178, 190
Rorty, A. O. 55

Sandel, M. 186
Scanlon, T. 82, 169
Schneewind, J. B. 76
Schwartz, A. 152f.
Schwarzschild, M. 165, 188
Sen, A. 4, 67-69, 91f., 99, 104, 113, 116-127, 132-144, 156, 194, 200f.
Sherman, N. 100, 110, 141
Shue, H. 63
Sidgwick, H. 4, 21, 71-77, 99f., 194
Singer, P. 8, 21f.
Smart, J. J. C. 99f.
Steiner, H. 37f., 60

Taylor, C. 52, 141
Teitelmann, M. 148, 152
Thalberg, I. 100

Thieme, K. H. 26
Trapp, R. W. 67, 208

Unger, P. 9

Van Gunsteren, H. R. 53
Van Parijs, P. 177-179, 190
Varian, H. 159, 173, 187f.

Wagner, C. 16-20, 23, 27
Wagner, R. 86f.
Waldron, J. 143
Walzer, M. 9, 44- 47, 51-53, 141
Weber, M. 30
Williams, B. 123, 142
Wolf, S. 112, 123

Sachregister

Akkulturation/Assimilation 41, 54f.
Akzeptanzprinzip 82-87, 100
Ambition-Sensitivity 158-161, 170f., 183-185, 192f., 204f.
Anspruchsrecht 124-130
Arbiträre Faktoren 146-148, 156-158, 183-185
Aristotelischer Grundsatz 135, 143
Auktion 158-161, 171f.

Begierde, unerwünschte 165-170
Behinderte/Behinderung 87-89, 111, 129f., 145, 157, 161-165, 184f., 187, 189f., 198f.
Bewußtseinszustand 71-82, begehrter 75-77, 100
Brute luck 162-170, 188

Capability (Fähigkeit) 65, 104f., 117-140, 183, Basic- 127-130, 143, External- 118-120, Internal- 118-120
Club-Modell 42-52
Commodity fetishism 69
Concept of Effective Average 200, 203-205, 208

Differenzblindheit 67f., 87
Differenzprinzip 5, 154-158, 187, 197-201, 204-206
Diskursethik 10, 16-20

Einbürgerung 25-63, deutsche Praxis der 29, französische Praxis der 28
Einkommensteuer 173-175, 180-182, 190f.
Einwanderung (siehe Immigration)
Emotivismus 9
Endowment-Insensitivity 158-161, 170f., 183-185, 192f., 204f.
Envy-Test (siehe Neidtest)

Equal division of talents mechanism 171-173, 178f., 190
Essentialismus 110-116
Exklusion 111f., 129f.
Experience Machine 77-79
Explikation 7

Fähigkeit (siehe Capability)
Fähigkeitenethik 4, 65, 104-144, 182f.
Fähigkeitenliste 117, 140
Folgenbewertung 70
Folgenorientierung 70
Folgenverallgemeinerung 70f.
Freiheitsrecht 36-39, 65, 69, 124-127, 195f.
Function (Funktion) 65, 104f., 117-140

Grundbedürfnis 141, 182
Grundgut 136, 144, 145f., 148-158, 183f., gesellschaftliches 149, 156f., natürliches 149, 156f., 164, 186
Gut, äußeres 107f., ideales 75f., körperliches 108, seelisches 106f.

Hintergrundtheorie 11-14, 20

Immigration 25-63
Independence Constraint 11-14
Intution, moralische 6-24, 71, 101, 146-148, 186
Ius sanguinis-Prinzip 29
Ius soli-Prinzip 28f.

Kognitivismus 9
Kohärenztheorie 6-11
Kommunitarismus 3, 27, 31-33, 50-59
Konstanz-Bedingung 17

Lehrer/Wagner-Modell 16-20
Leximin-Prinzip 200f., 207
Liberalismus 3, 31-50

Maximin-Regel 177f., 197-199, 206f.
Migration 25f.
Moralbeurteiler, kompetenter 6f.
Mutual-Benefit-Society 44-50

Neidtest 159-163, 171, 187
Neutralität 40-42, 132-134, 150-153
Nikomachische Ethik 69, 105-110
Nutzen 70-103
Nutzenmaximierungsprinzip 5, 70f., 176f., 193-196, 204f.

Option luck 162-170, 188

Pain 64f.
Pareto-Kriterium 155f., 160, 187, 198, 207
Partikularismus, moralischer 31-33, 112-116
Pleasure 64f., 70-81, 92, 95-99, 118f., 182
Pluralismus 132-134
Präferenzanpassung 90-92, 169
Preference (Präferenz) 64f., 68, 70, 81-99, 118f., 153f., 157f., 166-170, 182, antisocial 98, external 98, first order/second order 85, 165, 168, implicit 101, informed 101, expensive 93-95, 101f., 167, malevolent 98, manifest 83-87, 91f., rational 83-87, 91f., 101, true 101
Principle of General Advantage 200-205, 207

Reasonable Comprehensive Doctrine 133
Rechtsstaat 2f., 20, 97f., 124-127, 132-140, 182f.
Resource-Kriterium 64f., 95, 117-120
Resource-Theorie 4, 64-69, 87, 117-120, 145-191
Respekt-Bedingung 17, 19
Ressource, institutionelle 65, intellektuelle 65, 161-170, körperliche 65, 161-170, materielle 65, 170-179, nicht-transferierbare 161, 188, transferierbare 161, 188
Risiko 162-179, -aversion 175-178, -neutralität 175-178, nicht-versicherbares 163f.

Schleier des Nichtwissens 147f., 163f., 174f., 189
Schließung, innere 30, 48-50, 55, soziale 30, territoriale 30, 46, 55
Sozialstaat 95-99, 124-132, 145, 179-182
Special-Duty 31-33, 42-43, 50-52
Staatliche Gemeinschaft 2f., 25-63
Staatsbürgerschaft 25-63, politisches Konzept 28-33, kulturelles Konzept 29-33
Starting gate theory 171

Talent 145, 170-179, 190
Tugend, dianoethische 106, ethische 106-108, liberale 41

Übergreifender Konsens 133
Überlegungsgleichgewicht 3, 6-24, 186, enges 11-14, individuelles 14-20, kollektives 14-20, weites 11-14
Universalismus, moralischer 31-42, 112-116
Urteil, wohldurchdachtes 6f., 20
Urzustand 145-148, 158-161, 186f.
Utilitarismus 4, 34, 40f., 64, 70-103, 182, 192-196, 204f.

Verkettungsthese 155, 187, 199
Versicherbarkeit 163f.
Versicherungsmarkt 162-179
Verteilungsgerechtigkeit, Was-Frage der 1-5, 64-191, Wer-Frage der 1-5, 25-63, Wie-Frage der 1-5, 192-208
Verteilungsregel 192-208, konsequentialistische 192f., 204f., proceduralistische 192f., 204f.

Vertragstheorie 34-37

Welfare-Kriterium 64f., 70-103, 117-120, 180, 182-185
Welfare-Theorie 4, 64-103, 117-120, 153f., 182-185

Die Rückgabe des zwölften Kamels
Niklas Luhmann in der Diskussion über Gerechtigkeit
Herausgegeben von Gunther Teubner

Mit Beiträgen von
Dirk Baecker, Jean Clam, Horst Folkers, Karl-Heinz Ladeur, Niklas Luhmann, Gunther Teubner, Peer Zumbansen und einem Interview von Pierre Guibentif mit Niklas Luhmann
(Sonderausgabe aus der Zeitschrift für Rechtssoziologie Bd. 21/H1/2000)
2000. 245 S. kt. DM 49,-. ISBN 3-8282-0130-X

„Die Soziologie hat etwas von der Art des Teufels, und der Jurist sollte sich hüten, ihr seine Seele zu verkaufen". Trotz (oder gerade wegen) dieser Warnung schlägt Niklas Luhmann dem Recht einen Pakt mit der Wissenschaft vor. Für den Umgang mit dem eigenen Paradoxien könne das Recht lernen, wie unter bestimmten Randbedingungen verschiedene Formen der Entparadoxierung sich zueinander verhalten. Zur zentralen Frage wird damit, welche Bedeutung dieser Reflexionsstil und die daraus gewonnenen Begriffe und Einsichten für die Praxis des Rechts gewinnen kann. Luhmanns brillanter Essay zur Rückgabe des zwölften Kamels, einer Rechtsparabel aus dem islamischen Raum, ist der Ausgangspunkt für eine lebhafte Diskussion über die Paradoxien von Recht und Gerechtigkeit, die in diesem Bande von theologischen, philosophischen, soziologischen und rechtstheoretischen Perspektiven aus geführt wird.

These

Niklas Luhmann, Die Rückgabe des zwölften Kamels: Zum Sinn einer soziologischen Analyse des Rechts

Repliken

Horst Folkers: Johannes, ins Gespräch über die Gerechtigkeit vertieft mit Aristoteles: Epilegomena zum 12. Kamel des Niklas Luhmann

Jean Clam: Die Grundparadoxie des Rechts und ihre Ausfaltung: Ein Beitrag zu einer Analytik des Paradoxen

Dirk Baecker: Wie steht es mit dem Willen Allahs?

Karl-Heinz Ladeur: Das selbstreferenzielle Kamel: Die Emergenz des modernen autonomen Rechts

Gunther Teubner und Peer Zumbansen: Rechtsverfremdungen: Zum gesellschaftlichen Mehrwert des zwölften Kamels

Interview

Pierre Guibentif: Niklas Luhmann und die Rechtssoziologie. Gespräch mit Niklas Luhmann

Lucius & Lucius

Macht

Von Niklas Luhmann
2., durchgesehene A.
1988. 156 S., kt.
DM 22,-/öS 161,-/sFr 20,-
(ISBN 3-8282-4549-8)

Macht wird von Luhmann als symbolisch generalisiertes Kommunikationsmedium analysiert. Dieser Gesichtspunkt bietet die Möglichkeit, verschiedene Machtkonzepte sowie verschiedene symbolisch generalisierte Kommununikationsmedien (vor allem Geld, Wahrheit, Liebe) miteinander zu vergleichen.

Vertrauen

Ein Mechanismus der Reduktion sozialer Komplexität
Von Niklas Luhmann
3., durchgesehene A.
1989. VII/119 S., kt.
DM 22,-/öS 161,-/sFr 20,-
(ISBN 2-8282-4548-X)

Luhmann analysiert Funktion, Bedingungen und Taktiken des Vertrauens sozialwissenschaftlich, vor allem das Bestreben, den Bereich der rationalen Handlungen nach Möglichkeit zu erweitern, durch persönliches Vertrauen oder Vertrauen in das Funktionieren gesellschaftlicher Systeme auch höhere Risiken einzugehen.

Luhmann-Lexikon

Eine Einführung in das Gesamtwerk von Niklas Luhmann
Mit 27 Abb. und über 500 Stichworten
Von D. Krause, Bremen.
2., vollständig überarbeitete, erweiterte und aktualisierte Auflage
1999. VI, 273 S., 27 Abb., 500 Stichworte, kt. DM 29,80/öS 218,-/sFr 27,50
(ISBN 3-8282-4544-7)

Vermittelt wird ein Überblick zur gesamten systemtheoretischen Gedankenwelt Luhmanns. Dies geschieht durch einen konzentrierten Einführungstext und in der Form von Stichworten zu Luhmanns begrifflichen Werkzeugen. Dieses Einführungs- und Nachschlagewerk versteht sich als ein Wegweiser durch die gegenwärtig wohl reichhaltigste, eigenwilligste und anregendste Landschaft disziplinübergreifenden Denkens.

Systemtheorie I: Grundlagen

Eine Einführung in die Grundprobleme der Theorie sozialer Systeme.
Von Helmut Willke, Bielefeld.
6. überarb. A.
2000. X/271 S., 6 Abb. und ein Glossar, kt. DM 29,80 / öS 218,- / sFr 27,50
(ISBN 3-8282-0137-7) (UTB 1161)

Systemtheorie II: Interventionstheorie

Grundzüge einer Theorie der Intervention in komplexe Systeme.
Von Helmut Willke, Bielefeld.
3., bearb. A.
1999. XI/291 S., 9 Abb., 18 Tab., kt.
DM 29,80/öS 218,-/sFr 27,80
(ISBN 3-8282-0123-7) (UTB 1800)

Systemtheorie III: Steuerungstheorie

Grundzüge einer Theorie der Steuerung komplexer Sozialsysteme.
Von Helmut Willke, Bielefeld.
2. Auflage
1998. X, 352 S., 26 Abb., 3 Tab., kt.
DM 36,80 / öS 269,- / sFr 34,-
(ISBN 3-8282-0056-7) (UTB 1840)

Lucius & Lucius

Bei Fragen zur Produktsicherheit wenden Sie sich bitte an:
If you have any questions regarding product safety,
please contact:

Walter de Gruyter GmbH
Genthiner Straße 13
10785 Berlin
productsafety@degruyterbrill.com